Swen Schönheit

Menschen mit Format

Swen Schönheit

Menschen mit Format

Leiten lernen bei Jesus

1. Auflage 2013

Bibelzitate wurden folgendermaßen gekennzeichneten Übersetzungen entnommen:
DB: Das Buch. Neues Testament, übersetzt von Roland Werner, SCM R. Brockhaus, Witten (2009)
Jüd: Das Jüdische Neue Testament, Übersetzung von David H. Stern, Hänssler Verlag, Neuhausen-Stuttgart (1994)
EÜ: Einheits-Übersetzung, Katholische Bibelanstalt, Stuttgart (1980)
GN: Gute Nachricht Bibel, Deutsche Bibelgesellschaft, Stuttgart (1997)
Hfa: Hoffnung für alle, Brunnen Verlag, Basel/Gießen (2002)
Lu: Luther-Bibel, Deutsche Bibelgesellschaft, Stuttgart (1984)
NLB: Neues Leben – Die Bibel, Hänssler Verlag, Holzgerlingen (2005)
EB: Revidierte Elberfelder Bibel, R. Brockhaus Verlag, Wuppertal (1986)
Sch: Revidierte Schlachter-Bibel (Version 2000), Genfer Bibelgesellschaft, Genf (2003)/CLV, Bielefeld (^{2}2006)

Umschlaggestaltung: joussenkarliczek, D-Schorndorf, unter Verwendung eines Fotos von istockphoto.com, eagleotter
Satz/DTP: Jens Wirth
Druck: cpi books
Printed in the EU

ISBN 978-3-940188-69-4
Bestellnummer 147469

Für kostenlose Informationen über unser umfangreiches Lieferprogramm an christlicher Literatur, Musik und vielem mehr wenden Sie sich bitte an:

Asaph, Postfach 2889, D-58478 Lüdenscheid
asaph@asaph.net – www.asaph.net

Inhalt

Die ideale Führungsperson braucht:
die Würde eines Erzbischofs, die Selbstlosigkeit eines Missionars,
die Beharrlichkeit eines Steuerbeamten, die Erfahrung eines Wirtschaftsprüfers,
die Arbeitskraft eines Kulis, den Takt eines Botschafters,
die Genialität eines Nobelpreisträgers, den Optimismus eines Schiffbrüchigen,
die Findigkeit eines Rechtsanwalts, die Gesundheit eines Olympiakämpfers,
die Geduld eines Kindermädchens, das Lächeln eines Filmstars
und das dicke Fell eines Nilpferds.

Ingo Kleist, innenpolitischer Sprecher der SPD-Bürgerschaftsfraktion,
über das ideale Profil eines neuen Polizeipräsidenten für Hamburg.[1]

Wenn der Meister regiert, ist sich das Volk kaum bewusst, dass es ihn gibt.
Der Zweitbeste ist ein Führer, den man liebt.
Der Nächste einer, vor dem man Angst hat.
Der Schlechteste ist einer, den man verachtet.
Vertraust du den Leuten nicht, machst du selbst sie nicht vertrauenswürdig.
Der Meister redet nicht, er handelt.
Wenn sein Werk getan ist, sagt das Volk:
„Unglaublich: Wir haben es ganz allein vollbracht!"

Laotse (um 500 v. Chr.)[2]

Amen, amen, ich sage euch:
Wer an mich glaubt, wird die Werke, die ich vollbringe, auch vollbringen,
und er wird noch größere vollbringen,
denn ich gehe zum Vater.

Jesus Christus – Johannes 14,12 | EÜ

Vorwort

Es war eine Sternstunde im Kirchenvorstand. Ich hatte den Vorsitz, also die Aufgabe, zu leiten und zu führen. Wir saßen an diesem Abend schon längere Zeit zusammen. Dann kam jener Tagesordnungspunkt, bei dem ein wirklich kniffliges Problem zu lösen war. Die Rechtslage war klar, der menschlich-seelsorgliche Umgang damit nicht unbedingt. Ich wollte irgendwie allem und allen genügen. Im Verlauf des zunehmend ermüdenden Abwägens aller Argumente sah mich schließlich einer der Kirchenvorsteher intensiv an und äußerte dann mit fester Stimme in meine Richtung: „Du hast diesen Job gewollt. Nun triff eine Entscheidung!" Das Interessante war, dass ich in dem Augenblick sofort wusste, was in dieser Situation richtig war. Und nicht nur das. Ich konnte es auch sofort klar zum Ausdruck bringen: „So und so machen wir das jetzt!" Alle atmeten auf. Alle waren dankbar. So wurde es gemacht.

Gewiss, nur eine kleine Szene aus irgendeinem Kirchenvorstand in irgendeiner Gemeinde. Aber vielleicht nicht untypisch für geistliche Leitungsgremien in unserem Land. Immerhin, ich war schon einige Jahre als Pfarrer leitend tätig. Mir machte mein Dienst Freude. Im Rückblick jedoch war dies wahrscheinlich die wesentliche Geburtsstunde meiner Selbstannahme als Leiter. Du hast diesen Job gewollt. Triff eine Entscheidung! Ein anderer musste mir helfen. Es war Befreiung von außen.

Die Journalistin Cora Stephan schreibt: „Die Deutschen selbst wollen mit überwältigender Mehrheit keineswegs ‚führen'. Aus historisch gespeister Empfindlichkeit dem Wort gegenüber. Aus Bescheidenheit. Vielleicht auch aus Faulheit. Und – weil man es nie gelernt hat … seit dem Zweiten Weltkrieg ist ‚Führung' ein schmutziges Wort" (DIE WELT 11.7.2013). Zu groß ist die Skepsis vor neuerlicher Ver-Führung. Zu tief sitzt der Schaden von missbrauchter

Autorität. Jedoch, zu deutlich werden nun aber auch immer mehr die Folgen mangelnder oder schlechter Führung in unserem Land und in unseren Gemeinden sichtbar.

In diese Situation hinein erscheint ein neues Buch über Führen und Leiten, geschrieben von dem Berliner Autor, Pfarrer und theologischen Referenten der GGE, Swen Schönheit. Die Regale sind voll von Büchern zum Thema Führen, Leiten und Management – gibt es davon nicht schon genug? Nein, es gibt noch nicht genug. Denn bei diesem Thema lernen wir nie aus. Niemals. Es gibt immer Neues zu entdecken und Vergessenes wieder in Erinnerung zu rufen. Speziell, wenn es um Führen und Leiten im Reich Gottes geht. Deshalb der Untertitel: Leiten lernen bei Jesus.

Es ist ein echter Schönheit, den Sie hier in den Händen halten. Präzise, geistlich tief, voller Leidenschaft für das Reich Gottes und gedeckt durch mehr als zwei Jahrzehnte Leitungserfahrung in einer missionarisch ausgerichteten Großstadtgemeinde. Swen Schönheit weiß, wovon er spricht. Was er sagt, das hat Hand und Fuß. Es ist durch den Schmelztiegel geistlicher, persönlicher und organisatorischer Prozesse gegangen. Immer wieder gibt es biografische Notizen, die das Buch authentisch machen.

Herausgekommen ist ein richtig spannendes Arbeitsbuch. Jeder Abschnitt endet mit Fragen, die persönlich, aber auch – warum nicht? – z. B. in Leiterseminaren von Gruppen im Gespräch bearbeitet werden können. In jedem Fall ist es ein Buch, das sich nicht einfach „runterlesen" lässt, sondern das immer wieder aus der Hand gelegt werden will. Ein Buch, dessen Inhalt meditiert und durchdrungen werden will. Ein Buch, das sich eignet, um sich damit ein paar Tage in die Stille einer persönlichen Klausur zu begeben. Wie auch immer, es ist konzentrierter Lesestoff, der Stück um Stück entdeckt werden will. Widerstehen Sie der Versuchung, es zu schnell zu lesen! Nehmen Sie sich Zeit! Es lohnt sich.

Swen Schönheit bearbeitet die verschiedenen Dimensionen und besonderen Herausforderungen geistlicher Leitung. Es geht zum einen um den eigenen Werdegang, die Frage nach der integren Persönlichkeit, dann aber auch um Professionalität. Um Charakter und Kompetenz, um Talent und Fleiß, um Bewahrung und Bewährung auf dem Lebensweg. Wer bin ich und wo komme ich her? Wie will ich sein? Wer und was ist mir anvertraut? Was kann ich und was soll ich – und was nicht? Stichwort Stabübergabe: Wie baue ich eine neue Generation auf? In dem allen, und das ist der Unterschied zu säkularer Literatur zum Thema Führung: Wer ist Gott, der mich so gemacht hat, und was will er damit bezwecken?

Wie kann der größte Leiter aller Zeiten, Jesus Christus, heute heilsamen Einfluss auf mich nehmen? Wie kann ich immer mehr ein Hirte nach seinem Herzen werden?

Immer wieder berichtet die Bibel von Menschen, die hinter ihren Möglichkeiten als von Gott begabte und gesandte Leiter zurückgeblieben sind oder die aus unterschiedlichen Gründen gescheitert sind. Fast wäre das auch Petrus passiert. Nachdem der „geborene" Leiter wegen persönlichen Versagens allen Grund gehabt hätte hinzuschmeißen, begegnet ihm der auferstandene Christus. In einem liebevollen, aber klaren Gespräch wird er erneut berufen: „Weide meine Schafe! Hüte meine Lämmer!" Petrus lernt: Bei Jesus lernt man nie aus. Jesus will seine Gaben in uns und unseren Charakter entwickeln. Deshalb: Leiten lernen bei Jesus. Petrus erlaubt, dass Jesus ihn „formatiert". Petrus wird so Stück um Stück zu einem „Menschen mit Format". Für den Mann mit Ecken und Kanten wird es nicht die letzte Formatierung gewesen sein. Gleiches geschieht mit jedem Menschen, der sich ganz auf Jesus einlässt.

Es wird seinen Grund haben, warum Sie genau jetzt in diesem Buch blättern. Haben Sie eine Ahnung? Vielleicht sind Sie schon mittendrin im Thema, während Sie die ersten Zeilen lesen. Ich wünsche allen Lesern jene Befreiung von außen, wie ich sie in einer Kirchenvorstandssitzung letztlich als Handeln Gottes erfahren habe. Wie sie auch Petrus erfahren hat. Petrus, der sicher natürlich begabt war, aber noch viel zu lernen hatte. Ich wünsche Ihnen, dass Gott selber Ihnen die Angst nimmt zu leiten. Ergreifen Sie, was Gott in Ihnen und durch Sie tun will. Oder besser: Lassen Sie sich ergreifen, seien Sie ein von Jesus Ergriffener!

Hann. Münden, im Juli 2013
Pfarrer Henning Dobers

Grundlagen 1

Natürlich müssen wir alle leiten!

„Dass Führer anführten in Israel, dass das Volk sich willig zeigte, dafür preist den Herrn! … Mein Herz gehört den Anführern Israels, den Freiwilligen unter dem Volk. Lobt den Herrn!" (Ri 5,2.9 | Sch)

Es war kurze Zeit nach der Wende von 1989. Für uns Westberliner lag im Osten eine neue, fast unbekannte Welt, die es zu entdecken galt. Wir reisten also in ein kleines Dorf nach Sachsen-Anhalt, wo man mich zu einem Wochenend-Seminar eingeladen hatte. Ich war gespannt und aufgeregt. Zwar hatte ich schon vor dem Fall der Mauer immer wieder auf „Rüstzeiten" in der DDR gesprochen, doch nun war vieles anders geworden. Meine Einstiegsfrage schien die Teilnehmer zu irritieren: „Wer von euch würde sich selbst als geistlichen Leiter bezeichnen?" Nur wenige der rund 50 jungen Leute reckten vorsichtig ihren Arm. Hatte ich mich beim Thema geirrt? „Grundlagen geistlicher Leiterschaft" stand doch auf der Einladung …

„Leiter? Die da oben!"

Später begriff ich mehr von der Zurückhaltung, die Menschen beim Stichwort „Leiter" oder „Leitung" empfinden, und zwar in Ost und West aus unterschiedlichen Gründen. Als ich wenig später in den 90er-Jahren auf einer Bibelschule in Rumänien unterrichtete, antwortete ein junger Mann zur selben Thematik: „Also Leiter, das sind die Leute mit der Mappe, die anderen haben den Spaten in der

Hand." Ein typisches Bild, zum Beispiel auf einer Baustelle: Einer hat die Pläne in der Hand und diktiert den Zeitplan, alle anderen müssen seine Anweisungen ausführen. Wer leitet, ist oben angekommen, kann Anzug tragen und muss sich nicht mehr die Hände schmutzig machen. Für Christen im Sozialismus gab es nur geringe Chancen, „nach oben" zu kommen. Dafür waren Teilnahme an der FDJ und Einstieg in die Partei der gebotene Weg. Die herrschende Klasse der DDR lebte zwar nach unseren heutigen Maßstäben nicht besonders luxuriös, doch sie handelte eigenmächtig und fällte undurchsichtige Entscheidungen, die für das werktätige Volk kaum nachvollziehbar waren.

„Letztlich sind wir alle gleich!"

Im demokratisch aufgeklärten Westen dagegen lebten wir mit den geistigen Folgen von 1968. Ich bekam das hautnah in meiner Ausbildung als Vikar zu spüren. Im Predigerseminar wollte, sollte oder durfte niemand so richtig. Die Studienleiter (wir waren alle „per du") wollen uns natürlich nichts beibringen, sondern lediglich moderieren, frontaler Unterricht war von vorgestern. Die Gruppe bestimmte das Thema und redete in endlosen Debatten letztlich nur über sich selbst. Der verpönte „Vikars-Vater" war zum partnerschaftlichen „Mentor" mutiert. Schöne neue horizontale Welt, in der keiner über den anderen herrschen sollte. Ich lernte damals das Stichwort „Herrschaftsstrukturen" kennen, das ähnlich vernichtend klang wie in frommen Kreisen das Prädikat „unmoralisch" oder „unbiblisch"! Leitung erfolgte also etwa nach der Devise: Jeder mischt ein bisschen mit, doch am Ende trägt niemand die Verantwortung. So sind bis heute viele Gemeinden „aufgebaut": Wir machen alle alles gemeinsam …

Verunsicherung einer ganzen Generation

Im Westen unseres Landes wurden wir nachhaltig geprägt von diesem Generalverdacht gegenüber jeder Form von Autorität. Vor allem in kirchlichen Kreisen zeigte sich bis in die Sprache hinein eine defensive Grundhaltung: Man wollte nur noch „vorschlagen" oder „anregen" oder ergriff die Initiative lediglich, weil man „gebeten wurde". Wer Leitung ausübte, entschuldigte sich quasi dafür. Beliebigkeit war die Folge, Belanglosigkeit der Eindruck, den eine lediglich auf Gleichberechtigung ausgerichtete Kirche bei den Menschen hinterließ. *„Wenn keine Vision da ist, verwildert ein Volk"*, heißt es im Buch der Sprüche (29,18 | EB). Inzwischen haben wir genug von der Profillosigkeit und verabschieden uns still und heimlich von Konzepten nach dem Motto: „Worauf habt ihr denn Lust?" Leitung ist wieder neu gefragt – wenn auch weiterhin hinterfragt.

Im Deutschen tun wir uns schon sprachlich schwer mit Begriffen, die „Leitung“ beschreiben. Das Wort „Leiterschaft“ fehlt bis heute im Duden, obwohl Christen es gerne verwenden (ich werde es in diesem Buch auch tun). Wir sind damit allerdings im englischen Sprachraum gelandet, wo *leadership* schlicht und einfach „Führung, Leitung“ bedeutet. Für englische Ohren sind *leaders* also die „Führer“ einer Nation oder einer Organisation. Nun will nach einer verhängnisvollen Geschichte von nationalem Machtmissbrauch heute in Deutschland niemand mehr ein „Führer“ sein. Höchstens „Fremdenführern“ vertrauen wir uns noch an, doch die heißen neudeutsch „Guide“. Beliebt sind inzwischen Kongresse für „Führungskräfte“ – und die werden überall gesucht und nach Kräften gefördert. Ich will nicht kleinlich sein, aber brauchen wir wirklich nur „Kräfte“ in unseren Firmen und Gemeinden? Sehnen wir uns nicht im Tiefsten nach Persönlichkeiten, die authentische Vorbilder sind? Peter Barrenstein, langjährig leitender Mitarbeiter der Unternehmensberatung McKinsey Deutschland und Mitglied der EKD-Synode, drückt diesen Nachholbedarf so aus: *„Eine ganzheitlich überzeugende Führungspersönlichkeit verfügt neben den ‚technischen‘ Fähigkeiten auch über deutliche Charaktermerkmale, wie Vorleben von Werten und Normen, Grundtugenden, Demut und Veränderungsbereitschaft.“*[3]

Leitung wird gebraucht – mehr denn je!

Die DDR ist heute Teil des Geschichtsbuchs und einen Gang ins Museum wert, und die Revolution von 1968 hat nach über 40 Jahren bereits Enkelkinder hervorgebracht. Heute stehen wir einer viel komplexeren Welt gegenüber und sind ganz anders genötigt, neu über Leitungsfragen und Leitungsstile nachzudenken. Wir sehen uns politischen und wirtschaftlichen Herausforderungen von ungeahntem Ausmaß gegenüber. Wir erleben Umbrüche in der Bevölkerungsstruktur, deren Ende kaum absehbar ist. Wir sind verantwortlich gegenüber einer jungen Generation von künftigen Verantwortungsträgern, die deutlich mehr Lasten zu tragen haben als die Jugend der 60er- und 70er-Jahre. Pastoren zum Beispiel brauchen heute eine ganz andere Bandbreite an Kompetenzen als vor einer Generation: Zur rhetorischen Begabung und seelsorgerlichen Befähigung sind Anforderungen wie „Change-Management“ hinzugekommen. Wer heute in der Kirche Karriere machen will, muss mehr sein als ein profilierter Theologe und ein kommunikativer Typ: Medienwirksam sollte man oder frau an der Spitze sein! Die Ansprüche sind höher geworden …

Vielleicht stehst du selbst gerade in einer Situation, wo deine Leitungsfähigkeiten besonders herausgefordert sind. Stehst du in einer Umbruchsituation, die Weitblick erfordert? In einer Krise, die Mut und Entschlossenheit verlangt? In der Verantwortung für jüngere Mitarbeiter, die geformt und gefördert werden sollten? Fühlst du dich dazu in der Lage? Bist du bereit, herauszutreten und Verantwortung zu übernehmen? Und kennst du die Richtung für dein eigenes Leben?

1.1 Die Schöpfung verlangt nach Leitung

„Der Herr … hat die Erde fest gegründet; und er hat sie nicht geschaffen, damit sie leer und öde sein soll, sondern damit seine Geschöpfe auf ihr wohnen können." (Jes 45,18 | GN)

Als Gott diese Erde erschuf, offenbarte er damit seine ganze Majestät und Kreativität. Ohne Gottes gute Gedanken hätten wir höchstens Chaos, aber niemals diesen genial organisierten Kosmos, dessen Erforschung die Menschen seit Generationen in Atem hält. Doch unsere Erde war von Anfang an als Wohnraum gedacht für das beste aller Schöpfungswerke: *„Gott schuf den Menschen als sein Abbild."* Nirgendwo konnte Gott sich selbst wiedererkennen als allein in uns Menschen. Niemand im ganzen Universum würde so im Zentrum seiner Aufmerksamkeit stehen wie wir. Gott schuf uns Menschen als Zielpunkt seiner Liebe, und er wünschte sich von Anfang an die Freundschaft mit uns. Zugleich übertrug er uns eine einzigartige Aufgabe: *„Füllt die ganze Erde und nehmt sie in Besitz!"* (1. Mo 1,28 | GN). Das hebräische Wort meint Fürsorge und Verwaltung, also ein dienendes Beherrschen!

Ägyptens Pharao Ramses II. ließ im 13. Jahrhundert v. Chr. nördlich von Beirut sein Abbild aus einem Felsen hauen. Damit stellte er sich selbst als Beherrscher dieses Gebietes dar. Vom Schöpfer der ganzen Erde aber *„wird der Mensch als Standbild Gottes in die Schöpfung gesetzt"*. Er wird eingesetzt als *„verantwortlicher Geschäftsträger"* über die Erde und soll zugleich etwas von Gott selbst abbilden (Hans Walter Wolff).[4] Nicht Engelwesen, sondern wir Menschen sind die Schlüsselperson für Gottes Schöpfung. Und diese Rolle hat Gott uns nie entzogen, auch nicht nach dem großen Vertrauensbruch, dem Sündenfall (vgl. 1. Mo 3,23; 9,1–3). In den Psalmen wird von einer regelrechten Arbeitsteilung zwischen Schöpfer und Geschöpf gesprochen: *„Der Himmel ist der Himmel des Herrn, die Erde aber gab er den Menschen."* Welche Würde ist uns gegeben, wenn es heißt: *„Du hast ihn nur wenig niedriger gemacht als Gott, hast ihn mit Herr-*

lichkeit und Ehre gekrönt. Du hast ihn als Herrscher eingesetzt über das Werk deiner Hände, hast ihm alles zu Füßen gelegt" (Ps 115,16; 8,7 | EÜ). Wenn das keine Berufung zur Leitung ist – und zwar für jeden von uns!

Gruppen mit genialer Programmierung

Die gesamte Schöpfung ist durch geniale Programme organisiert, die uns Menschen zum Teil immer noch verborgen sind. Auf dem Gebiet der Bionik werden Antworten gefunden, nach denen moderne Technik lange gesucht hat. Dass Ameisen mit ihrem Staatengebilde *„überaus weise"* sind, wussten bereits die Menschen der Bibel. Sie bewunderten die Organisation der Heuschrecken: *„Sie haben keinen König, und doch ziehen sie alle in geordneten Scharen aus"* (Spr 30,24–27). Heutige Forscher staunen über das Kommunikationssystem der Honigbienen und vermuten eine Art Landkarte in ihrem Gehirn. Bei Fischen untersucht man deren sogenannte Schwarmintelligenz: Wie abgesprochen bewegen sie sich in die richtige Richtung, bilden als Gruppe einen gedachten Mittelpunkt und können dadurch feindliche Angriffe besser abwehren. Schließlich fasziniert uns die Formation der Zugvögel, die in Gruppen Tausende von Kilometern nonstop fliegen. Durch die V-Form halten sie den Luftwiderstand möglichst gering und behalten stets einander im Blick.

Wenn wir wollen, können wir an den Schöpfungswerken die *„unsichtbare Wirklichkeit"* Gottes erkennen und wichtige Prinzipien von Leiterschaft entdecken (Röm 1,20). Tiere sind nicht nur Räuber, sondern vielfach die besseren Teamplayer als wir Menschen. Inzwischen erinnern uns moderne Management-Bücher: *„Der Reichtum der Natur an Vorbildern ist unerschöpflich."* Sie hat *„eine unglaublich beeindruckende Entwicklungs- und Erfolgsgeschichte aufzuweisen."* So werden – im Sinne von „Natural Leading" – Seminare mit Besuchen bei Wolfsfamilien angeboten, von denen menschliche Chefs etwas lernen sollten: *„Bei der Jagd gehen die Wölfe nicht nur hoch strategisch vor, sondern sie arbeiten perfekt als Team zusammen. … Immer nehmen die Rudelmitglieder aufeinander abgestimmte Rollen ein, jedes Rudelmitglied kennt seine Aufgabe und seine Rolle genau."*[5]

„Wie Schafe, die keinen Hirten haben"

Allerdings ist die Bibel bei ihren zentralen Aussagen über Leitung von einer ganz anderen, weniger spannenden Tiergattung geprägt: den Schafen! Warum nur diese netten, harmlosen Vierbeiner? *„Wenn sie sich selbst überlassen bleiben, folgen sie den immer gleichen Pfaden,* erinnert an unser Verhalten.

bis diese zu ausgetretenen Gräben werden. Sie grasen immer die gleichen Hügel ab, so lange, bis eine Wüste daraus geworden ist. Sie verschmutzen ihr eigenes Gehege, bis es von Krankheiten und Ungeziefer verseucht ist", beschreibt ein erfahrener Hirte seinen Dienst. *„Das beste Mittel gegen dieses Übel besteht darin, dass der Hirte seine Herde ständig in Bewegung hält."*[6] Gott scheint Schafe besonders zu lieben – jedenfalls sind sie für die Bibel das zentrale Bild, um den Bedarf an guter Führung zu beschreiben. Vielleicht soll uns dieser Vergleich demütig halten und vor Augen führen, wie sehr wir alle auf Hilfe von außen angewiesen sind, egal in welcher Position!

Jedenfalls zieht sich durch das ganze Alte und Neue Testament wie ein roter Faden Gottes Suche nach geeigneten Leitern, *„damit das Volk des Herrn nicht wie eine Herde ohne Hirte ist"* (4. Mo 27,17; vgl. Mt 9,36). Bereits im Alten Testament wird Gott als der *„Hirte Israels"* bezeichnet, der über Generationen sein Volk *„wie eine Herde gehütet"* hat (Ps 80,2; 95,7). Jesus hat diesen Titel übernommen mit dem markanten Satz: *„Ich bin der gute Hirte. Der gute Hirte opfert sein Leben für die Schafe."* Für uns bedeutet dies, dass es in aller Welt keinen besseren Leiter gibt als Jesus: In ihm hat der Gott des Alten Bundes endgültig Gesicht gezeigt und Gestalt angenommen! Und Jesus lädt uns alle ein, seiner guten Leitung zu folgen: *„Meine Schafe hören auf meine Stimme; ich kenne sie, und sie folgen mir"* (Joh 10,11.27 | jeweils NLB). Gute Leiter werden wir, wenn wir lernen, Jesus zu folgen, und wenn wir uns Jesus selbst zum Vorbild nehmen!

Gute Leiter werden wir, wenn wir lernen, Jesus zu folgen, und wenn wir uns Jesus selbst zum Vorbild nehmen!

Wenn wir das – gar nicht so romantische – Bild vom Schäfer und seiner Schafherde auf uns wirken lassen, zeigen sich einige Überraschungen im Blick auf Leitungsfragen:

1. **Welt und Gemeinde lassen sich nicht trennen!**

Als Hirten werden im Alten Testament Leiter unterschiedlicher Art bezeichnet, Könige und Heerführer, aber ebenso Priester und Propheten. Das Volk zu *„weiden"* bedeutet also nichts anderes, als es zu leiten (2. Sam 5,2; 7,7; Jer 2,8; 23,1–4). Als die Juden in Babylon im Exil lebten, einem für sie gottlosen Ausland, ließ Gott die Propheten sagen, Nebukadnezar habe *„für mich gearbeitet"*. Israels Erzfeind als Gottes Werkzeug? Später bezeichnet Gott den mächtigen Perserkönig Kyrus als *„mein Hirte"* (Hes 29,20; Jes 44,28). Schließlich war er es, der Israel die Rückkehr ins Heimatland und den Neuanfang dort ermöglichte. In unseren Gemeinden sind wir gewohnt, das Leben in „weltliche" und „geistliche" Bereiche aufzuteilen. Doch diese künstliche Trennung ist dem

Alten Testament zutiefst fremd! Auch für uns heute gilt: Gute Leiter werden überall gebraucht, im Raum der Kirche ebenso wie in den Bereichen unserer Gesellschaft. Gott sucht gute Hirten für die Menschen „drinnen“ wie „draußen“!

2. Gott lässt sich von uns vertreten!

Wenn Gott im Alten Bund von sich selbst als *„Hirte“* spricht, zeigt er ebenso handfeste wie behutsame Seiten (Hes 34,11–16; Jes 40,11). Als Hirte ist er unser Vater. Dennoch hat er diesen Titel nicht für sich selbst reserviert. Auch wir Menschen sollen einander zu guten Hirten werden: *„Füttere meine Lämmer! Hüte meine Schafe!“*, beauftragt Jesus seinen Schüler Petrus nach der Auferstehung (Joh 21,15–18 | jüd). Trotz seines Versagens wurde Petrus wieder in seinen ursprünglichen Auftrag eingesetzt und Jesus vertraute ihm sein gesamtes Mitarbeiterteam an (vgl. Lk 22,32). Tatsächlich übernahm Petrus den Hirtenstab und wurde ein anerkannter und vollmächtiger Leiter der ersten Gemeinde. In seinen Briefen spricht er wiederum die Ältesten in den Gemeinden als *„Hirten“* an, die sich ein Vorbild an Jesus nehmen sollen (1. Pt 5,2–4). Der Titel des guten Hirten ist also nicht geschützt! Die gute „Marke“ wird von Gott auf uns Menschen übertragen. Wenn wir auf diesem Hintergrund vom *Pastor* sprechen (lateinisch *Hirte* oder *Schäfer*), kann es also nur um jesusähnliche Leiterschaft gehen!

Auch wir Menschen sollen einander zu guten Hirten werden.

Gute Hirten -
Leiter nach dem Vorbild von Jesus

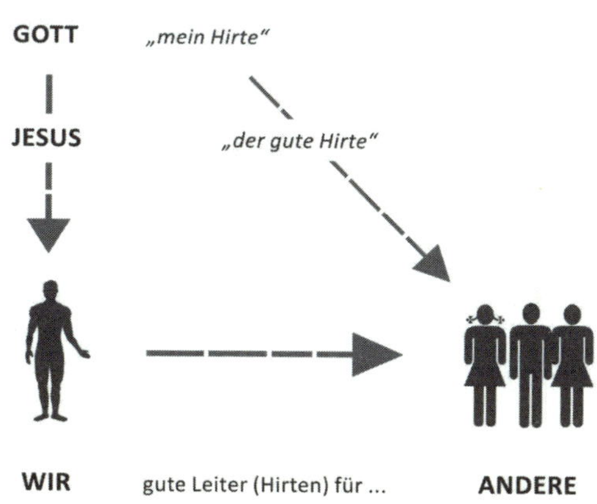

„Wenn Sie erfolgreich sein wollen, müssen auch Sie lernen, wie man Menschen mit der Kunst eines Hirten betreut", wird in Anlehnung an die Bibel als Managementprinzip gelehrt. Es lohnt sich in der Tat, das „Hirtenprinzip" genauer zu untersuchen:[7] Der gute Hirte steht für persönliche Nähe, Interesse, Fürsorge, Schutz, Orientierung, Förderung und Herausforderung … wunderschöne Bilder, die allerdings erst dann Gestalt annehmen, wenn wir Menschen bereit sind, für andere Menschen Verantwortung zu übernehmen. Anders als die Tierwelt sind wir eben nur begrenzt „programmiert" zum richtigen Gruppenverhalten. Wir müssen uns vielmehr zu einem Lebensstil entscheiden, der von wirklichem Interesse an anderen bestimmt ist. Erst dann kann uns Gott als *„Hirten nach meinem Herzen"* gebrauchen (Jer 3,15).

„Führe mich, o Herr, und leite …"

Am Bild vom Hirten und der Herde wird deutlich: Führen können wir andere nur, wenn wir selbst bereit sind, uns von Gott führen zu lassen. Führung und Leitung – dies muss ich zuerst an mir selbst erfahren, bevor ich anderen damit dienen kann.

„Führe mich, o Herr, und leite
meinen Gang nach deinem Wort;
sei und bleibe du auch heute
mein Beschützer und mein Hort.
Nirgends als von dir allein
kann ich recht bewahret sein."[8]

Wilfried Härle, Professor für evangelische Theologie, nimmt dieses Morgenlied aus dem Gesangbuch zum Anlass, die Begriffe „führen" und „leiten" klarer gegeneinander abzugrenzen. Oftmals erscheinen sie austauschbar bzw. werden nach persönlicher Vorliebe verwendet. Führung bezieht sich in diesem Lied auf die Person („mich"), so Härle, Leitung auf den „Gang" des Beters. Entsprechend lässt sich für uns heute sagen:

- **„Führung"** ist primär *„personenbezogene Hilfe zum Erreichen von Zielen"* (vgl. Personalführung, Lebensführung, Kinder werden an der Hand geführt usw.),
- **„Leitung"** dagegen ist eine *„organisationsbezogene Aktivität"* (Sitzungen, Organisationen, Gemeinden werden geleitet, wir haben Kirchenleitungen" usw.).[9]

1.2 Selbstleitung – Lektionen aus der Jugend

Die ersten Lektionen unseres Lebens beginnen bereits im Kinderzimmer: Räumt Papa die Spielsachen weg oder die kleine Lena? Lernt Max irgendwann, sein Bett zu machen, oder gewöhnt er sich an den Rundum-Service im „Hotel Mama“? Als Schüler gilt es dann, selbstständig aufzustehen, rechtzeitig den Bus zu erreichen und frühzeitig für die Mathearbeit zu lernen. Irgendwann gibt es das erste Taschengeld und schließlich ein eigenes Handy und der junge Mensch muss das Haushalten lernen. Bald entwickeln sich erste Umrisse eines Lebensstils: Werden Absprachen eingehalten, Mails beantwortet, Bücher und DVDs zurückgegeben? Kommt er oder sie pünktlich und zählt ihr Wort? Angefangen vom Geschwisterkind und Beziehungen in Kindergarten und Grundschule lernen wir bald die Lektion: „Ich bin nicht allein auf der Welt. Ich muss Dinge teilen und anderen Aufmerksamkeit geben. Ich muss mich auf mein Gegenüber einstellen. Ich muss lernen, mich auszudrücken und zuzuhören.“ Unser Charakter gewinnt seine Stärke vor allem im Umgang mit andersartigen Menschen und Konfliktsituationen. Wenn Max und Lena oder Felix und Laura sich irgendwann befreunden, müssen sie lernen, für zwei zu denken. Die gemeinsame Zeit muss gestaltet werden. Wer gibt die Richtung vor? Verantwortung ist gefragt, nicht nur Lust und Laune. Kurz gesagt: Von Jugend auf sind wir herausgefordert, einen gesunden Lebensstil zu entwickeln und Leitung im Kleinen zu lernen. Ein Leben aus dem Moment heraus führt uns am Ende nicht weit …

Leiten heißt: sein Leben gestalten

Manchen Menschen fällt es von Natur aus leicht, ihr Leben zu strukturieren und klare Prioritäten zu setzen. Andere sind eher spontan veranlagt und wirken oft etwas „verplant“. Das Vorbild der Eltern prägt uns nachhaltig und meist viel stärker, als uns recht ist. Wenn unsere Eltern kein gutes Vorbild für gegenseitigen Respekt und Rücksichtnahme boten, ist unser Weg zu einer ausgeglichenen Persönlichkeit natürlich länger. Ohne die klare Struktur eines intakten Familienlebens fällt es uns natürlich schwerer, unseren Alltag zu meistern und einmal einen gesunden Lebensstil zu entwickeln. *„Persönliche Verantwortung für unser Verhalten zu übernehmen, zuverlässig zu werden und die natürlichen Konsequenzen für unser Handeln zu tragen ist überaus wichtig für die Charakterentwicklung“*, schreiben die Psychologen Frank und Catherine Fabiano. Wenn die Entwicklung während der Pubertät *„gut gegangen ist, verlassen wir diese Zeit mit einem klaren sozialen Vertrag. Er besteht im Wesentlichen darin, dass ich ‚im Leben Dinge tun muss, … ob ich will oder nicht … ob* *ich mich danach fühle oder nicht, … dass sich die Welt nicht allein um mich dreht.' Leider gibt es viele Menschen auf dieser Welt, die solche Einsichten noch nicht gewonnen haben.*"[10]

Der erste Mensch, der Führung benötigt, bin ich selbst!

In einem großen Berliner Kulturkaufhaus stehe ich immer wieder vor einer ganzen Regalwand mit Hunderten von Buchtiteln über „Führung, Management, Strategie" usw. So gehört Literatur über „Selbstmanagement" inzwischen zum Standardprogramm. Die Erkenntnis ist einfach: Der erste Mensch, der Führung benötigt, bin ich selbst! Wir können andere Menschen nur wirkungsvoll anleiten, wenn wir gelernt haben, uns selbst zu leiten. Wir müssen zuerst unserem eigenen Leben Richtung geben, wenn wir auch anderen den Weg weisen wollen. Selbst wenn deine Zeit im Elternhaus problematisch war und du kaum gute Vorbilder hattest, solltest du dich nicht entmutigen lassen. Die gute Nachricht der Bibel heißt: Über all unser Bemühen hinaus hält Gott eine Menge an Gnade für uns bereit! Er ist jederzeit in der Lage, unsere Persönlichkeit positiv zu verändern, wie schwer die Altlasten auch wiegen mögen! Paulus spricht einmal davon, dass gerade diejenigen, *„die Gottes Gnade und das Geschenk der Gerechtigkeit in so reichem Maß empfangen, in der Kraft des neuen Lebens herrschen"* werden (Röm 5,17 | NGÜ). Mit anderen Worten: Wer durch Christus eine lebendige Beziehung zu seinem Schöpfer gefunden hat, wird auch befähigt, sein eigenes Leben unter die Füße zu bekommen. Er wird auf grundlegende Weise seine Lebenstüchtigkeit zurückgewinnen.

Ein ehrlicher Rückblick auf meine bisherige Lebensführung:

- Wo habe ich bereits Verantwortung übernommen und wie sah das Ergebnis aus?
- Wie bin ich bisher mit Enttäuschungen oder Versagen umgegangen?
- Wie habe ich auf Kritik und Korrektur, aber auch auf Lob und Ermutigung reagiert?
- Wann habe ich gelernt, Konflikte auszutragen? Wann/wieso bin ich daran gescheitert?
- Welche Menschen kennen und lieben mich so gut, dass sie mir die Wahrheit sagen?
- Wie weit habe ich gelernt, im Leben gezielt zu agieren anstatt nur zu reagieren?
- Wie gut kenne ich meine natürliche Begabung einschließlich meiner Begrenzung?

Charakterfragen? Unsere Akzeptanz steht auf dem Spiel

Unser gesamtes Leben hindurch befinden wir uns in der Schule Gottes. Als liebender Vater möchte Gott in uns bestimmte Qualitäten hervorbringen, die wir für den Job in der Welt ebenso brauchen wie für den Dienst in der Gemeinde. Unternehmen legen inzwischen zunehmend Wert auf „soziale Kompetenzen“ und „Soft Skills“, also nicht nur Leistungen im Sinne von guten Noten. Wer zwar ein super Abiturzeugnis vorlegt, doch das Einmaleins des Sozialverhaltens nicht beherrscht, hat schlechte Chancen, in verantwortliche Positionen zu kommen. Doch ab einer bestimmten Ebene verlieren Führungskräfte allzu oft die Bodenhaftung, werden selbstgefällig und basteln nur noch an der eigenen Karriere. Unzählige Arbeitnehmer auf den unteren Ebenen sind dann die Leidtragenden.

Aus Sicht der Bibel ist die Arbeit am eigenen Charakter kein Luxus! Es geht um die Frage, ob andere Menschen uns wirklich akzeptieren und uns folgen würden. Gott kann keine Leiter gebrauchen, die ihre Autorität mit Machtmitteln durchsetzen. Er braucht solche, die aufgrund ihrer Persönlichkeit überzeugen: Nicht die Position macht den Leiter, sondern seine innere Qualifikation, durch die er auf andere Menschen anziehend wirkt. Deshalb steht am Anfang unserer Entdeckung von „geistlicher“ Leitung zunächst ein ehrlicher Blick auf unsere „natürliche“ Fähigkeit, das Leben zu gestalten. Jeder Dienst, den Gott uns einmal anvertraut, braucht einen gesunden Unterbau in unserer Persönlichkeit.

Ganzheitlichkeit ist gefragt!

„Wer in den kleinen Dingen treu ist, wird auch in großen treu sein. … Wenn ihr bei weltlichem Besitz nicht vertrauenswürdig seid, wer wird euch die wahren Reichtümer des Himmels verwalten lassen?“ (Lk 16,10–12 | NLB). Mit diesem Wort spricht Jesus nicht nur unser Verhältnis zum Geld an. Unser gesamtes Verhalten im Blick auf die irdischen Dinge ist gefragt, denn hier liegt die Bewährungsprobe für unsere Qualifikation im Reich Gottes! Anders gesagt: Wer sich im Alltag nicht als guter Leiter bewährt, der taugt auch für den Sonntag nicht. Gute Leiter dienen Christen wie Nichtchristen mit derselben Hingabe. Gott legt an unseren Aufgabenbereich in der Gemeinde dieselben Maßstäbe wie an unsere Verantwortung im weltlichen Beruf an. Denn Treue ist in jedem Fall eines der wichtigsten Merkmale guter Leitung.

Wer sich im Alltag nicht als guter Leiter bewährt, der taugt auch für den Sonntag nicht.

Jesus hatte eine hohe Meinung von seinen Schülern und sah großes Potenzial in ihnen. In seiner Bergpredigt hat er sie als *„das*

Salz der Erde" und als *„das Licht der Welt"* bezeichnet. Sie sollten denselben Titel tragen wie ihr Lehrer (Mt 5,13–14; Joh 8,12; 9,5)! Damit sind nun wirklich alle Christen aufgerufen, Verantwortung für ihr Leben in der Gesellschaft zu übernehmen. Die Welt soll heller werden durch uns! Die Erde soll bewahrt werden vor dem Verfall! Salz symbolisiert in der Bibel Beständigkeit, Reinheit und Gastfreundschaft. Gott will sein Reich durch uns ausdehnen, bei uns beginnend in konzentrischen Kreisen: unsere eigene Persönlichkeit, unsere Familie, Ausbildung und Beruf, Freizeit, Freundschaft und Nachbarschaft, all das soll transformiert werden durch sein Leben in uns! Gott möchte uns zu einem „Epizentrum" mit heilsamer Auswirkung werden lassen! Christen sind berufen, ein Stück ihrer Umgebung zurückzubringen unter die gute Herrschaft Gottes. *„Du erneuerst die Gestalt der Erde"* – das ist Gottes Absicht mit jeder neuen Generation (Ps 104,30 | Sch).

1.3 Wie Gott seine Leute souverän vorbereitet

> *„Wie steht es mit den Menschen, die den Herrn ernst nehmen? Der Herr zeigt ihnen den Weg, den sie gehen sollen. … Alle, die den Herrn ernst nehmen, zieht er ins Vertrauen. … Hilf mir, rein und redlich zu leben; Herr, ich rechne mit dir!"* (Ps 25,12.14.21 | GN).

Die beste Lektüre über geistliche Leitung, die ich dir empfehlen kann, sind die Lebensbilder der Bibel. Die Bibel ist nicht nur ein Lehrbuch, sondern auch ein Erzähl- und Bilderbuch. Überall stoßen wir auf die Biografien Einzelner. Wenn wir sie an uns heranlassen, werden sie zu einem Spiegel, in dem wir uns selbst erkennen können: Gott ist damals wie heute bereit, mit gewöhnlichen und manchen recht ungewöhnlichen Menschen zusammenzuarbeiten. Er wählt Menschen mit den unterschiedlichsten Voraussetzungen. Er „zieht sie ins Vertrauen", offenbart ihnen seine Pläne und arbeitet zugleich an ihrem Charakter. Fällt dir nicht auf, dass die Bibel gar nicht so viele abstrakte „Führungsprinzipien" vermittelt? Sie zeigt uns jedoch auf Schritt und Tritt, welche inneren Voraussetzungen Gott bei seinen Leuten sucht, damit er sie für seine Vorhaben gebrauchen kann.

Geistlich leiten bedeutet nicht nur, einen Auftrag auszuführen, sondern zuerst in enger Beziehung zum Auftraggeber zu stehen.

Die „Helden" der Bibel: Profis und Problemfälle

Noah war ein Einzelner, doch seine Familie stand für einen kompletten Neubeginn mit der Menschheit nach der Sintflut (1. Mo 7,1; Hebr 11,7). Abraham wurde als Einzelner von Gott erwählt und zum *„Vater vieler Völker"* berufen (1..Mo 12,1–3; 17,5; 22,17). Interessanterweise wird er gleich dreimal in der Bibel als Gottes

„Freund“ bezeichnet (2. Chr 20,7; Jes 41,8; Jak 2,23). Dies war ja von Anfang Gottes Absicht: nicht nur Mitarbeiter einzustellen, sondern in uns Menschen gute Freunde zu gewinnen! Jesus hat die gesamte Ausbildung seiner Schüler darauf ausgerichtet: *„Ihr seid meine Freunde …, denn ich habe euch alles mitgeteilt, was ich von meinem Vater gehört habe“* (Joh 15,14–15 | EÜ). Geistlich leiten bedeutet nicht nur, einen Auftrag auszuführen, sondern zuerst in enger Beziehung zum Auftraggeber zu stehen.

Robert Clinton, Professor für Leiterschaft am Fuller Theological Seminar in Pasadena (Kalifornien), hat Studien über die Persönlichkeiten der Bibel durchgeführt. Etwa 1.000 Führungspersönlichkeiten werden von der Bibel namentlich erwähnt, 100 davon in ihrem Werdegang ausführlicher beschrieben. Doch *„wir haben nur von 49 genügend Informationen darüber, wie sie ihr Leben und ihren Dienst beendeten“*. Clinton zieht ein recht ernüchterndes Resümee: *„Nur rund 30 % der biblischen Leiter waren bis zum Ende ihres Lebens erfolgreich. Das bedeutet, dass zwei von dreien eigentlich scheiterten.“*[11] Ob die Bilanz bei uns heute anders ausfällt?

Wenn wir uns in die Lebensbilder des Alten Testaments vertiefen, stoßen wir auf einige bemerkenswerte Menschen, die von Natur aus begabt waren oder berufsbedingt in einflussreiche Positionen kamen. Josef gelangte nach einer verworrenen Lebensgeschichte bis an den Hof des Pharao. Später wurde Mose von der Tochter des Pharao adoptiert und wuchs als ägyptischer Prinz auf. Jeremia und Hesekiel stammten aus Priesterfamilien. Daniel und Esther waren im babylonischen Exil zu hoher Stellung gelangt, und Nehemia konnte sogar im Auftrag eines heidnischen Königs seinem jüdischen Volk zum Neuanfang verhelfen. Schließlich war Paulus, dem wir die meisten Briefe des Neuen Testaments verdanken, schon vor seiner Bekehrung ein begabter und ehrgeiziger Schriftgelehrter.

Ob ein Mensch den Weg der Selbstverwirklichung geht oder sein Leben zum Wohl anderer investiert, ist weniger eine Frage der Bildung als vielmehr der Einstellung.

Beruft Gott nur begabte Leiter?

Diese Beispiele zeigen deutlich: Gott möchte durchaus an unsere natürlichen Fähigkeiten anknüpfen. Was uns in die Wiege gelegt wurde, was wir vom Elternhaus mitbekommen und uns durch Ausbildung angeeignet haben, ist ein wertvolles Kapital. Es lohnt sich also, im Beruf gut zu werden! Auf der anderen Seite scheint Gott eine Vorliebe dafür zu haben, auch „Nobodys“ zu erwählen und aus ihrem Leben etwas Bedeutungsvolles zu machen. *„Gott hat das auserwählt, was in den Augen der Welt gering ist, um so diejenigen zu beschämen, die sich selbst für weise halten. Er hat das Schwache erwählt, um das Starke zu erniedrigen“*, schreibt Paulus an die Gemeinde in Korinth. Gott geht in seiner Souveränität auch diesen Weg, *„damit kein Mensch sich je rühmen kann vor Gott"* (1. Kor 1,27–29 | NLB). Die Begabung in unserem Leben ist das eine. Wir können Gott damit leidenschaftlich dienen und sein Reich voranbringen. Doch wir können auch eitel und egoistisch werden und an unserer Karriere basteln. Ob ein Mensch den Weg der Selbstverwirklichung geht oder sein Leben zum Wohl anderer investiert, ist weniger eine Frage der Bildung als vielmehr der Einstellung. Erst wenn wir auf Gottes Berufung reagieren und unsere Begabung in seinen Dienst stellen, werden wir für Gott brauchbar. Die Bibel zeigt uns unmissverständlich, dass mancher Leiter zwar mit viel Elan an den Start ging, doch zunächst von Gott jahrzehntelang geformt werden musste:

- So geriet Moses erster Versuch, sein Volk von der Zwangsarbeit in Ägypten zu befreien, zum Fiasko. Er war zwar *„in aller Weisheit der Ägypter unterrichtet und war mächtig in Worten und in Werken"*, doch sein Schlichtungsversuch endete mit einem Mord. Mose hatte geglaubt, *„seine Brüder würden es verstehen, dass Gott ihnen durch seine Hand Rettung gebe"*. Doch er musste fliehen und wurde für die nächsten 40 Jahre Schafhirte. So präzise skizziert die Apostelgeschichte den Werdegang dieses ersten großen Führers Israels, *„den sie verwarfen"*, bis seine Zeit gekommen war (Apg 7,20–36 | Sch).
- Auch David hatte eine jahrzehntelange Vorbereitungszeit zu durchlaufen, bis er als König anerkannt war und regieren konnte. Bereits als Junge wurde er von der Schafherde weggeholt und durch den Propheten Samuel gesalbt. Dort lernte er wichtige Lektionen des Lebens, die er später als König gut gebrauchen konnte (1. Sam 16,11; 17,34–35). So wusste David genau, wovon er sprach, wenn er dichtete: *„Der Herr ist mein Hirte, ich habe alles, was ich brauche. Er lässt mich in grünen Tälern ausruhen. … Er zeigt mir den richtigen Weg"* (Ps 23,1–3 | NLB). Diese Zuversicht brauchte er auch, als der amtierende König Saul ihn voller Eifersucht verfolgte und mehrfach an den Rand des Todes brachte.

In der Schule des Lebens

Die Beispiele der Bibel wollen uns Mut machen. Sie können uns helfen, auch unser bisheriges Leben als Vorbereitungszeit zu begreifen. Gott ist in seiner Güte bereit, jeden Umstand unseres Lebens zu gebrauchen und uns dadurch zu formen. Wie empfindest du deinen bisherigen Lebensweg? Wo hat Gott dir bereits natürliche Begabungen geschenkt, an die er anknüpfen möchte? Welche Menschen hat er an deine Seite gestellt, die dich gefördert und an dich geglaubt haben? Hattest du schon als Kind das Potenzial zu leiten? Vielleicht hast du bereits im Kindergarten oder in der Grundschule gerne Menschen zusammengebracht oder Streit geschlichtet. Du warst Klassensprecher oder Wortführer und konntest nicht ertragen, wenn in einer Gruppe niemand die Initiative ergriff. Von Natur aus hast du immer schon Dinge angepackt und gut organisiert. Danke Gott für dieses Potenzial und stelle es ihm ganz zur Verfügung!

Oder du fühlst dich eher als Mensch der zweiten Reihe, hörst lieber zu, wartest ab und findest dann Gelegenheiten, andere zu unterstützen? Du würdest dich niemals als „Leiter" bezeichnen und fühlst dich von diesem Titel eher bedrängt. Doch dein Potenzial ist genauso wertvoll in Gottes Augen! Zieh dich nicht zurück und überwinde das Gefühl von Unsicherheit oder Minderwertigkeit! Bedenke: Gottes brauchbarste Werkzeuge sind nicht immer Menschen, die aufgrund ihrer Begabung ganz vorne stehen. Vielleicht bist du auch durch leidvolle Erfahrungen gegangen, die dir immer wieder bitter aufstoßen. Mancher potenzielle Leiter hat eine aufgrund eigener Schuld oder durch schmerzhafte Erlebnisse „befleckte Visitenkarte". Der Teufel möchte nur zu gern Skepsis und Selbstzweifel säen und dich dadurch lähmen. Und doch gilt über jedem Leben die großartige Gewissheit, *„dass Gott bei denen, die ihn lieben, alles zum Guten führt, bei denen, die nach seinem Plan berufen sind"* (Röm 8,28 | EÜ). Wenn wir unser Leben heute vollständig in seine Hände legen, wird Gott unseren gesamten bisherigen Werdegang konstruktiv in seine Pläne einbauen.

Wenn wir unser Leben heute vollständig in seine Hände legen, wird Gott unseren gesamten bisherigen Werdegang konstruktiv in seine Pläne einbauen.

Clinton spricht im Blick auf den Werdegang eines Leiters von den „souveränen Grundlagen", die Gott von langer Hand in unser Leben einbaut. *„Jeder von uns ist auserwählt, … eine extra für ihn geschaffene Rolle in Gottes Plan auszufüllen."* Ein Schlüssel, um dies zu entdecken, heißt: Wir lernen, unsere *„Vergangenheit im Licht von Gottes souveränem Handeln zu betrachten."*[12] Manchen Aspekt unserer Vergangenheit, den wir lieber ausblenden würden, kann Gott in heilsame Lektionen verwandeln. Erfahrungen, die wir selbst durchmachen mussten, schärfen unseren Blick für andere und lassen uns verständnisvoller werden. Halte dir ständig vor Augen: Unsere Hingabe an Gott und unsere Liebe zu ihm, unsere Lernbereitschaft und der Wunsch nach Veränderung bedeuten Gott mehr als alle unsere „Schokoladenseiten"!

Welches Potenzial liegt in dir?

Notiere einmal in Ruhe, welche natürlichen Fähigkeiten zur Leitung bereits in dir angelegt sind. Manche dieser Wesenszüge liegen vielleicht in deiner Persönlichkeit. Andere Qualitäten hast du dir angeeignet aufgrund mancher Schwierigkeiten, die du durchstehen musstest. Vielleicht fühlst du dich auch von bestimmten Vorbildern animiert. Oder du hast Negativbeispiele vor Augen, die dich anspornen, es besser zu machen. Du hast einiges Potenzial durch deine bisherige Ausbildung oder Fortbildungen, und in dir sind bestimmte Interessengebiete lebendig. Ob deine Fähigkeit zu leiten dir nun „in die Wiege" gelegt wurde oder du sie dir im Laufe des Lebens hart erarbeiten musst: Es lohnt sich, bestimmte Qualitäten zu entwickeln. Wie steht es also bei dir um …

- die Fähigkeit, **Initiative** zu ergreifen und Dinge nicht dem Zufall zu überlassen?
- die Fähigkeit, **Ziele** zu erkennen, zu erklären und andere dafür zu gewinnen?
- die Fähigkeit, durch die eigene **Motivation** andere Menschen zu begeistern?
- die Fähigkeit, Menschen zusammenzubringen und ein **Team** zu schmieden?
- die Fähigkeit, klar zu **kommunizieren** und Missverständnisse auszuräumen?
- die Fähigkeit, die eigene Person hinter die **gemeinsame Sache** treten zu lassen?
- die Fähigkeit, vorausschauend zu denken, umfassend und langfristig zu **planen**?
- die Fähigkeit, inmitten aller Schwierigkeiten auch **Möglichkeiten** zu erkennen?
- die Fähigkeit, **Widerstand** auszuhalten und durch Kritik zu wachsen?

1.4 Gottes Suche nach guten Hirten

„Als er aber die Volksmengen sah, wurde er innerlich bewegt über sie, weil sie erschöpft und verschmachtet waren wie Schafe, die keinen Hirten haben. Dann spricht er zu seinen Jüngern: Die Ernte zwar ist groß, die Arbeiter aber sind wenige. Bittet nun den Herrn der Ernte, dass er Arbeiter aussende in seine Ernte!" (Mt 9,36–38 | EB)

Am Schluss dieses ersten Kapitels steht eine große und zugleich erschütternde Vision. Man könnte sie als „Vision der ungenutzten Chancen" bezeichnen. Wir erleben Jesus, wie er sieht, fühlt und schließlich aussendet. Jede Handlung setzt ein inneres Bild voraus. Wir können nur anstreben, was wir klar erkennen. Das Wichtigste an diesem inneren Sehen der „großen Ernte" liegt darin, dass wir hier Gottes Herzschlag spüren können:

1. **Jesus sieht:** Den Menschen könnte geholfen werden, wenn es nur genügend Hirten gäbe. Der Engpass liegt im Mangel an hingegebenen *„Arbeitern"*. Gottes Hauptproblem ist nicht die gottlose Welt, sondern das Versagen seines Volkes und speziell der Leiter. Davon redet die Bibel immer wieder (vgl. Jer 3,15; 10,21; 12,10; Hes 34,1.11; Mt 15,14). Jesus sieht mit dem Herzen, deshalb erkennt er inmitten aller Schwierigkeiten große Möglichkeiten. Ihm stehen nicht nur Problemfälle vor Augen, sondern Potenziale: *„Schaut euch doch um! Überall reifen die Felder heran und sind schon jetzt bereit zur Ernte"* (Joh 4,35 | NLB). Die Mitarbeiter sagen vielleicht: Später! Doch der Meister sagt: Schon jetzt! Damit wir sehen können, wie Gott sieht, brauchen wir die Nähe zu Jesus und Zeit im Gebet.
2. **Jesus fühlt:** Er ist über den Notstand seines Volkes *„innerlich bewegt"* (das griechische Wort erinnert an die Eingeweide – *„es zerriss ihn fast vor Mitleid"*). Wie ein roter Faden zieht sich dieses Leitmotiv durch das Matthäusevangelium: Jesus ist in seinem gesamten Vorgehen von Gottes *„Erbarmen"* motiviert (14,14; 15,32; 20,34). Dieselben Gefühle zeigt der Vater im Gleichnis, als er seinem „verlorenen Sohn" mit offenen Armen entgegenläuft (Lk 15,20). Wer Jesus sieht, sieht den Vater! Wer den Vater gesehen hat, möchte ihm ähnlich werden!
3. **Jesus sendet:** Nach einer Phase des Gebets sendet Jesus seine zwölf Schüler aus, die seinen Auftrag fortsetzen und vervielfältigen sollen (Mt 10,1.7–8). Vor der Sendung ruft Jesus auch uns zur Sammlung im Gebet. Dort werden wir selbst umgewandelt, um dann unsere Welt verändern zu können. Und auch wenn wir schon unterwegs sind, sollten wir weiter beten, *„dass der Herr der Ernte Arbeiter aussende!"* (vgl. Lk 10,2). Kein Leiter steht am Ende der Kette, doch wir alle sollten eine Kettenreaktion auslösen. Und wir brauchen die tiefe Gewissheit: Ich habe im Tiefsten nicht nur auf Nöte reagiert und ich bin nicht mein eigener Auftraggeber. Hinter mir steht ein Größerer, der mich sendet, befähigt und begleitet: *„Der Herr der Ernte"*!

Jesusjünger: Leiter ohne Titel

Vergessen wir nicht: Als Jesus seine ersten Mitarbeiter berief, suchte er nicht an der Thoraschule. Er warb nicht um Ratsmitglieder oder gesellschaftlich angesehene Leute. Die Jerusalemer Elite stufte Jesus schon aufgrund der Auswahl seiner Leute aus Galiläa als unbedeutend ein (vgl. Joh 1,46). Als Petrus und Johannes bald nach Pfingsten vor den Obersten Gerichtshof geführt wurden, nahm man sie als *„ungelehrte und einfache Leute"* wahr (Apg 4,13). Jesus war auch recht sparsam damit, seine Jünger mit irgendwelchen Titeln als *„Leiter"* hervorzuheben. Er wollte keine falschen Erwartungen in ihnen wecken. Er hatte keine Machtübernahme und auch kein politisch-messianisches Reich geplant, sondern eine weltweite Bewegung der Liebe Gottes. Seine Schüler würden für ihn *„Zeugen"* und *„Gesandte"* sein. Sie sollten die Gesinnung von treuen *„Dienern"* und *„Verwaltern"* entwickeln. In der Vision von der großen Ernte werden sie gebraucht als *„Arbeiter"*. Durch die ständige Nähe zu Jesus, dem guten Hirten, wurden sie schließlich selbst zu *„Hirten"* und zu seinen *„Freunden"*. Sie wurden Jesus immer ähnlicher und konnten seinen Dienst fortsetzen.[13] Schließlich nannte Jesus sie einfach *„Kinder"*, weil ihm die Beziehung zu ihnen wichtiger war als alle Leistung (Joh 13,33; 21,5).

Mitarbeiter und Älteste: Menschen mit Charakter

Wie stark die ersten Jesusjünger dieses Verständnis von geistlicher Leitung verinnerlicht hatten, zeigt ein Abschnitt aus dem ersten Petrusbrief. Man spürt hier deutlich, wie der gelernte Fischer den Hirtenstab von Jesus übernommen hat und sich als Leiter vollständig an seinem Vorbild orientiert. So schreibt er an die Ältesten in den Gemeinden der ersten Generation:

> *„Auch ich bin ein Ältester und ein Zeuge der Leiden, die Christus ertragen hat. Und auch ich werde an seiner Herrlichkeit und Ehre teilhaben, wenn er wiederkommt. Sorgt gut für die Herde Gottes, die euch anvertraut ist. Hütet sie gern und nicht widerwillig, sondern wie Gott es will. Kümmert euch nicht um sie, um euch Vorteile zu verschaffen, sondern weil ihr Gott gerne dienen wollt. Dabei sollt ihr die Menschen, die eurer Leitung unterstellt sind, nicht bevormunden, sondern sie durch euer gutes Beispiel leiten. Und wenn der oberste Hirte wiederkommt, werdet ihr mit seiner unbegrenzten Herrlichkeit belohnt werden."* (1. Pt 5,1–4 | NLB)

Hier geht es um bestimmte Qualitätsmerkmale im Leben eines Leiters, die auf allen Ebenen und in allen Generationen gültig sind. Ob du einen Hauskreis oder einen Jugendkreis, eine Arbeitsgruppe oder eine ganze Gemeinde leitest – diese Merkmale sind heute für uns genauso aktuell wie in den Tagen des Simon-Petrus:

1. **Leiter sollen mit Hingabe leiten:** *„nicht widerwillig"*, notgedrungen („Es macht ja sonst niemand") oder aus bloßen Pflichtgefühl („Christen sind immer im Dienst!").
2. **Leiter sollen selbstlos leiten:** nicht, um Vorteile zu erzielen (wörtlich: *„aus Gewinnsucht"*) und auch nicht, um Macht auszuüben (wörtlich: um zu *„beherrschen"*; vgl. dazu Mk 10,42–45).
3. **Leiter sollen als Vorbilder leiten:** als Diener, als Partner (der Apostel Petrus bezeichnet sich als *„Mit-Ältesten"*) und auf in den Spuren Jesu, der immer die letzte Instanz bleibt (vgl. 1. Pt 2,21)!

Wenn wir in diesem Geist heute leiten, werden wir Menschen auf ganz natürliche Weise anziehen. Wir werden „transparente" Leiter, die zuerst auf Jesus hinweisen und ihn groß machen, statt sich selbst in den Mittelpunkt zu stellen. Solche Männer und Frauen braucht das Land!

Neue Leiter braucht das Land!

Kannst du mit den Augen von Jesus sehen? Kannst du den Herzschlag Gottes spüren? Überall in unserer Umgebung werden Menschen offen für das Evangelium. Überall spitzen sich die Probleme zu und rufen nach übernatürlichen göttlichen Lösungen. Überall zeigt sich eine Sehnsucht in den Herzen der Menschen, die nur mit Gottes Liebe beantwortet werden kann. Gott vertraut uns eine reiche Ernte an und er will nicht, dass sie verdirbt. Er drängt uns, die Zeit nicht zu verpassen! Vielleicht würde Jesus die Worte aus Matthäus 9 und Lukas 10 heute so sprechen: „Die Ernte wird super und der Fuhrpark an Mähdreschern steht auch schon bereit. Mir fehlen nur noch die Fahrer. Seid ihr bereit, mir helfen?" Die Christenheit unserer Tage hat ein Maß an Professionalität erreicht wie noch nie in ihrer Geschichte. Es besteht kein Mangel an profilierten missionarischen Programmen. International und überkonfessionell liegen Strategien vor, um die Kontinente mit dem Evangelium zu erreichen. Mähdrescher genug ... Wir haben heute Möglichkeiten, von denen Generationen vor uns nur träumen konnten. Die Schicksalsfrage heißt: Wer sind die Umsetzer? Wo wird Gott die Schlüsselpersonen finden? Willst du zu denen gehören, mit denen Gott seine Geschichte schreibt ?

Viel Segen beim Weiterlesen!

Zur Vertiefung: Merkmale eines guten Hirten (nach Johannes 10)

Der Hirte …	Johannes 10	Wie steht es um meine Art zu leiten?
sammelt, sucht	V. 16	
erkennt Ziele, geht voran	V. 3–4	
kommuniziert klar	V. 3–5.14.27	
hilft, vermittelt Leben	V. 10.28	
stärkt, ermutigt		
sorgt für Ernährung	V. 9	
schützt und bewahrt		
dient selbstlos	V. 11–13.15.17	

Identität 2

Wer oder was gibt mir Sicherheit?

„Ich bete, dass eure Herzen hell erleuchtet werden, damit ihr die wunderbare Zukunft, zu der er euch berufen hat, begreift … Ich bete, dass er euch aus seinem großen Reichtum die Kraft gibt, durch seinen Geist innerlich stark zu werden. Und ich bete, dass Christus durch den Glauben immer mehr in euren Herzen wohnt und ihr in der Liebe Gottes fest verwurzelt und gegründet seid." (Eph 1,18; 3,16–17 | NLB)

Die Frage nach unserer Identität ist die Frage nach der Wurzel unserer Persönlichkeit, nach dem Fundament unseres gesamten Handelns. Ein Leiter, der im Tiefsten nicht weiß, wer er ist, wird auf Dauer auch nicht wissen, was er tun soll und warum er die Dinge so tut, wie er sie tut. Paulus hat für die Christen seiner Zeit um starke Wurzeln und ein festes Fundament in ihrer Persönlichkeit gebetet. Dabei gebraucht er parallel zwei Bilder für uns Menschen: Die Pflanze braucht eine gesunde Wurzel und das Gebäude einen stabilen Grund. Paulus betet in dem Bewusstsein: Ein Mensch kann unendlich viel für Gott tun. Doch solange er nicht in Gott ruht und die Gewissheit hat, dass Gott in seinem Herzen wohnt, bleibt sein Leben störanfällig. Und auch für uns gilt: Die Stärke unserer Persönlichkeit können wir auf Dauer nicht aus unserer Leistung beziehen, sondern allein aus der Liebe Gottes! Deshalb gilt auch uns dieses zentrale Gebet der Bibel, dass ihr *„durch seinen Geist mit Kraft ausgestattet werdet am inneren Menschen"* (Eph 3,16–17; vgl. Kol 2,7).

2.1 Woher weiß ich, wer ich wirklich bin?

Die Frage: „Wer bin ich eigentlich?“ begleitet uns ein Leben lang. Von Kindesbeinen an sehnen wir uns nach Bestätigung, zunächst vor allem durch unsere Eltern. Jede Tochter möchte von ihrem Papa hören: „Du bist schön, du bist etwas ganz Besonderes für mich!“ Jeder Sohn möchte hören: „Das hast du toll gemacht, ich bin richtig stolz auf dich!“ Allerdings denken wir über unsere Identität selten in grundsätzlicher oder abstrakter Weise nach. Wir setzen sie einfach voraus, jedenfalls im Blick auf unsere äußere Erscheinung. Wir zeigen unseren Ausweis auf Ämtern oder am Airport. Wer unter falscher Identität lebt, hat etwas zu verbergen oder muss geschützt werden. Wir bestehen darauf, dass man uns für die Person hält, die wir in Wirklichkeit sind. „Identität“ (von lateinisch *idem*: „derselbe, der Gleiche“) meint die Kombination von Merkmalen, an denen sich ein Individuum von anderen unterscheiden lässt. Im tieferen Sinn geht es um die eigene Unverwechselbarkeit und deren Akzeptanz: „Ich bin ich!“

- Der **Name**: Nehmen wir als Beispiel Friedemann Fröhlich. So heißt er, so steht es im Ausweis. Manchmal stellt er sich vor: „Fröhlich, Gegenteil von traurig!“
- Das **Wesen**: Friedemann heißt Fröhlich, aber manchmal ist er gar nicht so fröhlich, wie es erscheint. Wie sieht es wirklich in ihm aus? Wer kennt ihn näher?
- Das **Umfeld**: Friedemann ist ein liebevoller Ehemann und hingegebener Vater. Seine größte Leidenschaft gilt der Familie (der „Familienmensch“).
- Das **Hobby**: Friedemann liebt alles, was mit Wasser zu tun hat. Doch seit die Kinder da sind, hat er mit dem Surfen aufgehört. Für seine Freunde zählt er immer noch zu den „Surfern“.
- Der **Beruf**: Friedemann arbeitet in einer Werbeagentur und muss dort oft Überstunden machen (der „Werbefachmann“).
- Das **Image**: Auf der Arbeit wird Friedemann als fairer und ausgleichender Mitarbeiter geschätzt und liefert innovative Entwürfe (ein „kreativer Kopf“).

Hier kannst du deinen eigenen Steckbrief entwerfen!

Die Frage nach unserer Identität ist immer ein Zusammenspiel von äußeren Merkmalen, unserem inneren Zustand, unserem sozialen Umfeld, unserer Begabung und unseren Aufgaben innerhalb der Gesellschaft. Ein abstraktes „Sein“ gibt es nicht. Gott hat uns so geschaffen, dass der Mensch erst durch den Einfluss anderer

Menschen zum Menschen wird. Sich selbst überlassen, entwickelt der Mensch tierische Züge und verpasst den Anschluss an die Zivilisation. Deshalb lässt sich die Frage nach unserer Identität nur durch ein Gegenüber beantworten. Wir sind nun einmal als Beziehungswesen geschaffen.

Die Sehnsucht nach Bestätigung ...

Zuerst sind es naturgemäß unsere Eltern, die uns Geborgenheit vermitteln, Bedeutung verleihen und uns in unserer Identität formen. *„Du bist es* [mein Schöpfer], ... *der mir Vertrauen einflößte an meiner Mutter Brüsten"* (Ps 22,10 | EB). Selbstvertrauen kann in unserem Leben in dem Maß wachsen, wie wir in der Geborgenheit eines liebevollen Elternhauses Urvertrauen entwickeln konnten. Gott hat Vater und Mutter eine Schlüsselstellung gegeben, um Sicherheit in unser Herz hineinzulegen:

- Bin ich gewollt? Gehöre ich dazu?
- Bin ich fähig, klug, stark, schön?
- Bin ich einzigartig?
- Bin ich geliebt? Und akzeptiert – egal, wie mein Leben verläuft?

Vielleicht waren es ja auch andere Menschen, die uns stärker prägten als unsere Eltern oder eine Art Ersatzrolle übernahmen: Großeltern oder große Geschwister, Erzieher oder Lehrer, Priester und Pastoren ... Später kommen Freundeskreis, Clique, Verein oder Firma hinzu, die identitätsbildend auf uns einwirken. Unser Bild von uns selbst ist meistens wie ein Patchwork aus verschiedenen „Zutaten", die uns Bedeutung und Besonderheit verleihen. Neben allen Einflüssen von außen sind es letztlich wir selbst, die am Bild unseres „Ich" arbeiten. Deshalb definieren wir uns meistens über bestimmte Aspekte unserer Identität, zum Beispiel über ...

- unser Geschlecht (sexuelle Orientierung, Familienstand)
- unsere Generation (Kleidung, Labels, Musikrichtung, Essgewohnheiten)
- unsere Gesundheit (Leistungsfähigkeit, Sportlichkeit, Behinderung)
- unsere Herkunft (Nation, Region, Religion)
- unseren sozialen Status (Elternhaus, Schule, Wohnbezirk)
- unsere Ausbildung, unseren Beruf (inkl. Verdienst)
- unsere Kultur (Hobby, Freizeit, Kunst, Gesellschaft)

... und das Streben nach Besonderheit

Wir können überall beobachten, wie Menschen einzelne dieser Aspekte besonders herausstellen und ihre Identität damit verknüpfen. Mancher definiert sich bewusst durch sein Anderssein, mancher notgedrungen über sein Schicksal, andere durch ihre Gruppenzugehörigkeit. So werden bestimmte Merkmale unseres Menschseins irgendwann zum Maß aller Dinge. Leider gelingt es uns Menschen selten, die eigene Identität ohne Abgrenzung von anderen zu beschreiben. Deshalb ist unsere Gesellschaft so zerrissen vom Kampf der Geschlechter, der Kulturen, der Konfessionen und Religionen, der Parteien und Interessengruppen. Jeder hungert nach Identität und Besonderheit, nach guten Gründen für sein „So-und-nicht-anders-Sein". Und doch geben uns äußere Unterscheidungsmerkmale auf Dauer keine Sicherheit. Wer sagt mir, wer ich wirklich bin? Was muss geschehen, damit ich endlich im Leben ankomme, mich innerlich zu Hause fühle?

Leider gelingt es uns Menschen selten, die eigene Identität ohne Abgrenzung von anderen zu beschreiben. Doch äußere Unterscheidungsmerkmale geben uns auf Dauer keine Sicherheit.

Die Frage wird brennend, wenn um uns herum der Konkurrenzkampf ausbricht und wir in die Mühle des Vergleichsdenkens geraten. Wir müssen feststellen, dass wir Ansprüchen nicht genügen und Erwartungen nicht erfüllen, uns wird die Anerkennung versagt, und schon fühlen wir uns als ganze Person infrage gestellt! Doch jede Krise unseres Lebens ist zugleich eine Chance: eine Anfrage an das Fundament, auf dem unser Leben ruht. Wer oder was gibt mir meinen Wert? Wozu bin ich eigentlich auf dieser Welt und was will ich mit meinem Leben erreichen? Vielleicht ist es heilsam, sein Leben einmal vom Ende her zu betrachten und sich zu fragen: Wofür möchte ich über meinen Tod hinaus bekannt sein?

Dietrich Bonhoeffer († 1945) spricht noch heute vielen aus dem Herzen mit seinem Gedicht, das er einige Monate vor seiner Hinrichtung in der Gefängniszelle verfasste:[14]

Wer bin ich? [...]
Bin ich das wirklich, was andere von mir sagen?
Oder bin ich nur das, was ich selbst von mir weiß? [...]
Wer bin ich? Der oder jener?
Bin ich denn heute dieser und morgen ein anderer?
Bin ich beides zugleich?
Vor Menschen ein Heuchler und vor mir selbst ein
verächtlich wehleidiger Schwächling? [...]
Wer bin ich? Einsames Fragen treibt mit mir Spott.
Wer ich auch bin, Du kennst mich, Dein bin ich, o Gott!

Weißt du, wer du bist, auch wenn die Meinungen über dich geteilt sind? Wenn du an dir selber zweifelst, dich überfordert fühlst und die Zukunft unsicher erscheint? Wie finden wir zu einer inneren Sicherheit, die alle Schwankungen des Lebens übersteht, sodass uns weder der Erfolg zu Kopfe steigt noch der Misserfolg uns niederdrückt?

2.2 Ich bin einzigartig wertvoll in Gottes Augen!

„Wir loben Gott, den Vater von Jesus Christus ..." Denn „von Anfang an war es sein unveränderlicher Plan, uns durch Jesus Christus als seine Kinder aufzunehmen, und an diesem Beschluss hatte er viel Freude".
(Eph 1,3–5 | NLB)

Der Epheserbrief, ein Rundschreiben an Gemeinden in der heutigen Türkei, zählt zu den Herzstücken des Neuen Testaments. Eigentlich lässt er sich leicht begreifen als Komposition mit A-Teil und B-Teil: In den ersten drei Kapiteln malt der Apostel den damaligen Christen vor Augen, wer wir *„in Christus"* bereits sind. Gewöhnliche Menschen aus ganz unterschiedlichem Hintergrund (Juden und Nichtjuden, Männer und Frauen, Eltern und Kinder, Sklaven und Sklavenhalter) bekommen eine neue Identität durch ihre Beziehung zum himmlischen Vater. *„Durch das, was Christus für uns getan hat, können wir jetzt alle ... in einem Geist zum Vater kommen"* (Eph 2,18). Ein größeres Vorrecht gibt es nicht! Eine völlig neue Würde für alle! Paulus kann sogar sagen, dass wir jetzt schon *„mit Jesus zu seinem himmlischen Reich"* gehören (2,7). Als Christen sind wir gleichsam Bürger mit zwei Pässen. Unsere irdische Identität gründet sich in der sichtbaren Realität: Wohnort, Volk und Staat. Dagegen ist unsere Zugehörigkeit zur Familie Gottes zwar unsichtbar, aber äußerst wirkungsvoll: Ihr gehört zu *„Gottes Familie"*, formuliert Paulus. *„Wir sind sein Haus"*, eine *„Wohnung, in der Gott durch seinen Geist lebt"*. Wir bilden den sichtbaren *„Leib"* des auferstandenen Christus (2,19–22; 1,23 | jeweils NLB). Das bedeutet: Wo Jesusjünger sind, da ist Jesus selbst mitten in dieser Welt!

In dem Maß, wie unser Selbstbild sich mit dem Bild deckt, das Gott von uns hat, kommen wir innerlich zur Ruhe.

Erst sein – dann tun

Erst im B-Teil (Eph 4–6) schreibt Paulus seinen Gemeinden ganz konkrete Anweisungen ins Stammbuch: Gott erwartet von seinen Kindern einen erneuerten Lebenswandel, der ihm Ehre bereitet. Er will, dass Christen in dieser Welt einen Unterschied ausmachen. Doch bevor Paulus in die verschiedenen Lebensbereiche hineinspricht, betet er zweimal um Erkenntnis unserer wahren Identität.

Das ist typisch für das gesamte Neue Testament: Erst kommt das neue Sein, dann das neue Tun! *„Ich bete, dass eure Herzen hell erleuchtet werden, damit ihr die wunderbare Zukunft, zu der er euch berufen hat, begreift ...“* heißt es im Eingangskapitel (1,18). Wir brauchen die Berührung durch den Heiligen Geist, damit die *„Augen des Herzens“* sehen können. Hier möchte Gott eingreifen, damit wir lernen, uns selbst so zu sehen, wie der Vater im Himmel uns sieht. In dem Maß, wie unser Selbstbild sich mit dem Bild deckt, das Gott von uns hat, kommen wir innerlich zur Ruhe.

Das zweite Gebet zeigt uns den Apostel als Mann des Gebets, der um den „inneren Menschen“ in den damaligen Christen ringt: *„Ich kann nur meine Knie beugen vor Gott, von dem jede Vaterschaft im Himmel und auf der Erde ihren Namen hat“* (Eph 3,14 | wörtlich). Nichts, was Gott geschaffen hat, ist ohne Identität. Nicht nur der Mensch ist geschaffen als Abbild Gottes. Auch Völker, Familien, Gemeinden sind „Vaterschaften“, die Gott eingesetzt hat, um dadurch etwas von seiner vollkommenen Vaterschaft auszudrücken. Unser Leben auf dieser Erde steht in einem größeren Zusammenhang. Niemand muss sich aus sich selbst heraus definieren. Das bedeutet für uns persönlich, dass wir eine kostbare und einzigartige Identität haben, ob wir sie schon entdeckt haben oder nicht. Wir sind gewollt und einzigartig geschaffen und unendlich geliebt von unserem Schöpfer! Weiter betet Paulus – übrigens in einer Gefängniszelle – diese ermutigenden Worte: dass Gott euch *„aus seinem großen Reichtum die Kraft gibt, durch seinen Geist innerlich stark zu werden. Und ich bete, dass Christus durch den Glauben immer mehr in euren Herzen wohnt und ihr in der Liebe Gottes fest verwurzelt und gegründet seid“* (3,16–17 | jeweils NLB).

Der Kampf um unser Betriebssystem

Dieses Gebet ist wie ein Schlüssel zu unserer Identität. Vielleicht würde Paulus heute formulieren, dass Gott durch seinen Geist ein völlig neues Betriebssystem in uns installiert. Ich erinnere mich noch mit Schrecken an Zeiten, wo ein unausgereiftes Betriebssystem meinen Computer mehrmals täglich zum Stillstand brachte. Nichts ist frustrierender, als neu starten zu müssen und wertvolle Informationen zu verlieren! Alle noch so genialen Programme nützen nichts, wenn die Systemvoraussetzung nicht stimmt. Doch wie steht es um die Voraussetzungen in unserer Persönlichkeit? Leiter und Mitarbeiter haben meistens jede Menge Programme auf ihrem „Bildschirm“ laufen. Viele offene „Fenster“ wollen bearbeitet werden – am besten gleichzeitig! Leiter sind bekannt für Aktivitäten und

Aktionen, Visionen und volle Terminkalender. Ich habe so manches Pastorentreffen miterlebt, wo einer nach dem anderen seine Projekte vorstellte, Prospekte verteilte und zum Mitmachen aufforderte. Die einen konnten Erfolgsgeschichten erzählen, begeistert über Gottes Wunder in ihrem Dienst, während andere still dabeisaßen und mit Minderwertigkeitsgefühlen kämpften. Wie sieht das Innenleben eines Leiters oder Mitarbeiters aus? Wer interessiert sich für das „Betriebssystem" im Menschen?

Jeftah: ein Fehlstart ins Leben

Einer der weniger bekannten Leiter in der Bibel war der Richter Jeftah. Und doch zählt ausgerechnet er zu den 16 „Glaubenshelden" des Alten Testaments, die in Hebräer 11 erwähnt werden. Zwischen der Landeinnahme durch Josua und der Staatsgründung durch David ging Israel durch unsichere Zeiten. *„In jenen Tagen gab es in Israel keinen König; jeder tat, was ihm gefiel"* (Ri 17,6). Die Epoche der sogenannten Richter war ein ständiges Auf und Ab zwischen Gottesdienst und Götzendienst, Treue zu Gott und Gleichgültigkeit, Krieg und Frieden. Doch auch in diesem Durcheinander fand Gott immer wieder Einzelne, um sein Volk wieder auf Kurs zu bringen. Einer von ihnen war Jeftah, der Sohn einer Prostituierten. Die späteren Söhne seines Vaters Gilead verstießen ihn aus der Familie, weil sie ihm das Erbe nicht gönnten. Jeftah konnte sich nur noch ins Ausland absetzen in eine ungewisse Zukunft. Doch offensichtlich war er *„ein tapferer Held"*, und so scharte sich bald eine Truppe von Männern um ihn, *„die nichts zu verlieren hatten"* und mit ihm Raubzüge unternahmen. Kann Gott solch einen Menschen für seine Pläne gebrauchen?

Als Israel wieder einmal in Not geriet und von seinen Nachbarn angegriffen wurde, erinnerte man sich an Jeftah und holte ihn zurück: Er möge doch ihr *„Oberhaupt und Anführer"* werden (Ri 11,1–11)! Gott gebrauchte ausgerechnet diesen Verstoßenen, erfüllte ihn mit seinem Geist und brachte den Feinden Israels unter seiner Führung eine gewaltige Niederlage bei. Dummerweise hatte er vor der entscheidenden Schlacht ein folgenschweres Gelübde abgelegt: Er würde alles, was ihm nach glücklicher Rückkehr zuerst durch die Haustür entgegenkäme, *„dem Herrn … als Brandopfer darbringen"* (Ri 11,31 | jeweils EÜ). Ausgerechnet seine einzige Tochter rannte nach seinem großartigen Sieg tanzend und springend auf ihren Papa zu! Und Jeftah hielt sein Versprechen … Hier begegnet uns ein hingegebener Leiter, der trotz eines Fehlstarts ins Leben Erstaunliches für Gott leistet. Doch am Ende bringt er ein sinnloses Opfer und tut, was niemand von ihm verlangt hatte. Gab es in seinem Leben eine nicht geheilte Wurzel, die sein Handeln am Ende beeinflusste? Trotz aller Erfolge scheint die alte Vater-Wunde wieder aufzubrechen …

David: der Kampf um die Anerkennung

David gilt seit 3.000 Jahren als der ideale König Israels. Auch im Neuen Testament wird er als eine Art Prototyp des Messias betrachtet, und Jesus wurde immer wieder als *„Sohn Davids"* bezeichnet (Mt 1,1; 9,27; 15,22; 20,30–31; 21,9). Doch der Aufstieg Davids von der Schafherde bis zum Königsthron war alles andere als einfach. Die Bibel beschreibt eindrücklich, dass er erst mit 30 Jahren seine Regierungstätigkeit ungehindert aufnehmen konnte (ähnlich wie Josef und Jesus: 1. Mo 41,46; 2. Sam 5,4; Lk 3,23). Wie hat David die Jahre von Konflikten und Angriffen auf seine Person überhaupt durchstehen können? Diese Frage können wir im Blick auf so manchen geistlichen Leiter stellen, dessen Weg steinig und schwer war, bevor er so richtig in seine Berufung hineinfand.

Der Prophet Samuel war vermutlich selbst irritiert, als Isai seine sieben Söhne nacheinander präsentierte und Gottes Geist ihn jedes Mal wissen ließ: *„Diesen hat der Herr nicht erwählt!"* Es klingt ein wenig wie Nachhilfe, wenn Gott seinem Propheten einschärfte: *„Der Mensch sieht auf das, was vor Augen ist, der Herr aber sieht das Herz an!"* (1. Sam 16,6–10). Offensichtlich war Samuel noch zu sehr vom Idealbild des Saul geprägt, den alles Volk wegen seiner stattlichen Gestalt bejubelt hatte (1. Sam 10,23–24). David war sozusagen die Notlösung, an die beim Thema „Königswahl" niemand gedacht hatte. Man holte ihn von den Schafherden weg und Samuel salbte ihn zum König. *„Er war rötlich, mit schönen Augen und von gutem Aussehen"*, wird seine Erscheinung beschrieben (1. Sam 16,12 | jeweils Sch). Doch unabhängig von der Meinung der Menschen gab es ein Geheimnis in seinem Herzen: *„Ich danke dir dafür, dass ich erstaunlich und wunderbar gemacht bin; wunderbar sind deine Werke, und meine Seele erkennt das wohl!"*, konnte er in einem Psalm beten. Er trug eine Gewissheit im Herzen, die allen Tests seines jungen Lebens standhielt. Er wusste: *„Ganz ausgezeichnet"* hast du mich geschaffen. *„Und meine Seele erkennt das wohl!"* (Ps 139,14 | wörtlich). David ahnte etwas vom großen Masterplan Gottes, in dem alle Ereignisse seines Lebens aufgehoben waren: *„Und in dein Buch waren geschrieben alle Tage, die noch werden sollten …"* Dies waren keine theologischen Gedankengebäude über „Vorherbestimmung", sondern ein Empfinden tiefer Geborgenheit durch Gottes

Nähe. Gottes gute, *„kostbare"* Gedanken über seinem Leben gaben David Sicherheit, obwohl er manchmal am Leben verzweifelte (Ps 139,16–17). Und David war der Erste im Alten Bund, dem Gott eine persönliche Vater-Sohn-Beziehung anbot: *„Er wird zu mir rufen: Du bist mein Vater, … und ich will ihn zum Erstgeborenen machen"* (Ps 89,27–28 | jeweils Sch; vgl. Hebr 1,5).

Gebet um unsere wahre Identität

Können wir uns selbst mit Gottes Augen sehen? Denken wir so über uns, wie unser Vater es tut? Gibt es ein Urvertrauen und eine Geborgenheit in unserem Herzen, die uns Dürrezeiten, Schwierigkeiten und Anfeindungen durchstehen lässt? Wer für andere Menschen Verantwortung trägt, wird umso mehr auf seine Grundlagen hin geprüft. Der *„innere Mensch"* tritt früher oder später ungeschminkt hervor (Eph 3,16; 2. Kor 4,16). Deshalb war es Paulus solch ein Herzensanliegen, *„jeden Menschen vollkommen in Christus Jesus darzustellen"*. Er empfand es als regelrechte Arbeit im Gebet und als geistlichen *„Ringkampf"*, dass *„Christus in euch Gestalt gewinnt"*. Er empfand mütterlich für seine Gemeinden und erlitt ihretwegen *„Geburtswehen"* (Kol 1,28–29; Gal 4,19). Ebenso verbrachte Epaphras, einer seiner *„geliebten Mitarbeiter"*, viel Zeit in diesem Gebetskampf für die Gemeinde: *„dass ihr vollkommen werdet und ganz durchdrungen seid vom Willen Gottes"* (Kol 1,7–8; 4,12 | EÜ). Offenbar gibt es einen verborgenen, aber folgenreichen geistlichen Kampf, damit Christen zu ihrer wahren Identität finden: Wir sollen lernen, uns als Söhne und Töchter Gottes so zu sehen, wie der Vater uns bereits sieht. Erst wenn wir im Herzen wissen, wie Gott über uns denkt, werden wir auch tun können, was Gott von uns will. Im Tiefsten wird unser Tun immer durch unser Sein bestimmt. Und dies gilt in verstärktem Maße, sobald wir Leitung ausüben …

Gibt es ein Urvertrauen und eine Geborgenheit in unserem Herzen, die uns Dürrezeiten, Schwierigkeiten und Anfeindungen durchstehen lässt? Wer für andere Verantwortung trägt, wird umso mehr auf seine Grundlagen hin geprüft.

2.3 Wir müssen unsere wahre Identität hören!

„Dann werden wir nicht länger wie Kinder sein und uns ständig von jeder fremden Meinung beeinflussen lassen … Stattdessen lasst uns in Liebe an der Wahrheit festhalten und in jeder Hinsicht Christus ähnlicher werden."
(Eph 4,14–15 | NLB)

Worin hast du deine Identität? Wo suchst du im Tiefsten deine Sicherheit? Weißt du, wer du bist, oder musst du dir dieses Wissen durch Erfolg und Anerkennung ständig neu erarbeiten? Paulus betet nicht nur um ein starkes Fundament in unseren Herzen, sondern auch darum, dass wir zur Reife kommen. Leiter, die in ihrer Per-

Weißt du, wer du bist, oder musst du dir dieses Wissen durch Erfolg und Anerkennung ständig neu erarbeiten?

sönlichkeit unsicher sind, können leicht in innere Abhängigkeiten geraten – und andere auch von sich abhängig machen. Unsichere Leiter leben auf verborgene Weise gefährdet – und können auch andere in Gefahr bringen …

Unsichere Leiter: wenn uns die Basis fehlt

Als unsere Kinder klein waren, kamen wir irgendwann einmal auf die Idee, einen Turm aus Bausteinen vom Boden bis zur Zimmerdecke zu bauen. Wir schichteten jeweils nur einen „Duplo"-Stein über den anderen: 2,55 Meter hoch. Am Anfang war der Schiefstand kaum zu bemerken, doch in größerer Höhe wirkte sich die kleinste Abweichung in unserem Turm verheerend aus und er begann zu schwanken. So ist es auch mit der Entwicklung eines Leiters: Je mehr Verantwortung er in seinem Leben bekommt, je stärker er „über sich hinaus" wächst, umso mehr werden die inneren Voraussetzungen offenbar. Was in unserem Leben von Anfang an nicht „im Lot" war, lässt sich auf Dauer nicht verbergen und kann dramatische Spätwirkungen haben.

Wenn Leiter innerlich unsicher sind …

- werden sie ein Verlangen nach Liebe und Anerkennung mit sich herumtragen.
- werden sie auf Leistung bauen und möglicherweise dem Ehrgeiz verfallen.
- werden sie in ihrer Identität von Erfolg oder Misserfolg abhängig sein.
- werden sie angreifbar sein für Selbstzweifel oder anfällig für Stolz.
- werden sie empfindlich auf Kritik und Korrektur reagieren und sich dadurch angegriffen fühlen.
- werden sie zu Machtmitteln greifen, statt ihrem natürlichen Einfluss zu vertrauen.
- werden sie sich mit anderen vergleichen und unerreichbaren Idealen nachjagen.
- werden sie sich Rollen aneignen oder von anderen auferlegte Muster übernehmen.

Man kann eine Zeit lang aus dem bloßen „Tun" heraus leiten und sein wahres „Sein" dahinter verstecken. Doch bei Dienern im Reich Gottes zählen das Fundament und die Wurzeln.

Die Frage nach dem Fundament unserer Persönlichkeit ist kein Luxus. Wenn wir leiten, werden wir im Laufe der Zeit immer sichtbarer für die Menschen um uns herum. Auch wenn wir von uns aus gar nicht „hoch hinaus" wollen: Gott will uns bestätigen und es werden Menschen zu uns aufschauen und sich an uns orientieren. Man kann eine Zeit lang aus dem bloßen „Tun" heraus leiten und sein wahres „Sein" dahinter verstecken. In den meisten Bereichen unserer Gesellschaft gilt ohnehin, dass entscheidende Bereiche unseres Lebens „Privatsache" sind und niemanden etwas angehen. Doch bei Dienern im Reich Gottes zählen das Fundament und die Wurzeln. Gott wird uns ein Leben lang nicht loslassen, bis wir durch die Liebe unseres himmlischen Vaters nach Hause gefunden haben.

Wo suchen wir unsere Anerkennung?

In seiner Betrachtung über Rembrandts Gemälde von der Heimkehr des verlorenen Sohns betont Henri J. M. Nouwen, *„dass die wahre Stimme der Liebe eine sehr leise und zärtliche Stimme ist, die zu mir an den verborgensten Stellen meines Seins spricht. … Es ist eine Stimme, die nur von denen gehört werden kann, die sich berühren lassen."*[15] Leiter und Mitarbeiter können ihren Wert leicht davon ableiten, dass sie ständig beschäftigt und stets für alle da sind. Sie werden von anderen gebraucht und geliebt – und doch bleibt ihre Seele möglicherweise nicht gesättigt. Wenn wir unsere Identität in Rollen und Aufgaben suchen, hat unser Selbstwertgefühl die falsche Basis. Nouwen fragt, ob wir nicht *„am falschen Ort"* gesucht haben, wenn unser Herz immer noch von der Suche – oder gar der Sucht – nach Anerkennung getrieben ist? *„Ein bisschen Kritik ärgert mich, ein bisschen Ablehnung deprimiert mich. Ein bisschen Lob hebt meine Lebensgeister, und ein bisschen Erfolg beflügelt mich. Es gehört sehr wenig dazu, dass ich obenauf oder ganz unten bin. Oft bin ich wie ein kleines Boot auf dem Meer, völlig den Wogen ausgeliefert. Die ganze Zeit und Energie, die ich brauche, um einigermaßen das Gleichgewicht zu bewahren und nicht umzukippen und zu ertrinken, zeigen, dass mein Leben größtenteils ein Kampf ums Überleben ist: kein heiliger Kampf, sondern ein angsterfüllter Kampf. … Solange ich hin und her renne und frage: ‚Liebst du mich? Liebst du mich wirklich?', gebe ich alle Macht den Stimmen der Welt und mache mich zum Sklaven, denn die Welt ist voller Wenn und Aber. … Es ist eine Welt, die süchtig macht, weil das, was sie bietet, das tiefste Suchen meines Herzens nicht stillen kann."*[16]

Wir brauchen den „Geist der Kindschaft" in uns

Aller Erfolg in unserem Dienst, die größten Durchbrüche im Reich Gottes, selbst Zeichen und Wunder werden *„das tiefste Suchen meines Herzens"* nicht zur Ruhe bringen. Wir alle brauchen es, im Innersten berührt zu werden von der Stimme unseres himmlischen

Vaters: *„Ich will euch aufnehmen und euer Vater sein, und ihr sollt meine Söhne und Töchter sein“* (2. Kor 6,17–18 | EÜ). Allein in dieser wichtigsten Beziehung unseres Lebens werden wir letzte Erfüllung finden. Was immer wir leisten und vor Menschen darstellen, kommt aus uns selbst heraus und kann uns auch wieder genommen werden. Doch der Vater im Himmel will uns eine letzte Sicherheit ins Herz legen, die uns niemand nehmen kann. Paulus spricht in diesem Zusammenhang vom Geschenk des Heiligen Geistes, dem *„Geist der Kindschaft, in dem wir rufen: Abba, Vater!“* (Röm 5,5; 8,15–16; Gal 4,6–7). Geliebte Kinder wissen im Tiefsten, wer sie sind. Sie können durch Identitätskrisen gehen, in der Pubertät rebellieren und auch später noch auf Distanz gehen. Sie werden sich phasenweise selbst nicht verstehen und Eltern an ihre Grenzen bringen. Doch wenn sie sich geliebt wissen, behalten sie ein sicheres Fundament in ihrem Herzen. Sie können ausbrechen, doch die Mitte bleibt.

Im Tiefsten liegt unsere Identität darin, dass Gott zu uns steht: „Ich bin mit dir!“ Das ist mehr als jede Antwort auf die Frage „Wer bin ich?“, die immer mit dem Feedback anderer Menschen zu tun hat. Gottes unvergleichliche Wertschätzung für unser Leben stammt nicht aus der Welt um uns herum, sie wird durch den *„Geist der Kindschaft“* in unsere Herzen gehaucht:

- Er war immer dein liebender Vater!
  Er hat dein ganzes Leben bisher begleitet!
- Er liest in deiner Vorgeschichte wie in einem offenen Buch!
  Er weiß um dich!
- Er glaubt an dich!
  Sein guter Weg mit dir ist noch lange nicht zu Ende!
- Er hat in seinem Plan einen Platz für dich!
  Er braucht dich in einzigartiger Weise!
- Er wird dich im Tiefsten niemals überfordern!
  Er kennt dein Maß!

Jesus: wirklich einer von uns!

Manchmal neigen wir dazu, Jesus als „Supermann“ zu betrachten: als hätte er über den Dingen gestanden, weil er Gottes Sohn war. Doch er selbst nannte sich beharrlich den „Menschensohn“. Und im Neuen Testament wird später betont, dass er *„in allem seinen Brüdern gleich sein“* musste, um uns sterbliche Menschen wirklich zu verstehen. Er wurde in seinem Leiden sogar *„wie ein Sklave“*, so tief *„erniedrigte er sich“* (Hebr 2,17; Phil 2,6–7 | EÜ)! Es war Gottes großartiger Plan, dass sein Sohn ausgerechnet zu dieser Zeit, an diesem Ort der Welt und als Angehöriger des jüdischen Volkes zur Welt kommen sollte. Jesus teilte die harten Realitäten in einem besetzten Land unter römischer Gewaltherrschaft. Er lebte in politisch brisanter Zeit und wurde mit religiösen Extremen konfrontiert. Hinzu kamen Voraussetzungen, die ihm nicht gerade einen „Geburtsvorteil" verschafften:

- Er galt als Sohn einer unverheirateten Mutter (vgl. Joh 8,41).
- Er machte schon als Kind die Erfahrung von Flucht und Vertreibung (Mt 2,13–23).
- Er trug früh die Verantwortung für eine große Familie (Maria hatte mindestens sechs weitere Kinder; vermutlich starb Josef früh).
- Er gehört der Mittelschicht an, konnte sich jedoch sozial nicht hocharbeiten (Mk 6,3: Jesus war als *„Zimmermann"* bekannt; heute würden wir ihn wohl als „Bauingenieur" bezeichnen).
- Er kam aus einem Stammbaum mit „Schönheitsfehlern", die Matthäus sogar betont (in Mt 1,3–6 werden vier Frauen mit zweifelhafter Geschichte erwähnt).
- Er galt aufgrund seiner vorurteilsfreien Art im Umgang mit anderen als *„Fresser und Säufer"* und als *„Freund der Zöllner und Sünder"* (Lk 7,34)!

Jesus war genauso angewiesen auf Liebe und Bestätigung wie wir alle. Doch genau diese einzigartige Beziehung behielt Jesus nicht für sich allein, sondern brachte sie für uns alle auf die Erde.

Dass Jesus als Sohn Gottes natürlicherweise manches Identitätsproblem zu überwinden hatte – können wir diesen Gedanken zulassen? Worin lag denn seine Sicherheit? Wenn er aufgrund seiner menschlichen Voraussetzungen keine Bonuspunkte vorweisen konnte, wodurch wurde er dann zu unserem großen Vorbild?

Geliebt sein vom Vater – wie Jesus!

Jesus war genauso angewiesen auf Liebe und Bestätigung wie wir alle. Obwohl er es im Herzen wusste, bekam er bei seiner Taufe zu hören: *„Du bist mein geliebter Sohn, an dir habe ich Gefallen gefunden"* (Mk 1,11 | EÜ). Jesus hatte noch kein einziges Wunder getan, keine Predigten gehalten und keinen einzigen Mitarbeiter geschult. Doch der Himmel tat sich über ihm auf und er sah den *„Geist wie eine Taube"* auf sich herabkommen – noch *bevor* er seinen Dienst antrat! Er bekam die Zuwendung seines Vaters zu spüren, nicht als Lohn für richtiges Verhalten, sondern aufgrund seiner Beziehung als Sohn. Er durfte hören, wonach sich das Herz jedes Kindes sehnt: „Mein lieber Junge, ich bin so stolz auf dich!", „Meine kleine Tochter, die ich unendlich liebe!" Für Jesus blieb der Himmel ein Leben lang offen, bis zu jenem grausamen Moment, wo sich der Vater wegen unserer Schuld von ihm abwandte (Mk 15,34). Er kam aus der Geborgenheit seines himmlischen Vaters, *„aus dem Schoß"* Gottes, wie Johannes formuliert (Joh 1,18). Doch genau diese einzigartige Beziehung behielt Jesus nicht für sich allein, sondern brachte sie für uns alle auf die Erde (vgl. Joh 15,9; 16,27; 20,17). Für unsere Suche nach Identität heißt dies: Gott, unser Vater, will uns geben, wonach wir im Tiefsten immer verlangt haben. Er will über uns aussprechen, was die Eltern uns vielleicht so nicht geben oder ausdrücken konnten: *„An dir habe ich große Freude!"* (Mk 1,11 | NLB). Nach dem Zeugnis der Evangelien hat Jesus den Gott Israels 170-mal als „Vater" bezeichnet. Ausgerechnet am Tiefpunkt seines Lebens und im Blick auf seinen gewaltsamen Tod zeigt Jesus sein tiefstes Geheimnis, sogar vor den Ohren seiner engsten Freunde: *„Abba, Vater, alles ist dir möglich. Nimm diesen Kelch [des Leidens] von mir weg! Aber nicht, was ich will, sondern was du willst!"* (Mk 14,36 | EÜ). „Abba" sagen Hebräisch sprechende Kinder zu ihrem leiblichen Papa, und genauso redete Jesus mit seinem Gott! Damit tat er etwas Unerhörtes im Judentum seiner Zeit: *„Es wäre für das Empfinden der Zeitgenossen Jesu … undenkbar erschienen, Gott mit diesem familiären Wort anzureden"*, betont der Neutestamentler Joachim Jeremias.[17] Doch Jesus wusste genau, wer er war, woher er kam und wohin er ging. Er war sich seiner Identität sicher, er ruhte in der Beziehung zu seinem himmlischen Vater!

2.4 Das Geheimnis: Christus lebt in uns

„Wenn jemand mich liebt, wird er mein Wort halten; mein Vater wird ihn lieben, und wir werden zu ihm kommen und bei ihm Wohnung nehmen." (Joh 14,23 | jüd)

Am Schluss seines Lebens gibt Jesus seinen Freunden eine großartige Perspektive: Sie würden dieselbe Identität annehmen, die sein Leben und seinen Dienst begründet. Beim Abschiedsmahl öffnete er ihnen noch einmal die Augen für das Geschenk des Neuen Bundes. Im Alten Bund hatte Gott seinem Volk immer wieder versichert: *„Ich will unter den Israeliten wohnen und ihr Gott sein"* (2. Mo 29,45). Die ganze Geschichte Israels drängte auf den Zeitpunkt hin, wo Gott selbst erscheinen und in Gestalt des Messias sein Volk besuchen würde. Und nun steht er persönlich vor seinen Schülern und sagt ihnen zu: Ihr und ich, wir haben denselben Vater. Deshalb werden der Vater und ich gemeinsam kommen und bei euch unsere *„Wohnung"* beziehen!

Mein Leben: eine Wohnung für Gott!

Jesus spricht hier von einem neuen Zeitalter, das erst mit dem Kommen des Heiligen Geistes in Kraft treten konnte: *„Ich in ihnen und du in mir!"*, betet Jesus noch am selben Abend für die Jünger aller Zeiten. *„Und ich habe ihnen deinen Namen bekannt gemacht und werde ihn bekannt machen, damit die Liebe, mit der du mich geliebt hast, in ihnen ist und ich in ihnen bin"* (Joh 17,23–26 | EÜ). Vermutlich konnten seine Freunde diese Dimension überhaupt nur ansatzweise erfassen, weil Jesus ein vertrautes Bild zu Hilfe nahm: *„Bleibt in mir und ich in euch! Wie die Rebe nicht von sich selbst Frucht bringen kann, sie bleibe denn am Weinstock, so auch ihr nicht, ihr bleibt denn in mir. Ich bin der Weinstock, ihr seid die Reben."* Der Vergleich leuchtet ein: Ohne Verbindung zum Weinstock haben die Reben keinen Saft und werden absterben. Ohne Beziehung zu Jesus gibt es kein Leben in uns, und ohne sein Leben in uns wächst keine Frucht durch uns. Ein schönes und zugleich erschreckendes Bild, *„denn getrennt von mir könnt ihr nichts tun"*! Jesus hinterließ uns ein Lebensmuster, das eine letzte Abhängigkeit von ihm und zugleich ungeahnte Erfüllung in Aussicht stellt: „Ihr habt *nicht mich erwählt, sondern ich habe euch erwählt und euch dazu bestimmt, dass ihr hingeht und Frucht bringt und eure Frucht bleibe"* (Joh 15,4–5.16 | EB). Wo immer Menschen in dieser ständigen Verbindung mit Jesus lebten, sind sie im Lauf der Geschichte aufgestanden und haben ihre Welt in ungeahnter Weise verändert!

Ohne Beziehung zu Jesus gibt es kein Leben in uns, und ohne sein Leben in uns wächst keine Frucht durch uns.

Auf Liebe gegründet statt auf Leistung

„Als Leiter sollten Sie wissen, dass Gott Ihr Leben lang an Ihnen arbeitet. Höchste Priorität hat dabei Ihre Umgestaltung in das Ebenbild Christi zu einem Dienst mit geistlicher Vollmacht. Dauerhafte Fruchtbarkeit entspringt unserem Wesen", schreibt Robert Clinton in seiner Untersuchung über den „Werdegang eines Leiters".[18] Ein Leben als Jesusjünger bedeutet, dass wir uns über die Beziehung zu Jesus definieren. Wir müssen unsere Identität nicht erst durch Leistung begründen. Wir wissen uns geliebt und glauben an eine Bestimmung, die Gott immer schon für unser Leben hatte. Jünger sind an Jesus „angewachsen", deshalb kann Jesus auch durch sie wirken. Lasst uns diese einfache Wahrheit begreifen: *„Frucht"* ergibt sich als natürliche Konsequenz aus unserem Sein, sie ist nicht das Ergebnis eigener Anstrengung! Diese Erkenntnis bringt Gelassenheit in unser Leben: Wir sind geliebt *wie* Jesus – Jesus selbst lebt *in* uns – und Jesus wirkt mit seiner Kraft *durch* uns. Das gibt unserem Leben eine einzigartige Voraussetzung! Wir werden

unser Bestes geben für Gott – doch wir stehen und fallen nicht mit Erfolg oder Misserfolg. Wir sind erlöst vom Zwang, uns selbst beweisen zu müssen.

Paulus ist die Person im Neuen Testament, die diesen Paradigmenwechsel am radikalsten vollzogen hat. In seinen Briefen scheint immer wieder seine alte „Visitenkarte" durch, mit der er sich im religiösen Judentum seiner Zeit durchaus sehen lassen konnte: In Bezug auf die Gesetzestreue war der junge Pharisäer *„untadelig"*. Doch die Begegnung mit dem auferstandenen Christus stellte alle seine Werte auf den Kopf: *„Seinetwegen habe ich alles aufgegeben und halte ich alles für Dreck, um den Messias zu gewinnen und eins mit ihm erfunden zu werden"* (Phil 3,8–9 | jüd). Paulus kannte seit seiner Lebenswende nur noch eine Leidenschaft: *„Nicht mehr lebe ich, sondern Christus lebt in mir!"* (Gal 2,20). Entsprechend betont er in seinen Briefen immer wieder, dass wir *„in Christus"* sind und dass *„Christus in uns"* lebt. Über 160-mal stoßen wir auf die Wortverbindung *„in Christus"*, die sich als roter Faden durchs Neue Testament zieht.[19] Damit ist genau die Beziehung gemeint, die sich Jesus für seine Jünger wünscht: *„Bleibt in mir und ich in euch!"* Wir können Jesus nach seiner Auferstehung nicht mehr physisch „nachfolgen", doch wir können durch den Heiligen Geist „in ihm" sein: Jesus – mein neuer unsichtbarer Lebensraum (vgl. 2. Kor 13,5; Gal 2,20; 4,19; Eph 3,16–17; Kol 1,27; 3,3)!

Neue Identität – neue Beziehungen

Paulus war durch die Berührung mit der Liebe Gottes endgültig kuriert vom alten Leistungsdenken. Seine neue Visitenkarte hieß: *„Wir setzen unser Vertrauen nicht auf menschliche Qualifikationen!"* Und auch im Blick auf andere Menschen bekannte er: *„So betrachten wir von nun an also niemanden mehr von einem weltlichen Standpunkt aus. … Deshalb ist, wer mit dem Messias vereint ist, eine neue Schöpfung"* (Phil 3,3; 2. Kor 5,16 | jüd). Diesen neuen Schlüssel zur neuen Identität „in Christus" versuchte der Apostel allen seinen Gemeinden zu vermitteln – und wir brauchen ihn heute genauso!

Der auferstandene Christus lebt in uns! Die Welt braucht nicht uns – sie braucht Christus in uns.

Diese neue Identität der Jesusjünger hatte enorme Konsequenzen im zwischenmenschlichen Bereich: Das Missverhältnis zwischen den Geschlechtern, Unterschiede im sozialen Status, ethnische Differenzen, all das kam auf ein neues gemeinsames Niveau „in Christus". Wer vom Kreuz her lebt, kann mit Menschen eins werden, denen er natürlicherweise aus dem Weg geht und denen er sich über- oder unterlegen fühlt. Wo immer Menschen seit den Tagen des Messias

„den neuen Menschen angezogen" haben, entstand auch eine neue Qualität von Gemeinschaft mit großartigen Auswirkungen auf die Gesellschaft (vgl. Gal 3,27–28; 1. Kor 12,13; Kol 3,9–11). Wenn wir Christen ein „Geheimnis" mit uns herumtragen, dann ist es eine Person: Der auferstandene Christus lebt in uns! Wenn wir den Nichtchristen etwas voraushaben, dann ist es ein verwandeltes Leben durch seine Kraft in uns. Die Welt braucht nicht uns – sie braucht Christus in uns. Hier zeigt sich denn auch die entscheidende *„Tiefendimension"* von geistlicher Leitung im Unterschied zu „normalem" Leitungshandeln: *„Geistliche Leitung ... ist auf Inspiration und Intuition angewiesen"*, betonen Peter Böhlemann und Michael Herbst. *„Geistliche Leitung wahrnehmen heißt, Gott wahrnehmen, auf eigene Macht verzichten und dennoch mutig zu leiten und Management zu betreiben. ... Geistliche Leitung ist in der Tiefe Begegnung mit Gott."*[20]

Die Lektion des Hudson Taylor

Hudson Taylor (1832–1905), einer der großen Missionspioniere und Begründer der „China-Inlandmission", gehört zu denen, die in besonderer Weise dieses Geheimnis begriffen haben. Als 17-Jähriger erlebte er die persönliche Bekehrung, während seine Mutter hundert Kilometer entfernt im Gebet um ihren Sohn kämpfte. Drei Jahre später war ihm klar, dass er als Missionar nach China gehen würde. Als Hudson 1853 das Schiff bestieg und von seiner britischen Heimat Abschied nahm, ließ er Familie, Freunde und eine verheißungsvolle Karriere als Mediziner zurück. In China starben drei seiner fünf Kinder schon in jungen Jahren, seine erste Frau verlor er im Alter von 33 Jahren. Und doch konnte Taylor anlässlich seines 55. Geburtstags die Bilanz ziehen: *„Seit der Herr mich gelehrt hat, dass es sein Werk ist, kenne ich keine Angst mehr. Gott zu gefallen, das ist meine große Aufgabe in diesem Leben. Wenn ich mit ihm im Licht gehe, spüre ich keine Last."* Diese Gewissheit trug ihn auch durch, als der Widerstand zunahm und die ersten Missionare hingerichtet wurden. Inmitten aller Kämpfe lehrte er seine Mitarbeiter: *„Ihr braucht keinen großen Glauben, sondern Glauben an einen großen Gott."*[21]

Und doch ging Taylor nach 15 Jahren im Missionseinsatz noch einmal durch eine persönliche Glaubenskrise. Auch das finden wir immer wieder bei Männern und Frauen, die Gott mächtig gebrauchte: Sie gaben alles hin und dienten ihrem Gott leidenschaftlich, doch dann brauchten sie mehr und empfanden eine „heilige Unzufriedenheit" mit sich selbst. Der Abschnitt vom „Weinstock und den Reben" in Johannes 15 öffnete Hudson schließlich die Augen. *„Ich möchte mehr und mehr ein kleines Kind sein. Mein* *himmlischer Vater hat Stärke genug; ich habe nicht nötig, stark zu sein"*, schreibt er im Rückblick auf seine inneren Kämpfe. *„Jesus liebt jeden einzelnen von uns geradeso, als ob er sonst keinen hätte, den er lieben sollte."* Damit kam alle Kraftanstrengung zur Ruhe: *„Wir brauchen gar nichts von unserem Eigenen, denn wir haben alles in Jesus."* Wenn der Apostel Johannes uns auffordert: *„Und nun, Kinder, bleibt in ihm!"* (1. Joh 2,28), so ist damit eben keine religiöse Vorleistung gemeint: *„Ich glaube, wir bleiben nicht in Jesus, nicht weil wir zu schwach sind, sondern weil wir zu stark sind. ... Bleiben in Jesus heißt ruhen in Jesus. ... Wenn wir in Jesus bleiben, so empfangen wir von Gott alles, was wir brauchen. ... Wenn wir in Jesus bleiben, so wird die Frucht sich einfinden."*[22] Ein „ausgetauschtes Leben" nannte Hudson Taylor diesen inneren Paradigmenwechsel, der seinen Dienst auf eine neue Grundlage gebracht hatte. Und die Früchte seines Lebens sind bis heute spürbar!

Spannend wird unser Leben in dem Maß, wie wir entdecken, welchen Plan Gott im Auge hatte, als er uns schuf.

Kann Gott mich wirklich gebrauchen?

Paulus hat für seine Gemeinden um ein starkes Fundament und um tiefe Wurzeln in der Liebe Gottes gebetet. Er wusste genau: Unsere Identität entscheidet letztlich über unser Handeln. Wenn ich weiß, wer ich in Gottes Augen bin, werde ich auf Dauer auch wissen, was Gott von mir erwartet. *„Denn wir sind sein Gebilde, in Christus Jesus geschaffen für ein Leben voller guter Werke, von Gott schon bereitet, damit wir sie tun"*, schreibt Paulus im selben Epheserbrief (3,17; 2,10). Spannend wird unser Leben in dem Maß, wie wir entdecken, welchen Plan Gott im Auge hatte, als er uns schuf. Jeder von uns ist eine Einzelanfertigung, ein Ausdruck der Schöpferkraft und Kreativität unseres himmlischen Vaters.

Dein Leben ist Gottes Geschenk an dich. Was du daraus machst, das ist dein Geschenk an ihn!

- Dies meint das erste griechische Wort *poiema*: Jedes Menschenleben ist Gottes *„Handarbeit"*, entstanden durch einen einzigartigen, liebevollen Akt (vgl. Jes 64,7).
- Der zweite griechische Begriff in diesem Vers ist *ergos*: *„Arbeit, Tätigkeit, Leistung"*. Und auch dies hat Gott schon für uns vorbereitet seit dem Tag, als sein Ruf unser Leben traf.

Was für eine Arbeitsteilung! Welch eine Entlastung! Wenn wir uns Gott anvertrauen, führt er uns in seine Art der „guten Werke" hinein! Ein Leben in Einheit mit Gott ist eine spannende Entdeckungsreise: Wir dürfen immer mehr entdecken, wer wir in Gottes Augen schon sind. Wir dürfen anfangen zu tun, was Gott in seiner Weisheit gerade für uns bereitgestellt hat. Dein Leben ist Gottes Geschenk an dich. Was du daraus machst, das ist dein Geschenk an ihn!

Zur Vertiefung: Bekenne, wer du für Gott bist!

► Ich bin ein Freund von Jesus.	Joh 15,15
► Ich bin Gottes Kind.	Joh 1,12; 1. Joh 3,1–2
► Ich gehöre zu Gottes Familie.	Eph 2,19
► Ich gehöre zu Gottes heiligem Volk.	1. Pt 2,9–10
► Ich bin ein Heiliger und Geliebter.	Kol 3,12
► Ich bin aus der Finsternis gerettet.	Kol 1,13
► Ich bin ein freigekaufter Sklave.	1. Kor 6,20
► Ich bin durch seine Wunden geheilt.	1. Pt 2,24
► Ich bin gegenüber der Sünde tot.	Röm 6,7.11.22
► Ich bin eine neue Schöpfung.	2. Kor 5,17
► Ich bin ein guter Duft des Christus.	2. Kor 2,15
► Ich bin ein Brief von Christus.	2. Kor 3,3
► Ich bin auserwählt zur Erbschaft mit Christus.	Röm 8,17.33
► Ich bin ein Teil von Gottes heiligem Volk.	1. Pt 2,9–10
► Ich bin ein Tempel des Heiligen Geistes.	1. Kor 6,19
► Ich bin ein Organ am Leib von Christus.	1. Kor 12,27
► Ich bin ein Bürger des Himmels.	Phil 3,20
► Ich bin ein König und ein Priester.	Offb 1,6; 5,10
► Ich bin ein Kind des Lichts.	1. Thes 5,5; Eph 5,8
► Ich bin ein Licht in dieser Welt.	Phil 2,15

Begabung 3

Was steckt wirklich in mir?

„Jeder von uns empfing die Gnade in dem Maß, wie Christus sie ihm geschenkt hat. Deshalb heißt es: Er stieg hinauf zur Höhe und erbeutete Gefangene, er gab den Menschen Geschenke." (Eph 4,7-8 | EÜ)

Es waren einmal sechs blinde Männer, die wissen wollten, wie ein Elefant „aussieht". Einer ertastete die Seite des Tiers und behauptete: Der Elefant ist wie eine Wand. Der Nächste fühlte den Stoßzahn und meinte, er sei doch eher wie ein Speer. Der Dritte ergriff den Rüssel und stellte den Vergleich zu einer Schlange her. Der Vierte tastete den großen Fuß ab und sagte, dieses Tier ähnele einem Baum. Der Fünfte legte seine Hände auf ein Elefantenohr und sprach von der Ähnlichkeit mit einem Flügel. Der Sechste bekam den Schwanz zu fassen und zeigte sich überzeugt: Ein Elefant ist wie ein Seil. – Niemand hatte die ganze Antwort und niemand hatte Unrecht. Erst als sie alle ihre Erfahrungen zusammentrugen, wussten sie, wie ein Elefant aussieht.[23]

Gott hat seine Gemeinde so angelegt, dass wir erst in der Ergänzung richtig gut werden.

Wer nicht blind und taub ist und über alle seine Sinne verfügt, kann nur von Herzen dankbar sein. Dennoch haben wir Menschen alle unseren „blinden Fleck". Niemand von uns kennt das Gesamtbild, und niemand hat „die ganze Antwort" für die großen Aufgaben, die Jesus uns gestellt hat. Gott hat seine Gemeinde so angelegt, dass wir erst in der Ergänzung richtig gut werden. Wir sind als Christen nicht zum Alleingang berufen, sondern zur Gemeinschaft in dem einen „Leib des Christus".

3.1 Begabt, um andere zu beschenken

„Dient einander als gute Verwalter der vielfältigen Gnade Gottes, jeder mit der Gabe, die er empfangen hat." (1. Pt 4,10 | EÜ)

Jeder Einzelne von uns ist als Mensch einzigartig: beschenkt und begabt in seiner Persönlichkeit, unterschiedlich gebildet und geprägt durch seine Lebenserfahrung. Man könnte auch sagen: *„Jeder Mensch hat drei G: Gaben – Grenzen – Gefahren"* (Walter Hümmer).[24] Zur geistlichen Reife im Leben als Jesusjünger gehört eine realistische Selbsteinschätzung. Wer auf allen Gebieten gut sein will, übernimmt sich auf Dauer. Ebenso müssen wir ein gesundes Gleichgewicht von Geben und Nehmen finden, wenn wir anderen effektiv dienen wollen. Das Leben in der Nachfolge Christi ist ein Langstreckenlauf, allerdings im Team und nichts für Einzelkämpfer. Wir werden unser Letztes nur geben können, wenn uns andere zur Seite stehen, uns auf dem Weg ermutigen und in kritischen Zeiten sogar ein Stück weit durchtragen. Nikolaus Ludwig von Zinzendorf (1700–1760), der Gründungsvater der Herrnhuter Brüdergemeine, pflegte zu sagen: *„Der Christ geht immer in Kompanie."* Für ihn galt die Parole: *„Kein Christentum ohne Gemeinschaft!"*[25] Wenn wir uns der Frage stellen: „Welche Schätze hat Gott in mich hineingelegt und womit sind eigentlich die anderen beschenkt?", brechen wir zu einer großen Entdeckungsreise auf. Wir beginnen, das Potenzial in unseren eigenen Reihen zu heben, und sind damit auf dem besten Weg, effektive Teams aufzubauen. Doch beginnen wir bei uns selbst!

In vielen Gemeinden scheint dieser krankhafte Zustand der Normalfall zu sein: Wenige Haupt- oder Ehrenamtliche tragen die gesamte Last, während sich der Rest bedienen lässt.

Was weißt du über deine Gaben?

Christian A. Schwarz ist Autor eines weit verbreiteten Buches, „Die 3 Farben deiner Gaben", das schon vielen Christen bei der Entdeckung ihres persönlichen Gabenprofils geholfen hat. Anhand seiner Untersuchungen weist Schwarz auf einen Notstand in den Gemeinden hin: *„80 Prozent aller Befragten wissen nicht, was ihre geistlichen Gaben sind. Nur 20 Prozent gaben an, dass sie ihre Gaben kennen und gebrauchen."* Dies muss sich ändern und wir sollten *„ein Klima schaffen, in dem bestimmte Gaben gedeihen"*.[26] Inzwischen bieten etliche Gemeinden Seminare an zu den Stichworten „Mein Potenzial entdecken" bzw. „Gabenorientierte Mitarbeit". Die Grundidee stammt von Paulus, der uns die Gemeinde Jesu als einen vitalen, perfekt funktionierenden Organismus vor Augen stellt. Allerdings geht es dabei um mehr als einen Vergleich: *„So ist es auch mit Christus"* (1. Kor 12,12). Die Gemeinde Jesu ist der real existierende Leib des Auferstanden auf Erden! Wir wollen uns wohl kaum einen Körper vorstellen, bei dem nur 20 Prozent aller Organe wissen, wozu sie da sind ... In vielen Gemeinden scheint dieser krankhafte Zustand jedoch der Normalfall zu sein: Wenige Haupt- oder Ehrenamtliche tragen die gesamte Last, während sich der Rest bedienen lässt. Die Frage nach der persönlichen Begabung richtet sich jedoch an den gesamten „Leib", nicht nur an wenige beauftragte oder angestellte Mitarbeiter. Jeder ist wichtig, jeder wird gebraucht und jeder braucht Ergänzung. Es ist Gottes Absicht, dass *„alle Glieder einträchtig füreinander sorgen"* (1. Kor 12,25 | EÜ). Wie gut wir als „Christusleib" zusammenwirken, entscheidet letztlich darüber, ob sich Jesus selbst auf dieser Erde bewegen kann. Darum ist die Frage nach den Gaben und ihrem Zusammenspiel alles andere als Luxus!

Eine Gnade – viele Gaben

Seit den 60er-Jahren hat sich die Charismatische Bewegung weltweit und in allen Konfessionen ausgedehnt. Dabei steht sie für ein wichtiges biblisches Stichwort, das wir zunächst unter die Lupe nehmen sollten: Paulus hat den griechischen Begriff *Charisma* in den christlichen Sprachgebrauch eingeführt, der von *Charis, „Gnade"* abgeleitet wird. *Charisma* kann auch eine Spende, eine Zuwendung, eine Gefälligkeit bezeichnen. Heute sagt man umgangssprachlich von bestimmten Menschen, dass sie als Persönlichkeit „Charisma" haben, als „charismatische" Redner, Politiker oder Künstler gelten. Doch Paulus meint gerade nicht ein Naturell, das uns in die Wiege gelegt wurde. Vielmehr geht es um ein Geschenk, das wir nur von Gott empfangen können. *„Der Lohn der Sünde ist der Tod, die Gabe Gottes aber ist das ewige Leben in Christus Jesus, unserem Herrn."* Gottes größtes Geschenk an uns Menschen ist sein eigener Sohn Jesus, der durch sein Sterben am Kreuz die Konsequenzen des Sündenfalls auf sich nahm und für uns die Tür zum Paradies wieder geöffnet hat (Röm 6,23; 5,15–16 | EÜ). Gnade ist die Grundlage eines Lebens als Christ: Gott gibt uns nicht das, was wir verdient hätten, nämlich Verurteilung für unsere Schuld und Vertreibung aus seiner Nähe. Vielmehr gibt Gott uns, was wir nicht verdient haben: Vergebung und ein völlig neues Verhältnis zu ihm. Und mehr noch: Er nimmt uns auf als seine Söhne und Töchter und setzt uns ein als Repräsentanten seiner neuen Welt.

Gnade ist die Grundlage eines Lebens als Christ: Gott gibt uns nicht das, was wir verdient hätten, sondern das, was wir nicht verdient haben.

Jeder Christ: ein Charismatiker

Charismatisch sein heißt also nichts anderes als von Gott beschenkt zu sein. So bezeichnet der Römerbrief mit *Charisma* im allgemeinen Sinn Gottes *„gnädige Zuwendung"* – das ist unsere

Existenzgrundlage. Und schließlich listet er eine Reihe von unterschiedlichen *Charismen* auf – *„Gnadengaben"*, die uns zum Dienst befähigen (Röm 11,29; 12,6–8). Ohne Jesus haben wir nicht viel zu bieten, doch mit ihm wird unser Leben zu einem Geschenk für unsere Umgebung! Jürgen Moltmann schreibt dazu in seinem Buch „Kirche in der Kraft des Geistes": *„Jedes Glied der messianischen Gemeinde ist ein Charismatiker. … Der Geist macht die ganze, biologische, kulturelle und religiöse Lebensgeschichte eines Menschen charismatisch lebendig. … Prinzipiell können alle menschlichen Möglichkeiten und Fähigkeiten durch die Berufung charismatisch werden, wenn sie nur in Christus gebraucht werden."*[27] Unabhängig von „charismatischen Lieblingsthemen" und ohne falsche Gegensätze aufzubauen, gilt für jeden Christen:

- Gott kann unsere natürliche Begabung ebenso gut gebrauchen wie unsere Ausbildung und unsere Lebenserfahrung.
- Gott hat sich vorbehalten, uns mit übernatürlichen Gaben zu beschenken, um gerade dadurch seine Gnade zu zeigen.
- Gottes übernatürliches Wirken und unsere natürlichen Fähigkeiten können sich hervorragend ergänzen. Entscheidend ist auf beiden Ebenen unsere persönliche Reife.
- Charismatisch sein bedeutet die Bereitschaft, von Gott abhängig zu sein, ihm ganz zur Verfügung zu stehen und anderen zu dienen.

Das Thema „Gaben" taugt nicht für Egoismen oder Eitelkeiten, sondern gehört zur Ausbreitung seines Reiches.

Im Neuen Testament finden wir 17-mal das Stichwort *Charisma*, mit einer Ausnahme jeweils bei Paulus. So ermutigt Petrus die Gemeinden, *„gute Verwalter der vielfältigen Gnade Gottes"* zu werden. Man könnte auch von einer *„kunterbunten Gnade"* sprechen: Völlig unterschiedlich zeigt sie sich bei uns Menschen – je nach Persönlichkeit und Lebensgeschichte, Begabung und Berufung (1. Pt 4,10). Wir sollen gute *„Hausverwalter"* sein, so wie ein treuer Sklave in der Antike zur vollsten Zufriedenheit seines Hausherrn lebte. Gaben sind zum Geben da, zum Weitergeben des Empfangenen. Gaben halten uns demütig, denn sie erinnern uns ständig an den Geber. Das Thema „Gaben" taugt nicht für Egoismen oder Eitelkeiten, sondern gehört zur Ausbreitung seines Reiches: *„Vater, dein Reich komme und dein Wille geschehe, wie im Himmel, so auf der Erde!"* (Mt 6,9–10). Dazu brauchen wir ihn selbst und die Fülle seiner Gaben!

3.2 Gaben und Dienste im Neuen Testament

„Es gibt verschiedene Gnadengaben, aber nur den einen Geist. Es gibt verschiedene Dienste, aber nur den einen Herrn. Es gibt verschiedene Kräfte, die wirken, aber nur den einen Gott: Er bewirkt alles in allen. Jedem aber wird die Offenbarung des Geistes geschenkt, damit sie anderen nützt." (1. Kor 12,4–7 | EÜ)

Das Bekenntnis „Jesus ist der Herr!" ist Überschrift und Maßstab für den Umgang mit Charismen.

Der Kontext der Gaben ist die versammelte Gemeinde, zugleich ein überschaubares und geschütztes Übungsfeld.

Wer sich mit den Gaben des Neuen Testaments beschäftigt, muss die Aussagen verschiedener Briefe kombinieren. Nirgendwo finden wir eine abgeschlossene Liste, allerdings verschiedene Andeutungen (Röm 12,3–8; 1. Kor 12,7–11.28–31; 13,1–3; Eph 4,11; 1. Pt 4,9–11). Zusammen ergeben sich etwa 30 verschiedene Gaben, deren Bedeutung wir zum Teil für uns heute übersetzen müssen.[28] Beim griechischen Wort *Paraklesis („Ermahnung, Ermunterung, Zuspruch")* würden wir heute zuerst an eine Begabung zur Seelsorge denken. Menschen mit den Gaben *„Helfen"* und *„Barmherzigkeit"* würden wir eher dem Bereich der Diakonie zuordnen (Röm 12,8). Aber selbst im Lebensstand von Ehe oder Ehelosigkeit sieht das Neue Testament ein von Gott geschenktes *Charisma* (1. Kor 7,7–9). Am ausführlichsten befasst sich Paulus im ersten Korintherbrief mit der angemessenen Ausübung der Gaben. Es lohnt sich, einmal ausführlich die Kapitel 12 bis 14 zu studieren. Gleich zu Beginn stellt der Apostel klar, dass der spirituelle Bereich alles andere als neutral ist. Das Bekenntnis *„Jesus ist der Herr!"* ist Überschrift und Maßstab für den Umgang mit Charismen (12,1–3). Die „Geistwirkungen" sind ihrer Erscheinung nach sehr ähnlich, schließlich gibt es zu allen Geistesgaben durchaus beeindruckende Entsprechungen im okkulten Bereich. Das Übersinnliche fasziniert und lockt am Ende einer Ära des rationalistisch-materialistischen Denkens mehr denn je! Esoterische Kräfte lassen sich auch gebrauchen ohne Beziehung zu Gott und fördern die Unabhängigkeit des Menschen. Geistgewirkte Gaben dienen jedoch dem *„Aufbau"* der Gemeinde (1. Kor 14,3–5). Der Kontext der Gaben ist die versammelte Gemeinde, zugleich ein überschaubares und geschütztes Übungsfeld (14,26–33). Im „Leib Christi" lernen wir, einander zu dienen und uns gegenseitig zu ergänzen. Geistesgaben können auch in Alltagssituationen zum Einsatz kommen. Sie können eindrücklich Gottes Präsenz in einer scheinbar gottfernen Welt demonstrieren: So kann Heilung auf Spielplätzen geschehen, Barmherzigkeit sich in der S-Bahn erweisen, Erkenntnis und Weisheit sich in Büros und Klassenzimmern manifestieren. *„Das Gefüge der alten Welt wird hier durchbrochen"*, meint Paul Schütz. Er bezeichnet die Charismen als *„Arbeitsorgane"* und *„Spezialinstrumente"*, durch die auch Menschenunmögliches geschehen kann.[29]

Das Thema drängt!

Einige Geistesgaben wurden im Laufe der Kirchengeschichte verdrängt oder sogar verdächtig. So wurde Sprachenrede als überholt und für heute unnötig angesehen, da man ja die Bibel und schöne Gesangbuchlieder habe.[30] Prophetische Rede wurde von den Reformatoren als vollmächtige Predigt umgedeutet. Hinzu kamen Fehlentwicklungen durch einen unreifen Umgang mit Geistesgaben, die schon manchen abgeschreckt haben. Doch Extreme und die Gefahr esoterischer Imitate sprechen nicht gegen das Original: Die Gaben stammen ursprünglich von einem guten Gott, der seine Kinder dadurch reich beschenken will!

Martin Luther hat zwar den Gedanken vom „allgemeinen Priestertum" in die Kirche eingeführt, doch leider blieb dies weithin Theorie in Bezug auf den Gemeindeaufbau vor Ort.

Vor allem ist das Thema „Gaben" deshalb so wichtig, weil wir nach bald zwei Jahrtausenden abendländischer Kultur an kirchliche Ämter gewöhnt sind. Nicht nur die Volkskirchen sind vom Monopol der Pfarrer und Priester geprägt, auch in den meisten Freikirchen strampelt sich so mancher Pastor ab, um die Gemeinde zufriedenzustellen. *„Alle dienen dann dem einen, und einer dient allen. Damit aber bleibt die Gemeinde unmündig und der Pfarrer überlastet. Damit unterbleibt der Dienst an der Welt"*, schrieb Rudolf Bohren bereits vor über 40 Jahren.[31] Seitdem hat sich in der Grundstruktur vieler Gemeinden wenig geändert. So beklagen Peter Böhlemann und Michael Herbst in unserer Generation: *„Wir haben in der Theologie den Fehler gemacht, fast alle im Neuen Testament genannten Charismen strukturell im Pfarramt zu verankern. So ließen sich etwa alle sieben in Römer 12,6–8 genannten Gnadengaben problemlos in eine Dienstbeschreibung des deutschen Pfarramts unterbringen. Ironisch formuliert müsste man sagen, dass es geradezu bedauerlich ist, dass Paulus in diesem Zusammenhang die Gabe der Allgegenwart und der Allmacht vergessen hat."*[32] Martin Luther hat zwar den Gedanken vom „allgemeinen Priestertum" in die Kirche eingeführt, doch leider blieb dies weithin Theorie in Bezug auf den Gemeindeaufbau vor Ort. Die Reformation wurde zu einem geistlichen Aufbruch, der am Ende im alten Flussbett der Amtskirche versackte.

Erst die Gaben – dann das Amt

Luther übersetzte in den neutestamentlichen Texten regelmäßig „Amt", wo im Griechischen *diakonia* steht, also *„Dienst"*! Der Abschnitt 1. Korinther 12,4–6 zeigt uns jedoch drei wichtige Aspekte, die zum richtigen Verständnis geistlicher Gaben gehören: Die verschiedenen *„Gnadengaben"* (griechisch: *charisma*) sind geistliche *„Kraftwirkungen" (energema)*, zugleich sind sie ihrem Wesen nach *„Dienste"* (griechisch: *diakonia*). Diese drei Facetten gehen zurück auf den dreieinigen Gott: auf den Sohn Jesus, Gott-Vater und den Heiligen Geist. Und sie gehören unbedingt zusammen! Das heißt in der Praxis:

- Wir sollten bei allen, die Gaben ausüben, auf ihre dienende Haltung achten! Im Blick auf sämtliche Gaben gilt: *„Wenn ich die Liebe nicht hätte, nützt es mir nichts …"* (1. Kor 13,1–3).
- Wenn wir Gaben bei anderen entdecken, sollten wir sie in die Praxis hinein begleiten und passende Dienste für sie suchen. Gaben müssen auch benannt und anerkannt werden!
- Wer um seine Gaben weiß, sollte sich ebenso dessen bewusst sein, was ihm fehlt. Gegenseitige Ergänzung ist ein Zeichen von Demut und Stärke. Nur als Team können wir effektiv sein!
- Wer Gaben in dienender Weise einsetzt, wird auf Dauer *„Frucht"* bringen. Geistliche Frucht ist all das, was in unserem Leben und Dienen von Jesus sichtbar wird (Gal 5,22; Eph 5,9).
- Wenn wir Ämter einrichten, sollten sie durch passende Charismen begründet sein. Ämter ohne entsprechende Gaben sind auf Dauer genauso schädlich wie Macht ohne Dienst!

Gabenprofile und -kombinationen

Gaben können punktuell und aktuell für eine bestimmte Situation geschenkt werden. So konnte im Alten Testament sogar ein Esel reden, als es nötig war (4. Mo 22,28). Doch in aller Regel werden Charismen irgendwann in unserem Leben auftauchen, sich bewähren und über längere Zeit ausreifen. Gottes Ziel für unser Leben sind nicht nur Momentaufnahmen, sondern die Entwicklung unserer ganzen Persönlichkeit mit ihrem besonderen Dienst. Gott schenkt in seiner Souveränität *„einem jeden seine besondere Gabe, wie er will"*. Dabei beschränkt sich Gott nicht nur auf eine Gabe, sondern stellt ganze Kombinationen zusammen. Die Schrift ermutigt uns sogar: *„Strebt nach den höheren Gnadengaben!"* (1. Kor 12,11.31 | EÜ). Gott freut sich darüber, wenn wir „mehr" wollen, wenn wir uns danach ausstrecken, effektiver von ihm gebraucht zu werden. Die wirkungsvollsten Dienste im Reich Gottes werden von denen ausgeübt, die in ihrem jeweiligen „Gabenprofil" angekommen sind, die ihre Gaben tragen wie maßgeschneiderte und typgerechte Kleidung. Mich faszinieren immer wieder Menschen, die nicht nur bestimmte Gaben „haben", sondern selbst diese Gabe „geworden sind".

Die wirkungsvollsten Dienste im Reich Gottes werden von denen ausgeübt, die in ihrem jeweiligen „Gabenprofil" angekommen sind, die ihre Gaben tragen wie maßgeschneiderte und typgerechte Kleidung.

Bei den Gaben geht es im Tiefsten immer darum, dass Jesus seinen Dienst unter uns Menschen fortsetzen kann – und zwar durch uns! Es geht um den „ganzen" Jesus und das „ganze" Evangelium, damit den Menschen unserer Zeit in ganzheitlicher Weise geholfen werden kann. *„Er zog umher, lehrte … und heilte …"* Dieser doppelte Dienst prägte das Leben Jesu, und genau diesen doppelten

Auftrag hat er seinen Jüngern übertragen (Mt 4,23; 9,35; 10,7–8; Mk 16,20). Die Gemeinde Jesu ist dort am wirkungsvollsten, wo die Verkündigung von Gottes Wort, göttliche Wunder und die *„guten Werke"* zusammenkommen (vgl. Mt 5,16; Jak 1,22). Eine erste Einteilung in „Gaben des Wortes" und „Gaben der Tat" kann uns helfen, begabte Menschen in unseren Reihen zu entdecken und gleichermaßen wertzuschätzen.

- **Gaben des Wortes:** Lehre, Evangelisation, Prophetie, Weisheit, Erkenntnis, Leitung …
- **Gaben der Tat:** Heilungen, Wunder, Helfen, Geben, Organisieren, Kreativität …

Natürlich wirken Wort und Tat bei den meisten Gaben zusammen. Dennoch gibt es typische Schwerpunkte: Wenn du dir deine Gruppe oder Gemeinde innerlich vor Augen führst, wirst du schnell die „Sprecher" und die „Praktiker" herausfinden. Was dem einen „von der Hand" geht, bringt den anderen an die Grenze seiner Möglichkeiten. Während der eine gut und gerne „das Wort führt", fühlt sich ein anderer verbal überfordert. Menschen sind so unterschiedlich begabt, dass man daraus jede Menge Missverständnisse ableiten kann. Und doch ist jeder in gleicher Weise wertvoll, und niemand sollte auf Dauer im Gegensatz zu seinem Gabenprofil eingesetzt werden. Doch Gott mag unsere Unterschiedlichkeit und hat uns mit dem Ziel gegenseitiger Ergänzung erschaffen! Und er hat in seinem großen Plan einen passenden Platz für jeden von uns:

- **Sachorientierte** Menschen: Sie sind interessiert an Aufgaben und blühen auf bei konkreten Projekten. Manche investieren sich in größere Programme, manche gehen auf in der Lösung von praktischen Problemen. Ihr Interesse gilt konkreten Ergebnissen, ihre Stärke liegt oft weniger im zwischenmenschlichen Bereich.
- **Personenorientierte** Menschen: Sie sind an Menschen und Begegnungen interessiert, sei es mit Einzelnen oder mit Gruppen. Einige suchen die Nische, andere die Bühne. Sie sind oft gute Kommunikatoren, empfinden jedoch Gremienarbeit als Zumutung. Zahlen, Struktur- und Sachfragen sind nicht ihr Ding.
- Beide „Typen" (hier in den Zeilen horizontal) können sowohl **Gaben des Wortes** als auch **Gaben der Tat** haben.

	Wort	Tat	
aufgabenorientiert			Fokus: Projekte
beziehungsorientiert			Fokus: Personen
	Sprecher	Praktiker	

3.3 Der Leib des Christus – ein geniales Konzept

> *„Wenn der ganze Leib nur Auge wäre, wo bliebe dann das Gehör? Wenn er nur Gehör wäre, wo bliebe dann der Geruchssinn? … Wären alle zusammen nur ein Glied, wo bliebe dann der Leib? So aber gibt es viele Glieder und doch nur einen Leib."* (1. Kor 12,17–20 | EÜ)

Weitere Aspekte unserer Persönlichkeitsstruktur verbinden sich mit unserer Begabung und lassen ein bestimmtes „Dienstprofil" entstehen: Unser Lebenstempo, unser Arbeitsstil und die jeweilige Art, die Dinge wahrzunehmen und anzugehen, sind ausgesprochen unterschiedlich. Manche Menschen sind gewissenhaft, genau, detailorientiert in ihrer Vorgehensweise, andere dagegen zielstrebig, zügig und mit großem Weitblick ausgestattet. Manche erkennen deutlich innere Prozesse und erspüren intuitiv, wie es den Einzelnen ergeht, andere sind gute „Umsetzer" und möchten konkrete Ziele erreichen. Hier können zwei Menschen im selben Team völlig unterschiedlich „funktionieren" und sind doch aufeinander angewiesen! Auch innerhalb einer Ehe können die Partner ihre jeweilige Prägung geradezu als Gegensatz empfinden. Beim Renovieren und beim letzten Umzug wurde uns noch einmal deutlich, wie unterschiedlich wir als Ehepaar die Dinge angehen. Doch wenn wir uns dann gefunden hatten, wurden wir ein gutes Team und genossen gemeinsam unsere kleinen Erfolge! Unsere Verschiedenartigkeit stammt letztlich aus der Vielfalt, mit der Gott uns Menschen geschaffen hat. Die Besonderheit des einen kann zur Bereicherung für den anderen führen, sofern wir das biblische Geheimnis entdecken, wie in *einem* Leib *„alle Glieder einträchtig füreinander sorgen"* (1. Kor 12,25)! Unser eigener Körper führt uns das perfekte Zusammenspiel der jeweiligen Körperteile Tag für Tag vor: Jedes ist einzigartig und alle Organe sind so vollkommen untereinander vernetzt, dass wir darüber kaum noch nachdenken: *„Das Auge kann nicht zur Hand sagen: Ich bin nicht auf dich angewiesen. Der Kopf kann nicht zu den Füßen sagen: Ich brauche euch nicht. Im Gegenteil, gerade die schwächer erscheinenden Glieder des Leibes sind unentbehrlich"* (1. Kor 12,21–22 | EÜ). Der Apostel Paulus hat dieses Prinzip von „Vielfalt und Einheit – Einzigartigkeit und Ergänzung" zum

Der Apostel Paulus hat dieses Prinzip von „Vielfalt und Einheit – Einzigartigkeit und Ergänzung" zum genetischen Code der Gemeinde Jesu erklärt. Wo wir miteinander in dieser Weise leben, werden ungeahnte Kräfte frei!

genetischen Code der Gemeinde Jesu erklärt. Wo wir miteinander in dieser Weise leben, werden ungeahnte Kräfte frei! Nirgendwo sind derartige Synergien möglich wie in einer Gemeinde oder einem Unternehmen, das sich als *„Leib"* versteht und sich über Christus als *„Haupt"* definiert (vgl. Eph 1,22; 4,16).

„Christus existiert als Gemeinde"

Gott hat in seine Gemeinde alle wichtigen Prinzipien hineingelegt, die für die gesunde Selbstorganisation einer Gruppe nötig sind.

Am Ende des Epheserbriefs spricht der Apostel über die geistliche Einheit von Mann und Frau, um dann unvermittelt umzuschwenken: *„Dieses Geheimnis ist groß; ich aber deute es auf Christus und auf die Gemeinde."* Zuvor sagt Paulus: *„Denn wir sind Glieder seines Leibes"* (Eph 5,32.30 | Sch). Das biblische Verständnis vom „Leib" des auferstandenen Christus ist in der Tat eins der größten Geheimnisse, das Gott der Menschheit geschenkt hat. Allerdings bemüht der Teufel sich mit Erfolg, es zu vernebeln. Es gibt wohl keine Organisation auf der Welt, die so lange und so beharrlich unter Betriebsblindheit leidet wie die Christenheit! Dennoch: Gott hat in seine Gemeinde alle wichtigen Prinzipien hineingelegt, die für die gesunde Selbstorganisation einer Gruppe nötig sind. Denn die Metapher vom „Leib" ist mehr als ein Vergleich – mit ihr beschreibt die Bibel eine geistliche Realität!

Es war Dietrich Bonhoeffer, der in den 1930er-Jahren diesen Gedanken wieder ins Denken der Kirche zurückholte. In seiner Doktorarbeit „Sanctorum Communio" formuliert er im Blick auf die Aussagen des ersten Korintherbriefs: *„Wo Christi Leib ist, da ist Christus. … Das Neue Testament kennt eine Offenbarungsform ‚Christus als Gemeinde existierend'."*[33] Später schreibt er in seiner „Nachfolge": *„Christus ist die neue Menschheit in neuen Menschen. Christus ist die Kirche. … Die Kirche ist der gegenwärtige Christus im Heiligen Geist."* Und *„das Leben Jesu Christi ist auf dieser Erde noch nicht zu Ende gebracht. Christus lebt es weiter in dem Leben seiner Nachfolger."*[34] Wenn wir als Gemeinden oder als Gruppen vor Ort tatsächlich der Leib des auferstandenen Christus sind, geht es letztlich um die Frage, wie effektiv sich Jesus durch uns bewegen kann. Stehen ihm durch uns Auge und Ohr, Hände und Füße zur Verfügung, damit er durch uns lieben und handeln kann? Ist sein Leib auf dieser Erde einsatz- und gehbereit oder nur mit sich selbst beschäftigt und degeneriert vor lauter Streben nach Wohlbefinden? Sicherlich gehört der „Wohlfühl-Faktor" zu den Merkmalen einer einladenden Gemeinde. Doch wir haben eine größere Berufung, als Heimat zu bieten. Wir sind als Gemeinde Jesu gerufen, zu „gehen" – als sein Leib!

Eine gesunde Gaben-Kultur entwickeln

Zum Thema „Gaben“ und „Persönlichkeit“ zählt nicht nur die Frage, was ich habe und wer ich bin, sondern vielmehr: Wie beziehe ich mich auf die anderen? Welche Kultur entwickeln wir für das Zusammenspiel und die gegenseitige Ergänzung? Jedes gesunde Teamwork beginnt bei der inneren Haltung der Einzelnen. Deshalb nenne ich dir ein paar praktische Leitlinien für den Umgang mit Gaben im Miteinander:

- **Wertschätzung:** Die meisten Menschen empfinden ihre Gaben als „normal“ und setzen sie ganz natürlich ein. Dagegen empfinden wir die Begabungen anderer oft als „besonders“. Doch statt mit Neid und Vergleichsdenken zu reagieren, sollten wir lernen, Wertschätzung für die Gaben der anderen auszudrücken. Wir alle brauchen Ermutigung durch Zuspruch von außen!
- **Ergänzung:** Der Umgang mit Gaben ist wie ein gemeinsames Puzzlespiel. Keiner verfügt über das Gesamtbild, doch jeder hat mindestens ein Teilstück beizutragen. Wir sind entlastet von dem Anspruch, „alles“ haben oder können zu müssen. Die Begabung der anderen soll uns nicht bedrohen, sondern positiv ergänzen. Wir dürfen entspannt zu unseren Grenzen stehen!
- **Motivation:** Wer im Rahmen seiner Gaben arbeitet, ist in der Regel motiviert, leistungsfähig und auch effektiv. „Gabenorientierte Mitarbeiterschaft“ bewirkt beim Einzelnen, dass er ganz bei sich sein, sich entfalten und in seiner Persönlichkeit entwickeln kann.[35] Wir verherrlichen Gott nicht durch griesgrämiges Dienen, sondern auch durch Zufriedenheit bei unserer Arbeit!
- **Multiplikation:** Jede gesund gebrauchte Gabe hat das Potenzial, andere anzustecken und zur Nachahmung zu veranlassen. Jeder von uns braucht ermutigende Vorbilder für die eigene Mitarbeit. Gaben sind zum (Weiter-)Geben da, wir können andere damit beschenken und dem gesamten Leib Christi dienen. So kann Gott unseren jeweiligen Beitrag vermehren!
- **Lernerfahrung:** Eine Gabe zu „haben“ bedeutet noch lange nicht, sie angemessen einzusetzen. Selbstlosigkeit und Weisheit, Hingabe an Gott und Sensibilität für andere gehören zur Charakterstärke, die mitwachsen muss. Dies kann jedoch nur geschehen, wenn wir in einem Kontext arbeiten, wo ehrliches Feedback und gegenseitige Korrektur gesucht werden.

Das Ziel: „Zurüstung der Heiligen"

Gaben sind also nicht unser Privatbesitz, sondern von Gott anvertrautes Potenzial. Sie vermehren sich in dem Maß, wie wir sie austeilen.

Gaben sind also nicht unser Privatbesitz, sondern von Gott anvertrautes Potenzial. Sie begründen keine herausragende Position und sollten uns niemals zum Stolz verleiten. Wir sind beschenkt und geben lediglich weiter, was wir selbst empfangen haben. Tatsächlich vermehren sich Gottes Gaben in dem Maß, wie wir sie austeilen. Im Epheserbrief, der sich ebenfalls am Bild vom Körper orientiert, nennt Paulus eine bunte Palette von Diensten in der Gemeinde und beschreibt die gemeinsame Ausrichtung folgendermaßen: *„um die Heiligen für die Erfüllung ihres Dienstes zu rüsten, für den Aufbau des Leibes Christi"*. Für jeden einzelnen Christen gilt als Ziel, dass wir *„nicht mehr unmündige Kinder sein"*, sondern *„zum vollkommenen Menschen werden und Christus in seiner vollendeten Gestalt darstellen"* sollen (Eph 4,11–14). Doch persönliche Reife erreichen wir niemals im Alleingang, sondern nur im Miteinander als Leib Christi. Durch unsere Beziehung zu ihm und zueinander wird *„der ganze Leib zusammengefügt und gefestigt"*. Jedes Körperteil und jedes Gelenk gibt sein Bestes. *„So wächst der Leib und wird in Liebe aufgebaut"* (Eph 4,16 | EÜ). Mit meiner besonderen Begabung habe ich die Möglichkeit, andere zu fördern und mit ihnen gemeinsam Christus groß zu machen. Welch eine Perspektive! Wenn dies auch dein Ziel ist …

Stelle dir für den Umgang mit deinen Gaben einige konkrete Fragen:

- Welche Gaben gehören so natürlich zu mir, dass ich hier ganz „ich selbst" bin?
- Welche natürliche Gabe in meinem Leben passt zu meinen Aufgaben bzw. meiner Ausbildung?
- Welche übernatürlichen Gaben und Wirkungen des Geistes habe ich bereits erlebt?
- Welche Gaben hätte ich gerne noch – und warum eigentlich?
- Welche Gaben möchte ich bloß nicht haben – und warum eigentlich nicht?
- Welche Gaben habe ich nicht, brauche sie aber dringend als Ergänzung?
- Welche Menschen könnten in besonderer Weise von meinen Gaben profitieren?
- Welche Menschen möchte ich durch meine Gaben gerne „anstecken" bzw. ausbilden?

3.4 Leitungsgabe: ein Schlüssel – kein Monopol

„Und die einen hat Gott in der Gemeinde eingesetzt erstens als Apostel, zweitens andere als Propheten, drittens als Lehrer, sodann Wunderkräfte, sodann Gnadengaben der Heilungen, Hilfeleistungen, Leitungen, Arten von Sprachen.“ (1. Kor 12,28 | EB)

Bei der Auflistung der Gaben im Neuen Testament fällt auf, dass „Leitung“ keine deutliche Sonderstellung einnimmt. Es gibt sogar unterschiedliche Begriffe für das, was wir als geistliche Leitung bezeichnen. Das Kapitel 1. Korinther 12 endet damit, dass Paulus noch einmal verschiedene Gaben bzw. Dienste erwähnt: *„Erstens“* werden die Apostel genannt, *„zweitens“* die Propheten und am Ende der offenbar nicht abgeschlossenen Liste steht die Sprachenrede. Zwischendurch finden wir zwei Begriffe (jeweils im Plural), die wir als Begabung zur Leitung verstehen können:

Leitung: mehrere Facetten einer Gabe

- Das griechische Wort *antilempsis* meint so viel wie *„Hilfeleistungen“*, also Assistenz. Darunter kann man sich gut unterstützende Dienste vorstellen, es muss nicht automatisch um Verantwortung für das Ganze gehen.
- Das griechische Wort *kybernesis* stammt aus der Welt der Seefahrt und bezeichnet die Kunst eines Kapitäns (vgl. der *kybernetes* in Apg 27,11; Offb 18,17), also *die „Fähigkeit* [Prozesse] *zu steuern“* (daher Kybernetik). Dem entspricht etwa unser moderner Begriff des Managements.
- In anderen Briefen finden wir als dritten Begriff *prohistanai*: *„vorstehen, verwalten“*, aber auch *„sich kümmern um, sorgen für“* (Röm 12,8; 1. Thes 5,12; 1. Tim 3,4–5; 5,17). Hier könnten wir an die Rolle eines „Vorsitzenden“ denken, aber ebenso an die Fürsorge von Vater oder Mutter.

Es gibt im Neuen Testament nicht *den* Leiter oder gar einen idealen Leitertyp, wohl aber Gaben zur Leitung – und zwar mit unterschiedlichen Facetten und Anwendungsgebieten.

Wir sehen: Es gibt im Neuen Testament nicht *den* Leiter oder gar einen idealen Leitertyp, wohl aber Gaben zur Leitung – und zwar mit unterschiedlichen Facetten und Anwendungsgebieten. Jedenfalls steht *die* Leitungsgabe nicht automatisch an der Spitze der Hierarchie. Hingegen spielen Apostel und Propheten im Neuen Testament durchaus eine Führungsrolle (1. Kor 12,29; Eph 2,20; 3,5; 4,11; Offb 21,14). Jesus selbst nannte die erste Generation von Leitern, die unter seiner Leitung heranwuchs, *„Apostel“*: *„Abgesandte“* oder *„Botschafter“* (Lk 6,13; 9,10; 22,14). Die Frage nach unserer Begabung ist die eine Seite, die Beauftragung mit einem Amt eine ganz andere. Wer nun Gaben der Leitung hat, kann daraus nicht automatisch einen Vorzug ableiten. Er ist wie alle anderen zum Dienen berufen, genauso wie Menschen mit der Fähigkeit zum Zuhören, Trösten, Beten, Heilen, Geben usw. Umgekehrt gehört zu jeder Gabe auch die Einsetzung in eine bestimmte Rolle, sonst bleibt sie ungenutzt. Dies gilt in besonderer Weise für „Leitung"!

Leitung: die Rolle eines Kapitäns

Schauen wir uns noch einen Moment den biblischen Begriff der *kybernesis* an. In der griechischen Übersetzung des Alten Testaments (Septuaginta) meint er *„kluge Lenkung"*, z. B. durch einen Staatsmann oder beim Militär, aber auch die gesunde *„Lebensführung"* im persönlichen Bereich (Spr 11,14; 24,6; 1,5). Doch entstanden ist der Begriff auf hoher See. Wenn wir an die „Stürme des Lebens" denken, aber auch an „ein Schiff, das sich Gemeinde nennt", drängen sich zahlreiche Parallelen auf. Tatsächlich vertraut Gott uns seine Menschen an, damit wir sie durch die Gabe der *„Lenkung"* ins richtige Fahrwasser manövrieren können. Gott überlässt uns das Steuer, damit wir die Menschen an Bord sicher zum Ziel bringen.

Jane ist verheiratet mit einem früheren Ältesten unserer Gemeinde. Einige Jahre wohnten sie in Holland, wo Jane ihre Ausbildung zum Kapitän absolvierte. Heute lebt sie mit ihrer Familie an der deutschen Ostsee-Küste, wo sie an Bord eines hundert Jahre alten Segelschiffs zu finden ist. Die Kapitänskunst hat erstaunliche Parallelen mit der Gemeindeleitung. Über Janes Erfahrungen mit Wind und Wellen können wir nur staunen:

Man sollte sich im jeweiligen Fahrgebiet gut auskennen und jede Fahrt gut vorbereiten. Es ist grundsätzlich so, dass auf See jede Menge unerwarteter Dinge passieren. So muss ich ständig die Zeichen am Himmel beobachten. Eine einzige Wolke sagt mir manchmal: Achtung, hier passiert etwas! Ich muss immer sehen, woher der Wind weht, damit ich das Schiff sicher in den Hafen bringen kann.

Wichtig ist bei allen Manövern, dass die Mannschaft klare und deutliche Anweisungen bekommt. Jeder muss wissen, an welchem Ort er zu stehen und was er zu tun hat. Niemand kann alleine ein großes Schiff lenken – es kommt immer auf das gute Zusammenspiel an! Dabei spielen Lob und Ermutigung eine wichtige Rolle.

Manchmal muss ich allerdings auch einsame Entscheidungen treffen, obwohl man in heiklen Situationen oft viele gute Ratschläge bekommt. Letztlich muss ich im kritischen Moment das Steuer herumreißen, selbst wenn meine Matrosen dies nicht nachvollziehen können. Wenn ich ein gutes Team habe, folgen sie erst meinen Anweisungen – und dann fragen sie nach. Doch Druck auszuhalten ist nicht immer leicht …

Ein Schiff zu steuern heißt: In der richtigen Situation Segel zu mindern, Fahrt rauszunehmen oder auch voll Gas zu geben. Dabei muss der Blick immer auf dem Ruder liegen: Man muss wissen, wie es steht, sonst geht das Schiff genau in die falsche Richtung.

Jede Gruppe braucht Leitung – aber nicht jeder in der Gruppe hat die Gabe dazu.

Leitungsgabe: die Rolle eines Katalysators

Am Bild vom Steuermann wird deutlich: An Bord muss es Leute mit Überblick und Weitblick geben. Es muss jemanden geben, der Verantwortung für das Ganze trägt und das letzte Wort spricht. Machtkämpfe auf der Kommandobrücke machen die Seefahrt ebenso zum Albtraum wie Diskussionen im Cockpit zur Zeit der Landung. Jede Gruppe braucht Leitung – aber nicht jeder in der Gruppe hat die Gabe dazu. Bill Hybels, Gründungspastor der „Willow Creek Community Church" in Chicago, spricht von einer modernen *„Tragödie der Kirche in unserer Zeit"*, die er darin sieht, dass sie *„die Bedeutung der geistlichen Gabe der Leitung"* nicht ausreichend anerkennt. Wo Pastoren ohne diese Begabung ihr Amt ausfüllen müssen, sind sie auf Dauer überfordert und die Gemeinde verkümmert. Leiter sollten gerade nicht die „Macher" oder das „Mädchen für alles" sein. Sie sind jedoch Schlüsselpersonen für die Entwicklung des Ganzen. Hybels nennt Leitung *„eine katalytische Gabe, die alle anderen Gaben freisetzt und lenkt. Menschen mit der geistlichen Gabe der Leitung sind dazu berufen, ein Umfeld zu schaffen, in dem Lehrer lehren, Hirten Hirtendienst versehen und Organisatoren organisieren."*[36]

Leiter sollten gerade nicht die „Macher" oder das „Mädchen für alles" sein. Sie sind jedoch Schlüsselpersonen für die Entwicklung des Ganzen.

In der Chemie sind Katalysatoren bestimmte Stoffe, die Reaktionen ermöglichen oder Prozesse beschleunigen, ohne dass sie sich selbst dabei verbrauchen. Etwa 80 % aller chemischen Erzeugnisse werden in der Industrie heute durch katalytische Verfahren gewonnen. Aber auch biochemische Prozesse werden durch Enzyme katalysiert (z. B. bei der Herstellung von Wein und Käse). Übertragen auf die Gabe der Leitung heißt dies: Prozesse müssen angestoßen werden, damit sie zustande kommen. Ebenso entfaltet sich das Potenzial des Einzelnen erst, wenn es durch Menschen mit der Gabe der Leitung entdeckt und geweckt wird. Deshalb ermahnt Paulus: *„Hat Gott dir die Fähigkeit verliehen, andere zu leiten, dann nimm diese Verantwortung ernst“* (Röm 12,8). Und der Hebräerbrief betont im Blick auf die *„Leiter eurer Gemeinden“* (oder: *„Anführer, Vorgesetzte“*): *„Sie wissen, dass sie Gott Rechenschaft geben müssen“* (Hebr 13,7.17.24 | NLB). Leiter sind niemals nur für sich selbst da, sondern dienen als Schlüssel für die Entwicklung Einzelner und ganzer Gruppen. Es liegt in ihrer Hand, dass Menschen ihre Gaben entfalten können und eine entsprechende Aufgabe finden. Ein Leiter ist ein Diener, englisch ausgedrückt, ein *Facilitator* („Vermittler“), der es jemandem leicht macht, sich seiner Begabung gemäß einzubringen und zu entfalten.

3.5 Der fünffältige Dienst: eine neue Art der Leitung

> *„Und er hat die einen als Apostel gegeben und andere als Propheten, andere als Evangelisten, etliche als Hirten und Lehrer, zur Ausrüstung der Heiligen für das Werk ihres Dienstes, für den Aufbau des Leibes Christi, bis wir alle hingelangen ... zur vollen Mannesreife, zum Maß der vollen Reife Christi.“* (Eph 4,11–13 | EÜ)

Pastoren brauchen die Ergänzung und Unterstützung durch die gleichwertigen Dienste der Apostel, Propheten, Lehrer und Evangelisten.

Paulus hebt im Epheserbrief fünf verschiedene Gaben besonders hervor, die wir auch als fünf Aspekte des Dienstes verstehen können. Hier scheint es nicht nur um Gaben zu gehen (z. B. Prophetie), sondern um „Ämter“ in der Gemeinde (z. B. Propheten). Man spricht anhand dieser Bibelstelle vom *„fünffältigen Dienst“*, der wie die fünf Finger an der einen Hand zusammenspielen. Jesus hat sämtliche fünf Aspekte des Dienstes in Reinkultur gelebt. Er war der größte Apostel, Prophet, Evangelist, Hirte und Lehrer aller Zeiten. Wir Menschen dagegen werden im besten Fall sein Abglanz sein – dennoch will Jesus durch uns erkennbar werden, durch uns gemeinsam!

Die starke Hand Gottes

Der Schweizer Autor Jens Kaldewey plädiert in seinem Buch „Die starke Hand Gottes“ dafür, alle fünf Dienste für die Gemeinde heute neu zu beleben, damit *„der Jesus der Evangelien wieder auf der Erde sichtbar"* und wirksam werden kann. In allen Kirchen und Konfessionen leiden Pastoren unter der Überfrachtung ihres Amtes und dem Anspruch, auf allen Gebieten professionell sein zu müssen. Dieser Zustand ist weder gesund noch von Gott gewollt. Pastoren brauchen die Ergänzung und Unterstützung durch die gleichwertigen Dienste der Apostel, Propheten, Lehrer und Evangelisten. *„Wo eine örtliche Leiterschaft die kontinuierliche Zusammenarbeit mit den fünf Diensten pflegt, wird der Horizont der Gemeinde beträchtlich erweitert … Ein Christ, den alle fünf Dienste prägen, wird ohne Zweifel schneller mündig."*[37] Wenn man das Neue Testament einmal im Licht von Epheser 4,11 durchschaut, wird einem bewusst, dass der „fünffältige Dienst" tatsächlich eine Bandbreite von Ämtern in der Anfangszeit darstellte. Die erste Christenheit kannte noch keine Fixierung auf den einzelnen „Pastor", sondern praktizierte weithin Teamleitung. Am Bild der menschlichen Hand wird schön deutlich, wie Gott sich ein perfektes Zusammenspiel vorgestellt hat – und dies gilt bis heute!

Die fünf Gaben/Dienste im Überblick (Epheser 4,11):

Gabe/Dienst	Vergleich	Beispiele im Neuen Testament
Apostel	**Daumen** kann sich mit allen Fingern verbinden	- zwölf Jünger (Mk 3,14; 6,30) - Paulus, Barnabas (Apg 14,4.14) - andere Apostel (Röm 16,7; 1. Kor 9,5)
Prophet	**Zeigefinger** gibt entscheidende Hinweise, zeigt die Richtung	- Paulus, Barnabas (Apg 13,1) - Judas, Silas (Apg 15,32) - Agabus (Apg 11,28; 21,10)
Lehrer	**Mittelfinger** übt am meisten Kraft aus (Nachdruck)	- Paulus, Barnabas (Apg 13,1) - Paulus (1. Tim 2,7; 2. Tim 1,11) - Apollos (Apg 18,24–26)
Hirte	**Ringfinger** Zeichen von Treue und Hingabe	- Petrus (Joh 21,15–17) - Älteste generell (Apg 20,17.28–29; 1. Pt 5,1–3)
Evangelist	**Kleiner Finger** liegt außen an der Hand, stellt den Erstkontakt her	- zwölf Jünger (Lk 9,6) - Paulus (Röm 1,1–16; 15,16–20) - Philippus (Apg 8,5–40; 21,8)

Das APPLE-Prinzip

Auch die Australier Michael Frost und Alan Hirsch sehen in ihrem Buch „Die Zukunft gestalten" bei Epheser 4,11 den Ansatz für eine *„neue Art von Leitung"*. Allerdings machen sie deutlich, *„dass Paulus hier nicht … nur die offizielle Gemeindeleitung beschreibt"* und *„dass alle Christen in diese fünffältige Matrix eingeschlossen sind"*. Innerhalb des „Farbkreises" einer bunten Begabungsvielfalt gibt es sozusagen noch den inneren Kreis derer, die zur Leitung berufen sind. Sie entfalten sich am besten in ihrem jeweiligen Segment, ihrer Begabung entsprechend. *„Die missionarisch-apostolische Gemeinschaft … muss auf allen Ebenen als Leib funktionieren, besonders aber auf der Leitungsebene, weil die Leiter als Modell für andere dienen. Im neutestamentlichen Modell ist daher überhaupt kein Raum für eine Ein-Mann-Leitung."* Zusammengefasst gesagt: Begabung ist das eine, die Berufung und Beauftragung zur Leitung das andere. *„Leitung erweist sich als eine ergänzende Fähigkeit, mit deren Hilfe man andere aufbauen kann und der andere gern folgen."*[38]

Frost und Hirsch kürzen dieses *„geniale Konzept"* für missionarisch-apostolische Teamleitung mit den Buchstaben APPLE ab. Da die Bibel voller Weisheit stecke, seien sogar säkulare Unternehmen gut beraten, einander in einem gabenorientierten Team von Führungskräften partnerschaftlich zu ergänzen. In der Entsprechung zum biblischen Denken sei dann der …

▶ **A**postel	der Unternehmer (bringt das Ganze nach vorne)
▶ **P**rophet	der Berater (stellt kritische Rückfragen)
▶ **P**astor (Hirte)	der Personalleiter (betreut die einzelnen Mitarbeiter)
▶ **L**ehrer	der Systematiker (entwickelt inhaltliche Profile)
▶ **E**vangelist	der Werbefachmann (bringt das Produkt auf den Markt)[39]

Apostel und Pastoren

Seit Jahrhunderten sind wir an die Rolle von Priestern und Pastoren als Alleinunterhalter gewöhnt. Doch genau mit dieser „Versorgungsstruktur" kommen die Kirchen zunehmend ans Ende. Eine neue Reformation kann nur einhergehen mit der Wiederentdeckung der neutestamentlichen Gabenvielfalt! *„Leider hat die Kirche* *im Westen gegenwärtig noch nicht genug apostolische, prophetische und evangelistische Leiter, um ihren Auftrag auszuführen*", schreiben Frost und Hirsch. Die Ausbildung an den kirchlichen Hochschulen und Seminaren fördert primär seelsorgerlich-pastoral geprägte Leitertypen bzw. theologische Lehrer, *„die dann in die etablierten Gemeinden ausgesandt werden. Aber wir brauchen heute nicht noch mehr Erhaltung!*"[40] Noch fehlt es uns an Vorstellungsvermögen und an Freiräumen innerhalb der kirchlichen Hierarchie, um apostolischer Leitung Raum zu geben. Allerdings gibt es auch noch einige theologische Fragen, die zurzeit ganz unterschiedlich beantwortet werden. Zahlreiche Bibelausleger in der reformatorischen Tradition bezweifeln generell, dass es in unserer Zeit noch Apostel geben könnte: Als Apostel gelten Zeitzeugen Jesu bzw. Zeugen seiner Auferstehung (vgl. 1. Kor 9,1–2; 15,8–9). Für die katholische Kirche ist „apostolisch" der Inbegriff ihrer Tradition und „Sukzession" (Amtsnachfolge) seit den Tagen von Petrus und Paulus. Alle kirchlichen Ämter sind letztlich abgeleitet vom Papst, dem Bischof von Rom.

Doch vor allem aus biblischer Sicht wird die Frage unterschiedlich bewertet, ob sich ein ganzes Modell der Gemeindeleitung mit einem Vers (Epheser 4,11) begründen lässt. Böhlemann und Herbst weisen zu Recht darauf hin, dass Apostel *„nicht auf die Seite der Gemeindeleitung*" gehören und *„gerade nicht Träger eines kirchlichen Amtes*" sind.[41] Apostel haben in der Zeit des Neuen Testaments Gemeinden nicht geleitet, sondern gegründet (vgl. Röm 15,20; 1. Kor 3,5–6; Apg 14,23). Wenn man jedoch beachtet, dass der Epheserbrief nicht nur die konkrete Gemeinde vor Ort im Blick hat, sondern den globalen Leib Christi („*die* Kirche"), ergibt sich ein größeres Bild (vgl. Eph 1,22–23; 3,10; 5,23.32).

... wenn Christus wieder Gestalt gewinnt in der ganzen Bandbreite seiner Gaben – vermutlich auf überraschende Weise und auch unabhängig von offiziellen kirchlichen Ämtern!

Wiederherstellung der biblischen Dienste

Wir leben in einer Generation, die neu lernt, in Kategorien des Neuen Testaments zu denken. Dazu gehört auch, dass wir „geistliche Leitung" nicht länger auf die Ortsgemeinde reduzieren dürfen. Das Reich Gottes ist größer und manifestiert sich ebenso in Bewegungen und Netzwerken. Deshalb gehört die apostolische Facette unbedingt mit zum Gesamtbild biblisch begründeter Leitung. Die Zeit hat längst begonnen, wo Gott die alten Quellen wieder öffnet und seiner Gemeinde ihre ursprüngliche Vollmacht zurückgibt! Es wird Erfrischung und Erneuerung bedeuten, teils innerhalb, im sakralen, teils im säkularen Raum, wenn Christus wieder Gestalt gewinnt in der ganzen Bandbreite seiner Gaben – vermutlich auf überraschende Weise und auch unabhängig von offiziellen kirchlichen Ämtern!

Hier soll zum Schluss eine vereinfachte Übersicht darüber genügen, wie unterschiedlich Apostel und Pastoren auf der Leitungsebene vorgehen. Denn sie bilden zwei wichtige Pole in der Bandbreite der Gaben:

- **Der Hirte** pflegt ein persönliches Verhältnis zur Herde, ihm liegt jedes einzelne Schaf am Herzen und er geht den ganzen Weg mit. Das heißt: Pastorale Leitung konzentriert sich auf eine bestimmte Gruppe oder Gemeinde und ist auf längere Zeiträume angelegt. Pastoren sind beziehungsorientierte Menschen, zugleich verfügen sie häufig über die Gabe der Lehre. Ihr Hauptanliegen ist das Wachstum der Einzelnen und deren gesunde Ernährung durch Gottes Wort. Menschen mit der Hirtengabe sind häufig im Dienst von Seelsorge und Beratung zu finden, unter Hauskreis-Leitern oder im Besuchsdienst, in der Arbeit mit nur einer Generation (Kinder, Singles, Senioren). Manche von ihnen sind stärker pastoral begabt als der Pastor selbst. In dem Maß, wie der Pastor apostolisch denkt, wird er dies erkennen und die vielen „Laien-Hirten" für ihren Dienst fördern und dazu freisetzen! Tut er dies nicht und bleibt er in der pastoralen „Eins-zu-eins-Versorgung" stecken, kann er leicht die Gesamtvision aus dem Auge verlieren und die Gaben der anderen übersehen.
- **Der Apostel** ist zwar idealerweise in einer örtlichen Gemeinde zu Hause, doch er denkt beständig darüber hinaus. Er kann sich schwer mit dem Status quo zufriedengeben und wirkt im Vergleich zum Hirten unbequem. *„Ein Apostel ist für uns jemand, der die Gemeinde in Richtung Gemeindegründung und Grenzüberschreitung ausdehnt und ihr hilft, zu einer Bewegung zu werden"*, formulieren Frost und Hirsch.[42] Apostel sind Möglichkeitsdenker und haben oft zugleich die Gabe des Glaubens. Während Pastoren lokal handeln, denken Apostel regional bis global. Pastoren sind „Siedler" und geben der Herde Sicherheit, Apostel sind Pioniere und wollen Neuland gewinnen. Sie sind zum Risiko bereit und zur Überschreitung kultureller Grenzen. Ihre Theologie orientiert sich deshalb weniger am Gemeinde-Begriff (griechisch *ekklesia*), denn ihr Horizont ist die Ausdehnung der Herrschaft Gottes (griechisch *basileia*). Ihr Bezugsrahmen ist mehr die Gesellschaft als die Kirche. Gott gebraucht apostolische Menschen als evangelistische „Speerspitze" (Pioniermission, Gemeindegründung), aber auch in prophetischen Dimensionen (geistliche Analyse, Gebet, Gesellschaftsreform). Man könnte sie auch als Ge-

> neräle in Gottes Armee bezeichnen (vgl. dazu das Beispiel des Paulus).[43] Jens Kaldewey fragt zu Recht: *„Könnte es sein, dass mancher Gemeindeleiter gar kein Hirte ist, sondern ein Apostel? Könnte es sein, dass mancher Gemeindeleiter den Mut aufbringen sollte, rechtzeitig weiterzuziehen? Oder … dass er als Hirte eingesetzt wurde, später aber die Sendung als Apostel überhört hat?“*[44]

Ohne Hirten wird die Gemeinde nicht zur Heimat. Ohne Apostel kommt die Gemeinde nicht zur Welt. Ohne Hirten finden Gemeindeglieder keine Lösung für ihre Probleme. Ohne Apostel bleibt das Potenzial der Gläubigen innerhalb der Gemeinde stecken. Wir sehen: Gott hat für seine „starke Hand“ eine großartige Ergänzung der einzelnen „Finger“ vorgesehen. Wir müssen dies nur wieder entdecken. Gerade übergemeindliche Netzwerke und regionale Gebetsinitiativen, aber auch einzelne Gemeinden im Umbruch brauchen apostolische Schlüsselpersonen. Die Ältesten einer Gemeinde und die Pastoren einer Stadt sind gut beraten, wenn sie apostolisch begabte Menschen erkennen und Gottes Autorität in ihnen anerkennen. Wir brauchen dringend die „Rückkehr der Apostel“ in unserem Land im Blick auf die kommenden Bewegungen des Heiligen Geistes!

Ohne Hirten wird die Gemeinde nicht zur Heimat.
Ohne Apostel kommt die Gemeinde nicht zur Welt.
Ohne Hirten finden Gemeindeglieder keine Lösung für ihre Probleme.
Ohne Apostel bleibt das Potenzial der Gläubigen innerhalb der Gemeinde stecken.

Seelsorger und Strategen

In diesem Kapitel geht es ja nicht nur um Leiter „der ersten Reihe“, sondern um Gaben für alle und um Dienste auf allen Ebenen. So finden wir in jeder Gemeinde, jedem Team und jedem Hauskreis typische Vertreter des „Seelsorgers“ oder des „Strategen“. Sie würden sich vermutlich nicht als „Hirte“ oder „Apostel“ bezeichnen, vielleicht würden sie bei sich Gaben von Prophetie, Lehre oder Evangelisation erkennen. Und doch sind genau sie gemeint mit der Matrix von Epheser 4,11:

- **Der Seelsorger** erkennt intuitiv, wie es Menschen geht, fragt ehrlich nach und hört geduldig zu. Er spürt, wenn andere überfordert sind oder den Anschluss verpassen. Vielleicht ist er oder sie aufgrund eigener Lebenserfahrungen sensibel für andere und reagiert mit Verständnis. Ein guter Seelsorger wird Gottes Barmherzigkeit und Gottes Gerechtigkeit allerdings immer in gleicher Weise berücksichtigen. Doch er wird innerlich die Bremse ziehen, wenn Visionen ohne Rücksicht auf Personen verfolgt werden, wenn Projekte auf Kosten der Gemeinschaft gehen, wenn Einzelne auf der Strecke bleiben. Der Seelsorger kann warten, allerdings fehlt ihm manchmal der Mut zu größeren Glaubensschritten.

- **Der Stratege** dagegen hat weniger den Einzelnen im Blick als das große Ganze. Er denkt in Prozessen, kann gedanklich große Bögen spannen und will am Ende Ergebnisse sehen. Er interessiert sich bei Menschen weniger für ihr Problem als vielmehr für ihr Potenzial. Der Stratege lotet überall Möglichkeiten aus und kann mit einem gewissen Maß an Restrisiko leben. Bildlich gesprochen: Während der Stratege Verkehrswege sucht und Straßen baut, ist der Seelsorger um das Verhalten im Straßenverkehr besorgt. Oder anders ausgedrückt: Der Seelsorger füttert die Jungen im Nest, der Stratege stößt sie aus dem Nest.

Beide Typen werden in der Gemeinde Jesu gebraucht. Fördern und fordern gehören gleichermaßen zu einem gesunden Wachstum. Niemals darf der eine Körperteil zum andersartigen sagen: *„Ich brauche dich nicht!"* (1. Kor 12,21). Gott hat jeden von uns so großartig und so einzigartig ausgestattet, dass wir für die Menschen unserer Umgebung zur Bereicherung werden können. Es liegt an uns, das Potenzial unseres Lebens zu entdecken und zu wecken. Letztlich hat Gott selbst uns etwas von seinem eigenen *„Vermögen"* anvertraut, damit wir damit handeln und es in andere investieren (vgl. Mt 25,14–29). Gottes gute Gaben in unserem Leben: Wir sollten sie nicht verstecken, sondern vermehren – indem wir sie weitergeben!

Während der Stratege Verkehrswege sucht und Straßen baut, ist der Seelsorger um das Verhalten im Straßenverkehr besorgt.

Berufung 4

Was hat Gott mit meinem Leben vor?

„Wenn Gott in seiner Gnade Gaben gibt oder jemanden beruft, macht er das nicht rückgängig." (Röm 11,29 | NGÜ)

Gott hat einen großartigen Plan für dein Leben. Welch ein hoffnungsvoller Satz, mit dem schon so mancher für den Weg mit Christus gewonnen wurde! Allerdings klingen die Worte unwirklich, wenn Menschen benachteiligt oder behindert sind, ihrer Chancen beraubt oder durch tragische Umstände ins Abseits gestellt wurden. Was ist groß in meinen Augen – was in Gottes Augen? Wann ist ein Leben lohnend? Und was lässt sich (noch) aus meinem bisherigen Leben machen? In jedem Fall ist das Vorzeichen entscheidend. Bin ich in letzter Instanz auf mich selbst gestellt? Oder liegt mein Leben in der Hand eines liebenden Vaters im Himmel? *„Mit ewiger Liebe habe ich dich geliebt; darum habe ich dich zu mir gezogen aus lauter Gnade"* (Jer 31,3). Ich habe einen unbezahlbaren und unverlierbaren Wert bei meinem Schöpfer! Damit wächst Glaube an bisher Unvorstellbares. Damit erscheint auch eine bessere Zukunft möglich! *„Ich habe dich bei deinem Namen gerufen; du bist mein!"* (Jes 43,1 | Sch). Ich bin gemeint und gewollt und geliebt – darum will ich hinhören, was Gott mit mir noch vorhat ... Wenn wir uns in diesem Kapitel dem großen Stichwort „Berufung" zuwenden, geht es um eine einfache Botschaft:

- Über unserem Leben steht ein Größerer: Er hat sich über uns Gedanken gemacht, noch bevor wir auf der Welt waren und ihn kannten (vgl. Ps 139,14–17).
- Unser Vater spricht eine Berufung über jedem von uns aus, und darin behandelt er jedes seiner Kinder gleich: Er sucht Gemeinschaft mit uns und gibt uns Anteil an seiner neuen Welt.
- Unser Schöpfer hat eine spezielle Bestimmung für jeden Einzelnen von uns, und darin sind wir unverwechselbar. Dies hat zu tun mit unserer besonderen Begabung und Beauftragung.
- Gott zwingt uns seinen Willen niemals auf, aber er spricht uns an: Wenn wir uns ihm zuwenden und auf ihn hören, werden wir Neues und Gutes hören (vgl. Jer 33,3).

So ist unser Gott: Wenn er *„in seiner Gnade Gaben gibt oder jemanden beruft, macht er das nicht rückgängig“* (Röm 11,29). Gott bleibt dran – welch ein Vorzeichen über unserem Leben! Mit dieser Zuversicht können wir uns einem großen Thema stellen!

4.1 Gottes Berufung: ein Vertrauensvorschuss

„Im Todesjahr des Königs Ussijah sah ich den Herrn sitzen auf einem hohen und erhabenen Thron … Und ich hörte die Stimme des Herrn fragen: Wen soll ich senden, und wer wird für uns gehen? Da sprach ich: Hier bin ich, sende mich!“ (Jes 6,1.8 | Sch)

Gottes Berufungen sind offene Fragen – angewiesen auf eine Antwort unsererseits. Gott bittet regelrecht um Mithilfe.

So wie der Prophet Jesaja um 740 vor Christus traten viele Menschen der Bibel bewusst in den Dienst Gottes ein. Manche schon als Jugendliche, manche erst als Senioren. Einige traf Gottes Ruf überraschend, andere nach einer Zeit innerer Vorbereitung. Aber immer folgte – manchmal nach einigem Zögern – ein bewusstes „Ja“ auf Gottes Anfrage: *„Hier bin ich, sende mich!“* Nur mit solchen Leuten konnte Gott Geschichte schreiben: Noah, Abraham, Mose, Gideon, Samuel, David und hier Jesaja … Maria, Petrus, Paulus … Sie alle bilden eine Kette von Segensträgern, durch die Gott sich der Menschheit mitgeteilt hat.

Doch Gottes Berufungen sind offene Fragen – angewiesen auf eine Antwort unsererseits. Gott bittet regelrecht um Mithilfe. Er bietet uns die Zusammenarbeit an, er braucht uns für seine Pläne und ist dabei auf unsere Hingabe angewiesen. Wir sind seine beste Lösung – eine andere möchte er nicht! Vielleicht denken wir manchmal zu „allmächtig“ von Gott und damit viel zu abstrakt. Die Wahrheit ist jedoch: Gott kann seine Pläne mit der Menschheit tatsächlich nur verwirklichen, sofern er Partner dazu findet: *„Die Augen des Herrn* *durchstreifen die ganze Erde, um sich mächtig zu erweisen an denen, deren Herz ungeteilt auf ihn gerichtet ist"* (2. Chr 16,9 | Sch). Gottes Reich ist eine „Firma", die weltweit offene Stellen ausschreibt. Ständig ist der himmlische Arbeitgeber in allen Nationen auf der Suche nach geeigneten „Geschäftspartnern", die seine Anliegen begreifen! Wie viele sind nicht *„ungeteilten Herzens"* und deshalb ungeeignet? Wie viele sagen nicht: *„Hier bin ich!"*, und entziehen sich dadurch Gottes Auftrag? Ständig will Gott dieser geschundenen Erde Gutes tun, begrenzt ist er einzig und allein durch den Mangel an Mitarbeitern!

Sein Bestes geben – aus Dankbarkeit

Praktisch jeder macht einmal die Erfahrung, irgendwo angestellt zu sein und für einen Vorgesetzten zu arbeiten. Je nach Unternehmenskultur fühlen wir uns dabei wertgeschätzt oder missachtet, wir werden bevormundet oder können uns entfalten. Doch nicht jeder macht die Erfahrung einer Berufung: Wenn Menschen auf uns aufmerksam werden und uns vertrauen, werden wir in eine Position oder ein Gremium berufen. Jede Berufung setzt einen Größeren voraus, der uns entdeckt, an uns glaubt und sich hinter uns stellt. Berufungen bedeuten Rückendeckung, bringen aber auch die Verantwortung mit sich, bestimmte Erwartungen nicht zu enttäuschen. Der Vertrauensvorschuss nimmt uns in die Pflicht! Wenn dies Menschen gegenüber gilt, wie viel mehr in unserem Verhältnis zu Gott: Er vertraut uns, macht uns zu Teilhabern seiner Pläne und stellt uns Menschen an die Seite! Gottes Berufung zur Partnerschaft ist begründet in seiner Freundschaft mit uns: *„Der Knecht weiß nicht, was sein Herr tut. Vielmehr habe ich euch Freunde genannt; denn ich habe euch alles mitgeteilt, was ich von meinem Vater gehört habe"*, sagte Jesus von seinen Jüngern (Joh 15,15 | EÜ).

Scheinbar im Gegensatz zu dieser Aussage lesen wir bei Paulus immer wieder, dass er sich selbst als *„Diener"* Gottes (griechisch *diakonos*) bezeichnete, ja sogar als einen *„Sklaven"* von Christus (*doulos*; 1. Kor 3,5; 4,1; Röm 1,1). Mit dieser Bezeichnung wusste er genau, dass er sich in der damaligen Gesellschaftsordnung auf die unterste Stufe stellte. Seit der Begegnung mit dem Auferstandenen hatte der Apostel alles Karrierestreben hinter sich gelassen; er wollte nur noch Eigentum seines Herrn sein! Er wusste, wer die wahre „Nummer eins" war, und das machte ihn frei zu dienen. Doch anders als viele Sklaven im Römischen Reich arbeitete er nicht für einen Despoten, sondern für einen einzigartigen Herrn, der selbst in der *„Gestalt eines Knechtes"* gekommen war und sein Leben aus Liebe verschenkt hatte (Phil 1,1; 2,7). In seiner Beziehung zu Jesus war Paulus von freiwilliger Hingabe und tiefer Dankbarkeit geprägt. Dabei war er ungeheuer fleißig, doch weder aus Furcht noch aus Ehrgeiz. Paulus wusste sich geliebt von Gott und wollte ihm im Leben und im Sterben Ehre bereiten: *„Ich habe mehr gearbeitet als sie alle …“* Doch auf welcher Grundlage? *„… jedoch nicht ich, sondern die Gnade Gottes, die mit mir ist!“* (1. Kor 15,10 | Sch).

Gottes Reich: globales Unternehmen ohne Leistungsdruck

Der Global Player „Reich Gottes“ ist die Firma, in der am meisten Leistung gebracht wird, die geringsten Personalkosten erforderlich sind und die Mitarbeiter am glücklichsten sind – sofern die Christen wirklich „im Geist“ leben und ihrer Berufung folgen!

Wenn wir um Gottes Wertschätzung wissen, wenn wir berührt sind von seinem Vertrauen uns gegenüber, werden wir von Herzen unser Bestes geben. Dabei dürfen wir damit rechnen, dass es mehr gibt als unser „Bestes“: Gottes Gnade wirkt *in* uns und sein Geist wirkt *durch* uns. Er möchte gerne das „Unmögliche“ bewirken, doch dazu braucht er unsere Verfügbarkeit wie ein Gefäß. Nachdem Jesus von den Toten auferstanden und zu seinem Vater zurückgekehrt war, begann eine völlig neue Phase der Zusammenarbeit. Wir lesen, wie der Herr seine Schüler unsichtbar begleitete und auf übernatürliche Weise *„mitwirkte“*. Sie taten das Ihre – er tat das Seine, und die Welt begann sich zu verwandeln durch himmlische „Synergien“ (von griechisch „zusammenwirken“; Mk 16,15–20)! Bis heute gebraucht Gott durchschnittliche Menschen, die das Angesicht der Erde verändern auf eine Weise, die letztlich nicht aus ihnen selbst kommt. Wer Gottes Wirken *an* sich und *durch* sich erfährt, dessen Eigenleistung steht unter ganz neuen Vorzeichen. Wir sind berufen nicht nur zur *Mit*arbeit im Reich Gottes, sondern zu einer großartigen *Zusammen*arbeit. Der Global Player „Reich Gottes“ ist die Firma, in der am meisten Leistung gebracht wird, die geringsten Personalkosten erforderlich sind und die Mitarbeiter am glücklichsten sind – sofern die Christen wirklich „im Geist“ leben und ihrer Berufung folgen!

Getrieben oder berufen?

Mit diesem Buchtitel legt Gordon MacDonald den Christen unserer Generation eine brennende Frage ans Herz: *„Sind wir getriebene Menschen, hin und her geworfen durch die Stürme unserer Zeit, dazu gezwungen, uns anzupassen oder uns zu behaupten? Oder sind wir berufene Menschen, Empfänger des barmherzigen Wirkens Christi, wenn er verspricht, aus uns etwas zu machen?“*[45] Obwohl Jesus die Menschen seiner Umgebung ohne Ansehen der Person liebte, hielt er doch Ausschau nach jenen, die ohne Vorbehalt bereit waren, sich berufen zu lassen. Dagegen mied er diejenigen, *„die getrieben waren“* und ihn für eigene Interessen benutzen wollten. *„Berufene Männer *und Frauen können von den merkwürdigsten Hintergründen kommen und die erstaunlichsten Gaben besitzen. Sie können ohne Wertschätzung, unbeachtet und ungelehrt sein.* " Jesus erwählte eigentlich durchschnittliche Menschen, dennoch schrieben sie Geschichte, weil sie *„der einladenden Hand des rufenden Vaters"* folgten. *„Getriebene Menschen betrachten diese Gaben als ihr Eigentum; Berufene tun dies nicht. Wenn getriebene Menschen etwas verlieren, ist es eine Katastrophe. Wenn berufene Menschen etwas verlieren, ändert das nichts. Ihre Verborgene Welt wird dadurch nicht erschüttert, sondern vielleicht sogar gestärkt.* "[46]

Sind wir getrieben oder berufen? Ist unser Leben von Sorge um die eigene Karriere bestimmt, von Selbstverwirklichung und Ehrgeiz, von Konkurrenz und Rivalität? Oder ist es eine Antwort auf den Ruf, den Gott auf unser Leben gelegt hat? Natürlich sollten Christen auch Leistungsträger sein, sich durch Kompetenz und Qualität in ihrer Arbeit auszeichnen. Doch ihr Innenleben kann eine gewisse Unabhängigkeit von äußerem Erfolg oder Misserfolg erreichen: *„Ich habe euch Freunde genannt! … Der Vater hat euch lieb!"* (Joh 15,15; 16,27). Tragen wir diese Gewissheit im Herzen? Gründet unsere wahre Identität in dieser Liebe des Vaters? MacDonald spricht von unserem *„inneren Garten"*: Wenn der gut *„bestellt ist und der Geist Gottes gegenwärtig ist, gibt es eine gute Ernte.* "[47]

4.2 Zur Nachfolge berufen: eine weltweite Strategie

> *„Als er aber am See von Galiläa entlangging, sah er zwei Brüder: Simon, genannt Petrus, und Andreas, seinen Bruder, die ein Netz in den See warfen, denn sie waren Fischer. Und er spricht zu ihnen: Kommt, mir nach! Und ich werde euch zu Menschenfischern machen. Sie aber verließen sogleich die Netze und folgten ihm nach."* (Mt 4,18–20 | EB)

Jesus polarisierte, doch zugleich sammelte er. Wie kein anderer konnte er trösten, ermutigen und aufrichten.

Nachdem Jesus 40 Tage der Einsamkeit in der Wüste hinter sich hatte, begann er seinen Dienst in der Öffentlichkeit. Menschenmassen strömten herbei, um seine Worte zu hören und seine Wunder zu erleben. Anders als die Schriftgelehrten seiner Zeit lehrte er die Menschen *„wie einer, der Vollmacht hat"*. Er vollbrachte zeichenhaft Heilungen, um seinen Zuhörern die Augen für das hereinbrechende Reich Gottes zu öffnen: *„Wenn ich aber die Dämonen durch den Geist Gottes austreibe, dann ist das Reich Gottes schon zu euch gekommen"* (Mt 7,29; 12,28). Jesus polarisierte, doch zugleich sammelte er. Wie kein anderer konnte er trösten, ermutigen und aufrichten. Doch zugleich schieden sich an ihm die Geister. Hoffnungslose und Ausgestoßene fanden durch ihn ein neues Zuhause bei Gott, während Religiöse und Selbstgerechte verhärtet zurückblieben (Lk 14–15). Jesus vereinigt auf sich wie in einem Brennglas alle Erwartungen seines geschundenen Volkes und die großen Verheißungen des Alten Bundes: *„Hier ist einer, der mehr ist als Jona! ... Hier ist einer, der mehr ist als Salomo!“* Und *„euer Vater Abraham jubelte, weil er meinen Tag sehen sollte“* (Mt 12,41–42; Joh 8,56).

Dennoch ging es Jesus weder um den momentanen Effekt noch um schnellen Erfolg. Er setzte nicht auf den Beifall der Massen, sondern wollte eine Bewegung auslösen, die einmal den ganzen Erdball überziehen und nie versiegen sollte bis zu dem Tag, an dem er wiederkommen und die Menschheit zum Gericht versammeln würde. *„Ich bin gekommen, um Feuer auf die Erde zu werfen. Wie froh wäre ich, es würde schon brennen!“* (Lk 12,49 | jeweils EÜ). Deshalb sammelte er gezielt künftige Mitarbeiter um sich, die zu Schlüsselpersonen in der Bewegung werden sollten. *„Er konzentrierte sich auf jene, die er zu gebrauchen beabsichtigte. Man kann eine Welt nicht verwandeln, ohne dass zuvor Einzelne verwandelt werden, und Einzelne können nur verändert werden, wenn die Hände des Meisters sie umformen“*, schreibt Robert E. Coleman in seinem Klassiker „Des Meisters Plan der Evangelisation“. *„Jesus widmete diesen wenigen Jüngern den größten Teil seiner Zeit. Er baute buchstäblich seine gesamte Arbeit auf sie auf. ... Jesus wollte nicht die Menge beeindrucken, sondern ein Reich aufrichten. Dies setzte Männer voraus, die das Volk führen konnten.“*[48]

Jesus hat die Menschheit nicht nur gesegnet durch sein stellvertretendes Sterben am Kreuz. Er hat zugleich durch sein Leben ein Modell hinterlassen. Es geht darum, seine zeitlose Strategie zu begreifen.

Konzentration auf wenige – zum Segen für viele

Im Verlauf der Kirchengeschichte wären der Menschheit viele Irrwege erspart geblieben, wenn die Christen bei dieser ursprünglichen Strategie geblieben wären: „Weltveränderung durch Menschenveränderung“! Das Prinzip der kleinen Gruppe von überzeugten und hingegebenen Menschen hat immer wieder zu gesellschaftsverändernden Bewegungen geführt. Doch leider überließ die Christenheit es den Sekten und Revolutionen, während die Kirche ihre Institution ausbaute und auf weltliche Macht setzte. Andererseits fällt es bis heute vielen geistlichen Leitern schwer, sich beim Gemeindeaufbau wirklich auf einige Schlüsselpersonen zu konzentrieren. Sie meinen, „für alle“ da sein zu müssen. Sie verstehen ihre pastorale Rolle als ständige Rufbereitschaft und fühlen sich schließlich wie ein Hamster im Laufrad. Sie verwalten Gemeinde wie eine Einrichtung zur religiösen Versorgung und versäumen darüber, eine Bewegung unter den Menschen auszulösen. Doch Jesus hat in seinem kurzen Leben eine Strategie in die Welt gebracht, die durch all unsere Fachkompetenz nicht überboten werden kann. Er hat uns *„ein Vorbild hinterlassen, damit ihr seinen Fußstapfen nachfolgt“*. Jesus hat die Menschheit nicht nur gesegnet durch sein stellvertretendes Sterben am Kreuz

(Luther sprach lateinisch vom *pro nobis*, dem großen „Für uns"). Er hat zugleich durch sein Leben ein Modell hinterlassen, das auf Nachahmung wartet: In ihm liegen *„alle Schätze der Weisheit und der Erkenntnis verborgen"* (1. Pt 2,21; Kol 2,3 | Sch). Dabei geht es nicht darum, Jesus – möglicherweise recht weltfremd – zu imitieren, sondern darum, seine zeitlose Strategie zu begreifen. Vereinfacht gesagt:

- Jesus dachte global, doch er begann seine Bewegung lokal (vgl. Mt 10,5–6 mit Mt 28,19–20).
- Jesus lebte mit einer weltweiten Strategie, dennoch setzte er gezielt beim Einzelnen an.
- Jesus sandte seine Leute zu allen Nationen, und doch gebrauchte er sie im Rahmen ihrer kulturellen und sozialen Möglichkeiten.

Leiten lernen von Jesus

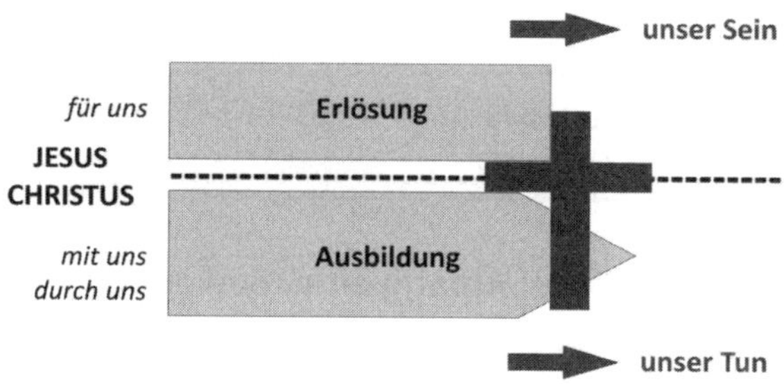

Um dies zu begreifen, müssen wir den Unterschied von Liebe und Strategie begreifen: In seinem Herzen wandte Jesus sich der gesamten Menschheit zu: *„Gott hat die Welt so sehr geliebt …"* Im Prinzip hat er am Kreuz die gesamte Menschheit umarmt – zeichenhaft in seinen ausgebreiteten, durchbohrten Armen am Kreuz. Seine Erlösung soll allen zugutekommen (Joh 3,16; Mt 26,28/Jes 53,12: *„für die vielen"*). Die gute Nachricht von der Liebe Gottes soll weltweit verbreitet werden! Er war gekommen, *„Feuer auf die Erde zu werfen"* und er sah eine *„große Ernte"* heranreifen. Doch seine begrenzte Zeit investierte er primär in den kleinen Kreis von Schülern, die in der Kraft des Heiligen Geistes eine Bewegung entfachen konnten. Diese engsten Freunde bereitete er systematisch darauf vor, *„unter allen Völkern"* Zeugnis abzulegen (Lk 2,32; 12,49; 10,2; 24,47–48). Jesus bildete keine Gemeinde, die in sich selbst ruhen sollte. Er stellte keine Gruppen zusammen, die sich selbst genügen würden. Er formte eine Gemeinschaft, die Teil einer Bewegung werden, ja weltweite Veränderungen auslösen sollte! Jesus verfolgte also in seiner kurzen Zeit auf dieser Erde eine Doppelstrategie:

Das Volk	Die Jünger	
Jesus heilte sie „alle".		Mt 4,24–25; 9,35–36 Mt 8,1–3; 14,13–14; 15,29–31; 19,2
	Jesus sammelte sie gezielt.	Mk 6,30–32; 8,10.13; 14,33.37
Jesus lehrte sie öffentlich.		Mt 5,1; 15,10; 23,1
	Jesus lehrte sie persönlich.	Mk 4,10–11.34; 7,17 Mk 9,28–32; 10,10; 13,3
Sie blieben für Jesus unberechenbar.		Joh 6,15; 7,25–27; 18,40
	Jesus formte sie in ihrem Charakter.	Mk 9,33–34; 10,35–45 Joh 13,12–17; 17,9–19; 21,15–22

Der Weg mit Christus: Anfang einer Bewegung

Jesus verstand es, seine neuen Mitarbeiter aus ihrer Welt abzuholen: Ich kann euch gut gebrauchen mit euren Fähigkeiten. Doch es gibt Größeres als euren Beruf.

Jesus hielt also von Anfang an Ausschau nach geeigneten Mitarbeitern. Und er fand sie im bevölkerungsreichen Galiläa, wo er inmitten der arbeitenden Bevölkerung aufgewachsen war. Der Landstrich war bekannt für seine unkonventionelle, fortschrittliche und widerstandsfähige Bevölkerung, die sich weniger um Traditionen kümmerte, wie sie in Jerusalem mit seinem Tempelbezirk zu finden waren. Die Galiläer waren von einer unbändigen Sehnsucht nach dem Friedensreich des Messias getrieben und deshalb auch für ihre Aufstände bekannt (vgl. Lk 13,1–2; 23,6). Ausgerechnet hier fand Jesus seine besten Männer: fern der Hauptstadt, am Rande der großen Politik, weniger im Gottesdienst als beim Alltagsgeschäft. *„Folgt mir nach, und ich will euch zu Menschenfischern machen!"* (Mt 4,19). Vier erfahrene Fischer werden so aus ihren Berufen herausgerufen. Simon, dem der kleine Familienbetrieb gehörte, bekam diese Zusage seines neuen „Arbeitgebers" noch einmal persönlich: *„Fürchte dich nicht; von nun an sollst Menschen fangen!"* (Lk 5,10). Jesus verstand es, seine neuen Mitarbeiter aus ihrer Welt abzuholen. Er sprach sie in ihrer Sprache an, um ihnen zu vermitteln: Ich kann euch gut gebrauchen mit euren Fähigkeiten. Doch es gibt Größeres als euren Beruf. Wenn ihr meinem Ruf folgt, werdet ihr in Dimensionen vorstoßen, die mit menschlichen Mitteln nicht zu erreichen sind. *„Und sie brachten ihre Schiffe ans Land, verließen alles und folgten ihm nach“* (Lk 5,11 | jeweils Sch). Jesus war nur bereit, Menschen in die Mitarbeit aufzunehmen, sofern sie sich auf die Erfahrung einer prägenden Lebensgemeinschaft einließen. Er suchte nicht zuerst ihre Leistung, sondern ihre Hingabe. *„Der Ruf in die Nachfolge ist also Bindung an die Person Jesu Christi allein, ... und ein Christentum ohne Nachfolge ist immer ein Christentum ohne Jesus Christus, es ist Idee, Mythos“*, schrieb Dietrich Bonhoeffer in seinem Buch „Nachfolge“.[49]

Auf welches Abenteuer sich seine ersten Mitarbeiter eingelassen hatten, wird ihnen wohl nach und nach aufgegangen sein. Doch am Beginn des gemeinsamen Weges stand eine großartige Verheißung: Ich mache etwas aus eurem Leben, das euren bisherigen Rahmen sprengt. Ich sehe Möglichkeiten in euch, die nur ich in euch wecken kann. Ich mache euch zu Menschen mit Anziehungskraft, weil ihr mir selbst ähnlich werdet! „Menschen fischen, fangen“ – das ist die Sprache der Marktwirtschaft, doch gemeint ist Einfluss mit Bedeutung für die Ewigkeit. Wenn das kein Abenteuer ist – und zwar ein lebenslanges! *„Jesus berief die Jünger nicht nur zu einem Programm, sondern zu einer lebensverändernden Beziehung“*, schreibt Günter Krallmann in seinem Buch „Leidenschaftliche Leiterschaft“, das die Strategie Jesu für eine weltweite Mission darstellt. *„Jesus wusste, dass das verbindliche Zusammensein mit ihm der fruchtbarste Boden für die Jünger war, um charakterlich heranzureifen, in der Erkenntnis zu wachsen und um bestimmte Fähigkeiten heranzubilden.“*[50]

In der Lebensschule des Meisters

Wie lässt sich diese „Schulungsmethode“ zusammenfassen? Welche Leitlinien ergeben sich daraus auch für unser Verständnis von Berufung und Ausbildung künftiger Leiter? Im Markusevangelium wird der Schritt zur Auswahl der zwölf Jünger programmatisch beschrieben. Lukas ergänzt, dass Jesus die Nacht zuvor auf einem Berg verbrachte und *„im Gebet zu Gott verharrte“* (Lk 6,12). *„Und er stieg auf den Berg und rief zu sich, welche er wollte; und sie kamen zu ihm. Und er bestimmte zwölf, damit sie bei ihm sein sollten und die er aussandte, um zu verkündigen, und die Vollmacht haben sollten, die Krankheiten zu heilen und die Dämonen auszutreiben“* (Mk 3,13–16 | Sch). Aus diesen und anderen Versen des Neuen Testaments lassen sich einige wichtige Aspekte für die Berufung von Schülern und künftigen Mitarbeitern herauslesen:

Obwohl er so beliebt war und von so vielen Leuten belagert wurde, machte es Jesus zur Priorität, seine beste Zeit für seine besten Leute zu reservieren.

1. Berufen zur verbindlichen Gemeinschaft

Bevor Jesus befähigte und bevollmächtigte Mitarbeiter aussenden konnte, suchte er das verbindliche Zusammenleben mit ihnen. Ähnlich wie bei den Rabbinen seiner Zeit bildeten die Zwölf (eine symbolische Zahl!) eine Lebens- und Lerngemeinschaft auf Zeit. Im Gegensatz zu seinen „Kollegen" bildete Jesus jedoch keine Schüler aus, die später selbst zu Lehrern wurden. Sie blieben ein Leben lang Nachfolger, Lernende und wurden untereinander zu *„Brüdern"* (Mt 23,8–10). Jesus nahm sie über alle Höhen und Tiefen seines Weges mit, reiste und speiste, feierte und betete mit ihnen, mutete ihnen Erfolge und Verfolgung zu. Günter Krallmann schreibt dazu: *„Die Methode, die Jesus wählte, war einfach und zwanglos, praktisch und ganzheitlich. Die Schule der Jünger war die Gesamtheit der Lebenserfahrungen, die sie mit Jesus teilten, und die Worte ihres Lehrers waren lediglich eine Erklärung der Lektionen, die sie aus seinem Leben bereits gelernt hatten. Das verbindliche Zusammensein bildete das Zentrum und das Geheimnis der Schulungsmethode des Meisters."*[51]

Obwohl er so beliebt war und von so vielen Leuten belagert wurde, machte es Jesus zur Priorität, seine beste Zeit für seine besten Leute zu reservieren. Er wandte sich voller Barmherzigkeit der Menschenmenge zu, doch er entzog sich auch gezielt: zur persönlichen Zeit der Stille und um *„seine Jünger über etwas zu belehren"* (Mk 1,35–37; 9,30). Im geschützten, privaten Rahmen konnten sie mehr über die *„Geheimnisse des Himmelreichs"* begreifen als in der Öffentlichkeit (Mk 4,10–11; 7,17; 10,10; 13,3). Hier konnte er auch gezielt Charakterschwächen ansprechen und sie in ihrer Persönlichkeitsentwicklung formen (Mk 9,33–34; 10,35–45).

Sein „Lehrbuch" war er selbst, das Mensch gewordene Wort Gottes! Er lebte vor, was er von seinen Nachfolgern erwartete.

2. Berufen zu lebenslangem Lernen

„Nehmt mein Joch auf euch und lernt von mir; denn ich bin gütig und von Herzen demütig; so werdet ihr Ruhe finden für eure Seele" (Mt 11,29). Vom „Joch des Himmelreichs" sprachen auch die Rabbinen-Kollegen. Doch Jesus machte es nicht unerträglich schwer wie die Schriftgelehrten durch eine Fülle von Vorschriften. Sein „Lehrbuch" war er selbst, das Mensch gewordene Wort Gottes! Und sein Charakter war so sprechend, dass die Jünger mehr davon wollten. Rabbi Jesus lebte genau das, was er sagte – das machte ihn so authentisch und so attraktiv! Jesus entzog sich seinen Jüngern auch nicht, als er selbst durch die demütigenden Erfahrungen seines

Leidens ging. Er gab ihnen Anteil auch an seinen dunkelsten Stunden und hinterließ gerade so ein unauslöschliches Vorbild der Nähe zum Vater (vgl. Mk 14,35–37). Wie sehr sehnte sich Jesus danach, seine „Markenzeichen" von Güte und Demut, Glaubensmut, Gerechtigkeit und Wahrheitsliebe ins Herz seiner Freunde zu legen! Als alle seine Lehreinheiten besonders zum Thema „Dienen" und „Demut" nicht zum Erfolg führten, hielt er eine letzte Predigt ohne Worte: Er *„stand vom Mahl auf, legte sein Gewand ab und umgürtete sich mit einem Leinentuch. Dann goss er Wasser in eine Schüssel und begann, den Jüngern die Füße zu waschen."* Er lebte vor, was er von seinen Nachfolgern erwartete: *„Ich habe euch ein Beispiel gegeben, damit auch ihr so handelt, wie ich an euch gehandelt habe"* (Joh 13,4–5.15 | jeweils EÜ).

Auch für unsere Rolle anderen gegenüber gilt: Das gelebte Vorbild ist die nachhaltigste Predigt. Umgekehrt können wir noch so geistlich reden – wenn wir nicht entsprechend handeln, untergraben wir unsere Autorität (vgl. Mt 23,3)! Wir können andere Menschen prägen, ohne dass wir „perfekt" sein müssten. Wenn wir andere gezielt einbeziehen in unseren Alltag, uns ehrlich befragen lassen und transparent leben, werden sie uns als Menschen erleben, die von Jesus lernen und dadurch Format gewinnen.

Nicht durch spannende Konzepte oder Projekte würden Jesu Jünger auf andere anziehend wirken, sondern durch ihr „Anderssein".

3. Berufen zu einem ansteckenden Leben

Die gesamte Lehre Jesu hatte niemals neutrale Wissensvermittlung zum Ziel, sondern eine tiefgreifende Lebensveränderung seiner Hörer. Im „Tun" würde sich zeigen, ob das Wort bei ihnen Frucht bringt (Mt 7,21.24; 12,50; 13,23). Seine Jünger sollten wiederum Jünger hervorbringen, die *„alles halten, was ich euch befohlen habe"* (Mt 28,20). Im hebräischen Denken gibt es keine „Wahrheit" ohne „Treue". Und „Erkenntnis" ist mehr als Wissen, nämlich die Begegnung mit dem, der mich anspricht. Jesus ging es also nicht um die bloße Information seiner Schüler, sondern um deren Transformation: die Umwandlung ihres Charakters. Nicht durch spannende Konzepte oder Projekte würden seine Jünger auf andere anziehend wirken, sondern durch ihr „Anderssein". Über ihrem Leben stand die Verheißung: *„Von nun an sollst du Menschen fangen!"* (Lk 5,10). In der einfachen Begegnung von Mensch zu Mensch sprang der Funke über, weil Jesus selbst seine Leute in unvergleichlicher Weise verwandelt hatte!

Gut rabbinisch hat Jesus einmal als Ziel seiner Jüngerschaftsschule formuliert: *„Jeder wird, wenn er fertig ausgebildet ist, wie sein Rabbi sein"* (Lk 6,40 | jüd). Sich selbst bezeichneten die Jesusjünger nach Himmelfahrt und Pfingsten ganz schlicht als Menschen auf dem *„(neuen) Weg"*: Nachfolge und Nachahmung ihres Herrn gingen also weiter. Doch auf Dauer bürgerte sich die Bezeichnung *„Christen"* ein, die man letztlich nur als Kompliment verstehen konnte: Ihr seht Jesus ähnlich, ihr seid ein Abbild seiner Person (Apg 9,2; 11,26; 19,9.23; 26,28). Das Leben des gekreuzigten und auferstandenen Christus in ihnen war unverkennbar!

4. Berufen zu vollmächtigem Handeln

Seine Jünger sollten *„die Vollmacht haben, Krankheiten zu heilen und Dämonen auszutreiben"* (Mk 3,16). Die Evangelien schildern eindrücklich, wie sich der Dienst Jesu bereits durch die erste Gruppe von Schülern multiplizierte. Sie machten es ihrem Herrn nach und erlebten dabei Gottes souveränes Eingreifen. *„Gebt ihr ihnen zu essen!"*, befahl ihnen Jesus angesichts einer hungrigen Menschenmenge (Mk 6,12–13.37). Er wollte nicht als Wundertäter in die Geschichte eingehen, sondern sich selbst durch den Dienst seiner Schüler multiplizieren. Er wollte eine Bewegung von Heilung und Befreiung auf dieser Erde hinterlassen. Er selbst war der Anfang von Gottes neuer Welt, die sich in neuer Gerechtigkeit und Geschwisterlichkeit zeigte. Jesus legte in die Hände seiner Jünger, was er selbst vom Vater empfangen hatte. Sie aber sollten lernen auszuteilen und zu vertrauen – so würde Gottes Reich „kommen" (vgl. Mt 6,9–10; 10,8).

Vollmacht hat sowohl mit unserem Charakter als auch mit unserem Glauben zu tun!

Der Schluss des Markus-Evangeliums berichtet von *„Zeichen"*, die in der entstehenden Gemeinde an der Tagesordnung waren. Es gilt trotz aller theologischen Bedenken und trotz mancher Selbstzweifel der Christen: Das Wort, die Werke und die Wunder gehören zusammen. Wir sind berufen, *„der ganzen Schöpfung das Evangelium"* anzusagen, Gottes übernatürliche Kraft zu erwarten und die Herrschaft des Auferstandenen zu bekennen (Mk 16,15–20). Vollmacht hat sowohl mit unserem Charakter als auch mit unserem Glauben zu tun: Wenn wir selbst nach der Wahrheit des Evangeliums leben, werden wir zu glaubwürdigen Zeugen. Wenn wir nicht aus eigener Kraft, sondern aus Glauben leben, wird Gott sich zu uns stellen – ganz natürlich-übernatürlich!

5. **Berufen zu geistlicher Multiplikation**

„Auch ihr werdet Zeugnis geben, weil ihr von Anfang an bei mir gewesen seid.“ … „Ich bitte auch für die, die durch ihr Wort an mich glauben werden. … Gleich wie mich der Vater gesandt hat, so sende ich euch“ (Joh 15,27; 17,20; 20,21). Jesus dachte im Blick auf seine kurze Lebenszeit von vornherein im Maßstab von Multiplikation: Wie bei einem Staffellauf sollte es sofort zur Stabübergabe von einer Generation zur anderen kommen. Wie bei einem Domino-Effekt sollte es einen unaufhaltsamen Anstoß von Mensch zu Mensch geben. Jesus kam geografisch nie weiter als jemand, der in Hessen geboren wird und dort stirbt. Doch vom Ölberg aus legte er seinen Freunden die Welt zu Füßen: *„Ihr werdet meine Zeugen sein … bis an das Ende der Erde.“* Und sicher nicht zufällig endet das zweite Geschichtswerk des Lukas im Griechischen mit dem Stichwort *„ungehindert“*: Das Evangelium war von Jerusalem über Athen bis nach Rom vorgedrungen (Apg 1,8; 28,31 | jeweils Sch)!

Immer wieder diente Jesus gezielt Einzelnen, die dann Multiplikatoren für ganze Bevölkerungsschichten wurden.

Jesus wollte am liebsten ganz Israel wachrütteln. Er setzte durch seine Heilungen deutliche Zeichen, er proklamierte öffentlich die Herrschaft Gottes. Doch er diente immer wieder gezielt Einzelnen, die dann Multiplikatoren für ganze Bevölkerungsschichten wurden: durch die Erfahrung von Heilung und Befreiung (Lk 8,39.47), durch die Erfahrung von göttlicher Vergebung (Mt 9,8–9; Joh 4,28–30.33–42). Strategisch gesehen setzte Jesus auf eine Signalwirkung, die von einzelnen Schlüsselpersonen ausging: Wo die neue Welt Gottes in ihr Leben modellhaft hineinbrach, sprach sich dies sofort herum!

Innerhalb einer Generation erreichte das Evangelium weite Teile des Römischen Weltreichs. Verfolgung und Bedrückung der Gemeinde konnten dieses Zeugnis niemals stoppen – wohl aber Bequemlichkeit, Selbstzufriedenheit und Gleichgültigkeit. Doch in jedem Jesusjünger liegt der Same für geistliche Multiplikation. Dies meint das Stichwort vom *„Fruchtbringen“*, das Jesus seinen Freunden so sehr ans Herz legte: Jünger sind *„erwählt“* zu einem Leben mit ansteckender Wirkung, zu „Befruchtung“ anderer, die sich zutiefst sehnen nach der anderen Qualität eines Lebens mit Gott (Joh 15,5.8.16). Und gesunde Frucht wächst immer natürlich und mühelos!

Wo unser Umdenken gefragt ist

Diese einfache, aber radikale Strategie Jesu ist bis in unsere Tage gültig: Weltverwandlung geschieht immer durch den Einzelnen, der sich zuerst von Gott verwandeln lässt. Jesus setzte nicht auf Massen, sondern auf eine Auswahl von Menschen, die wieder andere beeinflussen konnten. Wir erleben in vielen Bereichen unserer Gesellschaft, dass es oft entschlossene Minderheiten sind, durch die sich langfristig Denk- und Verhaltensweisen verändern. Deshalb schulte Jesus seine Jünger mit einem ausgeprägten Bewusstsein für Qualität, sowohl im Blick auf ihre Überzeugungen als auch auf ihren Charakter. Er setzte auf eine unverwechselbare Genetik in ihnen, eine Art Jesus-Code. Im Reich Gottes gilt dasselbe wie in der Schöpfung: Nur gesundes Leben kann sich gesund weiterentwickeln und auf segensreiche Weise vermehren. Nur was wirklich in uns lebt, können wir anderen ganz natürlich weitergeben. Qualität verursacht auf Dauer neue Quantitäten – nicht jedoch umgekehrt!

Nur was wirklich in uns lebt, können wir anderen ganz natürlich weitergeben.

Zu viele Christen wurden nach ihrer Bekehrung rasch in die Mitarbeit integriert, doch die intensive Begleitung ihres jungen Glaubenslebens unterblieb. Zu viele Christen blieben irgendwann in persönlichen Problemen stecken, weil die Fundamente nicht gründlich genug gelegt wurden. Sie kamen irgendwann „in die Gemeinde" oder schlossen sich unseren Gruppen an, doch bei den ersten Schritten der Nachfolge nahm sie niemand an die Hand. Sind wir in unseren Gemeinden am Erfolg oder an bleibender Frucht orientiert? Geht es uns zuerst um die Erhaltung unseres Betriebes oder um die Entwicklung von Persönlichkeiten? Die Frage der Nachhaltigkeit sollte zu einem Qualitätsmerkmal in unseren Gemeinden gehören. Wir müssen heute in Menschen investieren, die morgen die Menschen von übermorgen prägen können!

Sind wir in unseren Gemeinden am Erfolg oder an bleibender Frucht orientiert? Die Frage der Nachhaltigkeit sollte zu einem Qualitätsmerkmal in unseren Gemeinden gehören. Wir müssen heute in Menschen investieren, die morgen die Menschen von übermorgen prägen können!

Übersicht: Als Jesusjünger sind wir …

▶ Zeugen für Jesus	Joh 15,27; Lk 24,48; Apg 1,8
▶ Mitarbeiter von Jesus	Mt 9,38; Lk 10,7; Joh 4,38
▶ Diener von Jesus	Mt 10,24–25; 20,27
▶ Gesandte von Jesus	Lk 10,3.16; Joh 13,20; 20,21
▶ Freunde von Jesus	Lk 12,4; Joh 15,14–15
▶ Brüder von Jesus	Mt 12,49; 25,40; 28,10
▶ Kinder von Jesus	Joh 13,33; 21,5

4.3 Von der Berufung zur Befähigung

„Sie alle, die Gott im Voraus auserwählt hat, die hat er auch dazu bestimmt, seinem Sohn gleich zu werden. Nach dessen Bild sollen sie gestaltet werden, … und wenn er sie berufen hat, hat er sie auch für gerecht erklärt, und wenn er sie für gerecht erklärt hat, dann steht auch fest, dass sie an seiner Herrlichkeit teilhaben." (Röm 8,29–30 | GN)

Wenn Gott etwas von uns erwartet, befähigt er uns auch dazu. Gottes erste Berufung für unser Leben ist eine Bestimmung, die über dieses Leben hinausgeht: Wenn wir Jesus nachfolgen, werden wir zunehmend eins mit ihm. Die Gemeinschaft mit ihm prägt uns und gibt uns Anteil an seiner *„Gestalt"* und seinem *„Bild"* (im Griechischen ist hier von einer „Ikone" die Rede). Vollendet wird dieser Zustand erst in der Ewigkeit sein, wenn wir im Auferstehungsleib leben – wie Jesus und mit Jesus (vgl. Phil 3,20–21)! Doch jeder Tag unseres Lebens auf dieser Erde bietet die Chance, in unserem Charakter zu wachsen und dem Vorbild von Christus näherzukommen.

Gottes gute Gedanken für unser Leben kommen erst dann zur Entfaltung, wenn wir ihm bewusst die Führung überlassen. Wir begreifen, dass wir für Gott nicht austauschbar sind.

Der Begriff „Berufung" wird im Neuen Testament auf mehreren Ebenen verwendet: Jeder von uns hat einen unverlierbaren Wert für Gott. Jeder von uns ist einzigartig geschaffen und hat einen besonderen Platz in Gottes großem Plan. Doch zur Entfaltung kommen Gottes gute Gedanken für unser Leben erst dann, wenn wir ihm bewusst die Führung überlassen. Wir beginnen, seinem Ruf zu folgen. Wir begreifen, dass wir für Gott nicht austauschbar sind. Und wir beginnen, über Gottes Ruf hinaus seine individuelle Führung für unser Leben zu entdecken. Wir empfinden, wie sich die Frage nach unserer persönlichen Berufung immer mehr zuspitzt. Sie bringt Anfragen an unsere Lebensplanung mit sich. Wir fragen konkreter nach richtigen Zeitpunkten und passenden Umständen. Irgendwann erleben wir, wie Gott uns bestimmte Aufgaben anvertrauen möchte. Unsere Lebensberufung beginnt sich zu fokussieren. Unsere Lebensgeschichte wird von einer Berufung bestimmt. Dazu werde ich dir im nächsten Abschnitt einige Fragen mit auf den Weg geben.

Übersicht: ein Ruf – viele Berufungen

1. **Jeder Christ: ein „Berufener", eine „Berufene".** Daraus wird bei Paulus eine regelrechte Anrede: *„berufene Heilige"* (Röm 1,7; 1. Kor 1,2). Die Grundlage unseres Glaubens liegt nicht in uns selbst, sondern im Ruf Gottes bzw. im

berufenden Gott: *„Treu ist, der euch beruft; er wird es auch tun"* (1. Thes 5,24; vgl. 2. Tim 1,9). Unser Leben mit Jesus ist Ausdruck einer *„Berufung"* mit Ewigkeitswert: Uns ist ein Vorrecht zuteil geworden, dessen wir uns *„würdig"* erweisen sollen (Eph 1,18; 4,1.4).

2. **Unsere individuelle Lebensgeschichte.** Gottes Ruf trifft Menschen auf völlig unterschiedliche Weise. Die Lebensumstände ändern sich nicht automatisch, aber sie treten in ein neues Licht. Wenn wir unsere Lebensgeschichte lernen anzunehmen, werden wir rückblickend darin Gottes Vorbereitungszeit entdecken. Unser einzigartiger Weg kann zu unserer persönlichen *„Berufung"* werden (vgl. 1. Kor 1,26; 7,20 im Sinne von „Lebensstand"). Diese unverwechselbare Berufung zu erkennen, bleibt eine Lebensaufgabe für jeden von uns.
3. **Beauftragung für bestimmte Aufgaben.** Die Bibel ist reich an Beispielen, wie Gott Menschen gezielt für die Zusammenarbeit beruft: Noah, Abraham, Mose, Gideon, Samuel, David, Jesaja, Maria, Petrus, Paulus … Von ihnen kennen wir jeweils die Umstände und die Zielrichtung ihrer Berufung. Sie alle spürten an einem bestimmten Punkt ihres Lebens: Gott braucht mich hier und jetzt – und er hat keinen „Ersatzspieler" dafür vorgesehen! Gottes Ruf verpflichtete sie und sie reagierten gehorsam darauf.

Die richtige Person zur richtigen Zeit am richtigen Ort – so kann Gott präzise in Raum und Zeit handeln, sofern sich Menschen ihm ganz zur Verfügung stellen. Das Ermutigende an den Beispielen der Bibel liegt darin, dass Gott seine Leute an ihren Aufgaben wachsen ließ. Fühlten sie sich zuerst überfordert und völlig ungeeignet, so wurden sie doch zu idealen Werkzeugen in Gottes Hand, nachdem sie sich ihm überlassen hatten. Diese Beispiele wollen uns ermutigen: Wenn Gott uns beruft, dann befähigt er uns auch! Hinter der Berufung Gottes steht immer die Treue Gottes: *„Gott ist treu, durch den ihr berufen seid zur Gemeinschaft mit seinem Sohn Jesus Christus, unserem Herrn. … Durch ihn aber seid ihr in Christus Jesus …"* (1. Kor 1,9.30 | Sch). Bei allem, was wir jemals für Gott leisten können, bleibt dies unsere erste Berufung: die Gemeinschaft mit Christus. Nur durch ein enges Verbundensein mit ihm kann Gott uns gebrauchen, auch Unmögliches möglich werden zu lassen!

Das Ermutigende an den Beispielen der Bibel liegt darin, dass Gott seine Leute an ihren Aufgaben wachsen ließ.

Paulus: Ein Seiteneinsteiger schreibt Geschichte

Der Apostel Paulus ist ein sehr ermutigendes Beispiel für einen Menschen, den Gott regelrecht zu seinem Glück gezwungen hat. Wenn man ihm, während er die Steinigung des Stephanus überwachte, im Interview die Frage gestellt hätte, ob er Lust hätte, ein Jesusjünger zu werden, hätte man selbst die Verhaftung riskiert. Später konnte er sagen: *„Aber ich habe Erbarmen gefunden"*, und wurde durch die Begegnung mit dem Auferstandenen *„zum Vorbild für alle, die in Zukunft an ihn glauben"* (1. Tim 1,16 | EÜ). Paulus wollte dieses unvergleichliche Leben mit Jesus, das er schließlich selbst als Märtyrer beendete, um keinen Preis mehr eintauschen. Kann, muss Gott uns manchmal zu unserem Glück „zwingen"? Ich glaube, ja! Er sieht ja den Hunger in unseren Herzen, einmal auf ein erfülltes Leben zurückzublicken. Er hat bereits eine gute Spur für uns gelegt – wir müssen ihm nur die Führung überlassen! Vielleicht hatte Paulus ja auch mit aufrichtigem Herzen gebetet: *„Senke meine Tritte ein in deine Fußstapfen, damit mein Gang nicht wankend sei!"* (Ps 17,4 | Sch). Und Gott gab ihm, was er im Tiefsten immer gesucht hatte …

Gleich im Zuge seiner dramatischen Bekehrung bekam Paulus eine Lebensberufung als *„auserwähltes Werkzeug"* Gottes. Doch erst zu einem bestimmen Zeitpunkt seiner Biografie wurde er in den internationalen Reisedienst *„berufen"*. Dieser Auftrag brachte allerdings auch Phasen von Unsicherheit und Unklarheit mit sich, bis Gottes Geist neue Türen auftat (Apg 9,15; 13,2; 16,10). Manche Umstände seines Lebens verliefen völlig anders als erhofft. Dennoch ließ sich Paulus von einem höheren Ziel leiten und konnte schließlich den großen Bogen von Jerusalem bis Rom spannen (Apg 19,21; 23,11; 28,30–31). Paulus war sich zutiefst bewusst, dass sein ganzer Werdegang ein einziger Ausdruck von Gottes Gnade war. *„Ich bin der geringste von den Aposteln; ich bin nicht wert, Apostel genannt zu werden, weil ich die Kirche Gottes verfolgt habe."* So wollte er nicht länger den Namen des jüdischen Königs Saul tragen (hebräisch *Shaul*), sondern nahm für seinen internationalen Dienst den griechischen Namen *Paulos* an (vom lateinischen Wort für *klein, gering*)! *„Durch Gottes Gnade bin ich, was ich bin, und sein gnädiges Handeln an mir ist nicht ohne Wirkung geblieben"* (1. Kor 15,9–10 | EÜ).

	Aspekte einer Berufung …	… am Beispiel des Paulus
►	**Beziehung** – zuerst zu Jesus	*„Christus lebt in mir."* Ich lebe *„im Glauben an den Sohn Gottes, der mich geliebt und sich für mich hingegeben hat"* (Gal 2,20).
►	**Bestimmung** – für dieses Leben	Gott hat *„mich schon im Mutterleib auserwählt und durch seine Gnade berufen"* (Gal 1,15).
►	**Bestimmung** – für die Ewigkeit	*„Ich vergesse, was hinter mir liegt, und strecke mich aus nach … der himmlischen Berufung"* (Phil 3,13–14).
►	**Beauftragung** – von Gott selbst	*„Dieser Mann ist mein auserwähltes Werkzeug …", „Der Gott unserer Väter hat dich erwählt …"* (Apg 9,15; 22,14).
►	**Befähigung** – durch Gott	*„Dank sei Gott, der uns stets im Siegeszug Christi mitführt … Unsere Befähigung stammt von Gott …"* (2. Kor 2,14; 3,5).
►	**Bestätigung** – auch durch Menschen	*„… und sie erkannten die Gnade, die mir verliehen ist",* und sie gaben mir *„die Hand zum Zeichen der Gemeinschaft"* (Gal 2,9 | jeweils EÜ).

4.4 Berufungen zur Entfaltung bringen

> *„Freue dich über den Herrn; er wird dir alles geben, was du dir von Herzen wünschst. Vertrau dich dem Herrn an und sorge dich nicht um deine Zukunft. Überlass sie Gott, er wird es richtig machen. … Sei geduldig und warte darauf, dass der Herr eingreift."* (Ps 37,4–7 | Hfa)

Sollte Gott meine Herzenswünsche wirklich erfüllen? Darf ich ihm denn mit Wunschvorstellungen begegnen, ja kann ich überhaupt Träume und Wünsche für mein Leben formulieren? Es war ein trüber und regnerischer Mai-Abend, als ich allein durch die Straßen einer kleinen süddeutschen Stadt lief. Unsere Mitarbeiterfreizeit war gut angelaufen und der Gastreferent hatte uns tüchtig herausgefordert. Ich war nicht nur bewegt durch den Vortrag, sondern spürte, wie Gott mit mir persönlich reden wollte. Eine simple, aber folgenreiche Frage stand mir vor Augen: Wäre ich bereit, meinen gesamten weiteren Lebensweg in seine Hände zu legen? Konnte ich Jesus wirklich versprechen: *„Ich will dir folgen, wohin du auch gehst"* (Lk 9,57)? Ich war Anfang zwanzig, mein Studium kam in die Schlussphase, und ich hatte mich verliebt. „Herr, ich möchte heiraten, wen du für mich ausgesucht hast, wann du es willst, und ich möchte dort leben, wo du willst …" Leicht kam mir dieses Gebet nicht über die Lippen, doch ich spürte, wie Gott es ganz behutsam an sich nahm. Wochen voll innerer Kämpfe und versteckter Zweifel lagen hinter mir: Macht Gott wirklich keine Fehler? Wird er mich nicht doch vergessen oder zumindest hinhalten? Wird er mich womöglich in ein Land führen, das mich zutiefst abschreckt? Doch mein Vertrauen war inzwischen stärker geworden: Mein Vater im Himmel würde meine Hingabe niemals missbrauchen! Er kannte mich doch besser als ich mich selbst …

Dass ich in meiner Berufung wieder ein Stück vorangekommen bin, merke ich immer dann, wenn ich sagen kann: Ich würde es wieder so tun.

Dreißig Jahre nach diesem Abend im Mai haben sich viele „Wünsche meines Herzens" erfüllt, oft ganz anders als gedacht – und im Rückblick viel besser. Ich konnte die Frau heiraten, in die ich damals verliebt war – später fand unsere Hochzeit in genau jenem süddeutschen Städtchen statt! Gott hat uns zwei gesunde Kinder geschenkt. Und ich konnte für Gott manches bewegen in meiner Heimatstadt Berlin, der ich damals innerlich bereits den Rücken gekehrt hatte. Andere Aspekte meiner Berufung wurden mir später dadurch klar, dass Gott alle anderen Alternativen auszublenden schien: So blieb nur noch *ein* Weg! Meine prägenden Jahre als Gemeindepfarrer erlebte ich im größten Hochhaus-Viertel von West-Berlin – auch ein Ort, an den ich niemals wollte. Doch jedes Mal, wenn ich für meinen weiteren Lebensweg betete: *„Aber nicht, was ich will, sondern was du willst, soll geschehen!"* (Mk 14,36), war reicher Segen die Folge. Dass ich in meiner Berufung wieder ein Stück vorangekommen bin, merke ich immer dann, wenn ich sagen kann: Ich würde es wieder so tun. Ich bin angekommen und möchte nicht mehr zurück.

Die Entfaltung unserer Berufung braucht Zeit

Geduldig sein und warten, *„dass der Herr eingreift"* – das ist kein passives, defensives Abwarten. Als geliebte Kinder brauchen wir uns nicht in unser Schicksal zu ergeben. Wir haben unseren Lebensweg unserem Vater im Himmel, dem besten Papa überhaupt, anvertraut. Wir begreifen immer mehr, dass Gott sowohl unsere natürlichen Voraussetzungen ernst nimmt als auch übernatürliche Veränderungen bewirkt. Gottes Ruf ist immer auch ein Hervorrufen dessen, was uns unmöglich erscheint: Unser Schöpfergott ist es, der *„das, was nicht ist, ins Dasein ruft"*. Dies verlangt allerdings Glauben von uns. Ein Musterfall dafür ist Abraham, der *„davon überzeugt"* war, *„dass Gott die Macht besitzt, zu tun, was er verheißen hat"* (Röm 4,17.21 | EÜ).

Das große Stichwort „Berufung" wirkt weniger einschüchternd, wenn wir begreifen, dass Gott uns durch einen lebenslangen Prozess führt, an dem er uns selbst beteiligen möchte!

Martin Schleske formuliert in „Der Klang": *„Gerade, wenn wir die Dinge, die uns begegnen, nicht verstehen, sollten wir die Schwingen unseres Vertrauens ausbreiten, um zu erfahren, dass das Unerwartete uns in unsere Berufung werfen kann."* Und *„man kann nicht glauben,* *ohne zu lernen; und man kann nicht lernen, ohne zu glauben. … Nur indem wir lernen, reift unser Glaube. … Nur indem wir glauben, werden wir lernen.*“[52] Das große Stichwort „Berufung“ verliert sein Schwergewicht, wenn wir begreifen, dass Gott uns durch einen lebenslangen Prozess führt, an dem er uns selbst beteiligen möchte! *„Leiterschafts-Entwicklung ist ein lebenslanger Prozess“*, bei dem Gott uns zunehmend eine *„Gesamtperspektive“* für unser Leben schenken möchte, schreibt Robert Clinton. *„Leiterschaft bedeutet eine Lebenszeit in der Schule Gottes.“*[53] Gott will uns immer mehr zeigen von dem, was in uns steckt und was er damit vorhat. Er selbst ist am meisten daran interessiert, dass sich unsere einzigartige Persönlichkeit kontinuierlich entfalten kann. Gott selbst hat bereits Wünsche in unser Herz hineingelegt. Wir müssen sie nur entdecken und zugleich lernen, sie von eigenen Wunschvorstellungen zu unterscheiden. Die „gereinigten Wünsche“ sind Gottes Verheißungen oft sehr nahe! Mir haben im Laufe der Jahrzehnte Menschen geholfen, die im richtigen Moment die richtigen Fragen stellten. Ermutigung und Zuspruch hat mich ebenso weitergebracht wie ein liebevolles Hinterfragen: „Hat Gott nicht noch mehr für dich bereit? Wie stellst du dir die nächste Etappe vor? Bist du eigentlich erfüllt in dem, was du gerade tust? Wo möchtest du im Tiefsten hin – und was hindert dich daran?“

Aspekte meiner Berufung

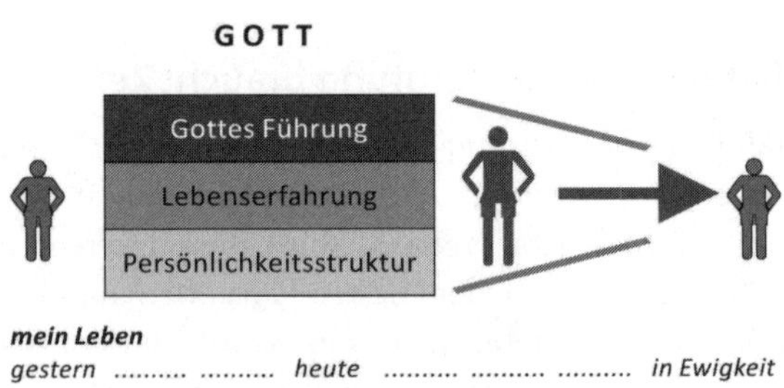

Die richtigen Fragestellungen führen zum Ziel

In den 80er-Jahren hatten wir an unserem Auto eine Teleskop-Antenne, die man ausziehen konnte. Wir schoben sie beim Parken immer rein, weil solche Antennen manchmal abgebrochen wurden. Aber ordentlichen Empfang im Autoradio hatte man erst, wenn alle sechs Segmente ausgezogen waren. Dieses Bild hilft mir, den lebenslangen Prozess zu begreifen, der zur Entfaltung unserer Berufung führt: Es ist immer noch mehr drin … Da sind im Innern noch Segmente, an die du bisher nicht gedacht hast … Das Hören und Entdecken lässt sich immer noch verfeinern … Wir können den „Empfang“ dadurch verbessern, dass wir unser geistliches Leben ausbauen und lernen, Gottes Stimme zu identifizieren. So betete Samuel aus einem kindlichen Herzen: *„Rede, Herr, denn dein Diener hört!“* (1. Sam 3,10), und empfing einen einflussreichen Auftrag. Wir können aber das Hören auch präzisieren, indem wir die richtigen Fragen stellen:

Gott offenbart uns in der Regel nicht den „Masterplan“ für unser Leben am Stück. Deshalb werden wir bestimmte Fragen zu bestimmten Zeiten stellen – andere bleiben offen.

- Suche dazu immer wieder Zeiten der Stille: Stunden, Tage, Auszeiten …
- Notiere dazu alles, was dir in den Sinn kommt … Lies es später wieder durch …
- Suche darüber den Austausch mit einem Freund, Ratgeber, Mentor …

Wichtig dabei ist Folgendes: Gott offenbart uns in der Regel nicht den „Masterplan“ für unser Leben am Stück – er führt uns Schritt für Schritt. Deshalb werden wir bestimmte Fragen zu bestimmten Zeiten stellen (müssen) – andere bleiben offen. Aber Gott verspricht uns seine Nähe und väterliche Leitung: *„Ich unterweise dich und zeige dir den Weg, den du gehen sollst. Ich will dir raten; über dir wacht mein Auge“* (Ps 32,8 | jeweils EÜ).

Wichtige Fragen zur Entfaltung deiner Berufung

1. **Meine Persönlichkeit/mein bisheriger Werdegang**
   - Welche Stärken und Begabungen hat Gott mir sozusagen in die Wiege gelegt?
   - Welches Fundament haben Elternhaus, Schule und Ausbildung in mir gelegt?
   - Welche Aspekte meiner Persönlichkeit könnten andere Menschen bereichern?
2. **Meine Träume/meine Leidenschaft**
   - Wofür schlägt mein Herz? Was motiviert mich im Tiefsten?
   - Wofür kann ich Leidenschaft entwickeln und wofür wäre ich bereit, Opfer zu bringen?
   - Welche Vorbilder haben mich geprägt? Bei wem suche bzw. finde ich Orientierung?
   - In welcher Rolle würde ich mich gerne sehen? Was möchte ich gerne bewegen?

3. **Bestätigung durch Gott/durch andere Menschen**
    - Wofür wurde ich in der Vergangenheit ermutigt? Wofür bekam ich Bestätigung?
    - Wo/wann hatte ich das Gefühl: „Ich bin am richtigen Platz, was ich gerade tue, passt zu mir! Ich kann spüren, dass Gott mit mir ist!"?
    - Wo/wann steckte ich in Aufgaben bzw. Arbeitsbereichen, die mir völlig gegen den Strich gingen?
4. **Erfahrungen mit Gottes Reden**
    - Welche Aussagen der Bibel gaben mir bereits Antworten zu meinem Lebensweg?
    - Welche Klarheiten habe ich durch das persönliche Hören auf Gott gewonnen (Gedanken, Eindrücke, Bilder, Träume)?
    - Welchen Rat anderer Menschen habe ich als Gottes Reden empfunden?
5. **Mein Weg mit Jesus**
    - Wann/wo hat mich der Ruf in die Nachfolge getroffen – und wie habe ich darauf reagiert?
    - Welche Schritte des Gehorsams hat Gott bisher von mir verlangt – und wie ging es mir damit?
    - Wie sieht mein Innenleben aus: mein Selbstbild, mein Vertrauen, meine Hörfähigkeit, meine Veränderungsbereitschaft?
    - Wer kennt mich am besten? Wessen Rat kann ich vertrauen? Wer könnte mich fördern, in angemessener Weise herausfordern, beraten und begleiten?

Visionen 5

Wunschtraum oder Gottes Wirklichkeit?

„Der Herr sprach zu mir: Was ich dir in dieser Vision sage, das schreibe in deutlicher Schrift auf Tafeln! Jeder soll es lesen können. Denn was ich dir jetzt offenbare, wird nicht sofort eintreffen … Warte geduldig, selbst wenn es noch eine Weile dauert!" (Hab 2,2–3 | Hfa)

Der visuelle Eindruck war völlig eindeutig: Ein Fundament war gerade fertiggestellt, gegossen aus Beton, und ein Bauarbeiter ging noch einmal mit dem Besen darüber. Auch der Umriss war für mich völlig klar. Als Vision hätte ich dieses Bild damals nicht bezeichnet. Schließlich war ich mit dem Fahrrad unterwegs auf einem meiner üblichen Gebets-„Spaziergänge". Doch kurz nach meinem 30. Geburtstag lagen drängende Fragen vor mir: Welches war die richtige Pfarrstelle in der bunten West-Berliner Kirchenlandschaft? Einige Kollegen wollten mich als Pfarrer haben, andere Gemeinden schienen mir attraktiver … Es wurden spannende Monate des Suchens. Als wir uns schließlich für die Apostel-Petrus-Gemeinde im Märkischen Viertel entschieden, stellte sich tiefer Frieden ein. Vorfreude machte sich breit und konkrete Vorstellungen entwickelten sich – bei meiner Frau viel schneller als bei mir –, auch mit Blick auf eine fast 200 qm große Wohnung. Die größte Überraschung: Sie hatte genau den Grundriss, der mir bei meinen Gebetstouren mehrfach vor Augen gewesen war!

„Unser Gott kommt und schweigt nicht“, bezeugen die Psalmen. Und *„das Wort des Herrn ist wahrhaftig, all sein Tun ist verlässlich“* (Ps 50,3; 33,4 | EÜ). Bei vielen Weichenstellungen meines Lebens durfte ich diese Wahrheit eindrücklich erleben: Gott gibt uns rechtzeitig Einblick in seine guten Pläne. Er lässt uns nicht im Unklaren, wenn wir seine Weisung brauchen. Er spricht – und er tut es auch! Später ging wir durch Jahre, in denen uns alles zu viel wurde: Anforderungen durch die eigene Familie neben einer größer werdenden „Gemeinde-Familie“, Lärm und Schmutz vor der Haustür und so mancher Konflikt im Innern, dazu die gefühlte 24-Stunden-Bereitschaft … Da war es gut, dass Gott mir nicht nur für den Dienst, sondern auch für unser Leben im Pfarrhaus eine „Vision“ geschenkt hatte. Inzwischen leben wir – nach über 22 Jahren – in einer anderen Wohnung außerhalb des Gemeindezentrums. Aber das ist eine andere Geschichte …

5.1 Visionen: der verborgene Motor unseres Lebens

> *„Auf den Geist im Menschen kommt es an, auf diese Gabe des Allmächtigen: Sie allein gibt ihm Weisheit! … Gottes Geist hat mich erschaffen, der Atem des Lebendigen hat mir das Leben geschenkt.“* (Hi 32,8; 33,4 | Hfa)

Visionen faszinieren. Sie gehören zu den stärksten mentalen Kräften, die ein Mensch entwickeln kann. Eine Vision kann übernatürlich sein und auf spätere Zeiten hindeuten. Sie kann aber auch ganz irdisch bestimmte Vorstellungen von der Zukunft beinhalten. *„Die Zukunft gehört denen, die schon die Möglichkeiten erahnen, bevor sie Wirklichkeit werden"*, sagt John Sculley, ehemaliger Vorstand von Pepsi und Apple Computers.[54] Zunächst einmal geht es beim Stichwort „Vision" um ein inneres *„Sehen"* (von lateinisch *videre*), eine innere Vorstellung. Und so etwas trägt jeder von uns in sich, mal stärker und mal weniger stark: Wir sichten Reiseangebote und beginnen vom Urlaub zu träumen. Wir planen eine Radtour oder Bergwanderung und sehen uns innerlich schon am Ziel. Wir stellen uns den späteren Partner oder die Partnerin vor, wir träumen von einer glücklichen Familie. Im Krankenhaus liegen Menschen, die von der Genesung träumen, im Gefängnis zählen Menschen die Tage bis zu ihrer Entlassung, auf dem Arbeitsmarkt hoffen Menschen auf eine bessere Zukunft. Man sagt nicht umsonst: „Die Hoffnung stirbt zuletzt." Was im Kleinen gilt, das gilt ebenso im Großen: Ohne Vision gibt es keine Motivation. Wer keine Vorstellungen von der Zukunft hat, bleibt im Leben stecken. Bill Hybels definiert: *„Eine Vision ist ein Bild von der Zukunft, das Begeisterung auslöst. Was macht eine Vision so mitreißend? Es ist nicht nur das Bild von der Zukunft. Es sind die Energie und die Leidenschaft, die es tief in unserem Herzen hervorruft."*[55] Folglich gilt für Hybels: *„Das Herzstück guter Führung ist eine Vision – meiner Ansicht nach die schlagkräftigste Waffe im Arsenal eines Leiters."*[56] Und für den Benediktiner Abt Notker Wolf *„bilden Visionäre die eigentliche Energiezentrale eines Unternehmens."*[57] Wir brauchen innere Bilder, die Begeisterung in uns auslösen und unsere Kräfte mobilisieren: „Da will ich hin, da muss ich hin! Da sehe ich mich innerlich schon, und ich werde alles geben, um dahin zu kommen!" Welche Visionen leben in dir? Hast du einen inneren Motor für dein Leben? Hast du größere Bilder, die über den Moment hinaus reichen? Welche Möglichkeiten erblickst du für dein Leben, die hinter der Wirklichkeit heute liegen?

Gott hat uns Menschen so geschaffen, dass wir Geist von seinem Geist bekommen haben, eine Art innere Antenne, die über unser begrenztes Leben hinaus ragt.

Während es beim Stichwort „Berufung" mehr um das innere Hören geht, möchte dich dieses Kapitel über „Visionen" zum inneren Sehen ermutigen.

Gott will unseren Geist inspirieren

Gott hat uns Menschen so geschaffen, dass wir Geist von seinem Geist bekommen haben, eine Art innere Antenne, die über unser begrenztes Leben hinaus ragt. Deshalb suchen gläubige wie ungläubige Menschen nach Antworten für die Zukunft, stellen die Sinnfrage und möchten gerne „über den Tellerrand blicken". Gott schenkt uns durch seinen Geist eine direkte Verbindung zu seinen guten Gedanken über unser Leben. Er hält es für normal, dass wir Anteil bekommen an seiner Welt voller Visionen. *„Meine Seele sehnt sich nach dir in der Nacht, auch mein Geist ist voller Sehnsucht nach* *dir*" (Jes 26,9). Kennst du das auch: Du wachst morgens auf und kommst nicht los von einem Traum, der irgendwie besonders war? Du hast klare Gedanken, die vielleicht gar nicht aus dir selbst kommen? Dir springt beim Lesen der Bibel eine Formulierung entgegen, als wäre sie speziell für dich? Gott redet zu seinen Kindern! Während es beim Stichwort „Berufung" mehr um das innere Hören geht, möchte dich dieses Kapitel über „Visionen" zum inneren Sehen ermutigen. *„Selig, die ein reines Herz haben; denn sie werden Gott schauen"*, ermutigt uns Jesus (Mt 5,8 | jeweils Sch). Wir brauchen weder eine visionäre Veranlagung zu haben noch spirituelle Techniken zu suchen, es geht um eine schlichte Herzensverbindung zu Gott als Vater. In dem Maß, wie wir ihn selbst *„schauen"*, also den inneren Blickkontakt zu ihm suchen, werden wir auch Einsicht bekommen in seine Sicht der Dinge!

Gott gibt uns Anteil an seiner Kreativität

In der Geschichte der Menschheit waren es oft die Träumer und Erfinder, die der Menschheit neue Errungenschaften bescherten. Sie waren durchaus nicht immer gläubige Menschen, oftmals einfach Idealisten oder Humanisten. Dennoch: Gott hat unseren menschlichen Geist so angelegt, dass wir von ihm Inspiration empfangen und Anteil an seiner Kreativität haben können.

- Im 15. Jahrhundert entwickelte Johannes Gutenberg (ca. 1400–1468) ein neues **Verfahren des Buchdrucks** durch die Verwendung von beweglichen Lettern. Dadurch erlebte Europa im Zeitalter der Renaissance eine regelrechte Medienrevolution, von der nicht zuletzt die Reformatoren profitierten: Luthers Vision, die ins Deutsche übersetzte und gedruckte Bibel dem einfachen Volk zugänglich zu machen, konnte dadurch umgesetzt werden.
- Der **Traum vom Fliegen** ist so alt wie die Menschheit, doch erst vor rund hundert Jahren wurde er Wirklichkeit. Als Otto Lilienthal (1848–1896) sein Buch „Der Vogelflug als Grundlage der Fliegekunst" veröffentlichte, lagen ausführliche Studien über das Flugverhalten der Adler hinter ihm. Sein Absturz mit einem selbstgebauten Fluggerät auf einem Hügel in Brandenburg weckte das Interesse der Gebrüder Wright in den USA. Auch sie untersuchten den Flügelschlag der Greifvögel, später entwickelten sie Propeller und Motoren. Noch vor Ausbruch des Ersten Weltkriegs gingen die ersten Flugzeuge in Serie.

- Garrett Morgan (1877–1963) stammte aus einer kinderreichen Familie ehemaliger Sklaven, machte nie eine richtige Ausbildung, experimentierte aber für sein Leben gern. So reparierte er Nähmaschinen, baute ein eigenes Geschäft auf und entwickelte nebenbei eine Art Gasmaske. Bei einem Gasunfall konnte er dadurch Menschenleben retten. Eines Tages wurde er Zeuge eines Unfalls zwischen einem Automobil und einer Pferdekutsche, wobei ein kleines Mädchen schwer verletzt wurde. Dies motivierte ihn zur **Entwicklung einer** elektrischen **Ampelanlage**. Die erste Anlage mit roten und grünen Signalen wurde 1914 in Cleveland aufgestellt – heute ist sie aus dem Verkehr nicht mehr wegzudenken!

Veränderung der Welt durch Gottes Geist

In Gesprächen mit kritischen Zeitgenossen wird die Kirchengeschichte immer wieder als „Totschlag-Argument" angeführt: Wie viel Leid und Ungerechtigkeit geht doch auf das Konto des Christentums! Emotional ist hier oft schwer durchzukommen, und in der Tat zieht sich leider eine religiös motivierte Blutspur durch die Jahrhunderte. Allerdings spricht die Geschichte auch eine ganz andere Sprache: Die großen Visionäre einer besseren Menschheit hatten ihre Quellen überwiegend in der Beziehung zum Gott der Bibel. Das Evangelium von der *„Freundlichkeit und Menschenliebe Gottes"* (Tit 3,4) ist und bleibt die größte Kraft zur Heilung der Herzen und zur Veränderung von Verhältnissen. Gesundheits- und Sozialwesen, Chancengleichheit und Bildung für alle, Menschenrechte und Menschenwürde, diese Grundwerte unserer Gesellschaft wurzeln in der *„Verantwortung vor Gott und den Menschen"* (Grundgesetz der Bundesrepublik Deutschland von 1949). Wir gründen uns bis heute auf ein Bild vom Menschen, der eben nicht an sich und für sich existiert, sondern geschaffen ist *„als Abbild Gottes"* (1. Mo 1,27). So waren es in der Geschichte immer wieder einzelne Visionäre, die gegen alles Vorstellungsvermögen für eine Veränderung der Verhältnisse ihrer Zeit kämpften. Zwei Beispiele sollen genügen:

William Wilberforce (geb. 1759) stammte aus wohlhabenden Verhältnissen, war begabt, ehrgeizig und ein glänzender Redner. Mit 21 Jahren gehört er bereits dem britischen Parlament an. Damals war England führend beim europäischen Sklavenhandel, an dem selbst kirchliche Kreise nichts Verwerfliches finden konnten. Durch den Einfluss der Erweckung unter John Wesley entwickelte Wilberforce nicht nur eine brennende Liebe zu Gott, sondern auch eine Leidenschaft für die Abschaffung der Sklaverei. Von seinem Sterbebett aus schrieb ihm John Wesley (1791): „*Wenn Gott für Euch ist, wer will wider Euch sein? Sind sie alle zusammengenommen stärker als Gott? O möchtet Ihr Gutes tun und nicht müde werden!*“[58] Fast 20 Jahre lang brachte Wilberforce Jahr für Jahr seine Gesetzesvorlage zum Verbot des Sklavenhandels ins Parlament ein. Über die Parteigrenzen hinaus unterstützten ihn christliche Politiker und Publizisten bei seinem beharrlichen Kampf. 1807 wurde der Sklavenhandel mit Afrika endlich verboten. Als Wilberforce im Sterben lag (1833), erhielt er die Nachricht: Die Sklaverei wird generell verboten, die Sklaven der britischen Kolonien müssen freigelassen werden!

„Ich habe einen Traum ...“

Rund hundert Jahre später kam im Bundesstaat Atlanta **Martin Luther King** zur Welt (1929). Der amerikanische Baptistenpastor und Bürgerrechtler ist zum Symbol des Kampfes gegen Rassentrennung und soziale Ausgrenzung geworden. Mehr als 30-mal wurde er inhaftiert, vielfach tätlich angegriffen und schließlich im Jahr 1968 ermordet. Doch die Massenbewegung zur Durchsetzung gleicher Bürgerrechte für Weiße und Schwarze war nicht mehr zu stoppen. Berühmt wurde der „Apostel der Gewaltlosigkeit“ durch seine sprichwörtliche Rede „I Have a Dream“, die er 1963 beim Marsch auf Washington vor einer viertel Million Menschen hielt:

> *„Jetzt ist es Zeit, die Versprechungen der Demokratie Wirklichkeit werden zu lassen. ... Jetzt ist es Zeit, Gerechtigkeit für alle Kinder Gottes Wirklichkeit werden zu lassen. ... Ich habe einen Traum, dass eines Tages auf den roten Hügeln von Georgia die Söhne früherer Sklaven und die Söhne früherer Sklavenhalter miteinander am Tisch der Brüderlichkeit sitzen können. ... Ich habe einen Traum, dass meine vier kleinen Kinder eines Tages in einer Nation leben werden, in der man sie nicht nach ihrer Hautfarbe, sondern nach ihrem Charakter beurteilt. ... Ich habe einen Traum, dass eines Tages jedes Tal erhöht und jeder Hügel und Berg erniedrigt wird. ... Und die Herrlichkeit des Herrn wird offenbar werden, und alles Fleisch wird es sehen.“*[59]

5.2 Gott zeigt uns seine Wirklichkeit

> *„Immer wieder habe ich zu den Propheten geredet, ja ich ließ Visionen zahlreich sein, und durch die Propheten gebe ich Gleichnisse.“* (Hos 12,11 | EB)

Visionen können erschütternd sein, sie können auch ermutigende Einblicke in die Zukunft enthalten. Sie lassen die sichtbare Welt durchlässig werden zur unsichtbaren, sie zeigen uns eine Realität, die im Blick auf die vorhandene Wirklichkeit noch unrealistisch erscheint. Als Menschen, die an einen Schöpfergott glauben, rechnen wir ständig mit einer unsichtbaren Realität, die der sichtbaren überlegen ist. Wir glauben, „*dass die Welt durch Gottes Wort erschaffen worden und dass so aus Unsichtbarem das Sichtbare entstanden ist*“

(Hebr 11,3 | EÜ). Visionen durchbrechen den Geschichtsverlauf. Sie lassen uns aufschrecken oder innerlich aufbrechen, sie lassen unseren Geist innerlich aufstehen.

Seinen Freunden öffnet Gott die Augen

Von ihren ersten Versen an zeigt uns die Bibel einen zutiefst kreativen und aktiven Gott. Der Gott der Bibel ist seinem Wesen nach im Verb zu Hause – schöpferisch tätig für uns Menschen: *„Im Anfang schuf Gott … Und Gott sprach … Und Gott sah … da schied Gott … Und Gott nannte …* “Durch sein Sehen und Sprechen ruft Gott eine sichtbare Wirklichkeit hervor, die wir als „Schöpfung“ bezeichnen, ein sichtbares Abbild des unsichtbaren Schöpfers. *„Gott sah alles an, was er gemacht hatte, und siehe, es war sehr gut!“* (1. Mo 1,1–5.31). Im Zentrum seines Schöpfungsplans steht der Mensch, den Gott als Partner beteiligen möchte: Er spricht Einzelne an, erwählt sie, bezieht sie ein in seine Pläne. Damit beginnt ein spannendes Unternehmen, das bis heute nicht zu Ende ist. Wo immer Menschen sich auf den Weg mit Gott einlassen, gehen ihnen die Augen auf für das, was sich bisher niemand vorstellen konnte:

Durch sein Sehen und Sprechen ruft Gott eine sichtbare Wirklichkeit hervor, ein sichtbares Abbild des unsichtbaren Schöpfers.

- **Noah** erhielt *„eine göttliche Weisung über das, was noch nicht zu sehen war,“* und baute daraufhin *„eine Arche zur Rettung seines Hauses“*, ja der gesamten Menschheit (Hebr 11,7).
- **Abraham** gegenüber illustrierte Gott die Verheißung für ein unüberschaubar großes Volk folgendermaßen: *„Blicke doch auf zum Himmel und zähle die Sterne, wenn du sie zählen kannst! … So zahlreich wird deine Nachkommenschaft sein“* (1. Mo 15,5; 22,17).
- **Mose** führte sein Volk Israel gegen den Widerstand des Pharao aus der Sklaverei Ägyptens, *„denn er hielt standhaft aus, als sähe er den Unsichtbaren“* (Hebr 11,27). Die Aussicht auf eine eigene Heimat malte Gott seinem verzagten Volk so vor Augen: *„Ein Land, das von Milch und Honig überfließt …“* (2. Mo 3,8; 13,5; 33,3).
- Später bekam **Mose** den Auftrag, ein Zelt der Begegnung zu errichten: *„Und sieh zu, dass du alles nach ihrem Urbild machst, das dir auf dem Berg gezeigt worden ist“* (2. Mo 25,40; 26,30; Apg 7,44; Hebr 8,5).
- Für seinen Diener betete der Prophet **Elisa** inmitten großer Kriegsgefahr: *„Herr, öffne doch seine Augen, dass er sieht!“* Auf einmal konnte er ein himmlisches Heer *„von feurigen Pferden und Kriegswagen“* erblicken (2. Kön 6,17).

- Der Prophet **Hesekiel** sah immer wieder *„die Herrlichkeit des Herrn"*, *„des Gottes Israels"* und konnte dadurch den geistlichen Hintergrund der Geschichte deuten (Hes 1,28; 3,23; 8,4; 43,4).
- Mitten im heidnischen Babylon empfing **Daniel** *„in Visionen der Nacht"* einen Eindruck vom Kommen des Messias und seiner weltumspannenden Herrschaft (Dan 7,13–14).
- **Nehemia** stand im Dienst des persischen Königs, als Gott ihm aufs Herz legte, die zerstörte Mauer Jerusalems wieder aufzubauen. Gegen alle Entmutigung und Gegnerschaft setzte er Gottes Verheißung um: *„Die Grundmauern vergangener Generationen wirst du aufrichten"* (Jes 58;12; Neh 2,20).
- Im Neuen Bund war es der junge **Stephanus**, der kurz vor seiner Hinrichtung ausrief: *„Ich sehe die Himmel geöffnet und den Sohn des Menschen zur Rechten Gottes stehen!"* (Apg 7,55–56).
- Ein religiöser Fanatiker wie **Paulus** wäre nie zu Jesus umgekehrt ohne eindrückliche Visionen. Nach seiner radikalen Lebenswende wurde er ein Mensch mit neuen Augen: *„Der Gott unserer Väter hat dich dazu bestimmt, seinen Willen zu erkennen und den Gerechten zu sehen und eine Stimme aus seinem Mund zu hören"* (Apg 22,14).
- **Petrus** erweiterte seinen kulturellen Horizont und gestattete sich selbst, auch nichtjüdische Familien zu besuchen, nachdem er *„den Himmel geöffnet"* gesehen und eine göttliche Vision empfangen hatte (Apg 10,9-16).

Der Geist knüpft an unsere Gedanken- und Gefühlswelt an und bedient sich unserer natürlichen Sinne – mehr braucht er nicht!

- Schließlich empfing **Johannes** als alter Mann eine *„Offenbarung"* (griechisch auch *„Enthüllung"*) von weltgeschichtlichem Maßstab: *„Komm hier herauf! Und ich werde dir zeigen, was nach diesem geschehen muss"* (Offb 1,1; 4,1 | jeweils EB).

Sehen und hören – Spezialität weniger Visionäre?

Sind das alles nur Ausnahmen und doch nur Sonderveranstaltungen für ein paar Auserwählte? Lässt sich diese visionäre Wirklichkeit der Bibel einfach auf uns übertragen und in unsere Zeit hinein verlängern? Im Alten Bund sehen wir auf eindrückliche Weise, wie Gott zu seinen Freunden spricht, sich ihnen mitteilt und einige direkt *„den Herrn sehen"* konnten (Am 9,1). Aber es gab auch Zeiten, wo der Himmel verschlossen schien und Gottes Wort kaum noch vernommen wurde (1. Sam 3,1). Für den Alten Bund ist es jedenfalls kennzeichnend, dass Israel die Weisung Gottes durch Vermittler erhielt: Priester und Propheten, aber auch weise Ratgeber konnten zu seinem Sprachrohr werden. Der Normalbürger brauchte ihre Dienste und musste *„zum Seher gehen“* (1. Sam 9,9). Doch bereits Mose hat nach einer überwältigenden Geisterfahrung die Sehnsucht ausgedrückt: *„Mögen doch alle im Volk des Herrn Propheten sein, dass der Herr seinen Geist auf sie lege!“* (4. Mo 11,29). Gott hatte von Anfang an vor, eine prophetisch begabte Gemeinde auf dieser Erde zu haben, nicht nur wenige „spirituelle Profis“! Bei Mose deutet sich Jahrhunderte zuvor eine Aussage des Paulus an, die wir auch heute als „Normalfall“ eines gesunden Gemeindelebens ansehen dürfen: *„Ihr könnt einer nach dem anderen alle weissagen, damit alle lernen und alle getröstet werden“* (1. Kor 14,31). Dreimal *„alle“* ... Wir leben in der Zeit des Neuen Bundes, durch den Gottes Geist ausgegossen ist *„auf alles Fleisch“*, nicht nur auf wenige Geistbegabte (Apg 2,17 | EB)! Es gehört nun einmal zum Wesen des Heiligen Geistes, dass er redet und erinnert, hinweist und leitet. Der Geist knüpft an unsere Gedanken- und Gefühlswelt an und bedient sich unserer natürlichen Sinne – mehr braucht er nicht!

Unseren Geist für Geist Gottes öffnen

Können wir tatsächlich so etwas wie eine innere Kooperation zwischen Heiligem Geist und Menschengeist entwickeln? Können wir empfänglich werden für Gottes gute Gedanken und sie unterscheiden lernen von unseren eigenen? Wie wird das Gebet des Paulus auch bei uns Wirklichkeit: *„Er erleuchte die Augen eures Herzens!“*? Im Neuen Testament wird immer wieder beschrieben, wie Gott auf ganz natürliche Weise unseren *„inneren Menschen“* berührt und uns dabei übernatürlich leitet (Eph 1,18; 3,16 | EB). Paulus hat darüber nicht nur gelehrt, sondern diese permanente Abhängigkeit vom Heiligen Geist konsequent gelebt. Nach seiner vorübergehenden Erblindung und Bekehrung wurde er *„wieder sehend und mit Heiligem Geist erfüllt“*. Er wurde aufgrund prophetischer Worte *„vom Heiligen Geist ausgesandt“*. Doch er ging auch durch Phasen der inneren Unsicherheit. Die Reiseroute für seine Einsätze war nicht immer eindeutig. Nach einigen Umwegen *„hatte Paulus in der Nacht eine Vision“* und änderte seine Reisepläne: So kam der Apostel erstmals nach Europa! Auch spätere Weichenstellungen bei seiner internationalen Mission *„nahm sich Paulus im Geist vor“*. Sein Geist kooperierte willig mit dem Heiligen Geist (Apg 9,17; 13,4; 16,9; 19,21). So wurde der Apostel unter der Leitung des Geistes zum herausragenden Leiter seiner Zeit. Denn *„ein Leiter ist jemand, der mehr als andere sieht, der weiter als andere sieht und der früher als andere sieht“* (Leroy Eims).[60]

Die Bibel behauptet weder, dass der menschliche Verstand das Maß aller Dinge ist, wie es die Aufklärung lehrte, noch sieht sie ihn prinzipiell als verdorben an. Er ist das wichtigste Werkzeug, durch den Gottes Geist an unseren Geist anknüpft. Bill Johnson formuliert sogar, dass Gott *„ihn zum Torhüter des Übernatürlichen gemacht"* hat! Allerdings braucht unser Verstand mit all seinen Vorprägungen, Vorlieben und Festlegungen eine Art Runderneuerung durch das Evangelium. Paulus spricht deutlich von der Notwendigkeit einer *„Erneuerung des Sinnes"*, denn von Haus aus sind wir *„gleichförmig dieser Welt"*, in vielen unserer Wertvorstellungen unreflektiert und angepasst (Röm 12,2). Von Natur aus können und wollen wir nicht denken, wie Gott denkt. Doch wenn Jesus Herr im gesamten Haus unseres Lebens wird, entwickelt sich in uns die *„Denkweise des Christus"* (1. Kor 2,16)! Das griechische Wort *nous* meint den *„Sinn"* und *„Verstand"*, die Fähigkeit und Art zu *„denken"*. Diesen Innenraum unseres Lebens möchte Jesus zunehmend einnehmen. Johnson betont, dass *„nur ein erneuertes Denken die Realität des Reiches Gottes auf die Erde bringen kann."*[61] Wir beginnen zu denken, wie Jesus denkt. Wir beginnen zu sehen, was Gott bereits sieht. Wir beginnen zu fühlen, wie Gottes Herz fühlt. Wir beginnen zu wollen, was Gott will …

Unser Verstand braucht mit all seinen Vorprägungen, Vorlieben und Festlegungen eine Art Runderneuerung durch das Evangelium.

Auf allen Kanälen empfangsbereit sein

- Stelle Gott dein Innenleben genauso zur Verfügung wie deinen Körper, deinen Besitz, deine Beziehungen und deine Zeit! Bitte ihn, Herr über alle deine Sinne zu werden!
- Bitte Gott, deine Fantasie und Vorstellungswelt von allen unsauberen, irritierenden und belastenden Bildern zu reinigen! Dies können traumatische Erinnerungen sein, Angstgefühle, aber auch der Einfluss von schlechten Filmen oder pornografische Bilder (vgl. Eph 4,17–18).
- Erwarte Gottes Reden bei Tag und bei Nacht: Rechne mit klaren Gedanken, inneren Bildern und Worten! Bitte Gott, auch durch Träume zu dir zu sprechen! Und bedenke dabei: *„Sind die Deutungen nicht Gottes Sache?"* (1. Mo 40,8).[62]
- Lerne zu prüfen, *„was dem Herrn wohlgefällig ist"* (Eph 5,10). Am Maßstab der Bibel, gereift durch Lebenserfahrungen und durch geschärftes *„Unterscheidungsvermögen"*, werden wir zur Klarheit kommen (Hebr 5,14).
- Handle nie irrational und lass dich nicht durch Bilder oder Eindrücke anderer Menschen unter Druck setzen! Gott gibt

Wir beginnen zu sehen, was Gott bereits sieht. Wir beginnen zu fühlen, wie Gottes Herz fühlt. Wir beginnen zu wollen, was Gott will …

uns rechtzeitig die Klarheit, die wir brauchen, um verantwortlich handeln zu können. Er gibt uns seinen Frieden, *„der allen Verstand (nous) übersteigt“* (Phil 4,7).

- ▶ Notiere dir geistliche Eindrücke, die du durch Bibelstellen, Bilder, Träume, Worte und Gedanken empfangen hast! Halte auch wichtige Impulse fest aus Gesprächen, Predigten, Artikeln oder Büchern! Lege dir auf diese Weise ein „geistliches Schatzkästchen“ an!
- ▶ Wenn du von Gott her klar siehst und hörst, halte daran fest – auch wenn die sichtbare Realität eine andere Sprache spricht, *„da wir nicht das Sichtbare anschauen, sondern das Unsichtbare“* (2. Kor 4,18 | jeweils EB).

5.3 Von Jesus lernen: Vision – Mission – Aktion

„Da wurden ihnen die Augen geöffnet und sie erkannten ihn … Und sie sprachen zueinander: Brannte nicht unser Herz in uns, als er mit uns redete auf dem Weg? … Da öffnete er ihnen das Verständnis, damit sie die Schriften verstanden.“ (Lk 24,31.45 | Sch)

Der gemeinsame Weg, den die Jünger mit Jesus zurücklegten, hatte von Anfang an etwas Visionäres. Bezeichnenderweise beginnt die erste, scheinbar zufällige Begegnung am Seeufer mit dem Satz: *„Kommt und seht!“* Es war Nathanel, dem Jesus auf den Kopf zusagte, er habe ihn schon einmal *„unter dem Feigenbaum gesehen“*. Hier schien ein Prophet zu sprechen! Und vom Fischer Simon heißt es, dass Jesus *„ihn anblickte und sagte: Du sollst Kephas heißen“* (das bedeutet *„Fels“*). Man könnte auch übersetzen, dass Jesus ihn *„ins Auge fasste“*, also eine klare Absicht für sein Leben hatte (Joh 1,39.42.48). Jesus war ein Stratege durch und durch – doch seine Strategie hatte in erster Linie mit der Entwicklung von Persönlichkeiten zu tun! Für die Jünger begann ihre Berufung damit, dass Jesus in ihnen etwas sah, was sie sich selbst kaum vorstellen konnten. Ihr Meister, der beste Mentor aller Zeiten, lebte genau das, was Johann Wolfgang von Goethe später in seiner Sprache einforderte: *„Behandle die Menschen so, als wären sie, was sie sein sollten, und du hilfst ihnen zu werden, was sie sein können.“*[63] Der Schritt in die Nachfolge bedeutete die Begegnung mit Jesus als dem großen „Augenöffner“. Nach dem Trauma der Kreuzigung jedoch erleben wir seine Schüler vollkommen orientierungslos. Da begegnete ihnen Jesus neu, jedoch in ungewohnter Gestalt. Als Wanderer trifft er zwei von ihnen auf dem Weg, kehrt noch mit ihnen zum Abendessen ein und bricht bei Tisch das Brot. Da gehen den „Emmaus-Jüngern“ die Augen auf: Es

„Behandle die Menschen so, als wären sie, was sie sein sollten, und du hilfst ihnen zu werden, was sie sein können.“

Goethe

ist Jesus – er lebt! Später gibt Jesus seinem Zwölferkreis noch etliches an Nachhilfe und öffnet ihre Augen für die Zusammenhänge des Alten Testaments, das in allen inhaltlichen Strängen letztlich auf ihn als Messias zuläuft (Lk 24,13–45).

Jesus und sein Blick für Menschen

Was mich immer wieder fasziniert: Jesus hatte in seinem Umgang mit Menschen eine großartige Kombination von Unbestechlichkeit und Barmherzigkeit. Die Evangelien schildern, wie er Menschen sofort durchschaute: Er *„erkannte in seinem Geist"* die Argumente seiner Kritiker. Er durchschaute ihre Gedankenwelt und sprach sie frontal an: *„Was überlegt ihr dies in euren Herzen?"* Er *„kannte ihre Heuchelei"*, deshalb tappte er nicht in die Falle ihrer Fangfragen (Mk 2,8; 12,15). Johannes kann sogar formulieren: *„Jesus vertraute sich ihnen nicht an, weil er alle kannte, ... denn er selbst wusste, was in dem Menschen war"* (Joh 2,24–25). Und doch wurde Jesus darüber nicht distanziert, vielmehr wandte er sich Menschen gezielt und voller Liebe zu. Gerade weil er sie durchschaute, konnte er ihnen geben, was sie im Tiefsten brauchten – nicht immer das, was sie erwarteten! Einen erfolgreichen Jungunternehmer nahm Jesus nicht in sein Team auf, obwohl der hochmotiviert war, hohen ethischen Grundsätzen folgte und sicherlich ein großartiger Sponsor geworden wäre. Sein einziger Fehler: Sein Reichtum auf Erden wog für ihn schwerer als der *„Schatz im Himmel"*. Jesus konnte und wollte ihm keine Sonderkonditionen geben, dennoch: *„Jesus blickte ihn an, gewann ihn lieb und sprach ..."* (Mk 10,21). Einmal begegnet Jesus einer Witwe, deren einziger Sohn gerade beerdigt werden sollte. *„Und als der Herr sie sah, wurde er innerlich bewegt über sie"* (Lk 7,13 | jeweils EB). Aus dieser Fähigkeit, Menschen zu „sehen", folgte bei Jesus der zielgerichtete und passgenaue Umgang mit dem Einzelnen. Was bedeuten diese Beispiele für uns?

Wer als Mentor andere fördern will, braucht sowohl ein realistisches Bild von sich selbst als auch einen visionären Blick für andere!

Wer immer sich mit Personalentwicklung beschäftigt, muss sich um eine realistische Einschätzung von Bewerbern und Mitarbeitern bemühen. Überall gibt es Schönredner und Selbstdarsteller, aber ebenso die Unauffälligen und Unaufdringlichen, die man leicht übersehen kann. Wer andere Menschen fördern möchte, braucht ein gesundes Maß an Durchblick: für die tiefer liegenden Probleme ebenso wie für das Potenzial eines Menschen, zum Guten wie zum Bösen. Natürlich sehen wir meistens nur das, was an der Oberfläche liegt. Doch wir stehen im Dienst eines Gottes, *„der unsere Herzen prüft"* (1. Thes 2,4). Und wir können ihn jederzeit bitten, uns das erforderliche Maß an Einsicht zu schenken, damit wir in der Lage sind, Menschen angemessen zu begegnen. Watchman Nee, der lange Jahre in der Isolation chinesischer Gefängnisse verbrachte, formuliert zugespitzt: *„Wer den geistlichen Zustand anderer nicht erkennt, der ist nicht zur Mitarbeit geeignet."* Wenn wir einen Menschen richtig einschätzen wollen, müssen wir *„erkennen, was der Unterschied ist zwischen dem, was seine Worte sagen, und dem, was sein Herz spricht"*. Allerdings werden wir andere Menschen nur in den Bereichen „lesen" können, in denen Gott uns selbst bereits verändert hat: *„Was in uns unangetastet bleibt, wird auch in anderen unangetastet bleiben."*[64] Unsere eigenen blinden Flecken behindern unsere Sehschärfe. Entsprechend sind wir in Gefahr, Menschen nach unserem Bild zu formen. Wer als Mentor andere fördern will, braucht sowohl ein realistisches Bild von sich selbst als auch einen visionären Blick für andere!

Durch die Begegnung mit einer einzigen Schlüsselperson erschließt sich ein ganzer Ort für das Evangelium.

Jesus und seine Sicht für Gottes Möglichkeiten

Jesus nahm sich viel Zeit, um mit seinen Jüngern das „geistliche Sehen" einzuüben. Seine Fähigkeit der visionären Leitung wollte er in keiner Weise als Experte für sich behalten. Überall sah er Möglichkeiten, wo das natürliche Auge nur Schwierigkeiten sah. Er ließ auf einer Hochzeit große Steinkrüge mit rund 600 Litern Wasser füllen und freute sich schon auf den *„guten Wein"*, der daraus werden würde (Joh 2,6–10). Er sah vor seinem inneren Auge bereits das Abendessen für eine Menschenmenge von 5.000 Männern (plus Frauen und Kindern), während seine Jünger lediglich *„fünf Brote und außerdem zwei Fische"* vorzuweisen hatten (Mk 6,38). Allerdings ergriff Jesus durchaus nicht jede Gelegenheit, die ihm visionär vor Augen gemalt wurde: Als ihm der Teufel anbot, aus den Steinen in der Wüste Brot zu machen, wies er dies entschieden zurück (Lk 4,3–4). Das innere „Sehen" verband sich bei Jesus immer mit einem Unterscheidungsvermögen: Was hatte der Vater jetzt für ihn vorbereitet und was (noch) nicht? Jesus wusste um seine Mission, darum konnte er so konsequent vorangehen! Einmal *„musste"* Jesus durch das Gebiet von Samaria reisen, obwohl religiöse Juden um dieses Gebiet einen großen Bogen machten. Schließlich traf er in der Mittagszeit am Brunnen außerhalb des Dorfes eine Frau und verwickelte sie auch noch in ein immer tiefer gehendes Gespräch. Jesus brach hier mehrere Tabus auf einmal! Doch er folgte der Führung seines Vaters und stieß auf eine geistlich aufgeschlossene Bevölkerung, die von den Gesetzestreuen lange schon abgeschrieben war. Durch die Begegnung mit einer einzigen Schlüsselperson erschließt sich ein ganzer Ort für das Evangelium (Joh 4,4.27–30.39–42). In dieser Situation sagt Jesus

Jesus war zur richtigen Zeit am richtigen Ort, weil er ständig nach vorbereiteten Gelegenheiten Ausschau hielt.

seinen verwirrten Jüngern: *„Hebt eure Augen auf und schaut die Felder an! Denn sie sind schon weiß zur Ernte.“* Er hatte einen inneren Blick für vorbereitete Menschen. Er konnte Gegenden „erspüren“. Jesus war zur richtigen Zeit am richtigen Ort, weil er ständig nach vorbereiteten Gelegenheiten Ausschau hielt: *„Meine Speise ist, dass ich den Willen dessen tue, der mich gesandt hat, und sein Werk vollbringe“* (Joh 4,35.34 | EB).

Das Bild von der heranreifenden Ernte muss Jesus in seinem Dienst begleitet haben. Am Ende des Kapitels Matthäus 9 öffnet er seinen Jüngern dafür die Augen. Damals sah er die Volksmenge und *„wurde innerlich bewegt über sie, weil sie erschöpft und verschmachtet waren wie Schafe, die keinen Hirten haben“* (Mt 9,36–38). Dieselbe Vision hatte im Alten Testament schon den Propheten Micha erschüttert: *„Ich sah ganz Israel auf den Bergen zerstreut wie Schafe, die keinen Hirten haben“* (1. Kön 22,17). Jesus erlebte zu seiner Zeit schmerzlich, welche schwerwiegenden Folgen das Versagen der religiösen Führer hat: *„Wenn keine Offenbarung* (oder: *Vision*) *da ist, verwildert ein Volk“* (Spr 29,18 | jeweils EB). Unabhängig vom Bildmaterial (Ernte, Hirten und Herde usw.) ist die Herausforderung an geistliche Leiter damals wie heute gleich geblieben:

- Wir werden die Welt nicht verändern, wenn wir nur auf Nöte reagieren. Was uns im Tiefsten verändert, ist ein Empfinden für den **Herzschlag Gottes** (*„innerlich bewegt“* – Lk 7,13; 15,20)!
- Wir können überzeugende Ergebnisse nur dann erwarten, wenn wir ein Gespür dafür entwickeln, wie man im **Zeitrahmen Gottes** handelt (*„meine Zeit“* – Joh 2,4; 7,6.8.30; 11,9–10)!
- Wir brauchen ein Herz voller Glauben und geöffnete Augen, um entgegen allem Augenschein **Gelegenheiten von Gott** zu erkennen. Nur das, was Gott für uns vorbereitet hat und durch uns bewirkt, *„überwindet die Welt“* (1. Joh 5,4)!

Das Reich Gottes „sehen“ lernen

Nikodemus war einer der wohlhabendsten Bürger Jerusalems und zugleich Lehrer einer renommierten Rabbinen-Schule. Als studierter Theologe war Nikodemus nicht nur der Auffassung, dass gläubige Juden automatisch ins Himmelreich kommen; er konnte auch durch die Ordination zum Rabbi eine Art „Wiedergeburt“ für sich in Anspruch nehmen.[65] Bei uns würden sich manche Kirchenmitglieder vielleicht auf ihre Taufe berufen oder auf ihr treues Engagement hinweisen. Doch Jesus kam in der nächtlichen Unterredung umgehend auf den Punkt: *„Wenn jemand nicht von neuem geboren wird, kann* *er das Reich Gottes nicht sehen!*" Status, Bildung, religiöse Pflichterfüllung, all diese Merkmale ließ Jesus nicht gelten: Nur aufgrund der Neugeburt *„aus Wasser und Geist"* kann ein Mensch *„in das Reich Gottes hineingehen"* (Joh 3,3.5 | EB). Paulus drückt dies später so aus: *„Der Mensch kann mit seinen natürlichen Fähigkeiten nicht erfassen, was Gottes Geist sagt, ... denn Gottes Geheimnisse erschließen sich nur durch Gottes Geist"* (1. Kor 2,14 | Hfa). Jesus hat beharrlich versucht, seinen Jüngern die Augen zu öffnen für die Realität eines anbrechenden, aber noch unsichtbaren Königreiches (griechisch *basileia*). Er wollte um jeden Preis, dass sie beginnen würden, „Gottes Reich zu sehen". Immer wieder hakte er persönlich nach: *„Habt ihr das alles verstanden?"* (Mt 13,51).

Vielleicht bist du beim Bibellesen auch schon über die Tatsache gestolpert, dass Jesus ständig Gleichnisse erzählte und viel in Bildern sprach. In den Evangelien sind uns rund 40 solcher Beispielgeschichten und Bildworte, Metaphern (übertragene Redeweise) und Hyperbeln (überspitzte Redeweise) überliefert.[66] Jesus versetzte sich dabei in die vertraute Welt seiner Hörer. Er konstruierte keine fremde Welt, sondern malte ihnen Szenen aus Familienleben und Nachbarschaft, Handel und Landwirtschaft vor Augen, jeweils mit einem Überraschungseffekt. Seine Gleichnisse hinterließen in seinen Hörern eine Art Ohrwurm zum weiteren Nachdenken, allerdings schieden sich an ihnen auch die Geister: Einigen gingen dadurch die Augen auf, andere hörten nur oberflächlich zu und verstanden nichts von den *„Geheimnissen des Himmelreichs"* (vgl. Mt 13,1–11). *„Ein Gleichnis behandelt seine Hörer nicht wie Experten, ... sondern wie Kinder"*, schreibt Brian McLaren. *„Kinder sind abhängig, nicht unabhängig. Sie können nur lernen, wenn sie Menschen Fragen stellen, denen sie vertrauen."*[67] Jesus machte es intellektuell durchaus nicht kompliziert, aber in gewisser Weise verschlüsselte er die Botschaft vom Reich Gottes, sodass man wiederum den Schlüssel des Heiligen Geistes brauchte, um das Geheimnis zu erschließen. Dies meinte Jesus mit „geöffneten Augen". *„Darum rede ich zu ihnen in Gleichnissen, weil sie sehen und doch nicht sehen, weil sie hören und doch nicht hören und verstehen."* Seinen Jüngern allerdings sprach er zu: *„Euch ist es gegeben, die Geheimnisse des Himmelreiches zu erkennen"* (Mt 13,13.11 | EÜ). McLaren meint: *„Gleichnisse können viel mehr, als ihre Hörer nur zu informieren; Gleichnisse können ihre Hörer auch verwandeln, sodass sie Menschen werden, die anderen genau zuhören, auf andere positiv Einfluss nehmen und mit anderen verbunden sind – demütig, neugierig und beharrlich."*[68]

Durch Leitbilder zu zielgerichtetem Handeln

Leitbilder mit „Zugkraft" beschreiben nicht einfach den Ist-Zustand, sondern fordern heraus zum Aufbruch in die Zukunft.

Die ganze Verkündigung Jesu zielte nicht zuerst auf Bildung, sondern auf geistliche Einsicht. Wir alle brauchen solche „Einsichten", wenn wir mit Gott zusammenarbeiten wollen. Wir wissen von uns aus nicht, was Gott von uns will und was er für uns geplant hat. Doch um Offenbarung erhalten zu können, benötigen wir entsprechende „Organe". Und genau diese weckt Gott in uns durch seinen Geist (vgl. Lk 10,21)! Firmen und Organisationen geben sich heute vielfach „Leitbilder", um zielgerichtet voranzukommen. Leitbilder schreiben Werte und Leitlinien eines Unternehmens fest. Manchmal werden darin banale Dinge formuliert, die selbstverständlich sein sollten (Freundlichkeit, Zuverlässigkeit, Teamwork, Kundenorientierung usw.). Doch Leitbilder mit „Zugkraft" beschreiben nicht einfach den Ist-Zustand, sondern fordern heraus zum Aufbruch in die Zukunft. Während Leitbilder nach innen auf die Unternehmenskultur wirken, treten Unternehmen nach außen auf durch Werbung – und dies niemals ohne Bilder! Manche Slogans drücken ein schier unbegrenztes Selbstbewusstsein aus. Flotte Werbesprüche suggerieren, das angepriesene Produkt könne ein Leben verändern. Firmen mit Sendungsbewusstsein nehmen für sich in Anspruch, die Welt zu beglücken. Erstaunlich genug: Es waren oft nur einzelne Produkte, die einer Marke zu weltweitem Ansehen verhalfen (Hamburger, Coca Cola, Discman, Mac-Book usw.).

Wenn wir uns als Agenten der unsichtbaren Königsherrschaft Gottes verstehen, wird unser Leitbild sich an Bildern orientieren, die Jesus gemalt hat.

Wenn wir uns als Agenten der unsichtbaren Königsherrschaft Gottes verstehen, wird unser Leitbild sich an Bildern orientieren, die Jesus gemalt hat. Wir können heute sicherlich anderes Bildmaterial verwenden, doch die Werte und Prinzipien im Reich Gottes sind die gleichen geblieben.[69] Wenn wir uns von Jesus leiten lassen, bekommen wir göttliche Leitbilder für unsere oft allzu menschliche Arbeit: Seine Ziele werden zu unseren Zielen, seine Werte verändern unser Denken, seine Person prägt unseren Charakter. Wie lernen, uns in seinen Dimensionen zu bewegen! An Jesus können wir lernen, wie sich ein einzelner Mensch mit seinen menschlichen Möglichkeiten und in seiner begrenzten Lebenszeit ganz auf seine Mission konzentriert. Eben dieses zielgerichtete Vorgehen wollte er seinen Jüngern vermitteln: *„Gleichwie mich der Vater gesandt hat, so sende ich euch"* (Joh 20,21 | Sch). Mission bedeutet „Sendung", „Beauftragung". Missionare sind Gesandte, Menschen im Dienst eines Auftraggebers. Wer um seinen Auftrag weiß, konzentriert sich darauf und vermeidet Ablenkung. Er behält die Hauptspur im Blick und hütet sich davor, auf Nebengleise zu geraten.

5.4 Wie werden wir Leiter mit klarer Vision?

„Dein Wort ist meinem Fuß eine Leuchte, ein Licht für meine Pfade." (Ps 119,105 | EÜ)

Seit meiner Kindheit haben mich Bilder stark geprägt. Und bis heute begleiten mich intensive Erinnerungen an Orte, an denen ich einmal war. Dabei habe ich Tausende von Fotos gemacht und zum Teil archiviert. Zeitweise hatte ich aber auch mit beängstigenden Vorstellungen oder mit Fantasien zu kämpfen, die in die falsche Richtung gingen. Unser Innenleben ist ein sensibler „Raum", der geschützt und gehütet werden muss. Jeder hat ein mehr oder weniger stark ausgeprägtes inneres Sehvermögen. Entscheidend ist, woran es sich orientiert. Wenn ich zurückschaue, wie Gott mich über Jahrzehnte geführt hat, stoße ich immer wieder auf innere Bilder: Wie ein Leitfaden haben sie mir oft bei Entscheidungen geholfen oder mich durch schwierige Situationen begleitet. Dieses innere „Sehen" gehört für mich zum Kostbarsten in meiner Beziehung zum Heiligen Geist:

Jeder hat ein mehr oder weniger stark ausgeprägtes inneres Sehvermögen. Entscheidend ist, woran es sich orientiert.

1. **Ein Bibelwort**, das mir zum Bild wird und das ich innerlich „erleben" kann.[70] Als Menschen der westlichen Welt, die von humanistischer Bildung mit ihren Idealen geprägt sind, müssen wir die Bildersprache des hebräischen Denkens ganz neu entdecken. Anders als in der griechischen Sprache gibt es hier keine abstrakten Begriffe, sondern eine viel stärker erzählende und ganzheitliche Ausdrucksweise.[71]
2. **Ein geistliches Bild**, das mir beim Hören auf Gott kommt und Klarheit bringt. Manchmal sind dies technische Bilder (eine Brücke, eine Weiche, ein Weg, ein Tunnel, eine verschlossene Tür usw.). Andere bekommen stärker organisch-biologische Bilder (eine Blüte, ein Kornfeld, eine Rebe, eine Wurzel, ein abgebrochener Zweig usw.). Vermutlich gibt es auch hier eine stärker männliche bzw. weibliche Sichtweise, die sich im Idealfall gut ergänzen. Wichtig ist immer das innere Fragen: „Sprichst du, Herr, oder ist es lediglich meine Fantasie?"
3. **Ein „Lesen" von Menschen**, mit denen ich im Gespräch bin oder für die ich gerade bete. Manchmal erlebe ich ein Empfinden für ihren inneren Zustand (ihren „Geist"), manchmal ein wegweisendes Bild, das im Seelsorge- oder Beratungsgespräch entscheidend weiterhilft. In der Praxis geht es dabei nicht um Konfrontation, sondern um einen Dialog, bei dem das Gegenüber selbst erkennt, ob der entsprechende Eindruck ihm etwas zu sagen hat. Bilder sprechen oft prophetisch präziser als bloße Begriffe und können uns über lange Zeit begleiten.

4. **Ein prophetisches Wort** – manchmal gekoppelt mit einem Bild –, das andere beim Gebet für mich empfangen. Spannend wird es dabei vor allem dann, wenn sich Worte und Bilder mit eigenen Eindrücken decken. Mitunter wiederholen sie sich im Laufe der Zeit. *„Hörendes Gebet"* ist vor allem für eine Gruppe wichtig, die vor Gott die richtigen Entscheidungen treffen möchte. Dabei ist zu beachten: *„Auch wenn ein Eindruck richtig gehört und verstanden wurde, sind oft dennoch weitere Fragen in Bezug auf den Zeitpunkt, die Mittel und die beteiligten Personen zu klären"*, wie Ursula und Manfred Schmidt betonen.[72]
5. **Ein Traum**, der sich an Intensität und Klarheit deutlich abhebt von dem Durcheinander des Unterbewussten, das man nachts häufig erlebt. Solche Träume schreibe ich mir in Stichworten auf, ebenso wie die anderen Worte und Bilder. Träume dienen der inneren Vorbereitung: So haben sie mich mehrfach Monate zuvor auf bestimmte Ereignisse oder Entwicklungen vorbereitet. Durch Träume hat Gott mich auch wiederholt auf Menschen aufmerksam gemacht oder mir eine tiefere Liebe zu ihnen geschenkt.

Einfluss nehmen durch Bilder

Wir leben in einer Zeit, die stärker als jede andere von Bildern geprägt wird. Die ganze Filmindustrie lebt von der Faszination der Bilder. Die Medien operieren mit der Macht der Bilder, und zunehmend wird dadurch Realität „erschaffen" und Stimmung erzeugt. Journalisten sind ständig auf der Jagd nach einflussreichen Bildern. Werbung erreicht unser Unterbewusstes über die Augen. Bilder gehen tiefer als Worte, sie transportieren Werte, sie wecken Wünsche, sie werden geglaubte Wahrheit. Sie können uns unglaublich stimulieren und ebenso manipulieren. So ist unser gesamtes Handeln im weitesten Sinn immer die Konsequenz innerer Vorstellungen. Wer unterrichtet, weiß, wie wenig Substanz durch bloßes Hören oder Lesen hängen bleibt. Informationen, die wir akustisch und optisch zugleich aufnehmen, haben doppelt so hohe Chancen auf eine nachhaltige Wirkung. Pädagogen weisen zunehmend darauf hin, dass in unserem Bildungssystem viel zu einseitig die linke Gehirnhälfte angesprochen wird, wo Begriffe und Wörter „abgelegt" werden. Erst wenn das *„Mitschwingen, die Beteiligung der rechten Gehirnhälfte"* erreicht wird, prägt sich Wissen tiefer ein, nämlich wenn es zu einer *„Anreicherung"* der Begriffe *„durch Fantasien, Bilder, Wohlklänge etc."* kommt (Horst Speichert).[73]

Bilder gehen tiefer als Worte, sie transportieren Werte, sie wecken Wünsche, sie werden geglaubte Wahrheit. So ist unser gesamtes Handeln im weitesten Sinn immer die Konsequenz innerer Vorstellungen.

Bei meinen Predigten und Seminaren kann ich kaum noch auf Grafiken und die visuelle Darstellung der Kernaussagen verzichten. Der Overhead-Projektor wird inzwischen zunehmend durch den Beamer abgelöst. Bereits Schüler üben sich in der Praxis guter Präsentationen. Manchmal genügt aber auch eine simple Skizze auf einem Stück Papier, denn unsere Botschaft muss nicht um jeden Preis professionell rüberkommen. Jesus hat in einer bestimmten Situation schlicht in den Sand geschrieben (Joh 8,6–7). Wichtig ist in jedem Fall, dass wir die Art unserer Visualisierung gut durchdacht haben, dass sie übersichtlich und im besten Sinne simpel ist. Denn was Kinder nicht begreifen können, das begreifen Erwachsene oftmals auch nicht richtig!

Bilder und Begriffe brauchen einander

Wie im Zusammenhang mit dem hebräischen Denken schon erwähnt: Ein Begriff, der nicht anschaulich wird durch das „gefühlte" Leben, bleibt abstrakt und für uns irrelevant. Andererseits sind Bilder nicht immer selbstredend: Sie bedürfen der Wertung, der Deutung, der Definition. Insofern helfen uns keine „stummen" Visionen. Solche bringt die okkulte Welt hervor – meistens düster und beängstigend. Doch der Gott der Bibel lässt uns mit dem, was er uns sehen lässt, niemals allein. Sein Wort ist zugleich Bild, und seine Visionen haben für uns immer einen Wortgehalt! Und genauso sollten wir auch vorgehen, wenn wir „Leiter mit Vision" sein wollen:

- Wir malen Bilder vor Augen, die seinem Wort entsprechen und seinem Herzschlag entspringen (Beispiel: die „Ich bin"-Worte Jesu im Johannesevangelium).[74]
- Wir vermitteln Worte, die zugleich die inneren Augen öffnen und Hoffnung wecken.
- Wir werben für Visionen, die uns miteinander herausfordern, ohne uns zu überfordern.

Unser Gott ist ein Gott, der mitgeht, der mit uns Schritt hält und uns niemals unterwegs abhängt. Dies sollte sich auch in unserer Art der Leitung widerspiegeln. Wenn wir aufgrund einer (angeblich göttlichen) Vision jegliche Diskussion unterdrücken oder gar per „Eindruck" unsere Machtposition ausbauen, haben wir die Spur Jesu verlassen. Hat Gott wirklich gesprochen, dann verkraftet die Vision auch Rückfragen. Unsere Bereitschaft zum „vertikalen" Hören und Sehen ist kein Gegensatz zum fairen Dialog und zum Meinungsaustausch auf „horizontaler" Ebene. Allerdings sollten wir in unserem Verständnis von Gottes Reden schließlich einen gemeinsamen Nenner finden. Leiter mit Vision sind gerade nicht Menschen, die „ihr Ding" durchziehen, sondern solche, die sich durch große Abhängigkeit von Gott auszeichnen. Hier ist Jesus wiederum das entscheidende Vorbild für uns: *„Der Sohn kann nichts von sich aus tun, sondern nur, wenn er den Vater etwas tun sieht. Was nämlich der Vater tut, das tut in gleicher Weise der Sohn. Denn der Vater liebt den Sohn und zeigt ihm alles, was er tut"* (Joh 5,19–20 | EÜ).

Hat Gott wirklich gesprochen, dann verkraftet die Vision auch Rückfragen.

Visionen oder Wunschträume?

Obwohl Jesus als Gottes Sohn mit göttlicher Autorität ausgestattet war, leistet er sich keine Autonomie. Der griechische Text legt eine Art Analogie nahe: Jesus schaut dem Vater zu und ahmt ihn dann nach, wie ein Junge seinem Papa beim Basteln zuschaut und dann dasselbe nachbaut. Alles Lernen beruht auf dem Vorbild. So vollzog Jesus zu seiner Zeit im sichtbaren Bereich genau das, was der Vater im Unsichtbaren schon vorbereitet hatte. Vielleicht betete er gerne mit den Worten seines Vorfahren David: *„Ich habe den Herrn beständig vor Augen. Er steht mir zur Rechten, ich wanke nicht."* Oder er berief sich auf die Zusage: *„Ich unterweise dich und zeige dir den Weg, den du gehen sollst. Ich will dir raten; über dir wacht mein Auge"* (Ps 16,8; 32,8). Der Blickkontakt zu seinem himmlischen Vater gab ihm Sicherheit, die Nähe zu ihm schenkte ihm Geborgenheit, auch in Momenten der Bedrängnis. Loren

Weil Gott uns nicht zu einem vorgefertigten Projekt, sondern in eine dynamische Beziehung berufen hat, zeigt er uns in der Regel genau so viel, wie wir begreifen können und für den nächsten Schritt brauchen.

Cunningham, der Gründer des internationalen Missionswerks „Jugend mit einer Mission", schreibt dazu in seinem Buch „Bist du es, Herr?": *„Die Führung Gottes ist in erster Linie eine Beziehung mit dem Gott, der führt."* Die Voraussetzung, um Gottes Führung zu erleben, ist immer das Vertrauen zu ihm! Manchmal sind es einfach nur Träume in unserem Herzen, von denen wir nicht genau wissen, ob Gott sie so bestätigen wird. Dennoch sollten wir sie ernst nehmen und vor Gott bewegen. Loren Cunningham macht uns Mut: *„Lege deine Träume auf den Altar: Sie werden eines Tages als etwas noch Größeres auferweckt werden!"*[75] Weil Gott uns nicht zu einem vorgefertigten Projekt, sondern in eine dynamische Beziehung berufen hat, zeigt er uns in der Regel nicht den kompletten Masterplan für unser Leben. Er führt uns schrittweise. Er zeigt uns genau so viel, wie wir begreifen können und für den nächsten Schritt brauchen. Er schenkt uns ein Puzzleteil nach dem anderen – und puzzelt sogar gemeinsam mit uns! Paulus war gewiss, dass Gott, *„der bei euch das gute Werk begonnen hat, es auch vollenden wird"* (Phil 1,6 | jeweils EÜ).

Nur in dem Maß, wie Leiter mit einer klaren Vision vorangehen, kann der Neuaufbruch gelingen.

Dies bedeutet allerdings auch, dass wir aus Visionen niemals Ansprüche ableiten können. Visionen setzen Glauben in uns frei, sie wecken unsere Erwartung, sie stecken andere an. Doch sie halten uns abhängig von Gott: Was Gott in uns durch seinen Geist „gezeugt" hat, das muss auch durch ihn „zur Geburt kommen". Die ganze Rede von Visionen meint letztlich: Gott bringt *seine* Realität zu uns auf die Erde – und er tut es *durch* uns!

Überall im Land dämmern Gemeinden vor sich hin und schlafen langsam ein aus Mangel an klarer Vision. Man hat über Jahre hinweg seine Insider-Mentalität gepflegt, man kreist um sich selbst und leidet an hausgemachten Krankheiten. Mangelndes Geld ist oft nur noch das äußere Symptom eines sterbenden Gemeindeorganismus. *„Wenn keine Vision da ist, verwildert ein Volk"* (Spr 29,18). Nur in dem Maß, wie Leiter mit einer klaren Vision vorangehen, kann der Neuaufbruch gelingen. Allerdings reicht es nicht, im Sinne einer Zukunftswerkstatt „unseren Traum von Kirche" zu entwickeln. Dies kann ein erster Schritt sein, um aus der Stagnation herauszukommen. Doch wenn wir beginnen, „Kirche von morgen" zu träumen, muss mehr dabei herauskommen als die gesammelten Wünsche ihrer Mitglieder. Denn Kirche ist nicht primär dazu da, menschliche Ansprüche zu erfüllen, sondern „Haus Gottes" zu sein, in dem der lebendige Gott sein Hausrecht ausüben kann. Eins aber ist gewiss: Gott redet zu denen, die bereit sind, ihm zu gehorchen!

Beachte folgende Aspekte bei der Entwicklung deiner Vision

- Halte schriftlich fest, was Gott dir zeigt (Hab 2,2–3). Überarbeite deine Vision in regelmäßigen Abständen. Plane dazu Zeiten der Stille und des Hörens ein.
- Kommuniziere deine Vision: zunächst im geschützten Rahmen gegenüber Freunden und den wichtigsten Partnern, dann vor anderen Leitern und Mitarbeitern.
- Erwarte Ergänzungen, Bestätigung und Präzisierung deiner Vision durch andere. Gottes Geist spricht zum „Leib Christi", nicht nur zum Einzelnen. Wir halten immer nur „Puzzleteile" in Händen (vgl. 1. Kor 12,13; 13,12).
- Rechne realistisch mit den Feinden deiner Vision: durch wohlmeinende, doch im Tiefsten entmutigende Stimmen auch von Glaubensgeschwistern; durch äußere Umstände, die deiner Vision ein „Unmöglich" entgegenhalten; durch satanische Störmanöver (vgl. Mt 16,21–23).
- Suche gezielt Förderer deiner Vision, die für dich und mit dir beten! Suche den Schutzraum von Geschwistern, die deinen Glauben stärken, deine Zweifel kennen und deine Gedanken weiter „schärfen" (vgl. Spr 27,17).
- Sammle Umsetzer, die deiner Vision „Hände und Füße" geben. Bedenke: Eine Vision ohne entsprechende Aktion bleibt theoretisch – und damit tot. Gott möchte nicht, dass seine Angebote auf Erden vertan werden. Dies bedeutet immer einen Schmerz im Himmel!

Abschließend soll noch einmal Bill Hybels zu Wort kommen: *„Jede Vision beinhaltet konkrete, für die Gemeinde entscheidende Angebote und Aktivitäten, aber sie schließt auch klar Dinge aus, die ihre Energie in die falsche Richtung lenken würden. … Nichts macht das Erlösungspotenzial einer Gemeinde schneller zunichte als der Versuch, allen Menschen alles zu sein. Keine Gemeinde kann alle Erwartungen abdecken."*[76] Und damit sind wir schon beim nächsten Thema: „Prioritäten"!

Prioritäten 6

Wie unser Leben Richtung gewinnt

„Es sei aber eure Rede: Ja, ja! Nein, nein! Was aber darüber hinausgeht, ist vom Bösen. … Trachtet aber zuerst nach dem Reich Gottes und nach seiner Gerechtigkeit. Und dies alles wird euch hinzugefügt werden." (Mt 5,37; 6,33 | EB)

Hinter mir liegt eine lange Schreibpause. War das ein Kampf, bis ich das Kapitel über „Prioritäten" endlich anpacken konnte! Die Wochen eilen gnadenlos dahin: Jede so gefüllt, dass ich mich nur noch anhand meines Kalenders richtig erinnern kann. Und immer wieder beschleicht mich das Gefühl: „Alle wollen was von mir! Irgendwie wird mir alles zu viel!" Wenn ich dann etwas Abstand bekomme, wird mir klar: Es ist weniger die Fülle an Arbeit, es sind die vielfältigen Herausforderungen und die ständigen Spannungen, die an meinen Kräften zehren. Vieles scheint zeitgleich „ganz dringend" zu sein! Hinzu kommt ein komplexes Beziehungsfeld, das um mich herum vibriert: eine dringende Gesprächsanfrage, eine erregte Diskussion per Rundmail, hier eine Geburtstagseinladung und dort eine Todesanzeige. Worauf muss ich reagieren? Wer kommt zuerst? Wann darf ich getrost absagen? Wo würde ich vielleicht selber gerne hingehen? Lebe ich eigentlich noch – oder werde ich längst gelebt? Ein Freund schrieb mir kürzlich so treffend: „In letzter Zeit sind Eure Erlebnisse als (Pastoren-)Familie ja wirklich recht dicht gewesen. … Dir besondere Weisheit für ‚die ersten Dinge zuerst'!" Ja, darum geht's: Richtige Prioritäten setzen, das Wichtigste an die erste Stelle setzen – aber wie?

6.1 Was soll ich nur zuerst tun?

„Wähle den geraden Weg und halte unbeirrbar daran fest. … Ein Mensch, der es allzu eilig hat, verfehlt leicht den richtigen Weg. … Gute Planung und harte Arbeit führen zu Wohlstand, wer aber überstürzt handelt, steht am Ende mit leeren Händen da." (Spr 4,26; 19,2; 21,5 | NLB)

Zum Neujahr schrieb mir meine Nichte, die am Flughafen arbeitet: „Vielen lieben Dank für die Fotos! Ich sitze an meinem ersten Arbeitstag vor meinen tatsächlich 784 Mails, die ich in den nächsten Tagen durchgehen muss … Komisch, wie schnell die Zeit vergeht …" Informationsüberflutung ist in unserer Informationsgesellschaft normal. Hinzu kommt, dass sich bei immer mehr Arbeitnehmern die Grenze zwischen Freizeit und Arbeitszeit zunehmend verwischt. „Feierabend" ist für viele ein Auslaufmodell. Man ist eben auch im Urlaub via Internet und Handy erreichbar! Und schließlich will man ja auch nichts verpassen in der schönen neuen digitalen Welt, wo jeder mit jedem jederzeit in Kontakt treten kann! Die Band „Silbermond" besingt in ihrem Titel „Irgendwas bleibt" dieses unheimliche Gefühl, in einer Welt zu leben, die sich immer schneller dreht:

Gib mir ein kleines bisschen Sicherheit
in einer Welt, in der nichts sicher scheint.
Gib mir in dieser schnellen Zeit
irgendwas, das bleibt.
Gib mir einfach nur ein bisschen Halt
und wieg mich einfach nur in Sicherheit.
Hol mich aus dieser schnellen Zeit,
nimm mir ein bisschen Geschwindigkeit.
Gib mir was, irgendwas, das bleibt.[77]

Pastoren als Hamster im Laufrad?

Das Hamsterrad ist zum Symbol eines Lebensgefühls geworden. *„Man plagt sich Tag für Tag ab, fühlt sich immer atemloser und spürt dann irgendwann entgeistert, dass man sich im Kreis gedreht hat. Die gesamte Gesellschaft und nicht nur der Einzelne ist in den letzten Jahren in einen Zustand überdrehter Erstarrung geraten"*, schreibt der Psychologe Stephan Grünewald in seinem Buch „Deutschland auf der Couch". *„Das Gefühl, bei hoher Drehzahl stillgelegt zu sein,"* beschleicht dabei in besonderer Weise die Leistungs- und Verantwortungsträger.[78] Ständige Erreichbarkeit war schon immer ein Markenzeichen der traditionellen Pastorenrolle. Heute ist es ein Stück Zeitgeist. Doch für Menschen im geistlichen Dienst kommen noch Ansprüche und

„Antreiber" besonderer Art hinzu: Pfarrer und Pastoren sollen zugewandt und zugänglich sein und in unterschiedlichsten Situationen ein offenes Ohr haben. Sie sollen vollmächtig predigen, professionell leiten und in all dem „Menschen zum Anfassen" sein. In dem Maß, wie Gemeinden unselbstständig und geistlich unmündig sind, erhöht sich der Druck auf den Einen, möglichst alle zufriedenzustellen. Von bezahlten Gemeindeleitern erwartet man, dass sie nicht nur ihre Kirche oder ihren Verband vertreten, sondern ihren Beruf als innere Berufung ausüben. Pfarrer und Pastoren haben gleichsam mehrere Instanzen über sich: Sie wollen Gott dienen, müssen ihrer Kirche entsprechen und wollen natürlich auch bei den Menschen gut ankommen. Was kommt hier „zuerst"? Was bedeutet es, in diesem Spannungsfeld, „Ja, ja!" und/oder „Nein, nein!" zu sagen?

- Diene ich den Menschen geistlich – oder bin ich im Tiefsten von ihnen abhängig?
- Folge ich konsequent einer Vision – oder erfülle ich letztlich nur die Ansprüche anderer?
- Lebe ich motiviert von der Hingabe an Gott – oder bediene ich ein Gemeindeprogramm?
- Leite ich mit innerer Vollmacht – oder treiben mich die Umstände vor sich her?

Immer wieder höre ich in Gesprächen, wie Leiter hier einen typischen Schwachpunkt empfinden: „Ich kann so schwer Nein sagen. Ich kann mich so schlecht abgrenzen." Einige Pastoren können tatsächlich in Begegnungen mit Menschen aufgehen, wobei ihnen die Zeit schnell unter den Fingern zerrinnt. Andere dagegen neigen von ihrem Naturell her zum Rückzug, lieben mehr die Bücher und igeln sich ein. Wieder andere bauen durch ihr Amt eine Schutzmauer um sich oder pflegen das Image der „chronischen Überlastung". *„Stress im Talar"* lautet der Titel einer Untersuchung, die ein Klinikseelsorger der Bayerischen Landeskirche vor einigen Jahren unter Kollegen durchführte. *„Für fast die Hälfte der befragten Pfarrer besteht demnach zumindest das Risiko, ein Burnout-Syndrom zu erleiden"*, bilanziert Andreas von Heyl. Eine der Ursachen sieht er darin, *„dass man ein unendlich vielfältiges Arbeitsfeld hat, in dem man den ganzen Tag in den verschiedensten Rollen tätig sein muss und kaum Resonanz bekommt."*[79] Wenn die Hirten zu schnell laufen, wenn sie das Ziel aus den Augen verlieren, wenn sie sich womöglich im Kreis drehen, wie soll die Herde dann geführt werden? *„Ich will euch Hirten nach meinem Herzen geben, die sollen euch weiden mit Erkenntnis und Einsicht"*, verspricht Gott (Jer 3,15 | Sch).

Leben gestalten heißt Prioritäten setzen

Jeder von uns muss Tag für Tag seine Prioritäten setzen, egal in welchem Beruf oder in welcher Lebensphase. Vieles entscheiden wir spontan und so schnell, dass wir darüber kaum in Ruhe nachdenken können. Andere Entscheidungen tragen wir länger mit uns herum, sie machen uns Sorgen und wir müssen sie sorgfältig abwägen. Sie bestimmen unsere Gedankenwelt, wir führen Gespräche darüber, die Fragen treiben uns ins Gebet. Wenn unsere Gedanken sich zu ordnen beginnen, können wir sie schriftlich formulieren. Für viele Menschen ist es sehr hilfreich, ihr Leben mit seinen verschiedenen Lebens- und Aufgabenbereichen zu Papier zu bringen und dabei Prioritäten zu setzen. Dies wird sich an verschiedenen „Schnittstellen" unseres Lebens immer wieder anbieten:

Welche Lebensfragen stellst du dir zurzeit?

- Welchen Beruf will ich ergreifen? Welcher Ausbildungsweg passt zu mir?
- Wo und wie könnte ich mich weiterentwickeln: in Hobby, Sport, Ehrenamt usw.?
- Wie stelle ich mir meinen späteren Partner vor? Welches Bild von Familie strebe ich an?
- Wie können wir unsere Kinder optimal fördern? Wie und wo sollen sie aufwachsen?
- Welche Aufgaben in meiner Gemeinde sind für mich passend? Wo liegen meine Gaben?
- Welche Beziehungen sind mir wichtig und wodurch kann ich sie ausbauen?
- Welche finanziellen Herausforderungen liegen vor mir? Wie will ich mein Geld einteilen?

Gott kommt nicht dadurch zur „Herrschaft", dass wir möglichst viel für ihn tun, sondern dass wir ihn Herr sein lassen über alle Bereiche unseres Lebens.

Die innere Mitte unseres Lebens

„Zuerst nach dem Reich Gottes trachten" bedeutet im Blick auf all diese Fragen nun nicht, dass die „geistlichen" Aktivitäten in unserem Leben wichtiger wären als die „weltlichen" Aspekte. Gott kommt nicht dadurch zur „Herrschaft" (das ist mit *„Reich Gottes"* gemeint), dass wir möglichst viel für ihn tun, sondern dass wir ihn Herr sein lassen über alle Bereiche unseres Lebens. Gott macht keinen Unterschied zwischen Sonntag und Alltag. Unser Engagement in der Gemeinde steht bei ihm nicht höher als die

Präsenz in der Familie. Die Beziehungen im Hauskreis sind nicht automatisch „geistlicher" als Begegnungen mit Arbeitskollegen, Freunden oder Nachbarn. *„Reich Gottes"* kann sich auf einem Elternabend in der Schule ebenso ereignen wie beim Glaubenskurs, mittags in der Kantine ebenso wie im Kirchen-Café. *„Gott möchte uns zu kreativen, aktiven Partnern machen, die über seine Erde genau da Verantwortung übernehmen, wo sie gerade sind. Und dafür will er uns seine Autorität und Weisheit geben"*, schreibt Keith Warrington in seinem Buch „Das Reich Gottes".[80] Alles gehört unter die gute Herrschaft Christi. *„Alles ist durch ihn und auf ihn hin geschaffen."* In Christus *„hat alles Bestand"* (Kol 1,16–17). Prioritäten setzen bedeutet deshalb für mich als Christ: Ich gehe Tag für Tag meine Lebensbereiche mit Gott durch und stelle die Frage: „Herr, wo willst du mich heute haben? Was soll ich tun und lassen? Wen stellst du mir in den Weg, für den ich ein Segen sein kann? Wo möchtest du zu mir reden? Was hast du heute für mich vorbereitet?"

Dies ist mein innerer Kompass für den aktuellen Tag. Darüber hinaus muss ich immer wieder Zeit nehmen, um mich grundsätzlicheren Fragen zu stellen. Es ist ein Lernprozess, zu verstehen, wie ich mein Leben von Gott her gestalten kann. Paulus ermutigte seine Gemeinden, sie sollten *„abwägen, was dem Herrn gefällt"* (Eph 5,10). Im Blick auf Gottes Willen verwendet er ein griechisches Wort, das eigentlich vom Handel auf dem Markt stammt: *Dokimazein* bedeutet, eine Münze zu „gewichten" bzw. ihren Wert „einzuschätzen" … *„damit ihr prüfen könnt, was der gute und wohlgefällige und vollkommene Wille Gottes ist"* (Röm 12,2 | Sch). Wenn wir konsequent nach Gottes guten Gedanken über unserem Leben fragen, werden wir innerlich zur Ruhe kommen. Keiner von uns muss sich an anderen messen, ein Pensum für zwei erledigen oder unerfüllbaren Ansprüchen nachjagen. Mir gefällt eine Formulierung in den Psalmen, die Gott ursprünglich Jerusalem zugesagt hat: *„Er hat die Riegel deiner Tore festgemacht. … Er verschafft deinen Grenzen Frieden."* Und *„Gott ist in ihrer Mitte, darum wird sie niemals wanken"* (Ps 147,13–14; 46,6 | EÜ). In diesem Bild gleicht unser Leben einer Stadt: Wenn Jesus im Zentrum steht, werden wir auch zu unserer eigenen Mitte finden. Wir können zu unseren Grenzen stehen und kommen dadurch zum Frieden. Wir werden sicherlich noch manche Grenzerweiterung erleben, die wir uns selbst nicht zugetraut hätten. Wir bleiben offen und leben dennoch fokussiert. Wenn wir lernen, die richtigen Prioritäten zu setzen, werden wir auch Gottes Beistand, seine Bestätigung und seine Bewahrung erleben:

- Ich muss nicht mehr leisten, als in einen Tag hineinpasst!
- Ich lasse mich nicht treiben, denn Stress erhöht niemals die Leistungsfähigkeit!
- Ich kann und muss nicht sämtliche Erwartungen anderer Menschen erfüllen!
- Ich darf zu meinen Grenzen stehen: geistig, seelisch, körperlich!
- Ich darf ruhen und muss nicht immer effektiv sein – denn auch Gott ruhte (1. Mo 2,2)!
- Ich brauche mich nicht zu verzetteln: Schritt für Schritt werde ich meine Ziele erreichen!

6.2 Bei Gott ist weniger oft mehr!

„Maria setzte sich dem Herrn zu Füßen und hörte seinen Worten zu. Marta aber war ganz davon in Anspruch genommen, für Jesus zu sorgen. Sie kam zu ihm und sagte: Herr, kümmert es dich nicht, dass meine Schwester die ganze Arbeit mir allein überlässt? Sag ihr doch, sie soll mir helfen. Der Herr antwortete: Marta, Marta, du machst dir viele Sorgen und Mühen. Aber nur eines ist notwendig. Maria hat das Bessere gewählt, das soll ihr nicht genommen werden." (Lk 10,39–42 | EÜ)

Marta steht für die Tendenz, sich im Dienst für Jesus zu verausgaben und dabei an ihm selbst vorbeizugehen.

Jesus konnte ganz schön provozieren. Da kommt der hohe Gast zum Mahl, und die viel beschäftigte Gastgeberin wird von ihrer Schwester einfach im Stich gelassen. Sicherlich hatten beide gemeinsam zuvor das Essen bereitet, aber dann wählt Maria für sich den Platz zu Füßen des Meisters und lauscht seinen Worten. Jesus lässt den Vorwurf der Marta nicht stehen. Was zählt für Jesus mehr: noch erlesenere Vorspeisen, Desserts und Getränke oder ein offenes Ohr und Herz, das die Nahrung aufnimmt, die er gibt? *„Gesegnet sind alle, die das Wort Gottes hören und danach leben"*, ruft er später einer anderen Frau zu (Lk 11,28). Jesus wollte die Frau bestimmt nicht beschämen, er wollte sie jedoch an die richtigen Prioritäten erinnern. Marta steht seit dieser Begebenheit symbolisch für unsere Tendenz, uns lieber im Dienst für Jesus zu verausgaben und dabei an ihm selbst vorbeizugehen. Wie schwer fällt es uns, ihm einfach still zuzuhören und uns von ihm beschenken zu lassen! Jesus hat mit der Szene im Haus der beiden Schwestern kein Grundsatzurteil gesprochen nach dem Motto: Kontemplation ist besser als Aktion; Einkehr *bei* Jesus ist wichtiger als der Einsatz *für* ihn. Wir dürfen das eine nie gegen das andere ausspielen! Allerdings: *„Maria hat das Bessere gewählt, das soll ihr nicht genommen werden!"* Das könnte heißen: Jesus verlangt von uns manchmal viel weniger, als wir uns ausgedacht haben. Doch es gibt bei ihm *einen* Punkt – und den dürfen wir nicht verpassen. *„Nur eines ist notwendig"*, das war in diesem Fall die Begegnung mit ihm selbst. Alles andere war damit zweitrangig. Haben wir ein Verständnis dafür, was bei Jesus im Moment zählt? Erkennen wir das „Eine", was er von uns erwartet? Und haben wir dann den Mut, alles andere zurückzustellen?

Untergang in einem Sumpf von Optionen?

Man hält sich bis zum Schluss möglichst noch alle Türen offen. Viele Entscheidungen werden im engeren Sinne gar nicht mehr „getroffen" - aus Mangel an Alternativen rutscht man einfach irgendwo rein.

Wer in den 90er-Jahren oder später aufgewachsen ist, zählt zu einer Generation der scheinbar unbegrenzten Optionen. Mit dem Siegeszug von High Tech und der medialen Globalisierung durch das Internet steht jedem die weite Welt offen: Skypen mit Amerika, chatten mit Australien, youtube aus Ägypten – kein Problem! Unzählbar sind im Netz die Songs, Fotos und Videos, die sich der Benutzer innerhalb von Sekunden aufrufen und runterladen kann. Die schöne neue mediale Welt ist voll von unendlichen Möglichkeiten, allerdings auch Abgründen. Während die Generation der 60er- und 70er-Jahre noch in einem relativ bürgerlich gesetzten Rahmen aufwuchs, verschwinden die schützenden Eckdaten inzwischen mit atemberaubendem Tempo: Geborgenheit innerhalb der Familie, Zusammenhalt der Generationen, klarer Berufswunsch und sicherer Arbeitsplatz, dies gehört einer fast schon vergangenen Epoche an. Dazu kommt ein Lebensstil, bei dem man immer weniger bereit ist, sich verbindlich festzulegen: Zusagen bleiben bis zum Ende hin offen, Anmeldungen kommen in letzter Minute (wenn überhaupt), man hält sich bis zum Schluss möglichst noch alle Türen offen. *„Einerseits versuchen wir, total erwachsen zu wirken, andererseits wollen viele aber ihre Jugend möglichst lange hinauszögern. Da wird alles ausprobiert, um sich möglichst auf ja nichts festzulegen"*, so beschrieb der 21-jährige Ric Graf vor einigen Jahren seine Generation in seinem Buch „I Cool". Die Nacht ist lang, also lassen sich gleich mehrere Verabredungen irgendwie unter einen Hut bringen. Oder auch nicht: Absage per SMS! Auch in Beziehungen hält man/frau sich gerne mehrere Optionen offen: Flirt mit der Ex per Facebook! Schöne neue flexible Welt, in der wurzellose Menschen im Tiefsten von der Angst getrieben sind, das Leben zu verpassen. *„Die Sprunghaftigkeit, mit der meine Gedanken wechseln, wird immer anstrengender"* (Graf).[81] Dass das Leben der jungen Generation allerdings nicht aus unbegrenzten Möglichkeiten besteht, zeigt sich ernüchternd spätestens an der Uni oder beim Kampf am Arbeitsmarkt. Viele Entscheidungen werden im engeren Sinne gar nicht mehr „getroffen" – man rutscht aus Mangel an Alternativen einfach irgendwo rein. Und dies zunehmend mutterseelenallein, weil die Fürsorge der Eltern fehlt und es den Freunden an Lebenserfahrung mangelt.

Klare Prioritäten führen zum Ziel

Und doch hat Gott mit jeder neuen Generation seine Pläne. Er hat sich gute Gedanken über unser Leben gemacht und er weiß am besten, welchen Dschungel jeder von uns zu durchqueren hat. Mich ermutigen immer wieder die Lebensbilder der Bibel, bei denen es oft ganz junge Menschen waren, die ihren Weg mit Gott gemacht haben. Diese Lebensbilder sind deshalb so authentisch, weil die Umstände zur Zeit dieser Menschen oft nicht gerade rosig waren. Doch anstatt sich in ihr Schicksal zu ergeben, stellten sich diese Männer und Frauen Gott zur Verfügung mit allem, was sie hatten. Sie spürten Gottes Zuspruch, der sie durch alle Umstände hindurchtrug. Paulus hat das später für sich so gehört: *„Meine Gnade ist alles, was du brauchst. Meine Kraft zeigt sich in deiner Schwäche“* (2. Kor 12,8 | NLB).

- **Esther** war ein jüdisches Waisenkind, das im 6. Jh. v. Chr. in die babylonische Gefangenschaft geriet. Nachdem sie eine Art Model-Karriere absolviert hatte, wurde sie schließlich zur Frau des persischen Königs erwählt (Est 2,5–9.15–17). Doch in dieser Zeit sollen die Juden durch einen heimtückischen Plan ausgerottet werden. Da entschließt sich Esther zum Fasten und setzt schließlich ihr Leben aufs Spiel. *„Wer weiß, ob du nicht gerade wegen einer Zeit wie dieser zum Königtum gekommen bist?“*, mahnt der Pflegevater Mordechai, der mit Esther im Exil lebt. Sprich: Dein Schicksal bekommt eine völlig neue Bedeutung. Jetzt ist Gottes Zeitpunkt, durch den dein bisheriges Leben seinen tieferen Sinn bekommt. Ergreife die Gelegenheit, denn Gott hat jetzt niemand anderen als dich! Tatsächlich gebraucht Gott den Mut dieser jungen Frau, um sein auserwähltes Volk auf souveräne Weise zu retten (Est 4,14–16 | Sch).
- **Stephanus** war unter den Christen Jerusalems bekannt als ein *„Mann voll Glaubens und Heiligen Geistes“*. So konnte Gott durch ihn *„Wunder und große Zeichen unter dem Volk“* bewirken. Doch die Krönung seines Lebens lag noch nicht darin: Seine letzte große Rede vor dem Hohen Rat in Jerusalem war so vollmächtig, dass selbst die Gegner *„sein Angesicht wie das eines Engels“* sahen (Apg 6,5.8.15 | Sch). Ein großartiger Leiter der frühen Gemeinde wird schließlich zum Tod durch Steinigung verurteilt. Sinnlos? Wie uns die Apostelgeschichte berichtet, lag die größere Frucht dieser Hingabe außerhalb von Stephanus' Leben selbst: Während der Pharisäer Saulus von Tarsus mit Genugtuung die Hinrichtung des Stephanus verfolgt, bereitet Gott schon seine Lebenswende vor. Wenig später begegnet auch Saulus dem Auferstandenen und wird zu einem international tätigen Multiplikator des Evangeliums!

Unser Leben kann unglaublich spannend werden, wenn wir es insgesamt Gott überlassen. Er hat für jeden von uns einen Platz in seinem großen Plan, den er für uns freigehalten hat. Erfüllend wird unser Leben in dem Maß, wie wir spüren: Ich befinde mich an der richtigen Stelle. Ich tue etwas, was in diesem Moment nur ich tun kann. Ich spiele eine Rolle, auf die ich seit Langem vorbereitet wurde. Ich bin zutiefst angekommen. Glaubst du, dass dies möglich ist? Wir kommen alleine nicht dahin. Wir brauchen zuerst Gott, dann gute Wegbegleiter und nicht zuletzt die Fähigkeit, klare Prioritäten zu setzen. Ein Leben mit innerer Zielorientierung zu führen bedeutet eben auch, dass wir bereit sein müssen, *„durch das enge Tor"* zu gehen und den *„schmalen Weg"* zu wählen (Mt 7,13–14)!

6.3 Jesus: Konzentration auf das Wesentliche

„Als die Zeit herankam, in der er in den Himmel aufgenommen werden sollte, richtete Jesus sein Gesicht fest darauf, nach Jerusalem zu gehen."… „Ich treibe Dämonen aus und heile Kranke, heute und morgen, und am dritten Tag werde ich am Ziel meines Weges sein. Doch heute und morgen und am folgenden Tag muss ich weiterwandern; denn ein Prophet darf nirgendwo anders als in Jerusalem umkommen" (Lk 9,51; 13,32–33 | EÜ).

Erfüllend wird das Leben in dem Maß, wie ich spüre: Ich befinde mich an der richtigen Stelle. Ich spiele eine Rolle, auf die ich seit Langem vorbereitet wurde. Ich bin zutiefst angekommen.

Jesus war ein Meister im Erkennen und Umsetzen von klaren Prioritäten. Manchmal frage ich mich, warum er nicht 50, 60 oder 70 Jahre leben musste, bis sein Lebenswerk vollendet war. Offenbar brauchte er nicht mehr als die rund drei Jahre öffentlicher Wirkung, weil er sie so effektiv nutzte. Er tat in kürzester Zeit genau das, was er nach Gottes Auftrag tun musste. Das bedeutet aber auch, dass er vieles nicht tat! Jesus war auf dieser Erde ein ebenso begrenzter Mensch wie wir. *„Hat der Tag nicht zwölf Stunden?"*, meinte er einmal zu seinen Jüngern (Joh 11,9). Offensichtlich ließ sich Jesus weder von den Umständen noch von den Erwartungen anderer Menschen treiben. Er verfiel nicht in Hektik oder Stress. Er arbeitete sich auch nicht zu Tode. Jesus konzentrierte und reduzierte sich auf das Wesentliche – und dann gab er sein Leben freiwillig als Opfer.

Jesus und sein Sendungsbewusstsein

Wir dürfen annehmen, dass Jesus während der 40 Tage in der Wüste eine Art „Masterplan" von seinem himmlischen Vater bekommen hat. Von Anfang an traf er die Grundentscheidung, den gesamten Weg bis ins Leiden zu gehen. Er wollte das Königtum über die Völker erst antreten, nachdem er sein Leben am Kreuz verschenkt hatte. So lebte er in einer tiefen Hingabe an den Willen

Hinter seinem gesamten Handeln stand ein klares Sendungsbewusstsein. Und dieses prägte seine Einzelentscheidungen, seinen Umgang mit Menschen, seine Zielsetzung und seine Zeiteinteilung.

seines geliebten Vaters: „*Nicht wie ich will, sondern wie du willst*", war sein Leitmotiv (Mt 26,39). Und doch musste auch Jesus Tag für Tag um die richtigen Prioritäten ringen. Als Orientale lebte er viel flexibler als wir in der westlichen Welt. Seine Tage folgten nicht dem Terminkalender, sondern enthielten jede Menge Überraschungen und spontane Begegnungen. Viele Herausforderungen waren kaum vorhersehbar. Überall kam Jesus mit seinen Jüngern in Situationen, für die sie kein Muster in der Tasche hatten. Anhand von Markus 1 lässt sich ein Bild zeichnen, wie ein einziger Tag im Leben von Jesus verlaufen konnte: Hier findet sich siebenmal das Wörtchen „*sogleich*", was auf eine rasche Abfolge der beschriebenen Ereignisse schließen lässt (Mk 1,16–39). Man kann bei diesem gewaltigen Pensum fragen: Nach welchen Gesichtspunkten wandte sich Jesus bestimmten Menschen zu und anderen nicht? Wie viel seelische und geistliche Kraft hat ihn ein derart ausgefüllter Tag gekostet? Warum stand Jesus am folgenden Tag ganz früh auf und verschwand an einem unbekannten Ort zum Gebet?

Jesus steht vor uns als Vorbild für einen Menschen, der sein Leben buchstäblich „führte". Immer hat er agiert, bis hinein in sein Leiden, nie bloß reagiert. Hinter seinem gesamten – sogar für die Jünger überraschenden – Handeln stand ein klares Sendungsbewusstsein. Und dieses prägte seine Einzelentscheidungen, seinen Umgang mit Menschen, seine Zielsetzung und seine Zeiteinteilung. Immer wieder lesen wir in den Evangelien die Formulierung: „*Ich bin gekommen …*" bzw. „*Ich bin nicht gekommen …*" Damit definierte er seine Mission und konzentrierte sich bei seiner öffentlichen Tätigkeit auf das Wesentliche. So betont Jesus zum Beispiel, er sei gekommen …

- „*das Gesetz und die Propheten zu erfüllen*" (Mt 5,17).
- (und gesandt) „*zu den verlorenen Schafen Israels*" (Mt 15,24).
- „*Feuer auf die Erde zu werfen*" (Lk 12,49).
- „*zu suchen und zu retten, was verloren ist*" (Lk 19,10).
- „*damit sie das Leben im Überfluss haben*" (Joh 10,10).
- „*damit jeder, der an mich glaubt, nicht in der Finsternis bleibt*" (Joh 12,46).
- „*dass ich für die Wahrheit Zeugnis gebe*" (Joh 18,37).

Diese „Mission Statements" waren keine bloßen Absichtserklärungen, sondern bestimmten sein Handeln und führten zu klaren Prioritäten. Aus einer klaren Vision empfing Jesus seine Mission. Und seine Mission führte ihn zur Aktion – zu einem klaren Ja und einem klaren Nein. Jesus ging bildlich gesprochen nicht mit der Schrotflinte umher, sondern traf ständig ins Schwarze. Er arbeitete phasenweise in die Breite, doch dabei setzte er immer auf Einzelfälle mit ansteckender Wirkung. Er platzierte gezielt einige Beispiele der Begegnung zwischen Himmel und Erde und löste dadurch eine Kettenreaktion aus. So konnte Jesus in der kurzen Zeit seines öffentlichen Auftretens unglaublich viel erreichen, weil er ständig nach vorbereiteten Situationen Ausschau hielt und sich völlig im Zeittakt Gottes bewegte.

Seine Prioritäten im Umgang mit Menschen

Bereits im Kapitel über „Berufung" haben wir gesehen, dass Jesus mit einer klaren Strategie voranging: Um diese Welt mit Gott zu versöhnen und von der Macht der Sünde zu erlösen, bedurfte es seines Opfers am Kreuz. Dies ist und bleibt einmalig und unnachahmlich. Doch um die Menschheit mit dieser guten Nachricht zu erreichen, brauchte es eine Bewegung. Jesus war deren Initiator, mehr nicht. Er legte den Grundstein für eine Entwicklung, die andere weiterführen sollten. Er hinterließ uns ein anschauliches *„Beispiel"*, sodass wir *„seiner Fußspur folgen"* können (1. Pt 2,21). In der Sprache unseres Verkehrswesens ausgedrückt: Jesus hat die Gleise gelegt und die Trasse gebaut, doch darauf unterwegs sein sollten andere. Nur so lässt sich die Formulierung in seinem großen Abschiedsgebet (vor der Kreuzigung!) verstehen: *„Vater, ich habe dich verherrlicht auf Erden und das Werk vollendet, das du mir gegeben hast"* (Joh 17,4). Hier wird schön sichtbar, wie Jesus in konzentrischen Kreisen dachte und dementsprechend seine Beziehungen verstand:

Jesus konnte in der kurzen Zeit seines öffentlichen Auftretens unglaublich viel erreichen, weil er ständig nach vorbereiteten Situationen Ausschau hielt und sich völlig im Zeittakt Gottes bewegte.

1. Zuerst kam **die Beziehung zu seinem himmlischen Vater** (Joh 17,1–8; 3,35). Von ihm hatte Jesus seinen Auftrag, in der Liebe zu ihm seine Identität, und vor ihm legte er am Ende seines Lebens Rechenschaft ab.

2. Danach kam **der innerste Kreis der zwölf Jünger**, mit denen Jesus eine Lebensgemeinschaft gebildet hatte und die durch ihn intensiv geprägt wurden (Joh 17,9–19). Alles hing nun daran, dass sie die Stafette weitertragen und auch weiterreichen würden!

3. Jesus betete danach für **die Jesusjünger späterer Zeiten**: Auch sie sollten in derselben Weise Gemeinschaft, Einheit und Herrlichkeit erleben (Joh 17,20–26)! Er sah voraus, dass sie einmal *„größere Werke"* tun würden als er selbst (Joh 14,12)!
4. Tatsächlich brauchte Jesus in diesem Moment nicht für die Welt zu beten, die Gott ja *„so sehr geliebt"* hat, denn er wusste: Das Zeugnis seiner Jünger trägt in sich die Kraft, **einzelne Menschen und ganze Nationen** zu verändern (Joh 3,16–18)!

Kein Mensch auf Erden hat je weitere Kreise gezogen als der Mann aus Nazareth. Er war wie das eine Samenkorn, das *„in die Erde fällt und stirbt"* und am Ende *„viel Frucht bringt"*: Aus dem Leben dieses Einen wird schließlich ein weltweites Gottesvolk *„geboren"*, das sich beständig vervielfältigt (Joh 12,24; Ps 22,31–32). Dabei waren die Mittel dieses Mannes denkbar einfach: In „vertikaler" Hinsicht war es die Salbung durch den Heiligen Geist, die ihm Vollmacht verlieh und im Volk ein neues Aufhorchen bewirkte. Wo Jesus hinkam, waren die Menschen ganz Ohr und mussten früher oder später Position beziehen. In „horizontaler" Hinsicht baute Jesus beständig sein Kernteam auf: zwölf ausgesuchte Männer, *„die er auch Apostel (Botschafter) nannte"* (Lk 6,13). Ihnen galt seine primäre Aufmerksamkeit, sie wurden seine *„Brüder"* und ihnen diente er wie ein Vater und Freund (Mt 23,8; Joh 13,14; 15,15).

Kein Mensch auf Erden hat je weitere Kreise gezogen als der Mann aus Nazareth - mit denkbar einfachen Mitteln: mit der Salbung durch den Heiligen Geist und mit seinem Kernteam an Mitarbeitern.

In einer späteren Phase hat Jesus dieses Modell multipliziert: Er *„bestimmte noch 72 [oder 70] andere und sandte sie zu zweit vor sich her …"* Im Prinzip erhielt diese größere Gruppe denselben Auftrag wie die Zwölf, nur konnte der Auftrag jetzt flächendeckender ausgeführt werden: *„… in alle Städte und Orte, wohin er selbst kommen wollte"* (Lk 9,1–6; 10,1–9). Allen seinen Mitarbeiterteams bot Jesus intensive Begleitung, Auswertung und Ermutigung (vgl. Mk 6,30–32; Lk 10,17–20). Darin lag die Priorität seines eigenen Dienstes.

Jesus, seine Beziehungen, seine Strategie:
Vom Kernteam zur weltweiten Bewegung!

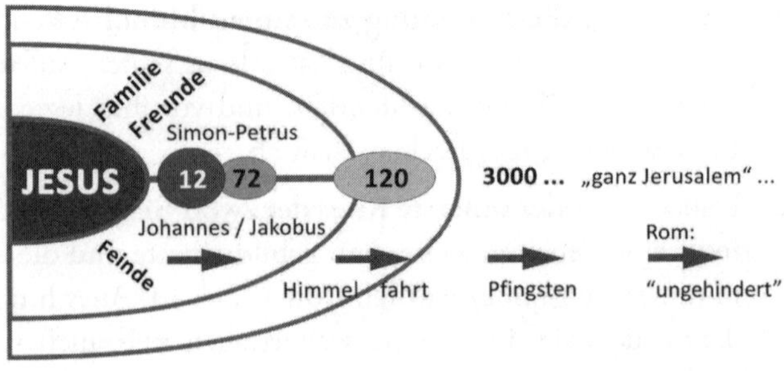

Zu den Beziehungsfeldern von Jesus gehörten verschiedene Freunde wie Marta, Maria und Lazarus (vgl. Joh 11,1–2; 12,1–3), ferner *„etliche Frauen ... und viele andere, die ihm mit ihrem Besitz dienten"* (Lk 8,1–3). Andere waren Sympathisanten oder Sponsoren wie Nikodemus und Josef von Arimathia (Joh 3,1–2; 7,50; Mt 27,54). Manche waren so begeistert von Jesus, dass sie sich ihm am liebsten sofort angeschlossen hätten. Doch niemals führte er „Sonderkonditionen" ein, wenn es um konsequente Nachfolge ging (vgl. Lk 9,57–62; 18,18–23). Hinzu kamen Skeptiker, Kritiker und Heuchler, die vielen Kranken und Verzweifelten, schließlich erbitterte Feinde. Komplexer kann ein Beziehungsfeld auch bei uns kaum aussehen!

Was lernen wir von Jesus für unsere Prioritäten im Beziehungsbereich?

- Halte deine Augen und dein Herz offen für die, denen du selbstlos dienen und die Liebe Gottes weitergeben kannst. Doch gerate nicht in Abhängigkeit von ihnen!
- Durchschaue Menschen, die zwar Gottes Salbung auf deinem Leben spüren, dich jedoch im Tiefsten benutzen oder für ihre Zwecke gebrauchen wollen. Vor denen hüte dich!
- Wenn du langfristige Entwicklungen anstrebst, baue rechtzeitig ein Kernteam auf. Suche dabei nicht nur „Freiwillige", sondern lass dir von Gott die künftigen Schlüsselpersonen zeigen!
- Achte darauf, dass du neben Mitarbeitern und Auszubildenden auch einen Kreis von gleichgesinnten Freunden pflegst. Jeder von uns braucht Partner auf Augenhöhe!
- Da wir alle nicht in jeder Hinsicht „wie Jesus" sind, brauchen wir Förderer und Wegbegleiter. Suche dir einen Mentor bzw. geistliche Väter/Mütter zu deinem eigenen Schutz!

Den Wert der Vorbereitungszeit nicht zu gering achten!

Seine Prioritäten in der Einteilung von Zeit

Was seinen Umgang mit Zeit anging, war Jesus für so manche Überraschung gut. Wir sollten nicht übersehen, dass Jesus *„ungefähr 30 Jahre alt"* war, als er seinen Dienst begann. Damit war nach der Ordnung des Alten Bundes nicht nur das Einstiegsalter für den Priesterdienst erreicht, vielmehr hatte Jesus auch ein gutes Maß an natürlicher Lebenserfahrung gesammelt (Lk 3,23; 4. Mo 4,2–3). Dieser Aspekt ist wichtig für die innere Zeitleiste bei der Entwicklung unserer Leitungskompetenz:

- Achte den Wert der Vorbereitungszeit in deinem Leben nicht zu gering. Vor allem junge Leiter drängen naturgemäß „an die Front" und wollen etwas bewegen für Gott. Manchmal übersehen sie in dieser Phase jedoch, wie Gott weiter an ihnen arbeitet und sie formt.

Sein erstes Wunder tut Jesus ausgerechnet auf einer Hochzeitsfeier – sicherlich für alle unerwartet. Damit stellt das Neue Testament von Anfang an klar, dass Jesus bestimmt kein freudloser Asket war, schließlich besteht das Ergebnis einer göttlichen Wasserumwandlung in rund 600 Litern bester Rebsorte! Interessant an diesem Einstiegswunder ist der Dialog zwischen Jesus und seiner Mutter (er war der älteste Sohn der wohl bereits verwitweten Frau). Mutter: *„Sie haben keinen Wein mehr!"* Sohn: *„Was hat das mit mir und dir zu tun? Meine Zeit ist noch nicht gekommen."* Mutter (vielleicht musste sie erst schlucken und dann tief durchatmen) zu den Dienern: *„Tut, was immer er euch befiehlt"* (Joh 2,1.10 | NLB). Die einfachste Auslegung wäre eine ganz natürliche[82]: Die Mutter schlägt vor, sich diskret zu verabschieden, um den Gastgebern weitere Peinlichkeiten zu ersparen. Der Sohn denkt gar nicht daran und hat noch vor zu bleiben … mit welchem Ziel nur? Der Mutter dämmert es!

Jesus war ein zutiefst sympathischer Zeitgenosse, der so begeisterungsfähig und spontan reagieren konnte, wie es damals im Orient üblich war. Auf der anderen Seite verlor er nie das größere Ziel aus den Augen. Weil er um seine Berufung wusste, konnte er auch Brücken hinter sich abbrechen.

Jesus hat sich hier nicht nur klar von seiner Mutter abgegrenzt (vgl. Lk 2,49). Er gehörte nicht mehr den Eltern, sondern seinem Vater im Himmel. Damit war für ihn allerdings auch ein anderes Timing gegeben! Wir können sehr leicht der Uhr anderer Menschen folgen, wenn wir von ihnen innerlich abhängig sind!

- Jesus aber war in letzter Instanz **abhängig** von Gott, seinem Vater (Joh 4,34; 5,19–20).
- Darum konnte er **unabhängig** bleiben von den Erwartungen anderer Menschen (Joh 2,24–25).

Später waren es seine Brüder, die ihm einen öffentlichen Auftritt beim Laubhüttenfest in Jerusalem nahelegten. Eigentlich waren sie dabei gute Marketingexperten: *„Wenn du dich so versteckst, wirst du nie bekannt werden! Falls du wirklich so wunderbare Dinge tun kannst, dann beweise es vor aller Welt!"* Seine Reaktion haben sie wohl kaum verstanden: *„Für mich ist der richtige Zeitpunkt noch nicht da; aber ihr könnt jederzeit gehen"* (Joh 7,1–6 | NLB). Schließlich reist Jesus verspätet hinterher und tritt *„am letzten, dem großen Tag des Festes"* in beeindruckender Weise auf: Mitten in der Festversammlung stellt er das *„lebendige Wasser"* des Heiligen Geistes in Aussicht (Joh 7,37–39)!

Ein weiteres Beispiel, wo Jesus scheinbar zu spät kommt, ist die Erkrankung seines Freundes Lazarus. Als Jesus die Nachricht erhielt,

„blieb er noch zwei Tage an dem Ort, wo er sich aufhielt". Nachdem er Tod und Beerdigung verpasst hat, muss sich Jesus heftige Vorwürfe durch die Schwester Marta anhören (sie begegnete uns bereits): *„Herr, wärst du hier gewesen, dann wäre mein Bruder nicht gestorben!"* (Joh 11,6.21 | EÜ). Die Geschichte endet mit der spektakulärsten Totenauferweckung, die Jesus je vollzogen hat, und führt zur weiteren Zuspitzung auf dem Weg zum Kreuz. Jesus war ein zutiefst sympathischer Zeitgenosse, der so begeisterungsfähig und spontan reagieren konnte, wie es damals im Orient üblich war: *„Zachäus, komm schnell herunter! Denn ich muss heute in deinem Haus zu Gast sein"* (Lk 19,10). So schnell konnte er seine Pläne ändern! Auf der anderen Seite verlor er nie das größere Ziel aus den Augen: *„Als die Zeit herankam, … entschloss sich Jesus, nach Jerusalem zu gehen"* (Lk 9,51 | EÜ). Weil er um seine Berufung wusste, konnte er auch Brücken hinter sich abbrechen.

Was lernen wir von Jesus für unseren Umgang mit Zeit?

Hinter der menschlichen „Zeitleiste" (Termine, Verabredungen, Erwartungen) gibt es ein göttliches Timing: Der Vater im Himmel hat für uns Dinge vorbereitet, die wir nur erreichen, wenn wir uns von ihm führen lassen und uns frei machen von eigenen Plänen und den Ansprüchen anderer Menschen.

Pünktlichkeit ist eine alte deutsche Tugend und eine Sache der Fairness im Umgang mit anderen. Wichtiger jedoch als die Tatsache, alles pünktlich und zuverlässig zu erledigen, ist die Grundsatzfrage: Herr, was soll ich überhaupt tun? Wann ist die richtige Zeit? Wo willst du mich haben und mit wem willst du mich zusammen sehen?

Prioritäten im Blick auf seinen Auftrag

„Geht nicht zu den Heiden, und betretet keine Stadt der Samariter, sondern geht zu den verlorenen Schafen des Hauses Israel!" Diesem Auftrag an seine zwölf Jünger blieb auch Jesus während seines Reisedienstes treu: *„Ich bin nur zu den verlorenen Schafen des Hauses Israel gesandt"*, antwortete er einer verzweifelten Frau aus der Gegend von Tyrus und Sidon, die dringend Hilfe für ihre von Dämonen gequälte Tochter brauchte. Jesus überschritt hier die nationale Grenze und sprach einer Ausländerin zu: *„Dein Glaube ist groß!"* (Mt 10,5–6; 15,24.28 | EÜ). Doch die gesamte öffentliche Tätigkeit von Jesus blieb eine nationale Angelegenheit. Jesus wusste genau, dass er gekommen war als *„ein Licht, das die Heiden erleuchtet"* (Lk 2,32). Er hatte ein Herz für römische Soldaten, ob-

wohl sie Israel als Besatzungsmacht unterdrückten (Mt 8,5; 27,54). Er wagte den Schritt auf das Gebiet von Samaria, das von religiösen Juden gemieden wurde, und fand dort eine geistlich offene Bevölkerung vor (Joh 4,4.35.39–41). Mit diesen wenigen Ausnahmen schuf Jesus Modelle für die Zukunft und stieß Türen auf, durch die erst die nächste Generation ging:

- Vom Jünger **Philippus** wird uns berichtet: Er *„kam in die Hauptstadt Samariens hinab und verkündigte dort Christus"*, verbunden mit starken Zeichen und Wundern. Damit schließt Gott selbst eine uralte Wunde (Apg 8,5–8)!
- **Petrus** begriff aufgrund einer Vision, *„dass man keinen Menschen unheilig oder unrein nennen darf"* und betrat den Haushalt eines römischen Offiziers. Als der Heilige Geist offensichtlich *„auch über die Heiden ausgegossen"* wird, ist die internationale Mission nicht mehr aufzuhalten (Apg 10,28.34–35.44–48)!
- **Paulus** war es schließlich, der als Apostel den Auftrag Jesu am konsequentesten umsetzte: *„Macht zu Jüngern alle Völker"* (Mt 28,19). Als die jüdischen Gemeinden sich gegenüber der Botschaft vom Messias Jesus zunehmend verschlossen, stellte er sein gesamtes Programm um: *„Siehe, so wenden wir uns zu den Heiden"*, also den nichtjüdischen Volksgruppen (Apg 13,45–48; 18,6).

Jesus dachte global, doch er handelte lokal.

Dieser Überblick zeigt: Jesus dachte global, doch er handelte lokal. Er brachte ein Evangelium in Umlauf, das einmal *„in der ganzen Welt verkündigt werden"* sollte (Mt 24,14; 26,13). Jesus hatte immer sämtliche (nichtjüdischen) *„Völker"* bzw. *„Volksgruppen"* im Blick und gab für sie sein Leben. Dennoch reduzierte er seinen Dienst auf das Volk des Alten Bundes, dem er selbst entstammte. Man könnte sagen: Jesus blieb seiner Zielgruppe treu, zu der er besonderen Zugang hatte. Zudem sehen wir Jesus als großartigen Mentor: Er öffnete Felder, auf denen seine Nachfolger weiterarbeiten konnten. Zugleich pflanzte er eine weitreichende Vision in ihr Herz, ermutigte sie zu Schritten über die bisherigen Grenzen und stand weiterhin segnend hinter ihnen (Lk 24,45–53). Erst die nächste Generation ging in konzentrischen Kreisen von Jerusalem aus durch *„ganz Judäa und Samaria und bis an das Ende der Erde!"* (Apg 1,8; 5,28; 8,1; 9,31; 11,19; 16,9–10; 28,31).

Jesus war ein großartiger Mentor: Er öffnete Felder, auf denen seine Nachfolger weiterarbeiten konnten.

Dass Jesus am liebsten allen Menschen geholfen hätte, sich dabei jedoch nicht verzettelte, sehen wir exemplarisch an folgender Begebenheit: Aus der Menschenmenge ruft ihm ein verzweifelter

Zeitgenosse zu: *„Meister, sage meinem Bruder, dass er das Erbe mit mir teilen soll!“* Wenn Jesus Kranke heilte und Sünden vergab, konnte er dann nicht auch familiäre Konflikte lösen? Doch die ziemlich schroff wirkende Antwort lautet: *„Mensch, wer hat mich zum Richter oder Erbteiler über euch gesetzt?“* (Lk 12,13–14 | Sch). Obwohl hier ein Mensch in akuter Bedrängnis war, macht Jesus deutlich: Ich bin für diese Angelegenheit nicht zuständig. Allerdings nutzt er die Aufmerksamkeit der Hörer und bezieht vor versammelter Menge Stellung zum Thema „Geld, Geiz und Gier“. Einerseits bleibt Jesus hier standhaft und kann sich gegenüber den Erwartungen anderer Menschen abgrenzen. Andererseits geht er kreativ mit diesem Zwischenruf um: Die Anfrage eines Einzelnen bleibt scheinbar unbeantwortet, doch die Antwort wird zum Denkanstoß für viele!

Welche Fragen ergeben sich für unseren Auftrag?[83]

- Gibt es ein **großes Thema**, ein Herzensanliegen, das in deinem Leben immer wieder auftaucht? Erkennst du darin eine Begabung und einen Auftrag von Gott?
- Welche **Menschen** liegen dir besonders am Herzen? Gibt es so etwas wie eine Zielgruppe, die dir entspricht und zu der du besonders guten Zugang hast?
- Welche **Mittel und Methoden** passen zu dir? Wenn du Thema und Zielgruppe verbindest: Auf welche Weise kannst du anderen Menschen am besten dienen?
- Welche **Zeitpunkte** für deine Entwicklung bzw. innere Vorbereitung hat Gott dir gezeigt?
- Welche **Partner** brauchst du an deiner Seite als Ergänzung?
- Welche Art der **Förderung** würde dir guttun (Fortbildung, Beratung, Praxisfelder usw.)?

6.4 Zielorientiert und zentriert leben

„Wenn ich die gute Botschaft Gottes verkünde, ist das für mich kein Grund, stolz darauf zu sein. Ich muss es einfach tun, und es würde mir schlecht ergehen, wenn ich es unterließe!“ (1. Kor 9,16 | NLB)

Ohne Zweifel war Paulus der größte Missionar auf internationalem Parkett, von dem das Neue Testament uns berichtet. Manche empfinden ihn fast als unnahbar oder übermenschlich in seiner Radikalität. Doch er selbst wusste zeitlebens, wo er herkam und wem er sich verdankte. Wie schon erwähnt: Sein steiles Durchstarten für Jesus war eigentlich die Gebetserhörung des sterbenden Stephanus (Apg 7,60). Der Märtyrertod dieses Jesusjüngers war wie eine unsichtbare Stabübergabe an die nächste, von Gott schon vorbereitete Generation!

Von Paulus Zielstrebigkeit lernen

Paulus hatte sich mit Haut und Haar dem Evangelium des gekreuzigten und auferstandenen Christus verschrieben: *„Ich muss es einfach tun!"* Wörtlich übersetzt drückt er hier aus, dass eine innere *„Notwendigkeit"* auf ihm liegt. Alles, was uns die Apostelgeschichte über den Weg des Paulus berichtet, hing an dieser Verpflichtung gegenüber seinem Auftrag. Und doch musste auch Paulus seine Prioritäten immer wieder neu „justieren". Sein Weg mit Jesus blieb ein Wagnis, ohne fertige „Roadmap", ohne ausgedruckte Wegbeschreibung.

- Wie strategisch Paulus im Kontext des damaligen Römischen Weltreiches dachte, zeigen seine Reiserouten: Nachdem er etwa sieben Jahre in die Gemeinden im Raum der heutigen Türkei und Griechenlands investiert hatte, empfand er seinen Dienst dort als abgeschlossen (Röm 1,15; 15,22–25). *„Ich* muss *unter allen Umständen das bevorstehende (Passah-)Fest in Jerusalem feiern …"* und *„wenn ich dort gewesen bin,* muss *ich auch Rom sehen!"*, ließ er seine Begleiter wissen (Apg 18,21; 19,21). Natürlich war in den bisher bereisten Provinzen der Missionsauftrag noch lange nicht erfüllt. Doch Paulus sah für sich die Priorität, zu neuen Ufern aufzubrechen (typisch Apostel)!
- Der Weg über Jerusalem nach Rom erwies sich schließlich als steinig und schwer. Von Gemeinde zu Gemeinde bekam Paulus prophetische Hinweise auf seine baldige Verhaftung. Dennoch hielt er an seinem Ziel fest, auch wenn es ihn sein Leben kosten würde (Apg 20,22–24; 21,10–14)! Heimtückische Anschläge, Gerichtsverfahren vor mehreren Instanzen und monatelange Gefängnisaufenthalte musste der Apostel erleiden, bis er aufgrund seines römischen Bürgerrechts an den obersten Gerichtshof beim Kaiser appellieren konnte. Gerade in dieser schwierigen Zeit ermutigte ihn Jesus besonders (Apg 23,11; 25,11–12)!
- So kommt der Apostel als Gefangener und nach einem lebensgefährlichen Schiffbruch bis in die Hauptstadt des damaligen Weltreiches. Er ist die ganze Zeit seinem Ziel treu geblieben: *„Ich muss auch Rom sehen!"* Und er hat es erreicht, wenn auch anders als gedacht. Es scheint, als wollte Lukas

mit dem letzten Satz seiner Apostelgeschichte betonen, dass auch hier für das Evangelium kein Weg zu weit und kein Preis zu hoch war: Paulus verkündigte in Rom, unter Hausarrest gestellt, *„das Reich Gottes … mit aller Freimütigkeit ungehindert“* (Apg 28,31 | jeweils Sch).

Das Lebensbild dieses faszinierenden Mannes soll uns ermutigen, unter allen Umständen an Prioritäten festzuhalten, die uns Gott gezeigt hat. Wie er sie dann umsetzt, ist seine Sache.

Unser Lebensbild genauer fokussieren

Wir sollten daraus niemals die Konsequenz ziehen: Es kommt ja sowieso, wie es kommt! Oder: Gott wird es schon so machen, wie es ihm gefällt! Paulus ist ein plastisches Beispiel dafür, wie Gott mit uns kooperieren will. Sein Geist will unseren Geist anregen, sodass wir von Herzen sagen können: „Ich will!“ Oder: „Ich muss!“ Im Herzen jedes Menschen schlummern Wünsche und Zielvorstellungen. Gib diesen Gedanken Raum! Formuliere sie in der Stille vor Gott! Male Bilder deines Lebens, wie du es dir in Zukunft vorstellst. Innere Bilder können stärker sein als Ideen, die wir irgendwann notiert haben. *„Unser inneres Leitbild hat eine entscheidende Kraft und immensen Einfluss auf unser Leben. Gleichzeitig ist es etwas Lebendiges, … muss gestaltet, überdacht werden“* (Knoblauch u. a.).[84] Hilfreich sind dabei Fragestellungen wie diese:

Gib deinen Wünschen und Zielvorstellungen Raum! Formuliere sie in der Stille vor Gott! Male Bilder deines Lebens, wie du es dir in Zukunft vorstellst.

- **Ich**: So stelle ich mir mein Leben in fünf/in zehn Jahren vor …
- **Wir**: So soll unser gemeinsames „Ehe-Haus“/unser Familienleben einmal aussehen …
- **Andere**: Diese Aufgabe möchte ich in meiner Gemeinde/an meinem Arbeitsplatz haben …
- Diesen Einfluss hätte ich gerne in unserer Nachbarschaft/an meinem Wohnort …
- **Lebensphasen**: So möchte ich die Zeit bis zu meinem Ruhestand/im Ruhestand verbringen …
- Diesen Einfluss hätte ich gerne auf die nächste Generation …

Wir werden immer wieder in unserem Leben an Weichenstellungen kommen, wo wir spüren: Ich kann nicht alles haben. Mehrere Anliegen konkurrieren plötzlich miteinander: Beförderung und Karriere oder mehr Zeit im Ehrenamt? Umzug oder kontinuierliche Schulzeit für die Kinder? Wahl zum Kirchenvorstand oder mehr Zeit für Ehe und Familie? Neues Auto oder neues Klavier?

Knoblauch u. a. sprechen hier vom „K.o.-System“: „*Wenn es in Ihrem Leben hart auf hart käme und Sie aus irgendwelchen Gründen zwischen zwei Wünschen wählen müssten – für welchen würden Sie sich entscheiden?*“[85] Die Frage nach den wahren Prioritäten unseres Lebens begegnet uns oft überraschend konkret. Doch plötzlich sind unsere inneren Werte neu gefragt. Und wir müssen uns selbst und vor allem Gott fragen, was es in diesem Fall heißt, „*zuerst nach seinem Reich*“ zu trachten.

Unser Leben in kleinen Schritten planen[86]

Du wirst nur vom Fleck kommen, wenn du deine Unzufriedenheit ernst nimmst, neue Motivation entwickelst und aus allgemeinen Wünschen klare Prioritäten machst.

Aber auch im Kleinen kommen wir unseren Zielen nur näher, wenn wir konkrete Schritte planen. Vielleicht möchtest du abnehmen oder dich gesünder ernähren, vielleicht einen Kochkurs oder eine Reitschule besuchen, vielleicht eine Fremdsprache erlernen oder Länder bereisen, vielleicht die Bibel besser kennenlernen, vielleicht ein besserer Vater oder Mutter oder verständnisvollerer Ehepartner werden usw. Du wirst nur vom Fleck kommen, wenn du deine Unzufriedenheit ernst nimmst, neue Motivation entwickelst und aus allgemeinen Wünschen klare Prioritäten machst:

- **Formuliere** deine Wünsche eindeutig – schreibe sie am besten auf („Ich will …“)!
- **Setze** konkrete Ziele – am besten mit Ortsangabe und Zeitpunkt („Ich werde …“)!
- **Bitte** Gott um Erkenntnis der richtigen Ziele und um Kraft zur Umsetzung („Ich brauche …“)!

Übrigens empfiehlt es sich generell, sowohl für das Privatleben als auch im Beruf, konkrete Ziele schriftlich festzuhalten. „*Durch schriftliches Planen wird Ihr Kopf frei für das, was aktuell ansteht*“, raten uns die Zeitmanagement-Experten. Dazu genügen oft simple Notizzettel, Listen oder Tabellen. Nur durch schriftliche Planung haben wir die Möglichkeit, gesteckte Ziele zu überprüfen und im Rückblick auszuwerten. Dabei gilt die Faustregel: „*Wer genügend Zeit in die Planung steckt, braucht weniger Zeit zur Durchführung und gewinnt insgesamt mehr Zeit*“ (Jörg Knoblauch u. a.).[87]

Die eigene Zeit weise verwalten

Stephen R. Covey, Mitglied der Mormonen, Unternehmensberater und Bestseller-Autor, empfiehlt die sogenannte „Eisenhower-Matrix“ zur Erfassung von zeitlichen Prioritäten. Die folgende Aufteilung in vier Quadranten ist so zu verstehen:

Zeitmanagement-Matrix

	dringend	nicht dringend
wichtig	I. ↑	II. ↑↑
unwichtig	III. ↓	IV. ↓↓

nach Stephen Covey

I. wichtig & dringend:

Vordringliche Aufgaben, termingebundene Arbeit, unvermeidliche Unterbrechungen, akute Probleme, Krisenmanagement usw. Hier kann ich mich nicht entziehen …

IV. unwichtig & nicht dringend:

Surfen im Internet, Facebook, Fernsehen, Smalltalk usw. Achtung: Hier lauern die größten Zeitfresser! In diesem Segment hat eigentlich niemand auf mich gewartet …

III. unwichtig & dringend:

Überflüssige Sitzungen, „Gesicht zeigen" bei Empfängen, delegierbare Aufgaben usw. Quadrant III fühlt sich wie I an, möglicherweise werde ich jedoch fremdbestimmt!

II. wichtig & nicht dringend:

Entwicklung von Zielen, Fortbildungen, Beziehungspflege, langfristige Projektplanung, persönliche Gesundheit usw. Hierzu gehören auch Bibellesen, Stille und Gebet!

Am stärksten umkämpft ist in unserem Leben der II. Quadrant: *„Er hat mit Dingen zu tun, die nicht dringend, aber wichtig sind"*, erklärt Covey.[88]

- So sind regelmäßiger Sport, gesunde Ernährung und Ruhezeiten nicht „dringend", jedoch „wichtig" im Blick auf langfristige Gesundheit, Wohlbefinden und Leistungsfähigkeit.
- So sind die Pflege von Beziehungen, die Ermutigung von Mitarbeitern und regelmäßiges Feedback zwar nicht „dringend", allerdings sehr „wichtig" für den Zusammenhalt im Team.
- So sind der Umgang mit Gottes Wort, Gebet und die Entwicklung einer persönlichen Vision zwar nicht „dringend", jedoch von entscheidender Bedeutung für geistliche Vollmacht.

Covey betont, dass effektive Menschen zwar viel in Quadrant I arbeiten müssen, allerdings bestrebt sind, ihre Zeit im dritten und vierten Segment zu reduzieren. *„Wirklich effektive Menschen managen in Wirklichkeit gar nicht ihre Zeit, sondern sich selbst. Allerdings wirbelt der größte Teil der Welt in Quadrant I herum, reagiert auf dringende Dinge und befasst sich mit einer Krise nach der anderen. Ganz anders sieht es dagegen bei den Menschen aus, die ihre Zeit überwiegend in Quadrant II verbringen. Sie führen ein ausgewogenes, ruhiges und geordnetes Leben, weil sie sich bei der Planung und Umsetzung an ihren Topprioritäten orientieren.“*[89] Sie haben begriffen, dass das Dringende oft genug zum Feind des Besten wird. Letztlich geht es um ein Bewusstsein für Qualitätszeiten, die der *„Selbst-Erneuerung“*, dem *„Schärfen“* unserer Sicht und der persönlichen Weiterentwicklung dienen.

Hier kommt auch die 80:20-Regel, das sogenannte „Pareto-Prinzip“ zum Tragen: Oftmals sind 80 Prozent der Ergebnisse bzw. unseres Erfolgs das Resultat von 20 Prozent richtig angelegter Zeit.[90] Wer zum Beispiel genügend Zeit für Teambildung und klare Kommunikation einplant, muss später weniger Konflikte bewältigen. Wer ausreichend Zeit für Planung und Projektentwicklung einplant, muss sich bei der Umsetzung weniger mit Pannen und Überraschungen herumschlagen. Generell gilt: Wer bewusst seine Zeit gestaltet, wird weniger Zeit verbummeln und bleibt zugleich wachsam gegenüber den zahlreichen Formen der Fremdbestimmung.

Wofür soll ich mein Leben investieren?

Wir werden mit den Jahren das, was in unserem Leben an erster Stelle steht.

Viele kleine, oft unbewusste und doch richtig gesetzte Prioritäten machen auf Dauer unseren Lebensstil aus. Wir werden mit den Jahren das, was in unserem Leben an erster Stelle steht. Beim Zeitunglesen bleiben meine Augen immer wieder an den Todesanzeigen haften. Nicht jeder bekommt einen Nachruf in der Zeitung oder gleich mehrere davon wie ein Chefarzt, Professor oder Staatssekretär. Wofür war dieser Mensch bekannt? Was waren seine Vorzüge und Verdienste, die posthum gerühmt werden? Weshalb wird er vermisst?

Und wofür möchte ich einmal bekannt sein?

Vor einigen Jahren wurde ich zu einer Seminarwoche eingeladen mit dem schönen Thema: „Was bedeutet es, sein Leben gut abzuschließen und ein segensreiches Erbe zu hinterlassen?“ Man hat nicht oft Gelegenheit, eine Woche lang (und dabei an einem abgeschiedenen Ort in Norwegen) diese Dinge zu bedenken. Die

Frage saß! Und ich spürte: Gott nimmt mich jetzt ganz ernst in dem, was ich vor seinem Angesicht zu Papier bringe. Ich habe es getan, immer wieder nach drei, fünf oder zehn Jahren. Oft waren Gottes Zeitvorstellungen anders als meine. Doch je älter ich werde, umso klarer sehe ich Gottes Handschrift in großen Bögen über meinem Leben. Vielleicht möchtest du mit mir beten:

> *„Unsere Tage zu zählen lehre uns! Dann gewinnen wir ein weises Herz. … Es komme über uns die Güte des Herrn, unsres Gottes. Lass das Werk unserer Hände gedeihen, ja lass gedeihen das Werk unsrer Hände!"* (Ps 90,12.17 | EÜ)

Charakter 7

Weil ein Leben lauter spricht als Lehre

„Ein gerechter Herrscher über die Menschen, ein Herrscher in der Furcht Gottes, der ist wie das Licht am Morgen, wenn die Sonne aufgeht, ein Morgen ohne Wolken, wenn durch ihren Glanz das junge Grün nach dem Regen aus der Erde sprosst." (2. Sam 23,4–5 | Sch)

„Gemeindeaufbau könnte so einfach sein, wenn wir dabei nicht ständig mit Menschen zu tun hätten!", meinte kürzlich jemand im Gespräch. Jeder, der seine Gemeinde liebt und sich für sie einsetzt, will sie auf irgendeine Weise bauen. Aber es gibt nun mal keine Gemeinde ohne Menschen. Und Menschen sind eben Menschen: grundverschieden und unverwechselbar, manchmal schwierig und schwer zu durchschauen, dennoch kostbar und liebenswert. *„Lasst euch als lebendige Steine zu einem geistigen Haus aufbauen"*, schrieb Petrus den Christen seiner Zeit ins Stammbuch. *„Ihr seid ein auserwähltes Geschlecht, eine königliche Priesterschaft, ein heiliger Stamm, ein Volk, das sein besonderes Eigentum wurde, damit ihr die großen Taten dessen verkündet, der euch aus der Finsternis in sein wunderbares Licht gerufen hat"* (1. Pt 2,5.9 | EÜ). Lebendige Steine sind der „Baustoff", aus denen Gott seine Niederlassung auf Erden errichten will. Das heißt: Gott glaubt an uns! Er will mit uns! Und wenn wir wollen, dann kann er mit uns! Das Stichwort „Gemeindebau" durchzieht das Neue Testament wie ein roter Faden. Letztlich ist es Jesus selbst, der programmatisch erklärt hat: *„Ich werde meine Gemeinde bauen, und die Mächte der Unterwelt werden sie nicht überwältigen!"* (Mt 16,18).

Gott glaubt an uns! Er will mit uns! Und wenn wir wollen, dann kann er mit uns!

Doch wenn wir dem Bild vom „*Aufbauen*“ (griechisch *oikodomeo*) nachgehen, wird schnell deutlich: Gott ist weniger an Gebäuden interessiert als an Beziehungen. Nicht Steine bringen das Reich Gottes voran, sondern durch Jesus verwandelte Menschen! So ermutigen uns die Briefe immer wieder, einander in Liebe aufzubauen, durch den Einsatz unserer Gaben, durch konstruktives Reden, um gemeinsam auf Christus hin zu wachsen (1. Kor 8,1; 1. Kor 14,3–5.26; Eph 4,29.15–16). Entscheidend ist also beim „Gemeindebau“, wie Menschen miteinander umgehen und welches Geistes Kind sie sind. Und damit sind wir beim Stichwort „Charakter“.

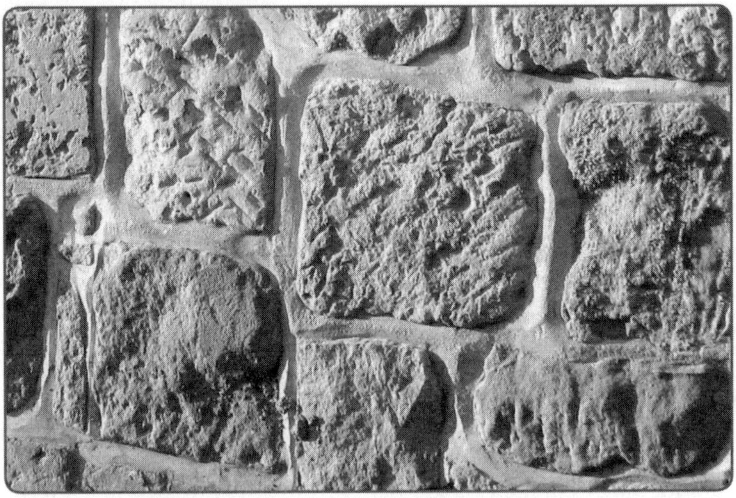

7.1 Charakter: die unsichtbaren Voraussetzungen

> *„So achte nun darauf, dass das Licht in dir nicht Finsternis ist! Wenn dann dein ganzer Leib mit Licht erfüllt ist, ohne jeden dunklen Bereich, wird er ganz erhellt sein, als ob eine helle Lampe auf dich scheint.“*
> (Lk 11,35–36 | jüd)

Immer wieder gehen Gemeinden durch tiefe Erschütterungen, manchmal durch Zerwürfnisse, die zur Zerreißprobe werden oder das Miteinander gefährden. Der Gemeindeaufbau fällt dann praktisch aus, weil die Gemeinde zu sehr mit sich selbst beschäftigt ist. Statt dem Auftrag nachzukommen: „*Geht hinaus in die ganze Welt!*“ (Mk 16,15), richtet sie alle Kraft nach innen: Krisenmanagement und Konfliktbewältigung kosten Zeit und Nerven. Wenn man dann tiefer gräbt und nach den Ursachen fragt, geht es in der Regel selten um theoretisch-theologische Differenzen, sondern um einzelne Menschen und deren Eigenarten:

A. konnte nicht mehr mit Z.
Die Chemie zwischen den beiden stimmte nicht …

B. schätzt sich selbst völlig falsch ein.
Aber das merkt sie nicht …

C. hat alle seine Mitarbeiter verloren.
Er ist einfach nicht teamfähig …

D. ist immer so empfindlich.
Man kann ihr einfach nichts sagen …

E. ist im Tiefsten ein Machtmensch.
Es war nur eine Frage der Zeit, bis es kracht …

F. führte jahrelang ein Doppelleben,
jetzt ist die Sache hochgekocht und alle sind entsetzt …

Die Liste der verletzten und verletzenden Leiter ist unheimlich lang, die der irritierten Gemeindeglieder noch länger. Die besten Projekte scheitern – nicht an falschen Konzepten, sondern am schwierigen Charakter Einzelner. Vor allem wird Gottes Ehre immer wieder beschädigt, wenn Christen in leitenden Positionen aufgrund mangelnder Integrität enttäuschen. Das Thema scheint also kein Luxus zu sein: Arbeite an deinem Charakter! Und *„achte darauf, dass das Licht in dir nicht Finsternis ist!"* (Lk 11,35). Man könnte auch sagen: Hinter all unserem Reden und Handeln stecken unsichtbare Voraussetzungen: die Prägungen unserer Persönlichkeit. Dies meint das griechische Wort *charaktér*: einen *„Prägestempel"*, eine *„Gravur"*, also das in unserem Wesen *„Eingeprägte"*. Die moderne Psychologie bevorzugt inzwischen den Begriff „Persönlichkeit", um Menschen zu beschreiben und zu kategorisieren. Man spricht auch von „Denkstilen", die durchaus veränderbar sind.[91] Denn wenn „Charakter" eine Festlegung bedeutet, wie können wir dann an uns arbeiten? Oder sind und bleiben wir doch nur ein Ergebnis der Genetik bzw. sind das Resultat von Lebensumständen?

Je stärker Leiter öffentlich werden und je mehr sie an Einfluss gewinnen, umso tiefgreifender werden sie getestet: nicht nur im Blick auf ihre Leistung, sondern auch auf ihre Motive.

Unser Charakter auf dem Prüfstand

Interessanterweise kommt das griechische Wort Charakter nur einmal im Neuen Testament vor, und zwar im Blick auf Jesus (Hebr 1,3). Häufig spricht die Bibel jedoch vom Herzen oder vom Geist eines Menschen, sie betont die Rolle des inneren Menschen und das „Licht" in uns. Schließlich spricht sie vom Baum, seiner Wurzel und seinen Früchten. In der Sprache unserer heutigen High-Tech-Welt könnte man auch sagen: Unser Charakter ist wie ein Betriebssystem, mit dem wir uns normalerweise kaum beschäftigen, das jedoch hinter allen Programmen läuft. Hier liegen die stillen, aber entscheidenden Voraussetzungen. Ein Absturz im Betriebssystem eines Computers lässt sich durch kein noch so gutes Programm kompensieren. So lassen sich auch negative Anlagen in der Persönlichkeit eines Menschen auf Dauer nicht durch Aktivitäten verdecken. Der gute Eindruck nach außen wird irgendwann zerplatzen, wenn die wahren Charakterzüge ans Licht kommen. Und dies geschieht meistens unter Druck oder durch Überforderung. *„Wie eine Führungskraft auf diverse Lebensumstände reagiert, sagt einiges über deren Charakter aus. Das bedeutet aber nicht, dass Krisen notwendig den Charakter formen, vielmehr zeigt sich oft erst in Krisensituationen der wahre Charakter"*, schreibt John C. Maxwell in seinem Buch „Charakter und Charisma".[92] Sobald Menschen in verantwortliche Positionen kommen, gerät ihr Charakter in besonderer Weise auf den Prüfstand. Je stärker Leiter öffentlich werden und je mehr sie an Einfluss gewinnen, umso tiefgreifender werden sie getestet: nicht nur im Blick auf ihre Leistung, sondern auch auf ihre Motive. Hinter den sichtbaren Erfolgen wird früher oder später das verborgene Innenleben offenbar. Dafür sorgen kritische Menschen, vielleicht gute Freunde, im Tiefsten aber ein gerechter Gott …

Charakter ist all das, was Gott in uns hineingelegt hat, aber ebenso das, was wir daraus machen.

Wie entwickelt sich Charakter?

Zur Vielschichtigkeit einer menschlichen Persönlichkeit gehören die Erbanlagen, erlernte Einstellungen und eingeübte Gewohnheiten, die sich mit der Zeit verfestigen. *„Im allgemeinen Sprachgebrauch ist Charakter das Ensemble von Eigenheiten und Eigenschaften, die einen Menschen unverwechselbar machen"* (in: Psychologie Heute).[93] Wenn wir umgangssprachlich über den Charakter eines Menschen reden, verbinden wir damit allerdings auch Erwartungen an eine gewisse Reife. Charakterstarke Menschen zeichnen sich durch verantwortungsbewusstes und konsequentes Verhalten aus. Charakterschwäche kann einen Mangel an Moral oder seelische Labilität bedeuten. Und im schlimmsten Fall ist der charakterlose Mensch ein Unmensch. Inzwischen wird im Bereich der Wirtschaftsethik wieder freimütig von Tugenden gesprochen: *„Es gibt eine Ethik des Erfolgs, und zwar die Tugendethik"*, formuliert der Theologe und Wirtschaftsethiker Andreas Fritzsche. *„Der Erfolgreiche ist ein kluger, gerechter, tapferer und maßvoller Mensch."*[94] Und Bill Hybels erwähnt in seinem Buch „Entfalte deinen Charakter" vier *„vom Aussterben bedrohte Charaktereigenschaften"*, die wir in unserer Zeit wieder besonders entwickeln müssen: Mut, Disziplin, weitsichtiges Verhalten, Ausdauer.[95] Nun fällt unser Charakter in der Tat nicht fertig vom Himmel, sondern entwickelt sich und wird geformt: zunächst durch andere Menschen und im Laufe des Lebens immer stärker durch uns selbst. Charakter ist all das, was Gott in uns hineingelegt hat, aber ebenso das, was wir daraus machen. Dabei spielen drei Faktoren zusammen, die man als die Seiten eines Dreiecks bezeichnen könnte:

1. **Eigenschaften**, die Gott in uns hineingelegt hat (unsere natürliche Veranlagung)
2. **Einflüsse**, die uns von außen erreichen (Prägungen durch unsere Umgebung und Erziehung)
3. **Entscheidungen**, die wir treffen (bewusstes Agieren ebenso wie unbewusstes Reagieren)

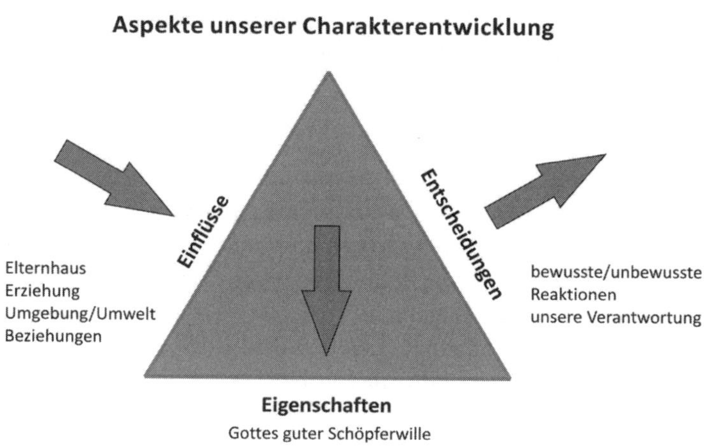

Unser Charakter ist letztlich das Resultat von unzähligen richtigen oder falschen Entscheidungen.

Für unsere gesamte Persönlichkeitsentwicklung ist von entscheidender Bedeutung, wie wir uns selbst sehen. Wenn wir Gott als liebenden Vater kennen, werden wir uns nicht länger als Opfer der Umstände betrachten. Wir nehmen unseren Charakter nicht als bloßes Schicksal hin, sondern übernehmen Verantwortung für die Gestaltung unseres Lebensweges. *„Vieles im Leben können wir nicht selbst bestimmen. ... Aber die Persönlichkeitsentwicklung liegt in unseren Händen"* (Maxwell).[96] Die Bibel spricht hier vom Prinzip Saat und Ernte: *„Was der Mensch sät, das wird er auch ernten"* (Gal 6,7 | Sch). Ebenso wie in der Landwirtschaft Naturgesetze gelten, kann Gott uns auch die Konsequenzen unseres Handelns nicht ersparen. Sogar für unser Denken und Reden tragen wir die Verantwortung – so ernst nimmt uns Gott! *„Durch wiederholtes Tun gewinnen wir Ge-*

wohnheit, legen uns sozusagen eine zweite Haut zu. Doch es geht auch anders herum: Schlechte Handlungen verderben uns den Charakter", formuliert Fritzsche. *„Wir gestalten unsere Gewohnheiten und unseren Charakter selbst, wir selbst – nicht die Verhältnisse … sind die Autoren dieses ‚Wirklichwerdens'."*[97] Unser Charakter lässt *„wirklich werden"*, was wir über lange Zeit bewusst oder unbewusst gesät haben. Unser Charakter ist letztlich das Resultat von unzähligen richtigen oder falschen Entscheidungen. Deshalb lohnt sich die bewusste Mitarbeit an der eigenen Persönlichkeitsentwicklung, bis zum Ende unserer Tage. In der Weisheit des Talmuds wird das so ausgedrückt:

„Achte auf deine Gedanken, denn sie werden Worte.
Achte auf deine Worte, denn sie werden Handlung.
Achte auf deine Handlungen, denn sie werden eine Gewohnheit.
Achte auf deine Gewohnheiten, denn sie werden Charakter.
Achte auf deinen Charakter, denn er wird dein Schicksal."[98]

Wenn Menschen zum Schlüssel werden

Erinnerst du dich noch an Mathe oder Latein in der Schule? Hattest du Musikunterricht? Warst du im Sportverein? Und wie hast du dich dabei gefühlt? Kinder lernen bestimmte Fähigkeiten primär durch die Begegnung: „Die Frau M. ist so nett!", das zählt mehr als ihre mathematischen Fähigkeiten. „Der Herr K. meckert immer nur rum!", deshalb bleibt Latein für den Rest des Lebens ein „Hass-Fach". Und B. war so mit Leib und Seele Musiker, dass er dein eigenes Herz für die Musik gewonnen hat. Auch Trainer vermitteln beim Sport nicht nur Techniken, sondern Leidenschaft. Wir lernen als Kinder und Jugendliche am besten durch das Vorbild begeisterter Menschen. Mancher hat sein Abiturfach später zum Beruf gemacht, andere wurden selbst Lehrer oder Pfarrer durch den Einfluss einer prägenden Persönlichkeit. Vorbilder sind die beste Form der Motivation: Wenn bestimmte Inhalte von einer überzeugenden Persönlichkeit vermittelt werden, erreichen sie bei uns Kopf und Herz zugleich. Wenn wir Menschen erleben, die ein Thema geradezu verkörpern, können sie in uns etwas wecken, das uns sonst verborgen bliebe. Dies gilt besonders für die Vermittlung vom christlichen Glauben: Religionslehrer und Jugendleiter, Pfarrer und Pastoren, Seelsorger und Seminarleiter können uns für den Rest unseres Lebens prägen. Wenn man später nachfragt, heißt die Antwort manchmal noch nach Jahrzehnten: Er war authentisch, selbst zutiefst überzeugt von seiner Botschaft, er oder sie war für mich da, deshalb überzeugte mich auch die Botschaft. Charakter und Charisma – beides zählt!

Vorbilder sind die beste Form der Motivation.

Umgekehrt kann die Enttäuschung durch Schlüsselpersonen unseren eigenen Glauben in die Krise bringen: „Er hat nicht gelebt, was er gelehrt hat. Irgendwann habe ich hinter die Kulissen geschaut, und dann war es aus!" Je tiefer wir einer Person vertraut haben, umso gravierender ist die Erschütterung, wenn unser Vertrauen enttäuscht wird. *„Tut und befolgt alles, was sie euch sagen, aber richtet euch nicht nach dem, was sie tun"*, warnte Jesus vor den Schriftgelehrten und Pharisäern seiner Zeit. *„Denn sie reden nur, tun aber selbst nicht, was sie sagen."* Jesus sah in ihnen Schauspieler (dies meint der Begriff *„Heuchler"* wörtlich), denen es primär um den guten Eindruck ging, die innerlich jedoch *„voll Schmutz und Verwesung"* waren (Mt 23,3.25–28; vgl. 6,2.5.16 | EÜ). Wenn wir bei geistlichen Leitern auf solche Doppelbödigkeit stoßen, kann es uns manchmal selbst den Boden unter den Füßen wegziehen. Wenn wir jedoch in eine Glaubwürdigkeitskrise geraten, sollten wir dem Teufel nicht erlauben, dass er uns zusätzlich beraubt. Wir können und müssen uns in Vergebung üben gerade gegenüber denen, die uns als Christen enttäuscht haben. Dies ist die wirksamste Schutzimpfung gegen drohende Verbitterung! Und jede Krise beinhaltet zugleich eine Chance: Wir können unabhängiger werden von menschlichen Leitfiguren. Wir können in unserem eigenen Glauben stärker werden und reifen, indem wir uns noch mehr an Jesus orientieren.

Jede Krise beinhaltet zugleich eine Chance: Indem wir uns noch mehr an Jesus orientieren, können wir von menschlichen Leitfiguren unabhängiger und im eigenen Glauben stärker und reifer werden.

7.2 Christus: der gute Charakter Gottes

„Ein Schüler [Talmid] steht nicht über seinem Lehrer [Rabbi]; doch jeder wird, wenn er fertig ausgebildet ist, wie sein Rabbi werden. ... Jeder, der zu mir kommt, meine Worte hört und nach ihnen handelt, ... ist wie jemand, der ein Haus baut und tief gräbt und den Grundstein auf Fels legt." (Lk 6,40.47–48 | nach jüd)

Jesus hatte präzise Vorstellungen davon, zu welchem Ergebnis die Ausbildung seiner zwölf Jünger führen sollte. Und daran hat sich bis heute nichts verändert, auch wenn die Art des Zusammenseins mit Jesus nach Himmelfahrt und Pfingsten natürlich ganz anders aussieht. Wir folgen Jesus nicht mehr physisch nach, sitzen ihm nicht mehr buchstäblich zu Füßen. Dennoch will er jeden seiner Nachfolger in derselben Weise formen: Der Schüler wird seinem Lehrer ähnlich! Die Nähe zu Jesus färbt auf uns ab. Nachfolge bedeutet, dass wir *„seinen Fußspuren"* folgen und dadurch selbst eine Spur für andere hinterlassen (vgl. 1. Pt 2,21). Nachfolge hat immer ansteckende Wirkung, weil Jesus das Leben einzelner Menschen nachhaltig verwandelt. *„Der Einfluss eines Leiters, nicht zuletzt in der Umgebung einer fremden Kultur, hängt zuallererst davon ab, in*

Der Schüler wird seinem Lehrer ähnlich! Die Nähe zu Jesus färbt ab.

welchem Maß die Art und Weise Christi durch seinen Vertreter hindurchscheint" (Krallmann).[99] Doch wer war dieser Mann, der die Menschen seiner Zeit derartig faszinierte, dass sie nur noch sagen konnten: *„Zu wem sonst sollten wir gehen? Deine Worte bringen das ewige Leben*" (Joh 6,68 | GN)?

Jesus: Gottes Geschenk an die Menschheit

Der große Gelehrte Albert Einstein (1897–1955) hat einmal über Jesus gesagt: *„Ich bin Jude, aber das strahlende Bild des Nazareners hat einen überwältigen Eindruck auf mich gemacht. Es hat sich keiner so göttlich ausgedrückt wie er. Es gibt wirklich nur eine Stelle in der Welt, wo wir kein Dunkel sehen. Das ist die Person Jesu Christi. In ihm hat sich Gott am deutlichsten vor uns hingestellt.*"[100] Christen wie Nichtchristen haben im Lauf der Jahrhunderte immer wieder gespürt: Hier ist mehr als ein weiser Lehrer, Prophet oder Religionsstifter. Hier berührt der Himmel in Menschengestalt die Erde. *„Wer mich gesehen hat, hat den Vater gesehen*", behauptete Jesus von sich selbst. *„Ich und der Vater sind eins!*" (Joh 14,9; 10,30). Der Hebräerbrief formuliert, dass Jesus die *„Ausstrahlung seiner Herrlichkeit und Abdruck seines Wesens*" ist (Hebr 1,3). Wenn hier das griechische Wort *charaktér* verwendet wird, ist damit gemeint, *„dass Jesus Christus als der Sohn Gottes göttliches Wesen besitzt, die Wesenszüge seines Vaters trägt, wie der Charakter eines Vaters sich in seinem Sohn wiederfindet.*"[101] Dieser sichtbar gewordene Charakter unseres himmlischen Vaters ist einzigartig! Dennoch ist er übertragbar, denn der Christus will sich widerspiegeln in den vielen Christen!

„Kommt her zu mir, alle ihr Mühseligen und Beladenen! Und ich werde euch Ruhe geben. Nehmt auf euch mein Joch und lernt von mir! Denn ich bin sanftmütig und von Herzen demütig, und ihr werdet Ruhe finden für eure Seelen" (Mt 11,28 | jeweils EB). Von Jesus zu lernen bedeutet, von seiner Person zu lernen. Er selbst war und ist das aufgeschlagene „Lehrbuch" für seine Jünger. Wenn wir ihm nachfolgen, geht es primär nicht darum, dass wir abstrakt „Werte leben" oder „Prinzipien befolgen", die unabhängig von seiner Person funktionieren. Jesus will uns selbst durch sein Wesen verändern und formen, sodass wir ihm ähnlicher werden! Nur so werden wir Menschen mit Ausstrahlungskraft. Nur so kommen wir zur Ruhe und finden Frieden.

Betrachte folgende Charakterzüge von Jesus …

- wie er demütig ist – ohne unterwürfig zu sein
  Lk 2,41–52
- wie er sanftmütig ist – ohne schwächlich zu wirken
  Lk 7,36–50
- wie er anteilnehmend ist – doch darin nicht manipulierbar
  Mk 10,13–27
- wie er mitfühlend ist – und dies gezielt kommuniziert
  Mt 9,35–38; 29–34
- wie er barmherzig ist – und dennoch gradlinig
  Joh 8,1–11
- wie er zielstrebig ist – jedoch niemals in Hektik
  Joh 11,1–15
- wie er ermutigt – und zugleich liebevoll ermahnt
  Joh 12,1–8
- wie er konsequent bleibt – und darin doch flexibel
  Lk 12,13–21
- wie er zornig sein kann – doch darin ohne Sünde
  Mk 3,1–6
- wie er korrigiert – doch darin nicht vernichtet
  Mk 8,17–21; 10,35–45
- wie er konfrontativ ist – dennoch nicht destruktiv
  Mt 16,21–26
- wie er unerschrocken bleibt – und dennoch nicht respektlos
  Joh 18,19–23.33–37

Jesus hinterließ uns in seinem Charakter ein zeitloses Modell, das in jedem von uns Gestalt annehmen kann, unabhängig von unserer jeweiligen Lebenssituation.

Wenn wir Jesus so betrachten, leuchtet eine absolut faszinierende Persönlichkeit vor unseren Augen auf. Gott hat uns in Jesus wunderbaren Anschauungsunterricht über sein eigenes Wesen geschenkt: *„Wahrhaftiger Gott … und auch wahrhaftiger Mensch“* (Luthers Kleiner Katechismus).[102] Vielleicht möchtest du dieses Lied zu deinem Gebet machen: *„Immer mehr von dir, immer mehr! Immer mehr sein wie du, immer mehr!“*[103]

Der Prototyp: Jesus ähnlich werden

Ist es überhaupt möglich, noch auf dieser Erde Jesus „ähnlich“ zu werden? Ist dies überhaupt erstrebenswert oder landen wir damit bei einem peinlichen Zerrbild von religiösen Aussteigern, Asketen oder weltfremden Idealisten? Jesus hat zur „Nachfolge“ aufgerufen, niemals zur „Nachahmung“ in dem Sinne, dass wir seinen Weg und seine Lebensweise direkt kopieren sollten. Als „wahrer Mensch“ war Jesus natürlich auch Kind seiner Zeit: Jude unter Juden, Handwerker, Kleinstädter, Kind einer großen Familie. Und gerade in dieser Hinsicht war er ein Mensch „zum Anfassen“: Nachbar, Freund, Zeitgenosse, in keiner Hinsicht abgehoben! Allerdings hinterließ uns Jesus in seinem Charakter ein Modell, das zeitlos ist und zugleich in jedem von uns Gestalt annehmen kann, unabhängig von unserer jeweiligen Lebenssituation. Paulus sah in Jesus eine Art Prototyp für wahres Menschsein: *„Gott hat die Menschen, auf die er schon vorher seinen Blick geworfen hat, auch schon vorher dazu bestimmt, dass sie dem Bild seines eigenen Sohnes gleich werden sollten. Auf diese Weise wird er, Jesus, zum Erstgeborenen unter vielen Geschwistern“* (Röm 8,29 | DB). Im Griechischen spricht dieser Vers von einer „Ikone“: Jesus als Vor-Bild, als Leit-Bild für unser Leben! Das gilt nicht nur im Blick auf unsere Zukunft, wenn uns Jesus vom Tod auferwecken wird (vgl. Phil 3,20–21). Paulus nahm Jesus als Maßstab für die konsequente Arbeit am eigenen Charakter, wobei ihm durchaus bewusst war, dass er in diesem Leben niemals fehlerfrei sein würde: *„Ich strebe danach, es zu ergreifen, weil auch ich von Christus Jesus ergriffen worden bin. … Ich vergesse, was hinter mir liegt, und strecke mich aus nach dem, was vor mir ist.“* Unter dieser Voraussetzung konnte sich Paulus selbst als Vorbild für andere hinstellen: *„Ahmt auch ihr mich nach, Brüder, und achtet auf die, die nach dem Vorbild leben, das ihr an uns habt“* (Phil 3,12–17 | EÜ).

Charakterentwicklung ist also gerade für Leiter und Mitarbeiter ein Schlüsselthema, dem sie sich stellen sollten. Je mehr wir Verantwortung bekommen, umso stärker erscheinen wir auf der Bildfläche, umso mehr nehmen uns andere Menschen zum Maßstab. *„Leiter zu sein, ist keine Funktion, sondern eine Sache der Persönlichkeit. Leiter kann man nur mit seiner ganzen Person sein“*, betonen Bettina und Johannes Stockmayer aus ihrer Erfahrung als Gemeindeberater. *„Es ist nicht so entscheidend, was ein Leiter tut, sondern wer er ist. … Ein Leiter muss echt sein, keine Marionette, die von Stimmungen oder anderen Menschen abhängig ist, keine Schaufensterpuppe, die nur gut aussieht, und keine Maschine, die ihr Programm abspult. Ein Leiter muss transparent sein, so klar und durchsichtig, dass man sein Herz sieht.“*[104] Wie ging es dir bisher mit Situationen, wo du „durchsichtig“ wurdest? Bist du bereits an Grenzen gestoßen, die in deiner eigenen Persönlichkeit begründet lagen? Gab es Krisen oder Konflikte, durch die dein Charakter geprüft wurde? Wie bist du damit umgegangen? Welche Rückmeldung bekommst du von anderen im Blick auf deinen Charakter?

7.3 Unser Herz: Wenn Gott das Innenleben checkt

„Trügerisch ist das Herz, mehr als alles andere, und unheilbar ist es. Wer kennt sich mit ihm aus? Ich, der Herr, bin es, der das Herz erforscht und die Nieren prüft, und zwar um einem jeden zu geben nach seinen Wegen, nach der Frucht seiner Taten." (Jer 17,9–10 | EB)

Wenn ein Patient die Diagnose bekommt: „Mit Ihrem Herzen ist etwas nicht in Ordnung!", oder der Kardiologe ihm einschärft: „Sie müssen auf Ihr Herz achten! Sie müssen mehr für Ihr Herz tun!", dann macht das normalerweise Eindruck. Ohne unser Herz läuft gar nichts! Unser Herz ist eben nicht nur eine „Pumpe", sondern reagiert auf Stress, schlägt schneller, schlägt höher, gerät in Unruhe oder Panik. Wir nehmen uns Dinge oft „zu Herzen". Kein Wunder, dass die Bibel rät: *„Mehr als alles, was man sonst bewahrt, behüte dein Herz! Denn in ihm entspringt die Quelle des Lebens"* (Spr 4,23 | EB).

Unser Herz: Zentrum der Persönlichkeit

Wenn wir über das Herz im biblischen Sinn nachdenken, müssen wir uns verabschieden von lediglich emotionalen Vorstellungen wie „Herzschmerz" oder „Herzlichkeit". Das hebräische Wort *leb/lebab* meint zunächst das zentrale Körperorgan *„Herz"*, allgemein einfach die *„Mitte"* einer Person. Unter den rund 850 Belegen im Alten Testament bezeichnet *leb* zunächst auch die Gefühlswelt, darüber hinaus auch *„Einsicht"* und *„Erkenntnis"* und schließlich die *„Entschlüsse"* eines Menschen. *„Die wesentlichen Tätigkeiten des menschlichen Herzens sind in der Bibel von geistig-seelischer Art. … In den weitaus meisten Fällen werden vom Herzen intellektuelle, rationale Funktionen ausgesagt, also genau das, was wir dem Kopf oder genauer dem Hirn zuschreiben"* (Hans Walter Wolff).[105] Kopf und Herz sind in der Bibel also kein Gegensatz, sondern die Schaltzentrale unseres Lebens. Hier sitzen die verborgenen Wünsche, werden Pläne geschmiedet, Entscheidungen getroffen, ohne dass uns jemand „ins Herz sehen" könnte. So heißt es in den Sprüchen:

Jesus war überzeugt davon, dass der zentrale Kampf um die Menschheit im menschlichen Herzen stattfindet und dass wir selbst auf den Zustand unseres Herzens aktiv Einfluss nehmen können.

„Das Herz des Menschen plant seinen Weg,
aber der Herr lenkt seinen Schritt" (Spr 16,9).

„Jeder Weg eines Mannes ist gerade in seinen Augen,
aber der die Herzen prüft, ist der Herr" (Spr 21,2).

„Wer darf sagen: Ich habe mein Herz rein gehalten,
ich bin rein von meiner Sünde?" (Spr 20,9 | jeweils EB).

Und Jesus diagnostizierte die Rolle des Herzens so: *„Aus dem Herzen kommen hervor böse Gedanken: Mord, Ehebruch, Unzucht, Diebstahl, falsche Zeugnisse, Lästerungen; diese Dinge sind es, die den*

Menschen verunreinigen " (Mt 15,19–20 | jeweils EB). Häufig spricht die Bibel von den *„Gedanken des Herzens"* oder vom *„Sprechen im Herzen"* (z. B. 5. Mo 8,5; 9,4; Ps 4,5; 53,2). Wenn wir einmal unseren inneren Selbstgesprächen lauschen, kommen wir den verborgenen Regungen auf die Spur: Aus Gedankengängen werden Gefühle, dann innere Entschlüsse. Was unser Herz anfängt zu glauben, wird schließlich durch unseren Mund laut. Wir artikulieren unser „inneres Glaubensbekenntnis", legen uns durch wiederholte Worte fest und schaffen damit eine Spur, der unser Verhalten folgt. Deshalb kann Jesus in einem seiner Gleichnisse formulieren: *„Aufgrund deiner eigenen Worte spreche ich dir das Urteil!"* (Lk 19,22). Jesus wusste um die zentrale Bedeutung unserer Herzen, die er in einem anderen Gleichnis mit der Beschaffenheit eines Ackers vergleicht: *„Auf guten Boden ist der Samen bei denen gefallen, die das Wort mit gutem und aufrichtigem Herzen hören, daran festhalten und durch ihre Ausdauer Frucht bringen."* Nicht nur Gott bemüht sich um unser Herz, auch der Teufel versucht Wahrheit zu rauben und uns mit Täuschung zu infiltrieren. Letztlich läuft alle dämonische Aktivität darauf hinaus, Herzen zu manipulieren (Lk 8,15.12 | jeweils EÜ). Jesus war überzeugt davon, dass der zentrale Kampf um die Menschheit im menschlichen Herzen stattfindet. Doch er war ebenso überzeugt, dass wir selbst aktiv Einfluss nehmen können auf den Zustand unseres Herzens.

Gott muss schöpferisch in mein Innerstes eingreifen, damit es zum wirklichen Neuanfang kommt. Nicht allein das Verhalten muss sich ändern, sondern die inneren Voraussetzungen!

Gott prüft unsere Gesinnung

David wurde bereits als junger Mann zum König gesalbt, nachdem Gott seinen Vorgänger Saul absetzen musste. *„Der Herr hat sich einen Mann nach seinem Herzen ausgesucht …"* (1. Sam 13,14). Als Samuel die sieben Söhne des Isai in Augenschein nahm, war er gleich von der stattlichen Erscheinung des Erstgeborenen beeindruckt. Doch Gott korrigierte seinen Propheten und erinnerte ihn an die entscheidenden Auswahlkriterien: *„Der Mensch sieht auf das, was vor Augen ist, der Herr aber sieht das Herz an!"* (1. Sam 16,7). Nachdem David den Höhepunkt seiner Karriere erreicht hatte, stolperte er über die Affäre mit einer attraktiven Frau in seiner Nachbarschaft. David wusste, dass Gott ihn ebenso aus dem Amt entfernen müsste wie seinerzeit Saul. Doch es gab einen entscheidenden Unterschied zwischen diesen beiden Königen: Saul verschanzte sich hinter faulen Ausreden, Selbstrechtfertigung und Stolz. So endete er in Selbsttäuschung und Isolation. David dagegen demütigte sich vor Gott und bekannte: *„An dir allein habe ich gesündigt!"* Und er ging noch einen Schritt weiter: David begriff sofort, dass es mit der bloßen

Bitte um Vergebung nicht getan war. Er erkannte den Schaden in seinem Innenleben. Er spürte den falschen Voraussetzungen nach, die zu diesem Desaster geführt hatten: *„Erschaffe in mir, o Gott, ein reines Herz. Und gib mir von Neuem einen festen Geist in meinem Innern!"* (Ps 51,6.12). Im hebräischen Text wird man an den ersten Schöpfungstag erinnert: Gott erschuf aus dem Nichts – einfach durch sein Wort. Ebenso wusste David: Gott muss schöpferisch in mein Innerstes eingreifen, damit es zum wirklichen Neuanfang kommt. Nicht allein das Verhalten muss sich ändern, sondern die inneren Voraussetzungen!

Könnte dies auch dein Gebet sein? Bist du je bis zur Wurzel gelangt, aus der verkehrtes Denken und verdrehtes Verhalten stammt? David wollte um jeden Preis ein neues, von Gott gereinigtes Herz. Er wusste: Nur *„ein zerbrochenes und zerschlagenes Herz"* kann *„Gott gefallen"*. Erst wenn ich meinen wahren Zerbruch eingestehe und mich bewusst vor Gott öffne, kann der große Herzspezialist operieren (Ps 51,19). David blieb ein Mann „nach dem Herzen Gottes", trotz seiner Niederlagen. Er bleibt für uns ein Vorbild durch seine Einsicht, wie viel ein einsichtiges, aufrichtiges und lernfähiges Herz bei Gott zählt:

> *„Wohl dem Menschen, dem der Herr keine Schuld anrechnet, und in dessen Geist keine Falschheit ist. ... Jubelt alle, die ihr aufrichtigen Herzens seid!"* (Ps 32,2.11).
>
> *„Erforsche mich, o Gott, und erkenne mein Herz; prüfe mich und erkenne, wie ich es meine ..."* (Ps 139,23 | jeweils Sch).

Heilung für das verkehrte und verwundete Herz

Ist es dir auch schon so gegangen, dass du in bestimmten Situationen plötzlich erschrocken warst über dich selbst? Du hörst dich Dinge sagen, die du nicht sagen wolltest. Du siehst dich in einer Weise reagieren, die dir selbst fremd ist – gegenüber deinen Kindern, deinem Partner, Mitarbeitern oder Freunden, vielleicht im Urlaub oder im Straßenverkehr ... Was ist nur mit mir los? *„Überaus trügerisch ist das Herz!"* Man kann auch übersetzen: Unser Herz ist *„schwierig"*, ein *„unwegsames"* Gelände ... Wie gut, dass einer sich darin auskennt: *„Ich, der Herr, erforsche das Herz!"* (Jes 17,9; 11,20). Doch der Vater im Himmel prüft unsere Herzen niemals, um uns bloßzustellen oder uns mit einer deprimierenden Diagnose alleinzulassen. Wenn Gott prüft, will er uns nicht benoten oder am Ende durchfallen lassen. Auf seinem Herzen liegen Heilung und Freisetzung für unsere ganze Persönlichkeit. Er blickt immer hinter die Fassade und möchte so gerne die Wurzeln behandeln. Er lässt sich

Wenn Gott prüft, will er uns nicht benoten oder am Ende durchfallen lassen. Auf seinem Herzen liegen Heilung und Freisetzung für unsere ganze Persönlichkeit.

nie täuschen vom äußeren Schein, sondern kennt unser wahres Sein. *„Mein Sohn, meine Tochter, schenk mir dein Herz!"* (Spr 23,26). Gott unser Vater weiß, wo unsere Herzen – manchmal schon in frühester Jugend – verwundet wurden. Wo Irritation in unseren Geist kam. Wo Verletzungen unerträglich waren, sodass wir uns schützen mussten. Er kennt die Verschalung, hinter der oft ein ängstliches, unsicheres Kind lebt. Der Vater kennt auch die Stresssituationen, denen viele Leiter ausgesetzt sind. Die Enttäuschung im Herzen derer, die alles für die Gemeinde geben und oft so wenig zurückbekommen …

Gott verspricht vielfach in seinem Wort Heilung und Befreiung, Trost und Frieden – sofern wir unsere Herzen offenlegen von ihm (Jes 57,15–19). Er ist ein Gott, der *„zerbrochene Herzen heilt"* (Ps 147,3). Er hat in Jesus *„das Gnadenjahr des Herrn"* ausgerufen – für alle! (Lk 4,17–19). Doch manchmal kommen wir uns selbst erst durch Krisenzeiten oder Grenzerfahrungen tiefer auf die Spur. Tatsächlich ist „Druck" ein Erziehungsmittel Gottes, durch das er uns nicht erdrücken, wohl aber das Verborgene ans Licht bringen will: *„… um zu erkennen, was in deinem Herzen ist"* (5. Mo 8,2 | EB). Statt den Schwierigkeiten unseres Lebens auszuweichen oder darin nur „Anfechtung" zu sehen, sollten wir hellhörig werden: Wo möchte Gott gerade jetzt tiefer an mein Herz heran? Wo möchte er mir verborgene Seiten meines „Betriebssystems" aufzeigen, die verkehrt laufen? Nimm dir gerade jetzt einen Augenblick Zeit und frage dich in der Stille vor Gott:

Was lässt sich über den Zustand meines Herzens sagen?

- Ist mein Herz unruhig?
  Bin ich innerlich getrieben?
- Ist mein Herz voller Sorgen?
  Wodurch fühle ich mich unter Druck?
- Gibt es Furcht in meinem Herzen?
  Wer oder was macht mir Angst?
- Gibt es Einsamkeit in meinem Herzen?
  Wodurch ist dies bedingt?
- Gibt es Groll in meinem Herzen?
  Was stößt mir bitter auf?
- Spüre ich Wut in meinem Herzen?
  Auf wen oder was? Auf mich selbst?
- Gibt es Traurigkeit in meinem Herzen?
  Wodurch kam sie hinein?

- Bin ich stolz in meinem Herzen?
  Wo zeigt sich bei mir Überheblichkeit?
- Gibt es Täuschung in meinem Herzen?
  Wo bin ich unrealistisch oder geblendet?
- Bin ich verführbar in meinem Herzen?
  Wodurch kann man mich manipulieren?
- Gibt es Begierde in meinem Herzen?
  Wonach gelüstet mich?
- Gibt es Unglauben in meinem Herzen?
  Bin ich im Tiefsten resigniert?

7.4 Das prägende Vorbild von Leitern

„In Christus Jesus bin ich durch das Evangelium euer Vater geworden. Darum ermahne ich euch: Haltet euch an mein Vorbild! ... Nehmt mich zum Vorbild, wie ich Christus zum Vorbild nehme!“ (1. Kor 4,15–16; 11,1 | EÜ)

Als Jugendlicher habe ich fromme Autoaufkleber gesammelt. Später sah ich sie etwas kritischer, und über einen habe ich mich irgendwann geärgert: „Folgen Sie nicht mir – folgen Sie Jesus Christus!“ Gemeint war wohl dies: Es geht ja gar nicht um uns Christen, wir wissen nur zu gut um unsere Fehler und verweisen lieber gleich auf unseren Herrn! Heute ist der Standard-Aufkleber ein Fisch. Doch auch den lassen manche Glaubensgeschwister lieber weg – aufgrund ihres Fahrverhaltens! Fahrstil hin oder her, wir können uns der Frage nach unserer Außenwirkung nicht entziehen. Wenn unser Lebens- und Glaubensbekenntnis lediglich heißt: „Wir sind nicht besser, aber wir sind besser dran“, entziehen wir uns der Verantwortung für ein glaubwürdiges Verhalten. Inzwischen gehören nur noch zwei von drei Deutschen einer Kirche an, nur ein Bruchteil der Kirchenmitglieder sieht regelmäßig eine Kirche von innen und Gottes Wort wird höchstens zufällig gelesen. Wir sollten uns klar machen: Christen sind das einzige Evangelium, das noch gelesen wird. Und zwar ständig, unbemerkt, mitten im Alltag und ohne unsere ausdrückliche Genehmigung. Insofern ist die Sache mit unserer Glaubwürdigkeit ein Schlüsselthema, denn das Zeugnis für Christus selbst steht auf dem Spiel!

Christen sind das einzige Evangelium, das noch gelesen wird. Und zwar ständig, unbemerkt, mitten im Alltag und ohne unsere ausdrückliche Genehmigung.

Christsein: ein Markenzeichen?

Nach der Verhaftung seines Lehrers wurde Petrus von einer Sklavin in die Mangel genommen: *„Auch du warst mit diesem Jesus aus Galiläa zusammen!“* Er knickte ein und verleugnete seinen Herrn (Mt

26,69–75)! Später sehen wir denselben Petrus, wie er sich mutig zu Jesus bekennt vor Freunden und Feinden (Apg 2,36; 4,13). *„Christ"* war vielleicht zunächst ein Spitzname oder ironisch gemeint (vgl. Jak 2,7; 1. Pt 4,14.16). Jedenfalls wurden bereits zur Zeit des Neuen Testaments aus den *„Jüngern"* des Christus die *„Christen"* (Apg 11,26; 26,28). So tragen wir bis heute das Markenzeichen des *„Messias"* an uns (das hebräische Wort für *Christus*: der von Gott *„Gesalbte"*)! Wenn wir uns Christen nennen, erwartet unsere Umgebung von uns zu Recht, dass wir Christus in irgendeiner Weise repräsentieren.

Mahatma Gandhi (1869–1948), Führer der indischen Unabhängigkeitsbewegung, der den gewaltfreien Widerstand propagierte, war von der Bergpredigt tief beeindruckt und zeitweise sehr offen für den biblischen Glauben. Als er jedoch bemerkte, wie stark auch die christlichen Gemeinden im Kasten-System gefangen waren, fühlte er sich abgestoßen. Später war er nicht mehr zu einer tieferen Auseinandersetzung mit dem Evangelium zu bewegen. *„Ich würde raten, dass ihr christlichen Missionare und überhaupt alle Christen anfangen müsstet, mehr wie Jesus Christus zu leben"*, äußerte sich Gandhi schließlich im Gespräch mit einem christlichen Leiter.[106]

Spricht unser Charakter möglicherweise eine ganz andere Sprache als unsere Worte? Nur wenn wir Christen Christus widerspiegeln, wird die Welt um uns herum glauben können!

Andere wurden durch glaubwürdige Vorbilder so nachhaltig geprägt, dass sie die Spur des Glaubens nie mehr verließen. So hat **Billy Graham** (geb. 1918) im Laufe seines langen Lebens als Evangelist nicht nur Tausende von Predigten auf allen Kontinenten gehalten, sondern auch ein glaubwürdiges Zeugnis gegenüber seiner Familie hinterlassen: *„Ich sah Papa das leben, was er predigte. Ich sah, wie sie Christus zu ihrem Lebensinhalt machten und nicht bloß zu ihrer Religion"*, bezeugen seine Kinder rückblickend. *„Ich konnte Christus in meinen Eltern sehen."*[107] Wovon spricht unser Leben? Spricht unser Charakter möglicherweise eine ganz andere Sprache als unsere Worte? Ob im Weltmaßstab oder in den eigenen vier Wänden: Wir haben als Christen die Chance, etwas von Christus widerzuspiegeln – nur so wird die Welt um uns herum glauben können!

Unsere Fingerabdrücke bleiben!

„Glaubwürdigkeit ist letztlich immer das überzeugendste Argument, und es wird weltweit verstanden", schreibt Notker Wolf, Abtprimas der rund 800 Benediktiner-Klöster, in seinem Buch „Die Kunst, Menschen zu führen". *„Abstrakte Wertediskussionen … sind völlig sinnlos. Es werden Vorbilder gebraucht, Persönlichkeiten, die Werte als lebendige Kultur vor Augen führen."*[108] Heute sprechen wir vom genetischen Fingerabdruck, den Menschen hinterlassen und der gespeichert werden kann. Ebenso hinterlässt jeder Mensch einen „Eindruck" durch

seinen Charakter und den Geist, in dem er auftritt. Goethe beschrieb das Prinzip der Prägung durch den Einfluss anderer Menschen so: *„Sage mir, mit wem du umgehst, so sage ich dir, wer du bist; weiß ich, womit du dich beschäftigst, so weiß ich, was aus dir werden kann.“*[109] Vor allem Leiter haben keine Wahl: Sie sind Vor-Bild, werden gesehen und intuitiv gelesen und auch unbewusst nachgeahmt. Wenn wir bereit sind, für andere Menschen Verantwortung zu tragen, sollten wir uns dieser Herausforderung bewusst stellen:

- Welches Vorbild biete ich meinen Mitmenschen?
- Was ist an meinem Leben für andere nachahmenswert?
- Wo braucht mein Charakter Korrektur und Weiterentwicklung?

Paulus gebraucht zwei schöne Bilder für den Einfluss, den wir Christen ausüben – *„weil Christus in uns lebt“*: Wir sind *„ein Brief, den Christus selbst verfasst hat“*. Und wir sind *„ein Wohlgeruch“*, der anderen unwillkürlich in die Nase steigt (2. Kor 3,3; 2,15 | NGÜ). Wir hinterlassen Spuren durch die Art, wie wir mit anderen Menschen umgehen, nicht nur durch das, was wir sagen. Vielleicht hast du auch schon Leiter beobachtet, die auf der Bühne stehen und ihre Botschaft vermitteln, in deinem Geist aber noch ganz andere Untertöne auslösen: Dieser Mensch will von der Gemeinde geliebt werden, er hungert offenbar nach Anerkennung, er sucht ihren Beifall, er will um jeden Preis witzig oder cool rüberkommen, damit die Leute ihn mögen … Welche Gesinnung ist in uns? Wo ist unser Herz innerlich leer? All das ist auch eine Art von „Geruch“, der sich ausbreitet!

Leiter als lebendige Leitbilder

Paulus hat sich in seinen Briefen nicht gescheut, sein eigenes Leben als Vorbild zu empfehlen. Dabei machte er sich allerdings nicht zum Maß aller Dinge, sondern fügte bewusst hinzu: *„Ich bitte euch nun: Seid meine Nachahmer … wie auch ich Christi Nachahmer bin!“* (1. Kor 4,16; 11,1 | EB). Sein Leben hatte bleibenden Einfluss, weil er von Christus durchdrungen war. An anderen Stellen gebraucht er auch das griechische Wort *typos*: Wie der *„Abdruck“* eines Stempels oder die Gravur eines Siegels, so sollte anderen Menschen Christus eingeprägt werden – durch seinen Einfluss:

> *„Achtet auf jene, die nach dem Vorbild leben, das ihr an uns habt“* (Phil 3,17; vgl. 4,9).
>
> *„Wir wollten euch aber ein Vorbild geben, damit ihr uns nachahmen könnt“* (2. Thes 3,9).
>
> *„So wurdet ihr zum Vorbild für alle Gläubigen in Mazedonien und Achaia“* (1. Thes 1,7).

Wir sehen an diesen Texten, wie sehr sich die Vorbildwirkung des Paulus multiplizierte. Seine Gemeinden hatten in ihm ein lebendiges Beispiel vor Augen, das nachahmenswert auf sie wirkte. Auch seinem Schüler Timotheus legte Paulus ans Herz: *„Sei den Gläubigen ein Vorbild in deinen Worten, in deinem Lebenswandel, in der Liebe, im Glauben, in der Lauterkeit"* (1. Tim 4,12; vgl. Tit 2,7). Ebenso schärfte Petrus den Gemeindeleitern seiner Zeit ein: *„Sorgt als Hirten für die euch anvertraute Herde Gottes … nicht als Beherrscher eurer Gemeinden, sondern als Vorbilder für die Herde!"* (1. Pt 5,2–3 | EÜ). Leiter sind in jedem Fall Multiplikatoren: Wer sie sind und was sie leben, bleibt wie eine Spur zurück, an der sich die nächste Generation orientiert. Paulus dachte vor allem im Blick auf die Auswahl der richtigen Leiter strategisch. Unter seinen Schriften sind uns drei Briefe erhalten, die er persönlich an seine Schüler adressierte und in denen er ihnen wertvolle Leitlinien für den geistlichen Dienst gab. Sowohl Timotheus als auch Titus nennt er ein *„echtes Kind im Glauben"* (1. Tim 1,2; Tit 1,4). Beide hatte er als geistlicher Vater geprägt, schreibt die Briefe an sie kurze Zeit vor seinem Märtyrertod und reicht den Stab an die nächste Generation weiter. Vermutlich leitete der junge Timotheus eine Zeit lang die Gemeinde in Ephesus. Jedenfalls schätzte Paulus seine Treue und Hingabe ganz besonders und ermutigte ihn immer wieder zur Geradlinigkeit (1. Tim 1,3; 1. Kor 4,17; Phil 2,19–30). Titus dagegen wird von Paulus beauftragt, für mehrere Städte Verantwortung zu übernehmen und in den dortigen Gemeinden Älteste einzusetzen. Damit trat er in die apostolischen Fußstapfen seines geistlichen Vaters (Tit 1,5).

Leiter sind in jedem Fall Multiplikatoren: Wer sie sind und was sie leben, bleibt wie eine Spur zurück, an der sich die nächste Generation orientiert.

Vor allem Treue!

„Was du von mir gehört hast vor vielen Zeugen, das vertraue treuen Menschen an, die fähig sein werden, auch andere zu lehren." (2. Tim 2,2 | Sch)

Diese Dienstphilosophie gibt Paulus dem Timotheus mit. Am Ende seines Lebens schaut der Apostel über mehrere Generationen hinweg und bittet seinen geistlichen Sohn, heute schon die Spur für morgen zu legen. Timotheus soll in seinen jungen Jahren tatsächlich schon an die geistlichen Enkel denken! Die Auswahl der richtigen Leute prägt in der Tat die Führungskultur einer Gemeinde oder eines Unternehmens für Generationen. Qualität multipliziert sich ebenso wie versteckte Defizite. Paulus lag nicht nur die korrekte Weitergabe des Evangeliums am Herzen,

Die Auswahl der richtigen Leute prägt in der Tat die Führungskultur einer Gemeinde oder eines Unternehmens für Generationen. Qualität multipliziert sich ebenso wie versteckte Defizite.

sondern auch die Charakterstärke der künftigen Leiter. „*Treue Menschen*“ – in diesem Stichwort scheinen sich die wichtigsten Charaktereigenschaften zu verdichten:

dass Menschen an Jesus „*glauben*“,

dass sie in ihren Beziehungen „*treu*“ sind,

dass sie „*zuverlässig*“ in ihrer Lebensführung sind,

dass sie dadurch „*glaubwürdig*“ sind nach außen.

Das alles steckt in dem griechischen Begriff *pistos*. Insofern hat „Glaube“ eine spirituelle, eine soziale und eine öffentliche Seite! Immer wieder lesen wir in den Briefen des Paulus und Petrus, wie sie an ihren engsten Mitarbeitern vor allem deren Treue schätzten (Kol 1,7; 4,7.9; 1. Pt 5,12). Alle anderen Qualitätsmerkmale, die einen angenehmen Leiter ausmachen, folgen aus diesem charakterlichen Grundzug: nämlich dass er „*gastfreundlich, das Gute liebend, besonnen, gerecht, heilig, beherrscht*“ sein sollte (Tit 1,6–9 | Sch).

Ein veränderter Charakter: Wie kommen wir dahin?

Sehnst du dich nach Veränderung deines Charakters? Ist dir bewusst, auf welcher „Baustelle“ du gerade gefragt bist? Kannst du Gottes Handschrift erkennen, auch in den schwierigen Phasen deines Lebens? An den Schluss dieses Kapitels möchte ich zwei Bilder stellen, die immer wieder in der Bibel auftauchen: das Haus und sein Fundament und der Baum mit seinen Wurzeln. Beide Bilder stehen für unser Leben und unsere Persönlichkeit. In seiner Bergpredigt malt Jesus seinen Hörern durch ein eindrückliches Bild vor Augen, wie wichtig ein stabiles Fundament für unser Leben ist:

„Charakter ist wie das Fundament eines Hauses. Beides ist unter der Oberfläche verborgen.“

> „*Darum gleicht jeder, der meine Worte hört und danach handelt, einem klugen Mann, der sein Haus auf felsigen Grund baut. Wenn dann ein Wolkenbruch niedergeht und die Wassermassen heranfluten und wenn der Sturm tobt …, stürzt es nicht ein*“ (Mt 7,24–25).

Jesus stellt uns hier ein Lebensmodell vor Augen, das auch Herausforderungen besteht und sich in schweren Zeiten bewährt, denn „*es ist auf felsigen Grund gebaut*“! Ein unbekannter Autor sagte einmal: Unser „*Charakter ist wie das Fundament eines Hauses. Beides ist unter der Oberfläche verborgen.*“ In einem anderen Bild vergleicht uns Jesus mit Bäumen. Dabei heißt die einfache Logik:

> „*Ein guter Baum kann keine schlechten Früchte tragen; ebenso wenig kann ein schlechter Baum gute Früchte tragen. … An ihren Früchten werdet ihr sie erkennen*“ (Mt 7,18.20; vgl. 15,13 | jeweils NGÜ).[110]

Dieser Satz ist logisch formuliert wie eine mathematische Formel. Doch ich glaube nicht, dass Jesus damit sagen wollte, wir wären auch in unserem Charakter genetisch festgelegt wie eine Pflanze. Vielmehr zeigt sich an den „Früchten“ unseres Lebens, was im Tiefsten in uns steckt. Deshalb ist Gott, unser Vater, niemals zufrieden mit Oberflächenbehandlung, sondern will zur Wurzel unserer Persönlichkeit vordringen. Durch seine Gnade lassen sich die inneren Voraussetzungen unseres Lebens korrigieren: Das Fundament lässt sich ebenso nachbessern, wie sich eine Wurzel behandeln lässt – das ist die gute Nachricht! Paulus betete für seine Gemeinden intensiv darum, *„dass euer Leben in der Liebe verwurzelt und auf das Fundament der Liebe* [Gottes] *gegründet ist“* (Eph 3,17). Wieder begegnet uns das Bild von Wurzel und Fundament … „In Christus“ – hier liegt der Schlüssel für eine Charakterveränderung von innen heraus. *„Christus lebt in mir!“*, wusste der Apostel. Und entsprechend förderte er die Christen seiner Zeit, *„bis Christus in eurem Leben Gestalt annimmt“* (Gal 2,20; 4,19 | jeweils NGÜ)!

Frucht oder Leistung?

Die Veränderung unseres Charakters kann zu einem frustrierenden Unternehmen werden, wenn wir versuchen, uns aus eigener Kraft zu „verbessern“. Zu tief sitzen oft die Verhaltensmuster. Zu nachhaltig die Prägungen unserer Vergangenheit. Und zu oft wurden Christen dazu verleitet, lediglich ihr Verhalten anzupassen und möglichst „heilig“ zu erscheinen. Oder es wurden moralische Maßstäbe hochgehalten, als ob wir ihnen von uns aus gerecht werden könnten. Christsein verkommt so zu einer subtilen Form der Leistungsorientierung. Doch das Neue Testament durchzieht eine völlig andere Botschaft: *„Lasst den Geist Gottes euer Verhalten bestimmen, dann werdet ihr nicht mehr den Begierden eurer eigenen Natur nachgeben.“* Wieder taucht das biologische Bild auf, wenn uns Paulus in den folgenden Versen *„die Frucht, die der Geist Gottes hervorbringt“* vor Augen malt: nämlich *„Liebe, Freude, Frieden, Geduld, Freundlichkeit, Güte, Treue, Rücksichtnahme, Selbstbeherrschung“* (Gal 5,16.22 | NGÜ). Alle diese angenehmen Charaktereigenschaften sehen wir bei Jesus in vollkommener Weise. Frucht ist das Gegenteil von Leistung. Leistung muss erbracht werden, sie besteht in körperlicher Arbeit oder gedanklicher Anstrengung. Mit seiner Leistung ist jeder Mensch alleine – und mitten im Wettbewerb. Doch Frucht wächst von alleine, mühelos, natürlich und als Ergebnis einer gesunden Wurzel. Frucht ist im Neuen Testament das Wesen des Christus in uns. Christen sind durch Christus ver-

Frucht ist das Gegenteil von Leistung. Sie wächst von allein, mühelos, natürlich und als Ergebnis einer gesunden Wurzel. Sie ist das Wesen des Christus in uns.

änderte Menschen – so besteht Hoffnung für unseren Charakter! *„Wer in mir bleibt und ich in ihm, der bringt viel Frucht; denn getrennt von mir könnt ihr nichts tun. … Dadurch wird mein Vater verherrlicht, dass ihr viel Frucht bringt und meine Jünger werdet“* (Joh 15,5.8 | Sch).

Zur Vertiefung: Beachte folgende Tugenden im Buch der Sprüche

- Weisheit, die mehr wert ist als aller Reichtum
  Spr 3,13–18
- Ein guter Ruf, der durch nichts zu bezahlen ist
  Spr 22,1; 28,14
- Charakterformung, die durch enge Beziehungen geschieht
  Spr 13,20; 27,17
- Bereitschaft, Korrektur anzunehmen
  Spr 9,8–9; 12,1.15; 13,18; 15,32
- Geduld und gute Planung, die zum Ziel führen
  Spr 15,22; 19,2
- Aufrichtigkeit, die sich in den kleinen Dingen zeigt
  Spr 20,10–11; 21,21; 28,20
- Standfestigkeit und Selbstbeherrschung
  Spr 16,32; 24,10
- Demut, welche am Ende geehrt wird
  Spr 18,12; 27,2; 29,23

Prüfungen 8

Stolpersteine oder Wachstumsschritte?

Der Führerschein war die bisher unangenehmste Prüfung meines Lebens: Mir schlotterten die Knie, als ich endlich aus dem VW Golf aussteigen durfte, nachdem ich die praktische Prüfung mit Mühe und Not geschafft hatte. Damals war ich 18. Einige Jahre zuvor hatte mich die Schwimmprüfung das Fürchten gelehrt: „Die halbe Stunde schaffst du nie!", dachte ich zeitweise. Das Abitur verlief irgendwie unspektakulär. Und später im ersten theologischen Examen erlebte ich erstmals den Beistand des Heiligen Geistes: „Übersetzen Sie doch mal Jeremia 1, ab Vers 1", meinte der Professor für Altes Testament. Was er nicht wissen konnte: Diese Verse hatte ich für eine Arbeit einige Semester zuvor auswendig gelernt!

Prüfungen können locker und leicht sein, aber auch katastrophal. Im günstigsten Fall sind sie Erfolgserlebnisse: Wir wissen nun, was wirklich in uns steckt. Doch wenn wir Prüfungen wiederholt „in den Sand setzen", bedeuten sie das Ende unserer Träume. Berufswünsche zerplatzen, weil wir die Hürde nicht schaffen. Andere Prüfungen im Leben treffen uns unvermittelt und unvorbereitet: Eine plötzlich auftretende Krankheit, eine Beziehungskrise, der Verlust eines geliebten Menschen, all das kann uns massiv aus der Bahn werfen. Prüfungen treffen uns in dem Maß, wie sie ans „Eingemachte" gehen. Wenn der Konflikt zu Trennung und Scheidung führt, wenn die „Umstrukturierung" zum Verlust der Arbeitsstelle führt, ist plötzlich unsere gesamte Identität erschüttert. Wirkliche Lebensprüfungen hinterfragen nicht nur unser Können, sondern unser gesamtes Sein. Als Christen sprechen wir auch von „Anfechtungen": Wir fühlen uns angegriffen, irgendwie in unserer Existenz bedroht. Doch sind die Umstände schuld? Oder wir selbst? Sind wir ins Schussfeld Satans geraten? Oder hat Gott selbst zu dieser Zeit Prüfungen für uns eingeplant? Haben wir es vielleicht mit all diesen Aspekten gleichzeitig zu tun?

Gott will nicht, dass wir in einer Prüfung stolpern und zu Fall kommen, sondern dass wir an den Herausforderungen wachsen.

Dieses Kapitel soll uns Mut machen: Wie herausfordernd eine Prüfung auch ausfällt – Gott ist größer und hat unter allen Umständen eine gute Absicht für unser Leben. Er will nicht, dass wir stolpern und zu Fall kommen, sondern dass wir an den Herausforderungen wachsen. Wenn du dieses Kapitel liest, wirst du feststellen: Wir sind in guter Gesellschaft, wenn uns der Lebensweg über „Teststrecken" führt. Bei den Menschen der Bibel war es ebenso – mit vielfach ermutigenden Ergebnissen!

8.1 Warum Gott uns „prüfen" muss

„Du hast uns geprüft, o Gott, und hast uns geläutert, wie man Silber läutert. … Wir sind in Feuer und Wasser gekommen, aber du hast uns herausgeführt in die Fülle." (Ps 66,10.12 | Sch)

In der Bibel finden wir nur wenige Menschen, die Gott als seine *„Freunde"* bezeichnete. Abraham, der Stammvater Israels, war einer von ihnen (vgl. 2. Chr 20,7; Jes 41,8; Jak 2,23). Jesus hat diesen Ehrentitel später seinen Jüngern verliehen, sodass wir uns als Kinder des Neuen Bundes zu Recht an der Freundschaft mit Gott erfreuen dürfen (Joh 15,13–15)! Doch die Prototypen des Glaubens im Alten Testament zeigen uns auf eindrückliche Weise, was Freundschaft kostet: Noah, Abraham, Josef, Mose, Josua, Samuel, Hiob, David, Josia, Nehemia, Daniel und Esther … sie alle gingen ungewöhnliche Wege, die wir uns zum Vorbild nehmen können (vgl. 1. Kor 10,11): Gott sucht Partner auf dieser Erde, bezieht sie in seine Pläne ein und vertraut ihnen ein Stück seiner Strategie an. Gleichzeitig baut er ihren Glauben auf und arbeitet an ihrem Charakter. Sie erleben seine Treue und sie werden herausgefordert – scheinbar zeitweise überfordert …

Prüfungen überzeugen Gott (und uns) davon, wozu wir wirklich bereit sind. Freundschaft will und muss sich bewähren!

Keine Freundschaft ohne Test

Abraham musste jahrzehntelang warten, bis Gott seine Verheißung an ihn einlöste: Als der ersehnte Nachkomme zur Welt kam, war er bereits ein alter Mann (1. Mo 21,2.5). An Isaak hing der ganze Masterplan, denn die göttliche Zusage lautete: *„Ich will dich zu einer* *großen Nation machen*" (1. Mo 12,2)! Und dann dies: Gott fordert von seinem Freund Abraham, ihm ausgerechnet seinen Sohn, *„deinen einzigen, den du lieb hast"*, als Opfer darzubringen. Tatsächlich gehorcht der Vater dem Befehl! Diese Erzählung betont ausdrücklich, dass Gott den Abraham *„prüfte"* (1. Mo 22,1–2). Und natürlich bleibt sie für die Bibelleser aller Zeiten *„ein Ärgernis"*, zeigt sie uns doch *„das Bild eines Menschen, der in der Gottverlassenheit gehorsam ist"* (Gerhard von Rad).[111] Letztlich löst sich das ganze Rätsel erst in der Hingabe des Sohnes, den Gott-Vater am Ende unsertwegen *„nicht verschont hat"* (Röm 8,32). Doch für das Verstehen von Gottes Prüfungen in unserem Leben ist folgender Aspekt wichtig: Als Abraham mit dem Messer in der Hand gestoppt wird, lässt ihn Gottes Engel Folgendes wissen: *„Nun habe ich erkannt, dass du Gott fürchtest, da du deinen Sohn, den einzigen, mir nicht vorenthalten hast"* (1. Mo 22,12 | jeweils EB). Logisches Denken mag solch einen Satz für sinnlos halten: Weiß Gott denn nicht ohnehin alles? Wieso erst jetzt? Dennoch: Gott mutet uns Prüfungen zu, damit er tiefer in unser Herz blicken kann. Prüfungen überzeugen Gott (und uns) davon, wozu wir wirklich bereit sind. Freundschaft will und muss sich bewähren!

Hiob war ein anderer Vertrauter, von dessen Qualitäten Gott überzeugt war: *„Es gibt keinen wie ihn auf Erden – ein Mann, so rechtschaffen und redlich, der Gott fürchtet und das Böse meidet!"* (Hi 1,8; 2,3 | EB). Die sprichwörtlich gewordenen Prüfungen Hiobs rauben ihm die gesamte Existenz, seine Familie, seine Ehre … und fast seinen Glauben! Hiobs Frau empfiehlt ihm, Gott den Laufpass zu geben (Hi 2,9). Hier kommt eine andere Dimension ins Spiel, die das Alte Testament erst nach und nach entdeckte: Satan, der Ankläger im himmlischen Rat, kommt auf die perfide Idee, Hiob bis auf die Knochen zu testen. Das Buch Hiob gibt weder eine Antwort darauf, woher das Böse kommt, noch auf die Frage nach dem „Sinn" des Leidens. Vom Neuen Bund her wissen wir, dass Satan endgültig *„gestürzt"* ist und vor Gott nichts mehr zu sagen hat (Offb 12,10–11). Wir wissen, dass Jesus den Preis dafür gezahlt hat, indem er die Klagen Hiobs und der ganzen Menschheit mit seinem Leib ans Kreuz trug. Dennoch sollten wir auch diese Geschichte des Alten Bundes aushalten! Gott lässt die kritische Rückfrage Satans stehen: *„Ist Hiob umsonst gottesfürchtig …?"* (Hi 1,9; 2,5). Ist seine Frömmigkeit nicht billig, weil es ihm an nichts fehlt? Sicherlich auch eine berechtigte Frage an uns Christen im Wohlstand der westlichen Welt! Offenbar musste Gott selbst die Probe aufs Exempel aushalten – und war am Ende umso mehr stolz auf seinen Diener (vgl. Hi 42,7–17)! Jedenfalls werden Hiobs Standhaftigkeit und Gottes Barmherzigkeit am Ende der Geschichte bis ins Neue Testament hinein gepriesen (Jak 5,11).

Liebst du mich mehr als alles andere?

Was geschieht mit uns, wenn Gottes Verheißungen nicht eintreffen – oder noch nicht?

Menschen aller Zeiten haben sich mit Hiob identifiziert und sich im Glutofen des Leidens gefragt: Wo ist Gott geblieben? Wie denkt er über mich? Halte ich ihm die Treue nur in guten Tagen oder ebenso in schweren Zeiten? Aber nicht nur körperliches Leid oder menschlicher Verlust stellt unsere Liebe zu Gott auf den Prüfstand. Hiob verlor alle Gründe, an einen guten Gott zu glauben – und hielt dennoch an ihm fest. Abraham hätte mit der Opferung Isaaks den gesamten Segen verloren – und blieb Gott dennoch treu. Was geschieht mit uns, wenn Gottes Verheißungen nicht eintreffen – oder noch nicht? Wenn wir an einer Vision festhielten, die sich schließlich nicht erfüllt? Wenn uns der Erfolg wieder genommen wird durch eigenes Versagen oder Versäumnisse anderer? Liebe ich Gott nur aufgrund seines Segens?

Gott hat es sich vorbehalten, solche Grundsatzfragen früher oder später an uns zu richten. Manchmal führt er uns dazu durch „Wüstenzeiten". Dieses Bild stammt von dem Weg Israels: Nachdem Gottes Volk durch den Exodus aus Ägypten gleichsam unter Wehen zur Geburt kam, ging es durch eine Phase der Kindheit in der Wüste. Hier ließ Gott manches an Herausforderungen zu, um Israel die einfachsten Schritte des Gehorsams beizubringen. In gewisser Weise mussten beide Partner für sich herausfinden, ob sie den Weg weiter miteinander gehen wollten. Der Bund jedenfalls würde Gottes Treue und den Gehorsam seines Volkes umfassen (2. Mo 19,4–6)! Israels Weg durch die Wüste wird später so gedeutet: *„Erinnert euch … an die vierzig Jahre in der Wüste. Er ließ euch in Schwierigkeiten geraten, um euch auf die Probe zu stellen. So wollte er sehen, wie ihr euch entscheiden würdet: ob ihr nach seinen Geboten leben würdet oder nicht"* (5. Mo 8,2 | Hfa). Wieder sehen wir: Gott wollte es durch die Zeit der Prüfung genau wissen! Entspricht dies nicht auch unserer Erfahrung? Was wirklich in uns steckt, wozu wir fähig sind oder auch nicht, das bekommen wir nur „unterwegs" heraus – und oft genug erst unter Druck. Gehorsam Gott gegenüber lernen wir Menschen nur auf der gesamten Wegstrecke unseres Lebens – einschließlich der Prüfungserfahrungen.

„Liebst du mich mehr …?" Diese Frage musste auch Simon-Petrus aushalten, nachdem er im Test so kläglich versagt hatte (Joh 21,15). Grenzerfahrungen gehören zum Weg eines Jüngers. Doch die große Klammer, die Gott um all unsere Lern- und Lebenserfahrungen setzt, ist *sein* Vertrauen uns gegenüber. Letztlich war es der Weitblick und das Gebet seines Mentors, das Simon durchbrachte: *„Ich habe für dich gebetet, dass dein Glaube nicht aufhöre"*, hatte ihm Jesus zugesagt (Lk 22,32 | NLB). So konnte die verheerende Niederlage zum Neuanfang werden – auf einer neuen und stabileren Basis!

Gottes Qualitätskontrolle aushalten

Jedes Produkt, das heute auf den Markt kommt, muss unterschiedliche Qualitätskontrollen durchlaufen. Wenn wir Geld für ein neues Gerät investieren, erwarten wir zu Recht, dass es auf seine Sicherheit überprüft wurde. Wir lesen Testberichte und fragen nach den Erfahrungen anderer Kunden. Und unser Auto müssen wir regelmäßig zum TÜV bringen, sonst verliert es seine Zulassung. Für den Daimler-Benz-Konzern wurde 1997 zu einem kritischen Jahr: Mit der A-Klasse wollte er seinen ersten Kompaktwagen mit Frontantrieb auf den Markt bringen. Doch bei Testfahrten in Schweden kippte der neue Typ unerwartet um, weil sein Schwerpunkt zu hoch lag. Der sprichwörtliche „Elchtest" kratzte empfindlich am Ruf der neuen A-Klasse, während der alte Trabant 601 einen vergleichbaren Test bei 75 km/h bestand! Allerdings wurde das Desaster zum Ausgangspunkt einer Erfolgsgeschichte: Mercedes besserte nach und entwickelte das elektronische Stabilitätsprogramm ESP, das in den folgenden Jahren Standard bei der Fahrzeugentwicklung wurde. Wie sieht der „Elchtest" in unserem Leben aus? Wo müssen wir in unserer Persönlichkeit nachbessern, damit wir nicht bei „Wildwechsel" oder anderen Ausweichmanövern aus der Bahn geworfen werden? Gottes Tests sind letztlich immer Sicherheitschecks, um uns vor Fehlentwicklungen zu bewahren, die wir uns bis dahin gar nicht vorstellen konnten. Er lässt uns manchmal an Grenzen stoßen, um uns vor einem Abgrund zu bewahren, den er schon längst im Blick hatte. Gottes Testprogramm ist immer ein liebevolles Angebot zur Kurskorrektur. Wichtig ist nur, dass wir darauf eingehen!

Gottes Tests sind letztlich immer Sicherheitschecks, um uns vor Fehlentwicklungen zu bewahren, und sind immer ein liebevolles Angebot zur Kurskorrektur.

David kannte tief greifende Qualitätskontrollen in seinem Leben. Nicht immer konnte er beten: *„Du hast mein Herz geprüft, mich in der Nacht durchforscht; du hast mich geläutert, und du hast nichts gefunden."* Doch seine Größe lag darin, dass er sein Innerstes immer wieder vor Gott offenlegte und sich nach Veränderung sehnte: *„Erforsche mich, o Gott, und erkenne mein Herz; prüfe mich und erkenne, wie ich es meine* (oder: *meine Gedanken*) *…"* (Ps 17,3; 139,23). Hinter dem Verb „prüfen" steht die Erfahrung der Metallverarbeitung: *„Der Schmelztiegel prüft das Silber und der Ofen das Gold, der Herr aber prüft die Herzen"* (Spr 17,3 | jeweils Sch). David hatte begriffen, wie sehr seinem Gott an Qualität lag. Unter seiner Führung hatte der Staat Israel seine größte Ausdehnung erreicht. Doch wie sah es in seinem Herzen aus? David wusste um die Versuchungen der Macht, die Verführung durch fremde Frauen, schließlich den Verlust an Autorität durch eigenes Versagen. Kannst du von Herzen beten wie David: *„Erforsche mich und prüfe mich"*?

Auf welchem Gebiet erlebst du gerade Prüfungen?

- Stehst du unter besonderen Belastungen: gesundheitlich, familiär, finanziell, beruflich?
- Gibt es Enttäuschungen, die an dir zehren? Was hat dich entmutigt oder wund gemacht?
- Belasten dich Spannungen mit anderen Menschen? Bedrücken dich Missverständnisse?
- Siehst du dich persönlicher Kritik ausgesetzt? Werden deine Motive in Frage gestellt?
- Fühlst du dich von Gott im Stich gelassen? Ist deine Geduld oder dein Glaube herausgefordert?

Nimm dir gerade jetzt einen Moment der Stille und notiere, was dir einfällt. Du kannst eine Prüfung nicht bestehen, solange du sie nicht erkennst und als solche anerkennst! Solange wir alles auf die Umstände schieben oder uns dagegen stemmen, werden wir Gottes Handschrift nicht erkennen. Vielleicht ist unsere Verlegenheit ja gerade seine Gelegenheit? Selbst wenn wir Schwierigkeiten als „Anfechtung" empfinden, als heimtückische Attacke finsterer Mächte, hat Gott diese Momente souverän in unser Leben eingebaut. Sogar eigenes Versagen sollte uns nie von seiner Liebe trennen, sondern umso mehr in seine Arme treiben. Wenn wir in jeder Situation demütig reagieren und fragen: „Vater, wozu dient nun wieder dieser Elchtest?", sind wir auf der Gewinnerseite! Immer gibt es Wachstumsschritte, die unser liebender Vater für uns vorgesehen hat. Was er an Druck in unserem Leben zulässt, ist zu unserem Besten bestimmt. *„Genauso, wie das vergängliche Gold im Feuer des Schmelzofens gereinigt wird, muss auch euer Glaube … auf seine Echtheit geprüft werden"*, schrieb Petrus aus Rom den Christen in schwieriger Zeit. *„Ihr habt also allen Grund, euch zu freuen und zu jubeln, auch wenn ihr jetzt nach Gottes Plan für eine kurze Zeit Prüfungen verschiedenster Art durchmachen müsst …"* (1. Pt 1,7.6 | NGÜ). Wenn wir unter allen Umständen unseren Blick auf Jesus richten, sind wir im Tiefsten geschützt!

Solange wir alles auf die Umstände schieben oder uns dagegen stemmen, werden wir Gottes Handschrift nicht erkennen.

8.2 Wenn Sünde, Welt und Teufel locken

„Gott ist treu; er wird euch auch in Zukunft in keine Prüfung geraten lassen, die eure Kraft übersteigt. Wenn er euren Glauben auf die Probe stellt, wird er euch auch einen Weg zeigen, auf dem ihr die Probe bestehen könnt."
(1. Kor 10,13 | NGÜ)

1993 kam der Film „Ein unmoralisches Angebot" mit Robert Redford und Demi Moore in die Kinos. Das junge Paar David und Diana ist glücklich verheiratet, steckt aber in finanziellen Nöten.

Statt in Las Vegas den großen Gewinn zu machen, begegnen sie dem Milliardär John Gage. Nur eine Nacht mit Diana für eine Million Dollar, lautet sein Angebot. Nach einigem Zögern willigt das Paar ein: Diana wird mit Luxus-Limousine und Helikopter abgeholt – für eine Nacht. Doch danach ist nichts mehr wie vorher ... Die ziemlich unrealistische Love-Story hinterlässt im Zuschauer eine simple Frage: Was würde ich für Geld alles tun, wenn ich die Gelegenheit hätte? *„Ist das Böse noch so süß in seinem Mund, ... so verwandelt es sich doch ... zu Schlangengift in seinem Inneren“* (Hi 20,12–14 | Sch).

Sünde erscheint oft attraktiv

Unser Kampf gegen Sünde und die Verlockungen der Welt wäre nicht so schwer, wenn wir Sünde sofort als giftig und schädlich durchschauen könnten. Oftmals aber erscheint sie plausibel, als Weg des geringsten Widerstandes, ja als not-wendig! Wer saß nicht schon vor seiner Steuererklärung und überlegte, was man alles absetzen könnte? Wer stand nicht schon vor ärgerlichen Versicherungsschäden, die mithilfe kleiner „Tricks“ erstattet werden? Wer war nicht schon in der Versuchung, sich mit einer simplen Lüge aus der Affäre zu ziehen? Führungskräfte sind moralisch in besonderer Weise herausgefordert, weil sie meistens andere Möglichkeiten haben als gewöhnliche Angestellte: Sie verfügen über große Budgets, schließen Verträge, rechnen Spesen ab und gewinnen großzügige Freunde, sie machen Meinung und treffen Entscheidungen über andere Mitarbeiter und sie sind oft allein auf Dienstreisen. Satans Angriffe wären leichter abzuwehren, wenn er uns mit finsterer Miene und als dämonische Fratze begegnen würde. Doch er kommt mit Dollar- oder Euro-Zeichen um die Ecke, durch raffinierte Werbung, in Gestalt attraktiver Frauen und Männer, mit dem Angebot von Macht und Ansehen. Und er ist uns näher, als wir manchmal ahnen! *„Weg mit dir, Satan, geh mir aus den Augen!“*, schleuderte Jesus seinem engsten Mitarbeiter Petrus entgegen, der mit seinen gutgemeinten Ideen völlig daneben lag. *„Weg mit dir, Satan!“*, hatte Jesus den Versucher bereits während seiner Wüstenzeit in die Schranken gewiesen (Mt 16,23; 4,10 | EÜ). Doch wie ein unheimlicher Schatten tauchten Satans Manipulationsversuche unterwegs immer wieder auf ...

Satans Angriffe wären leichter zu erkennen, wenn sie nicht so raffiniert und attraktiv daherkämen.

Warum Jesus durch Satan getestet wurde

„Erfüllt vom Heiligen Geist, verließ Jesus die Jordangegend. Darauf führte ihn der Geist vierzig Tage lang in der Wüste umher. ... Nach diesen Versuchungen ließ der Teufel für eine gewisse Zeit von ihm ab. Jesus kehrte, erfüllt von der Kraft des Geistes, nach Galiläa zurück.“ (Lk 4,1.13–14 | EÜ)

Wenn ein Leiter anderen Menschen in Vollmacht dienen möchte, muss er der Fußspur Jesu folgen.

Wenn wir den Lebenslauf unseres Herrn Jesus Christus verfolgen, stellt sich die Frage, warum er durch diese schwierige Phase gehen musste. Lukas hat uns soeben die Taufe vor Augen gemalt, bei der sich der Himmel öffnet und Jesus die Stimme seines himmlischen Vaters hört (Lk 3,21–22). Als Sohn Gottes bekommt er volle Bestätigung, die Erfüllung mit dem Heiligen Geist und ist sofort hoch motiviert, seinen Auftrag anzupacken. Kurze Zeit später sehen wir ihn auch in seiner Heimatstadt Nazareth, wo er in der Synagoge seine erste programmatische Rede hält: *„Der Geist des Herrn ruht auf mir; denn der Herr hat mich gesalbt …“* (Lk 4,16–21). Alles, was Jesus hier ankündigt, geschieht buchstäblich in den folgenden Monaten: *„Blinde sehen wieder, Lahme gehen, Aussätzige werden rein; Taube hören, Tote stehen auf, und den Armen wird das Evangelium verkündet“* (Lk 7,22). Doch warum dieser herausfordernde Aufenthalt in der Wüste? Lukas unterscheidet präzise, dass der Geist Gottes in diese Zeit „führte“, sie also geplant hatte. Doch die „Versuchungen“ gingen vom Feind aus. *„Denn Gott kann nicht in die Versuchung kommen, Böses zu tun, und er führt auch selbst niemand in Versuchung“*, betont Jakobus später ausdrücklich (Jak 1,13 | jeweils EÜ). Die drei Konfrontationen mit Satan hätte Gott seinem Sohn sicher gerne erspart. Und doch gehörten sie zu seinem Weg als „Sohn“ auf dieser Erde. Er *„versteht unsere Schwächen“* so gut, *„weil ihm dieselben Versuchungen begegnet sind wie uns, doch er wurde nicht schuldig“*, lehrt der Hebräerbrief. Und *„obwohl Jesus der Sohn Gottes war, lernte er doch durch sein Leiden, gehorsam zu sein“* (Hebr 4,15; 5,8 | NLB). Wenn ein Leiter anderen Menschen in Vollmacht dienen möchte, muss er der Fußspur Jesu folgen: Ohne Test keine Qualität, ohne Prüfung keine Bewährung! Ohne Standfestigkeit in der Versuchung werden wir keine geistliche Autorität gewinnen. Lukas markiert hier einen bedeutsamen Unterschied: Jesus kam vom Jordan, *„erfüllt vom Heiligen Geist“*, doch nach bestandener Versuchung kehrte er *„erfüllt von der Kraft des Geistes“* nach Galiläa zurück. Die Fülle des Geistes bekommen wir „von oben“ geschenkt, ohne unser Zutun und manchmal in einem Augenblick. Doch stark im Geist werden wir nur durch Herausforderungen „ganz unten“ im Leben. Dies ist ein Prozess, der sich nun mal nicht abkürzen lässt. Gerade *„ein Leiter muss Gehorsam lernen, ehe er andere zum Gehorsam anleiten kann“*, denn *„Gott will keinen Leiter gebrauchen, dem es an Integrität mangelt“* (Robert Clinton).[112] Die Kapitel Lukas 3 bis 4 zeigen ein deutliches Grundmuster für den Werdegang eines Leiters, das sich in vielen anderen Biografien von Männern und Frauen Gottes wiederfindet:

Jesus wurde
geliebt – getauft – geführt – geprüft – gestärkt – gesandt.

Genau dieselbe Entwicklung hat Gott für uns vorgesehen. Dies geschieht weniger linear im Sinne einer Abfolge „von Schritt 1 bis Schritt 6". Manche Phasen in unserem Leben wiederholen sich, jedoch auf „höherer Ebene" und unter anderen Bedingungen, ähnlich wie beim Aufstieg einer Wendeltreppe.

Bedürfnisse befriedigen ohne Gott?

Die drei großen Versuchungen Jesu in der Wüste sind vielfach ausgelegt und gedeutet worden. Sie waren für Jesus – ähnlich wie bei einem Prototyp – der Qualitätscheck vor der Zulassung. In der Tat spricht Paulus von Jesus als dem *„letzten Adam"*, also dem Gegenbild des ersten Menschen, der der Sünde erlag, und einem Vorbild für uns Menschen (1. Kor 15,45; Röm 8,29). *„Nach Inhalt und Methode ist die Versuchung in der Wüste die zweite Auflage der Versuchung in Eden. … Bei der Versuchung Jesu wird deutlich, dass sie die gesamte Palette menschlicher Wünsche abdeckt"*, schreibt Oswald Sanders.[113] Satans Angebote waren nicht einfach „unmoralisch" oder absurd, sondern knüpften bei durchaus nachvollziehbaren Bedürfnissen an:

- Dass der *„Stein Brot werde"*, war nach einer sechswöchigen Fastenzeit mehr als verlockend. Und war Jesus nicht größer als ein Prophet wie Elisa, der bereits Brot vermehrt hatte (2. Kön 4,42–44)? Konnte er sich nicht einfach bedienen (vgl. Lk 3,8)?

- Als Jesus einwilligte, mit dem Versucher die Schwindel erregende Höhe auf der *„Zinne des Tempels"* zu besuchen, konnte Satan wohl schon voraussehen: Der Messias würde ohne sichtbare *„Zeichen und Wunder"* keine Anerkennung bei seinem Volk Israel finden (vgl. Lk 11,16.29)! Also warum nicht gleich zu Beginn ein deutliches Signal in der Hauptstadt setzen?
- Schließlich hatte Jesus als Sohn Gottes Anspruch auf *„alle Reiche des Erdkreises"* (griechisch: *oikouméne*). Dies war bereits im Alten Bund festgelegt: *„Bitte nur darum, und ich will dir die Völker zum Erbe geben, die Enden der Erde zu deinem Eigentum"* (Ps 2,8 | NLB). War jetzt der Zeitpunkt gekommen, die Herrschaft anzutreten und die *„Macht des Bösen"* über der Menschheit zu brechen (vgl. 1. Joh 5,19)?

Wenn wir diese drei typischen Versuchungen näher an uns heranlassen, werden wir schnell spüren: Hier ging es nicht offenkundig um Verführung zur Bosheit, sondern um Bedürfnisse, die in uns allen stecken:

Appetit – Anerkennung – Einfluss

Bei allen Verlockungen dieser Welt, bei jeder Versuchung zur Sünde geht es letztlich um die Schlüsselfrage: Wer ist mein Gott? Wem gehört meine Anbetung? Woher hole ich mir Hilfe?

Auch Jesus verlangte danach, nicht nur weil er Mensch war wie wir. Als Sohn Gottes hatte er das Recht, satt zu werden, die Herrschaft auszuüben und Anerkennung, ja Anbetung zu bekommen. Doch genau hier lag das dämonische Grundmotiv hinter der gesamten Auseinandersetzung: *„… wenn du dich vor mir niederwirfst und mich anbetest"*, beschreibt Matthäus die letzte Versuchung (Mt 4,9). Bei allen Verlockungen dieser Welt, bei jeder Versuchung zur Sünde geht es letztlich um die Schlüsselfrage: Wer ist mein Gott? Wem gehört im Tiefsten meine Anbetung? Woher hole ich mir Hilfe? Die letzte große Versuchung offenbarte endgültig den Unterschied zwischen dem „ersten" und dem „letzten Adam": Als Gottessohn war Jesus in die Welt gekommen, um den Vater zu ehren, ihm zu dienen und ihm zu gehorchen – *„bis zum Tod am Kreuz"* (Phil 2,8)! Vermutlich hat Jesus in der Wüste endgültig begriffen, dass er als Messias zugleich der „leidende Gottesknecht", das wahre „Passahlamm", das Opfer am letzten großen „Versöhnungstag" werden sollte.[114] Von der jüdischen Tradition her war zur Zeit Jesu überhaupt nicht erkennbar, dass der herrschende Messias zugleich und zuerst der leidende Messias sein würde. Satan wollte dies verschleiern und verhindern, dass es zur Erlösung am Kreuz kommt. *„Jesus erkannte, dass ihm der Teufel die Krone ohne das Kreuz anbot"* (Sanders).[115] Noch am letzten Tag seines Lebens musste Jesus der Versuchung widerstehen, seine göttliche Macht einzusetzen und sich dadurch das ganze Leid zu ersparen. Bis zuletzt verzichtete er darauf, sich selbst vor Menschen zu beweisen (Mt 26,52–54; 27,41–43)!

Der Schutz am Abgrund: Gott zuerst!

Dass Jesus seinen Vater so konsequent ehrte und sich Satan beharrlich widersetzte, ist Teil unserer Erlösung! Vorbild ist Jesus uns darin, dass er dreimal mit Worten der Heiligen Schrift antwortet, übrigens jeweils aus dem Deuteronomium, das Israels Prüfungen so eindrücklich schildert (5. Mo 8,3; 6,13.16; 10,20). *„Es steht geschrieben …"* Jesus kannte seine Bibel! Wie in der Wüste damals ging es auch jetzt um *„Leben und Tod, Segen und Fluch"* (5. Mo 30,19). Was steht bei uns auf dem Spiel? Wenn auch wir im Wort Gottes gegründet sind und somit das *„Schwert des Geistes"* rechtzeitig zur Hand und im Herzen haben, werden wir überwinden wie Jesus (vgl. Eph 6,17)!

Jeder Leiter wird früher oder später auf die subtile Frage getestet, welchen Stellenwert Gott in seinem Leben hat. Wenn wir im „geistlichen Dienst" stehen, scheint dieser Punkt erledigt zu sein. Doch die Versuchung lauert auf den Höhen ebenso wie in den Tiefen:

- Der Erfolg kann uns zu Kopf steigen. Wir genießen den Zuspruch und die Zufriedenheit der Zuhörer, baden uns in Beliebtheit und trinken die Anerkennung der Gemeinde. Doch um wen geht es eigentlich bei „unseren" Leuten? Ist es inzwischen „meine" Gemeinde oder Gruppe?
- Um uns herum können Konflikte entstehen, die uns innerlich aufreiben. Missverständnisse breiten sich aus wie ein Virus. Wo hohe Erwartungen sind, ist auch die Enttäuschung nahe. Vielleicht scheitern wir auch an unseren eigenen Ansprüchen – und sind innerlich frustriert!

Man kann als geistlicher Leiter durchaus vollmächtig arbeiten, Menschen beschenken und Gottes Bestätigung erleben. Man kommt von einem Gottesdienst, einem Glaubenskurs, einer Gebetsversammlung nach Hause … und müsste innerlich erfüllt sein. Doch da ist die Leere – und der Griff zum Alkohol, die Zerstreuung durch Fernsehen, die einschlägigen Seiten im Internet. Wieso nur? Warum sind wir bei allem Segen innerlich so unausgefüllt? Der eigene Dienst kann uns niemals satt machen. Gott allein ist genug für unser Innenleben, ob wir nun obenauf sind oder unten durch müssen. Gott hat sich vorbehalten, unser einziger Versorger zu sein, und Menschen können ihn niemals ersetzen! Vielleicht lässt unser Vater deshalb manche Irritation in unserem Leben zu, damit wir umso entschlossener nach der wahren Quelle suchen. Er ist der *„eifersüchtige"* Gott, der darüber wacht, dass er der Erste in unserem Leben bleibt – zu unserem Besten (5. Mo 4,24)! Seine „Eifersucht" ist im Tiefsten seine Sehnsucht nach

Der eigene Dienst kann uns niemals satt machen. Gott allein ist genug für unser Innenleben.

uns! *„Eifersüchtig sehnt er sich nach dem Geist, den er in uns wohnen ließ"*, schreibt Jakobus (Jak 4,5 | EB). Sein lebendiges Wort, seine liebevolle Nähe, sein übernatürlicher Friede, sein Heiliger Geist als Tröster – darin liegt Nahrung für unseren Geist und unsere Seele!

Beachte die kleine Auswahl an Psalm-Versen, die dieses innere Sattwerden bei Gott beschreiben:

> *„Kostet und seht, wie gütig der Herr ist; wohl dem, der zu ihm sich flüchtet"* (Ps 34,9).
>
> *„Du deckst mir den Tisch vor den Augen meiner Feinde. Du salbst mein Haupt mit Öl, du füllst mir reichlich den Becher"* (Ps 23,5).
>
> *„Wie an Fett und Mark wird satt meine Seele. … Meine Seele hängt an dir …"* (Ps 63,6.9).
>
> *„Du hast mich erhört an dem Tag, als ich rief; du gabst meiner Seele große Kraft"* (Ps 138,3).
>
> *„Ich will mich satt sehen an deiner Gestalt, wenn ich erwache"* (Ps 17,15 | jeweils EÜ).

Bruchstellen im Leben eines Leiters

Johannes hatte in einem seiner Briefe vermutlich die drei Versuchungen im Leben Jesu vor Augen, wenn er die Gemeinden warnt: *„Liebt nicht die Welt und was in der Welt ist! … Denn alles, was in der Welt ist, die Begierde des Fleisches und die Begierde der Augen und das Prahlen mit dem Besitz, ist nicht vom Vater, sondern von der Welt. Die Welt und ihre Begierde vergeht; wer aber den Willen Gottes tut, bleibt in Ewigkeit"* (1. Joh 2,15–17 | EB). Letztlich deuten sich hier die drei großen Versuchungen an, denen Menschen zu allen Zeiten ausgesetzt waren:

Leiter sollen eine Menge Erwartungen erfüllen und gelten häufig als Hoffnungsträger. Wer stark unter Druck ist, steht besonders in Gefahr, sich auf ungesunde Weise zu entlasten.

Sex – Macht – Geld

Tatsächlich kommen auch Verantwortungsträger vor allem an diesen drei Bruchstellen zu Fall, in Kirche und Gesellschaft gleichermaßen. Immer wieder neue Schlagzeilen von Machtkämpfen unter Mitarbeitern, von Ehebruch und Missbrauch, von finanzieller Selbstbedienung und Bestechlichkeit lassen auch die Christenheit erbeben. Andere Bruchstellen erregen weniger Aufsehen: Eines Tages fällt ein Pastor, Ältester oder Mitarbeiter wegen Burnout oder Erschöpfungsdepression aus … Jedes Mal ist die Überraschung groß: Wie konnte es nur so weit kommen?, fragen sich die Gläubigen. Ob Christ oder Atheist: Satan appelliert bevorzugt an unseren Stolz, unseren Geschlechtstrieb, an unser Verlangen nach Besitz. Hier sind wir alle ansprechbar! Wir alle haben eine Vorgeschichte, durch die manchmal alte Wurzeln reaktiviert werden! In den Briefen des Neuen Testaments werden besonders diese Schlüsselbereiche thematisiert, weil hier die größten Fallen liegen (z. B. Eph 5,1–7).

Besonders Leiter können leicht ins Schussfeld geraten, schließlich sollen sie eine Menge Erwartungen erfüllen und gelten häufig als Hoffnungsträger. Wer stark unter Druck ist, steht besonders in Gefahr, sich auf ungesunde Weise zu entlasten. Vor allem Leiter, denen der Kontakt zu ihrem Innenleben verloren gegangen ist, können leicht „unterwandert" werden. Irgendwann kommt es zu Brüchen in ihrer Gesundheit, ihren Ehen oder Familien, und die Folgen sind oft verheerend. Im Laufe der Jahre habe ich immer wieder miterlebt, wie vor allem junge Christen durch persönliches Fehlverhalten von Pastoren und Mitarbeitern ins Schleudern kamen. Scheinbar aus dem Nichts kommen Fehltritte ans Licht und eine ganze Gemeinde wird verunsichert. Vor allem Leiter, die sich jeder Rechenschaft entziehen und hinter ihrer Position oder der vielen Arbeit verschanzen, können leicht ein ungesundes Eigenleben aufbauen. Wenn es dann zur Krise kommt, ist es für Korrekturen meist schon zu spät.

Welche Falle sich auch auftut, welche Anfeindung auch auf uns zukommt, welche Anziehungskraft die Sünde auch entwickelt, Jesus hat genug Gnade für uns, um Prüfungen bestehen zu können.

Gute Nachricht: Jesus steht auf unserer Seite!

Bei all diesen tragischen Entwicklungen dürfen wir die Dimension der unsichtbaren Welt nicht ignorieren: Satan nimmt besonders die Leiter ins Fadenkreuz, weil sie Schlüsselpersonen für ganze Gruppen, Gemeinden und manchmal sogar Regionen sind. Satan „scannt" ihre Persönlichkeit auf die Schwachstellen hin ab, weil er dort am besten ansetzen kann. Manche satanische Attacke kommt von außen und richtet sich gegen Leib und Leben, Ehepartner und Kinder von Leitern. Mancher Angriff kommt auch schleichend und *„hinterhältig"* in Form von Gedanken und Gefühlen auf uns zu. Wir sollten deshalb Tag für Tag unsere Gesundheit, unsere Ehen und Familien, auch Häuser, Autos und Finanzen dem schützenden Blut Jesu unterstellen (vgl. Eph 6,11–12; Offb 12,10–12)!

Die gute Nachricht in diesem Kapitel heißt: Jesus steht auf unserer Seite! Er ist im Prinzip selbst durch alle Prüfungen gegangen, die uns jemals widerfahren können: Ihm wurden falsche Motive unterstellt, er wurde provoziert, aufs Glatteis geführt, am Ende vom eigenen Freund verraten und verkauft für den Preis eines versehentlich getöteten Sklaven.[116] Doch in allen Herausforderungen zeigte sich Jesus als ein Mann absoluter Integrität, dem selbst seine Gegner nichts nachsagen konnten (Joh 8,46). Gott hat seinem Sohn so demütigende Erfahrungen zugemutet, dass er uns auch in unseren

Versuchungen ganz nahe sein kann: „*Da er selbst gelitten hat und Versuchungen erfahren hat, kann er denen helfen, die in Versuchungen geraten*" (Hebr 2,18 | NLB). Welche Falle sich auch auftut, welche Anfeindung auch auf uns zukommt, welche Anziehungskraft die Sünde auch entwickelt, Jesus hat genug Gnade für uns, um Prüfungen bestehen zu können. Mit ihm werden wir gestärkt daraus hervorgehen! Und wenn wir versagen sollten, hält Gott eine zweite Chance für uns bereit …

8.3 Gottesfurcht: ein sicheres Fundament

> *„Und nun, Israel, was fordert der Herr, dein Gott, von dir außer dem einen: dass du den Herrn, deinen Gott, fürchtest, indem du auf allen seinen Wegen gehst, ihn liebst und dem Herrn, deinem Gott, mit ganzem Herzen und mit ganzer Seele dienst."* (5. Mo 10,12 | EÜ)

An unserem Handeln zeigt sich, wie weit unsere Liebe zu Gott wirklich reicht.

Wenn wir uns näher mit den „Helden" der Bibel befassen, werden wir entdecken: Gott hat zu allen Zeiten Geschichte geschrieben mit Männern und Frauen, die vom selben Fleisch und Blut waren wie wir: fasziniert von Gott und doch fehlerhaft. Sie gingen durch Schwierigkeiten und waren sich ihrer Schwächen bewusst, dennoch setzten sie Gott an die erste Stelle. Im Hebräerbrief, Kapitel 11, werden 16 Zeugen aufgeführt, die schon in der Zeit vor dem Neuen Bund Glaubensgeschichte schrieben. Dabei wird schnell deutlich: Glaube erschöpft sich nicht in theoretischer Überzeugung, sondern zeigt sich im konkreten Gehorsam Gott gegenüber. „*Nur der Glaubende ist gehorsam, und nur der Gehorsame glaubt*", sagt Dietrich Bonhoeffer in seinem Buch „Nachfolge". Denn „*der Ungehorsame kann nicht glauben.*"[117] Glaube ist ein Festhalten an Gottes Zusagen, oft genug gegen allen Augenschein. Glaube geht trotz aller Widerstände bestimmte Schritte und rechnet mit einem Gott, der „*die belohnen wird, welche ihn suchen*" (Hebr 11,6). So war Noah in seinem Handeln „*von Gottesfurcht bewegt*". Andere zeichneten sich dadurch aus, dass sie sich nicht vor Menschen und deren Macht fürchteten (Hebr 11,7.23.27.34–35 | Sch). Gott fordert von seinem Volk nichts anderes, als „*dass du den Herrn, deinen Gott, fürchtest …*"

Gott fürchten und lieben

Im Deutschen assoziieren wir „Furcht" gewöhnlich mit „Angst haben". Diese Vorstellung korrigiert die Bibel, indem sie festhält: „*Die vollkommene Liebe vertreibt die Furcht*" (1. Joh 4,18). Gottesfurcht ist nicht die Angst vor Gott, sondern „*Ehrfurcht vor Gott*" und Ehrerbietung ihm gegenüber (vgl. Apg 9,31 | DB). Wenn mir etwas sehr kostbar ist, werde ich es mit „Ehrfurcht“ behandeln, d. h. wertschätzend und vorsichtig. Dies gilt für Gegenstände, Geschenke, Geräte, vor allem aber im Umgang mit Menschen, die mir viel bedeuten. Deshalb sind „Furcht“ und „Liebe“ kein Gegensatz! Martin Luther hat genau in diesem Sinne seine Auslegung zu den Zehn Geboten unter den Leitsatz gestellt: *„Wir sollen Gott über alle Dinge fürchten, lieben und ihm vertrauen“* (Kleiner Katechismus).[118] So hängen Liebe zu Gott und Gottesfurcht, Glaube und Gehorsam eng zusammen. An unserem Handeln zeigt sich, wie weit unsere Liebe zu Gott wirklich reicht. An den Herausforderungen des Lebens wird offenbar, ob uns im Innersten Gottesfurcht leitet. Nur mit dieser Voraussetzung im Herzen wird Gehorsam etwas Natürliches und fällt uns dann auch *„nicht schwer“* (vgl. 1. Joh 5,3–4)!

Es lohnt sich, dem Begriff der „Furcht des Herrn“ in der Bibel einmal nachzuspüren. Dazu genügt ein Blick in die Konkordanz. Du wirst staunen, wie viele Verheißungen an diesen Begriff (genauer: diese Herzenshaltung) der Gottesfurcht geknüpft sind:

- Gottesfurcht führt zu Weisheit und Einsicht (Ps 111,10; Spr 15,33).
- Gottesfurcht lässt uns Böses durchschauen (Spr 8,13).
- Gottesfurcht bewahrt uns vor Menschengefälligkeit (Spr 29,25).
- Gottesfurcht bringt Gottes Führung mit sich (Ps 25,12.14).
- Gottesfurcht lässt uns Gottes Versorgung erleben (Ps 34,10; 111,5).
- Gottesfurcht führt zu umfassendem Schutz (Ps 34,8; 145,19).
- Gottesfurcht ist eine verborgene Lebensquelle (Spr 10,27; 14,27; 19,23).
- Gottesfurcht bringt Segen über unser Leben hinaus (Ps 103,13.17; 147,11).

Israels Gott und unser Vater im Himmel fordert nichts anderes von uns, als *„dass du den Herrn fürchtest, auf allen seinen Wegen gehst, ihn liebst und dem Herrn mit ganzem Herzen und mit ganzer Seele dienst“* (5. Mo 10,12; 6,5; vgl. Mt 22,36–38).

Der Geist der Gesetzlosigkeit

Jesus macht unmissverständlich klar, dass am Ende nicht Charisma, sondern Charakter zählt; nicht was wir für Jesus alles getan haben, sondern wer wir im Tiefsten sind.

In vielen christlichen Kreisen wird immer wieder betont, man wolle bloß nicht „gesetzlich" werden. Die Abscheu vor „Gesetzlichkeit" ist sicherlich berechtigt, schließlich hat so manches fromme Elternhaus mehr religiöse Verhaltensmuster bei den Kindern hinterlassen als gesundes geistliches Urteilsvermögen. Gesetzlichkeit lässt totes Gesetz an die Stelle des lebendigen Gottes treten – und wirkt entsprechend abtötend! Viele Christen merken jedoch nicht, wie sie im Streben nach Befreiung auf der anderen Seite vom Pferd fallen. *„Alles ist mir erlaubt!"*, zitiert Paulus die freiheitsliebenden Korinther. *„Aber es ist nicht alles nützlich!"* und *„es erbaut nicht alles!"*, kontert er (1. Kor 6,12; 10,23 | Sch). Freiheit ohne die Anerkennung einer Autorität ist im Kern ichbezogen. Seit dem Konflikt im Garten Eden bietet Satan uns Menschen Autonomie an: selbst sein wie Gott und selbst entscheiden, was wir für richtig halten! Autonomie („Ich selbst bin das Gesetz") wird unter der Hand schnell zur *Anomia* (griechisch *„Gesetzlosigkeit"*). Und vor dieser versteckten Geisteshaltung warnte Jesus mit deutlichen Worten:

- Zum Ende der Zeiten hin wird *„die Gesetzlosigkeit überhand"* nehmen und *„die Liebe in vielen erkalten"* (Mt 24,12).
- Die religiösen Führer seiner Zeit galten *„vor den Menschen als gerecht"*. Doch Jesus durchschaute sie und sah sie innerlich *„voller Heuchelei und Gesetzlosigkeit"* (Mt 23,28).
- Im Gericht wird Jesus *„die Gerechten"* von den Menschen der *„Gesetzlosigkeit"* scheiden. Unter den *„Gesetzlosen"* wird es sogar Menschen geben, die im Namen Jesu prophetisch redeten und Wunder bewirkten (Mt 13,41–43; 7,22–23 | jeweils Sch)!

Diese Aussagen können uns erschrecken, vermutlich sollen sie es auch. Jesus macht unmissverständlich klar, dass am Ende nicht Charisma, sondern Charakter zählt; nicht was wir für Jesus alles getan haben, sondern wer wir im Tiefsten sind. Die Worte Jesu scheinen im Gegensatz zur Lehre des Paulus zu stehen, dass *„der Mensch nicht aus Werken des Gesetzes gerechtfertigt wird"* (Gal 2,16). Sicherlich werden wir von uns aus niemals so „gerecht" sein, dass wir vor Gott bestehen könnten. Doch die Bibel möchte uns warnen vor einem Sog, der gerade in unserer Zeit immer deutlicher wird und einem antichristlichen Geist entspringt (2. Thes 2,3.7). Wenn wir uns nicht bewusst der Autorität Gottes unterstellen, laufen wir Gefahr, Gottes Gebote auf das „Zumutbare" zu reduzieren. Wir können so leicht Gehorsam *„durch logisches Denken"* und unsere *„eigenen Vorstellungen von Richtig und Falsch"* ersetzen! Doch mit dieser Haltung wird, wie John Bevere betont, *„die Furcht des Herrn aus unseren Herzen verdrängt.“*[119] Wenn unsere Verkündigung lediglich betont: „Gott liebt dich, egal was du tust! Du kannst zu Gott kommen, wie du bist!“, verbreiten wir humanistisch weichgespültes Evangelium. Die andere Seite der Medaille heißt: „Gott erwartet bestimmte Schritte der Umkehr, denn er möchte dich nicht lassen, wie du bist!“ Der jüngere Sohn im Gleichnis kam schmutzig, wie er war, und erfuhr hundertprozentige Annahme. Der ältere dagegen isolierte sich durch seine Selbstgerechtigkeit und blieb abseits (Lk 15,11–32). Nur Liebe plus Umkehr lassen unser Leben zum Fest werden!

Integrität: Wie unser Leben überzeugend wird …

„Tut und befolgt also alles, was sie euch sagen, aber richtet euch nicht nach dem, was sie tun; denn sie reden nur, tun selbst aber nicht, was sie sagen.“ So urteilte Jesus über die religiöse Elite seiner Zeit. Denn *„alles, was sie tun, tun sie nur, damit die Menschen es sehen“* (Mt 23,3.5). Das nicht gerade schmeichelhafte Wort „Heuchler“ in diesem Zusammenhang bezeichnete ursprünglich einen Schauspieler, der im Altertum meist eine Maske trug. Der ganze Ehrgeiz der hoch angesehenen Schriftgelehrten und Pharisäer richtete sich auf den guten Eindruck und die Ehre bei Menschen. Nicht einmal wegen ihrer Lehre verurteilte sie Jesus, sondern für ihre mangelnde Integrität. Sein und Schein klafften bei ihnen auseinander. Dafür gebrauchte Jesus in seiner Gerichtsrede, die im Stil an die Propheten des Alten Testaments erinnert, drastische Bilder: Sie sind äußerlich wie blank polierte Becher, doch innerlich verunreinigt. Sie sind wie weiß angestrichene Gräber, *„innen aber voll Schmutz und Verwesung“* (Juden durften nicht über Gräber laufen). So wurden sie in ihrer Ichbezogenheit zu *„blinden Führern“* (Mt 23,24–28; 15,14 | jeweils EÜ).

Integrität ist eine Grundentscheidung unseres Herzens: Ich will nichts vormachen, was ich in Wirklichkeit nicht bin. Ich will echt und transparent sein, damit allerdings auch lernbereit und durchaus angreifbar.

Das Wort „Integrität“ bezeichnet einen Charakter, der sich durch Redlichkeit und Selbstlosigkeit auszeichnet (von lateinisch *integritas*: „Unversehrtheit, Unbescholtenheit“). Integer sind Menschen, bei denen äußerer Eindruck und innere Motivation sich decken, bei denen Reden und Handeln übereinstimmen. In diesem Fall sagen wir auch, dass ein Mensch „authentisch“ ist. So galt Jesus zu seiner Zeit als *„ein Mann von Integrität“*, inmitten aller Infragestellung und Anfeindung (so Mt 22,16 in einer englischen Übersetzung).[120] Und Jesus möchte, dass wir ihm auch darin ähnlich werden! Integrität ist eine Grundentscheidung unseres Herzens: Ich will nichts vormachen, was ich in Wirklichkeit nicht bin. Ich will echt und transparent sein, damit allerdings auch lernbereit und durchaus angreifbar. Ich bin geschützt dadurch, dass Gott mich kennt und *„unsere Herzen prüft"* (1. Thes 2,4). *„Wahre Integrität umfasst alle Bereiche des Lebens, sie leuchtet durch alle Haltungen, Worte und Taten zu allen Zeiten und an allen Orten hindurch. Die eigentliche Prüfung der Integrität ist die Frage, was wir sind und tun, wenn uns niemand sieht"* (Krallmann).[121]

... weil Gott das Verborgene ans Licht bringt

Integrität ist selbstredend, herausfordernd und zugleich ansteckend. Integrität ist die öffentliche Seite der Gottesfurcht.

Wir haben uns bereits vor Augen geführt: Alle Menschen der Bibel, die Gott für seine Pläne gebrauchen wollte, mussten Prüfungen bestehen. Und auch wir werden früher oder später auf unsere Integrität hin getestet, meistens ohne Vorwarnung. Wir können uns die Tests nicht aussuchen, doch der Vater im Himmel baut sie weitblickend in unseren Lebensweg ein. *„Integritätscheck"* nennt Robert Clinton einen *„Test, den Gott gebraucht, um unsere Absichten deutlich zu machen und dadurch unseren Charakter zu bilden"*. Solche Tests können uns jederzeit begegnen, am Sonntag wie im Alltag, im geistlichen Dienst wie im weltlichen Beruf, in Freizeit und Familie. Freunde checken uns ebenso wie Feinde, manche zu unserem Besten, manche mit dunklen Absichten. Doch immer steht Gott dahinter. Immer stellt er sich zu uns. Sein Wunsch ist es, unseren *„inneren Charakter auf eine Beständigkeitsprobe"* zu stellen. *„Integrität ist das Herzstück unseres Charakters"* (Clinton), deshalb sollte uns Integrität mehr bedeuten als aller Erfolg![122]

Integrität bedarf keiner Kommentare; sie ist selbstredend, herausfordernd und zugleich ansteckend. Integrität ist die öffentliche Seite der Gottesfurcht. Sie lässt erkennbar werden, was in unserem Herzen wohnt. Man könnte in diesem Zusammenhang auch von der *„Frucht des Geistes"* sprechen, die für jedermann sichtbar und genießbar ist, selbst wenn die Wurzel verborgen bleibt (Gal 5,22). Ein angenehmer Charakter spricht für sich, auch wenn der Glaube dahinter abgelehnt wird. Integre Persönlichkeiten tun ihrer Umgebung einfach gut! Auf der anderen Seite geschieht es immer wieder, dass Menschen an Gemeindeleitern und Kirchenführern irrewerden, wenn bei ihnen die Fassade fällt: Er tut nicht, was er sagt! Er legt Gottes Wort in eindrucksvoller Weise aus, doch sein Leben spricht eine völlig andere Sprache! Paulus wollte um keinen Preis in diese Falle tappen, *„dass ich zwar anderen gepredigt habe, mich danach aber womöglich selbst disqualifiziere"* (1. Kor 9,27 | NLB). Ob wir nun im geschützten Rahmen einer Gemeinde arbeiten oder uns mit kritischen Zeitgenossen auseinandersetzen, ob wir als kleines „Rädchen im Getriebe" in der Verwaltung arbeiten oder im „Haifischbecken" eines großen Unternehmens überleben müssen, Integrität zahlt sich am Ende aus. Denn früher oder später wird der Herr bei uns allen *„das im Dunkeln Verborgene ans Licht bringen und die Absichten der Herzen aufdecken“* (1. Kor 4,5 | EÜ).

8.4 Durch Schwierigkeiten zu wachsender Stärke

Der Weg des Glaubens ist mehr als Training und Überwinden von Widerständen. Glaube ist Beziehungsstärke. Glaube hält unter allen Umständen an der Treue Gottes fest.

„Wohl dem Menschen, dessen Stärke in dir liegt. Wohl denen, in deren Herzen gebahnte Wege sind! Wenn solche durch das Tal der Tränen gehen, machen sie es zu lauter Quellen. … Sie schreiten von Kraft zu Kraft, erscheinen vor Gott in Zion.“ (Ps 84,6–8 | Sch)

Alle großen Zeugen der Bibel gingen durch enorme Herausforderungen, doch gerade daran erstarkte ihr Glauben und wurde für uns zum Vorbild. Es ist ein bisschen wie beim Krafttraining: Nur durch wohldosierten Widerstand und durch Ausdauer kommt es zum Muskelaufbau. Doch der Weg des Glaubens ist mehr als Training und Überwinden von Widerständen. Glaube ist Beziehungsstärke. Glaube hält unter allen Umständen an der Treue

Gottes fest. David konnte aus eigener Erfahrung seinen großartigen „Hirten-Psalm" dichten: *„Wenn ich wanderte durchs Tal der Todesschatten, so fürchte ich kein Unglück …"* Er erlebte: Gott ist auf verborgene Weise gegenwärtig, auch wenn tiefe Schatten auf meinen Lebensweg fallen. *„Du bereitest vor mir einen Tisch angesichts meiner Feinde; du hast mein Haupt mit Öl gesalbt, mein Becher fließt über"* (Ps 23,4–5 | Sch). Jesus, der „Sohn Davids", teilte unseren gesamten Lebensweg, bis in den Tod. Er wurde der „gute Hirte", der selbst sein Leben für die Schafe opferte (Joh 10,11.14). So ist ihm keine Herausforderung fremd. Zugleich ist er der Überwinder: Er hat den Tisch für uns gedeckt – während Satan auf Abstand bleiben muss. Er salbt uns mit der Kraft seines Geistes – auch wenn uns die Puste ausgeht. Er füllt unseren Becher mit Freude und einem Frieden, den die Welt nicht kennt (vgl. Joh 14,27; 15,11; 16,33).

Die Krise als Chance

Wenn unser Weg durchs *„Tal der Todesschatten"* oder *„durch das Tal der Tränen"* führt, empfinden wir dies meist als Krise. Jede Krise ist in sich zweischneidig: Sie führt uns durch eine Zeit der Verunsicherung, allerdings mit doppeltem Ausgang. „Krise" stammt vom griechischen Verb *krinein*: *„scheiden, entscheiden, beurteilen, beschließen"*. Wir kommen unverhofft in eine Entscheidungssituation, können nicht mehr weitermachen wie bisher, haben das Neue allerdings noch nicht in der Hand.

Tatsächlich gibt es kein Wachstum ohne Krisen: Dies gilt für unsere Persönlichkeitsentwicklung ebenso wie für den Reifungsprozess einer Gemeinde.

Die Krise als Chance

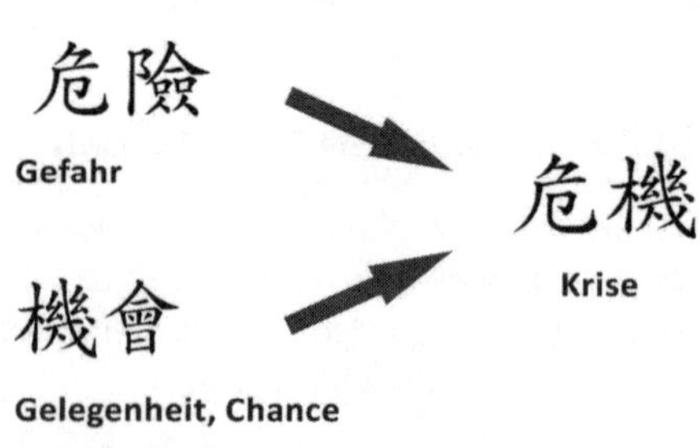

Die Chinesen drücken diese Ambivalenz mit ihrem Schriftzeichen für „Krise" aus, das sich aus den beiden Zeichen für „Gefahr" und „Gelegenheit" zusammensetzt: Neue Chancen stecken in der Krise, aber auch – manchmal lebensgefährliche – Gefahren. Es kann zum

Absturz kommen, es können sich auch neue Wege auftun. Krisensituationen können krankheitsbedingt sein, durch Arbeitslosigkeit oder finanzielle Not ausgelöst werden, wir erleben Ehe-, Beziehungs- und Gemeindekrisen, Krisen in Politik und Wirtschaft. *„Krisen haben immer mit Veränderungsprozessen zu tun, denen wir uns stellen müssen. Die Wahrheit stellt sich uns in den Weg und zeigt ihr wirkliches Gesicht. Wir müssen sie anschauen, ob wir wollen oder nicht"*, formulieren Bettina und Johannes Stockmayer in ihrem Buch „Aufbruch aus der Krise". *„Die Krise zwingt uns, das Alte loszulassen, um sich neu dem Leben zu stellen. Erst nach einer gut bewältigten Krise kommt der Schritt in die nächste Phase der Lebensgeschichte."*[123] Tatsächlich gibt es kein Wachstum ohne Krisen: Dies gilt für unsere Persönlichkeitsentwicklung ebenso wie für den Reifungsprozess einer Gemeinde. Wichtig ist in solchen Umbruchphasen allerdings beherzte und umsichtige Leitung. *„Denn jede Krise, die du durchgestanden hast, ist die Voraussetzung, um später andere durch Krisen führen zu können. Freue dich, wenn Gott dich nicht schont, wenn er dir viel zumutet und dich kräftig fordert. Nimm es an als sein gutes Führungstraining."*[124]

Quellen im Tränental

Es gehört zu Gottes vorauseilender Gnade, dass er in jedes *„Tal der Tränen"* schon verborgene Quellen eingebaut hat. Das *„Jammertal"* (so die alte Luther-Übersetzung) wird wider alle Erwartung zum Ort besonderer Fruchtbarkeit! Wo man nichts Gutes erwartet, dort lässt Gott *„lauter Quellen"* aufbrechen (Ps 84,7). So gehört es zu meinen Erfahrungen, dass gerade Prüfungszeiten langfristig zu neuer, reiferer Frucht in meinem Leben führten:

- ein realistischeres Bild von meiner eigenen Persönlichkeit
- ein geschärfter Blick für geistliche Auseinandersetzungen
- ein stärkeres Bewusstsein meiner Abhängigkeit von Gott
- ein neues Maß an Geduld gegenüber Gottes Zeitplan
- ein größeres Erbarmen mit den Schwächen anderer Menschen
- eine tiefere Dankbarkeit für Gottes Gnade und Treue

Kurz gesagt: Krisen bergen die Chance in sich, dass wir unseren Weg bewährter, bewusster und innerlich gestärkt weitergehen. Wir schauen zurück und sagen: „Durch dieses Tal oder diesen Tunnel wäre ich niemals freiwillig gegangen. Doch rückblickend bin ich dankbar auch für diese Zeit. Und ich möchte nichts von all dem missen, was ich in schweren Zeiten lernen durfte!" Uns gilt dasselbe, was Jakobus den Christen seiner Zeit als Ermutigung schrieb: *„Ihr wisst doch: Wenn* *euer Glaube erprobt wird und sich bewährt, bringt das Standhaftigkeit hervor. Und durch die Standhaftigkeit soll das Gute, das in eurem Leben begonnen hat, zur Vollendung kommen"* (Jak 1,3.4 | NGÜ).

Josef: Aufstieg nach Gottes Art

„Gott hat mich fruchtbar werden lassen im Lande meines Elends!" (1. Mo 41,52 | EÜ). Ein beeindruckender Glaubenszeuge des Alten Bundes, der dies in der Rückschau sagen konnte, ist Josef. An seiner wechselvollen Lebensgeschichte zeigt sich wie an kaum einem anderen Leiter der Bibel:

Die Lebenskurve unseres „Schicksals" ist das eine.

Die Entwicklungskurve unseres Charakters ist das andere.

Josef durchlebte und durchlitt eine Geschichte, die niemand freiwillig wählen würde. Doch über allem Auf und Ab entfaltete sich bei ihm ein Grundzug von Gottesfurcht, der ihn schließlich zu einer allseits anerkannten Persönlichkeit werden ließ. *„Ihr habt Böses gegen mich im Sinn gehabt, Gott aber hatte dabei viel Gutes im Sinn, um zu erreichen, was heute geschieht: viel Volk am Leben zu erhalten"*, konnte er rückblickend gegenüber seinen Brüdern festhalten (1. Mo 50,20 | EÜ). Welchen roten Faden erkennen wir in unserer bisherigen Lebensgeschichte? Wie sieht unsere „Schicksalskurve" aus – und demgegenüber der Verlauf unserer Persönlichkeitsentwicklung?

Prüfung und Bestätigung im Leben Josefs

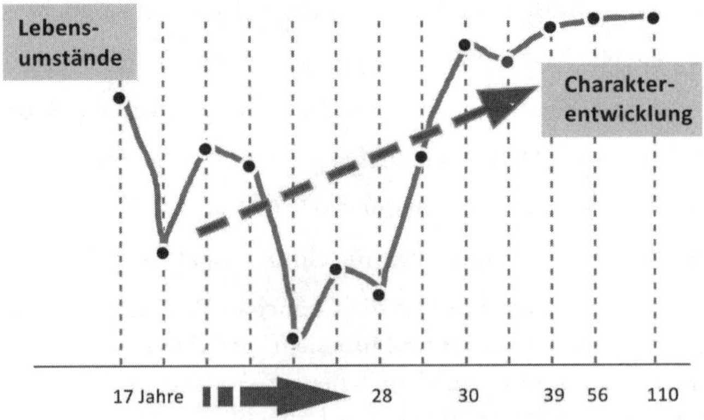

Bibelstellen: 1.Mose 37-50; Psalm 105,15-22

Die folgenden Stichworte sollen dir helfen, anhand dieser eindrücklichen Biografie der Bibel eigene Muster in deinem Leben zu entdecken (1. Mo 37–50). Am Beispiel Josefs lernen wir, wie Gott seine Leute formt und wie er ihren Charakter im Schmelzofen des Leidens stählt (vgl. Ps 66,9–12). Leiter müssen durch einige typische Bewährungsproben gehen, um in ihrem Charakter zu reifen. Dafür bildet das Leben Josefs ein eindrückliches Vorbild:

Josef und seine Versuchungen:

1. *„Josef hinterbrachte ihrem Vater, was die Brüder Böses taten"* (1. Mo 37,2). Offenbar wurde er verwöhnt und von seinem Vater leichtfertig bevorzugt. Seine prophetischen Träume erzählt er in recht naiver Weise, vielleicht profilierte er sich damit auch (37,9).
2. Josef wird von der Frau seines Chefs begehrt und bedrängt (39,7–10). Könnte er eine heimliche Affäre zu seinem eigenen Vorteil nutzen? In Wirklichkeit saß er in einer Falle …
3. Josef wird verleumdet und für seine Standhaftigkeit mit Gefängnis „belohnt". Wie viel Verzweiflung und Wut mag in ihm aufgestiegen sein (39,11–20)? Die Erfahrung von Ausgrenzung und Isolation wiederholt sich später in schmerzhafter Weise (vgl. 37,23–27) …
4. Josef legt zwei Mitgefangenen ihre Träume aus. Einer von ihnen wird entlassen, vergisst Josef jedoch für die nächsten zwei Jahre (40,20–23). Diese Gedankenlosigkeit gab sicherlich Anlass für noch tiefere Verbitterung …
5. Josef steigt über Nacht zum zweiten Mann im Staate auf. Plötzlich ist er mit ungeheurer Macht, Ansehen und Reichtum konfrontiert (41,40–46.57). Offenbar konnte er damit umgehen, ohne nach der Zeit der Demütigungen nun selbstherrlich zu werden …
6. Josef bekommt überraschend Besuch von seinen Brüdern. Er reagiert zunächst hart und kämpft vermutlich mit Rachegelüsten (1. Mo 42–44). Schließlich erweicht Juda sein Herz, der sein Leben stellvertretend für den jüngsten Bruder Benjamin anbietet … ein prophetisches Bild für die Hingabe Jesu am Kreuz (vgl. Röm 5,7–8)!

Josef und seine Charakterentwicklung:

1. Josef lehnt das unmoralische Angebot ab, sowohl mit dem Bezug auf Gott als auch aus Respekt vor dem Vertrauen seines Chefs (1. Mo 39,9).
2. Josef beweist auf jeder Ebene eine Gesinnung von Zuverlässigkeit und Selbstlosigkeit. Seine Umgebung spürte, *„dass der Herr mit Josef war und dass der Herr alles, was er unternahm, unter seinen Händen gelingen ließ"* (39,3–6.21–23).
3. Josef zeigt trotz aller Entbehrungen im Gefängnis Interesse und Mitgefühl für das Schicksal seiner Mitgefangenen (40,1–8). Josef zeigt typische Qualitäten eines „dienenden Leiters"!
4. Josef erkennt die prophetische Dimension in Pharaos Träumen und entwickelt einen Notfallplan für die kommende Hungersnot. Dennoch erliegt er nicht der Versuchung, sich selbst ins Gespräch zu bringen und persönliche Vorteile zu suchen (41,25–36).
5. Josef vergibt seinen Brüdern nicht nur, sondern tröstet sie über ihrer früheren Schuld. Dreimal betont er in der Begegnung mit ihnen: *„Gott hat mich vor euch hergeschickt ..."* (45,1–15). Ein bitteres Schicksal hat sich durch Gottes Hand zum Besten gewendet!
6. Josef sorgt ganz praktisch für den Lebensunterhalt seiner Brüder: *„Fürchtet euch nicht! Ich will für euch und eure Kinder sorgen. So tröstete er sie und redete ihnen freundlich zu"* (50,15–21 | jeweils EÜ). Josef zeigt vergebende Liebe und gewinnt dadurch ihr Herz!

Am Ende seines Lebens sprach Jakob prophetische Segensworte über seinen Söhnen aus. Josef verglich er dabei mit einem *„jungen Fruchtbaum an der Quelle"*. Immer wieder provoziert, bedrängt und bekämpft, ging er doch aus allen Prüfungen seines Lebens gestärkt hervor (1. Mo 49,22–24). Generationen später konnte Paulus sagen: *„Wenn Gott für uns ist, wer kann da noch gegen uns sein?"* Uns gilt dieselbe Verheißung, durch welche Herausforderung wir auch gehen müssen: *„Trotz all dem tragen wir einen überwältigenden Sieg davon durch Christus, der uns geliebt hat"* (Röm 8,31.37 | NLB).

Vollmacht 9

Wenn Gott mit uns ist

„Es ist wahr, ich habe euch Vollmacht gegeben, auf Schlangen und Skorpione zu treten und die ganze Macht des Feindes zu überwinden, und nichts wird euch schaden können. Doch darüber sollt ihr euch nicht freuen, dass euch die Geister gehorchen. Freut euch vielmehr, dass eure Namen im Himmel aufgeschrieben sind." (Lk 10,19–20 | NGÜ)

Seit die Jünger mit Jesus unterwegs waren, kamen sie nicht mehr aus dem Staunen heraus. Sie erlebten den Anbruch einer neuen Zeit. *„Wenn ich die Dämonen mit der Hilfe von Gottes Geist austreibe, dann ist doch das Reich Gottes zu euch gekommen"*, deutete Jesus die Zeichen der Herrschaft Gottes (Mt 12,28). Und seinem Freund und Wegbereiter Johannes, den Herodes in den Kerker geworfen hatte und dem dort so seine Zweifel kamen, ließ er ausrichten: *„Geht zu Johannes und berichtet ihm, was ihr hört und seht: Blinde sehen, Lahme gehen, Aussätzige werden geheilt, Taube hören, Tote werden auferweckt, und den Armen wird Gottes gute Botschaft verkündet. Und glücklich zu preisen ist, wer nicht an mir Anstoß nimmt"* (Mt 11,4–6 | jeweils NGÜ). Jesus fasste hier nicht nur offenkundige Tatsachen zusammen, sondern machte in knappen Umrissen deutlich: In diesen Tagen bricht für Israel die langersehnte Herrschaft des Messias an; ich bin es, auf den ihr seit Langem gewartet habt![125]

9.1 Macht oder Vollmacht?

„Umsonst habt ihr empfangen, umsonst sollt ihr geben" (Mt 10,8). *„Wem man viel anvertraut hat, von dem wird man umso mehr verlangen"* (Lk 12,48 | EÜ).

Jesus begann schon zu Lebzeiten, sich selbst durch ein Mitarbeiterteam zu vervielfältigen.

Doch bald schon kommt es zum nächsten Schritt: Die Jünger dürfen ihrem Meister nicht nur bei der Arbeit zusehen, sie werden von ihm mit genau demselben Dienst beauftragt: Sie *„zogen von Dorf zu Dorf. Überall verkündeten sie die Botschaft vom Reich Gottes und heilten die Kranken."* Bald darauf sendet Jesus ein größeres Team von 72 *„anderen Jüngern"* aus, denen er ebenso Vollmacht überträgt: *„Herr, sogar die Dämonen müssen uns gehorchen, wenn wir uns auf deinen Namen berufen"*, kehren sie fasziniert zurück (Lk 9,6; 10,17 | NGÜ). Jesus teilt ihre Begeisterung und jubelt mit ihnen. Doch zugleich öffnet er ihnen die Augen für die Hintergründe dieser ermutigenden Erfahrungen, die in Israel beispiellos waren: Es hatte ein Machtwechsel in der Himmelswelt stattgefunden. Satan, die alte Schlange, der große Feind der Schöpfung, war gestürzt. Und es war eine Staffel von Boten an den Start gegangen, die mit Jesus selbst begann, sich in den 12 und den 72 Jüngern vervielfältigte und bis zu uns heute reicht! *„Umsonst habt ihr empfangen, umsonst sollt ihr geben!"* (Mt 10,8). Sie waren einfach Beschenkte und durften Geschenke des Himmels weiterreichen. Sie waren Beauftragte und erlebten auf Schritt und Tritt, wie ein Größerer hinter ihnen stand. Der Meister hatte sie in seine Lebensschule berufen und bereitete sie zugleich auf die Aussendung vor: zwölf Schüler, *„die er auch Apostel nannte"* (Lk 6,13; 22,14). Sie waren Gesandte, bevollmächtigte Zeugen der neuen Welt Gottes: *„Wer euch hört, der hört mich, und wer euch ablehnt, der lehnt mich ab; wer aber mich ablehnt, der lehnt den ab, der mich gesandt hat"* (Lk 10,16 | EÜ). Jesus begann schon zu Lebzeiten, sich selbst durch ein Mitarbeiterteam zu vervielfältigen. Die Jünger waren Teil einer weltweiten Bewegung geworden, deren Ursprung im Herzen Gottes lag.

Fasziniert vom Mann aus Nazareth

Wo Jesus hinkam, gerieten seine Zeitgenossen *„außer sich"* über seine Worte, seine Weisheit und seine Wunder (Mk 1,22.27; 6,2; 11,18). Das griechische Wort lässt sich auch mit *„erstaunen"* oder *„verwundern"* übersetzen. Wörtlich heißt es: Bei den Hörern war etwas am *„Ausschlagen"*, weit hinaus über den Rahmen ihrer bisherigen Erfahrungen. So konnte eigentlich nur der Messias auftreten. *„Wer ist dieser, dass ihm selbst die Winde und der See gehorsam sind?"*, fragten sich die Jünger fasziniert, nachdem sie mit ihrem Meister im Boot in Lebensgefahr geraten waren (Mt 8,27). Jesus stellte sich nicht einfach hin und sagte: „Ich bin der Messias!" Er ließ nach und nach durch viele Bezüge zu den Geschichten des Alten Bundes deutlich werden, dass Gott selbst sein Volk besucht hatte: *„Hier ist einer, der größer ist als der Tempel! … Hier ist einer, der größer ist als Jona! … Hier ist einer, der größer ist als Salomo!"* (Mt 12,6.41.42).

Eines Tages wählte Jesus einen öffentlichen Versammlungsort auf einem Hügel am Seeufer, wo er die Schriften des Alten Bundes für sein Volk neu auslegte. Jeder Israelit kannte die Regeln der Thora seit Kindesbeinen. Doch hier sprach jemand, der größere Autorität für sich in Anspruch nahm, als Mose hatte: *„Ich aber sage euch … "*, klingt es immer wieder durch die sogenannte Bergpredigt (Mt 5,22.28.32.34.39.44). *„Er lehrte sie wie einer, der Vollmacht hat, und nicht wie die Schriftgelehrten"*, fasst Matthäus zusammen (7,29). *„Jeder Rabbi lehrte auf der Grundlage der Autorität eines anderen Rabbis. Aber Jesus zitierte keine anderen Lehrer"* (Fruchtenbaum).[126] Später begriffen seine Jünger, dass sie für den Rest ihres Lebens Schüler von Jesus bleiben würden und sich andere Menschen niemals auf ihre Namen berufen sollten: *„Ihr aber sollt euch nicht Rabbi nennen lassen, denn einer ist euer Meister, der Christus"* (Mt 23,8 | jeweils Sch).

Gottes anbrechende Herrschaft verstehen

Immer wieder spricht Jesus in den Evangelien von der guten *„Herrschaft"* seines Vaters. Dabei meint das griechische Wort *basileia* weniger ein territoriales *„Reich"* als vielmehr das gnädige *„Königtum"* Gottes. *„Siehe, das Reich Gottes ist mitten unter euch"*, sagt Jesus einmal, ohne dafür Beweise liefern zu können (Lk 17,21). Den Zeitgenossen dämmert langsam, dass Gott in dem Mann aus Nazareth die alte Segensspur wieder aufgenommen hatte: *„Hosianna dem Sohn Davids!"* In der Tat: Jesus war Nachkomme des großen Königs und zugleich Antwort auf die messianische Sehnsucht Israels (Mt 21,9; 22,41–46). Interessant ist die Reaktion des Volkes auf eine spontane Heilung: *„Die Volksmenge … pries Gott, der solche Vollmacht den Menschen gegeben hatte"* (Mt 9,8; 15,30–31 | jeweils Sch). Abseits aller theologischen Grundsatzdebatten spürten die Menschen: Hier bekommt die Erde Besuch vom Himmel! Hier ist Gott uns Menschen ganz nahe, ja er scheint geradezu mit uns zu kooperieren!

Der Kirchenvater Origenes (185–254) bezeichnet Jesus später als *„Autobasileia"*, als Gottes Reich in Person, sozusagen Gottes Herrschaft zum Anfassen. Und Papst Benedikt XVI. schreibt dazu:

Das Reich Gottes *„ist nicht eine Sache ... Es ist Person: Er ist es."*[127] Doch Jesus wollte nur der Anfang dieser umfassenden Bewegung sein: *„Dein Reich komme. Dein Wille geschehe, wie im Himmel, so auch auf Erden"*, wurde zum Mustergebet für die Christen aller Generationen (Mt 6,10).

Die Vollmacht eines Machtlosen

Kein Mensch kann sich selbst bevollmächtigen. Das Wort „Vollmacht" deutet immer darauf hin, dass ein Mensch durch einen Größeren befähigt und beauftragt wird. Ein Bevollmächtigter ist ein Statthalter, ein Stellvertreter. Der griechische Begriff *exousia* meint die *„Erlaubnis"* bzw. das *„Recht, etwas zu tun"* (vgl. Apg 26,12). Macht kann ein Mensch sich selbst nehmen. Macht kann man ergreifen und an sich reißen. Doch Vollmacht wird verliehen, freiwillig gegeben auf der Grundlage einer Beziehung. Der Bevollmächtigte lebt mit einem Vertrauensvorschuss. Er dient einer Sache oder einer Person und möchte den nicht enttäuschen, der auf ihn zählt. *„Um Macht zu haben, braucht es nur eine entsprechende Stellung, Vollmacht hingegen hat ihren Ursprung im Charakter eines Menschen, seinem Gehorsam und seiner Salbung durch Gott"* (Floyd McClung).[128]

Macht kann man selbst ergreifen. Doch Vollmacht wird verliehen, freiwillig gegeben auf der Grundlage einer Beziehung.

Die Bibel zeigt uns so viele ermutigende Beispiele, wie Menschen, äußerlich betrachtet, völlig machtlos, ja bisweilen ohnmächtig waren. Und doch war Gott mit ihnen und wirkte mächtig in ihnen. *„Ich vermag alles durch den, der mich stark macht, Christus"*, schrieb Paulus aus einem römischen Gefängnis (Phil 4,13). Jesus selbst ist das markanteste Beispiel für den Unterschied zwischen Macht und Vollmacht. Blutüberströmt steht er vor Pilatus, dem mächtigsten Römer der Provinz, also dem Bevollmächtigten des damaligen Weltreiches. Pilatus findet Jesus politisch völlig harmlos und sieht in der Behauptung, er habe sich als Sohn Gottes bezeichnet, keinen Grund für die Todesstrafe. Jesus schweigt beharrlich, bis Pilatus ihm droht: *„Weißt du nicht, dass ich Vollmacht (exousia) habe, dich zu kreuzigen, und Vollmacht habe, dich freizulassen?"* Daraufhin erwidert Jesus, völlig unbeeindruckt von der Überlegenheit des Prokurators: *„Du hättest gar keine Vollmacht (exousia) über mich, wenn sie dir nicht von oben her gegeben wäre"* (Joh 19,10–11). Der dornengekrönte „König der Juden" deutet damit an: Auch weltliche Regierungen haben ihre Vollmacht letztlich von Gott. Ihr Mandat von Gott ist zugleich ihre Verantwortung vor Gott (vgl. Röm 13,1–3)! Nach seiner Auferstehung stellt Jesus endgültig klar: *„Mir ist gegeben alle Macht (exousia) im Himmel und auf Erden!"* (Mt 28,18 | jeweils Sch).

Unter höherem Befehl

Ein anderer Römer hat das Prinzip göttlicher Bevollmächtigung sofort begriffen. Jesus war vom Zenturio, dem Befehlshaber der Kaserne in Kapernaum, so beeindruckt, dass er begeistert ausrief: *„Einen so großen Glauben habe ich in Israel nicht gefunden!"* (Mt 8,10). Wie kam es zu dieser Begegnung? Vermutlich war es die akute Krankheit eines seiner besten Soldaten, die dem heidnischen Römer half, über seinen Schatten zu springen. Also wandte er sich hilfesuchend an den jüdischen Wanderprediger. Und Jesus willigt sofort ein zu kommen. Doch der Hauptmann zeigt eine bemerkenswerte Mischung von Respekt und geistlichem Durchblick: *„Herr, ich bin nicht wert, dass du unter mein Dach kommst …* [Juden durften das Haus eines Nichtjuden nicht betreten.] *Sondern sprich nur ein Wort, so wird mein Knecht gesund werden!"* Wieso erwartete ein Armeeangehöriger so viel vom bloßen Wort, statt den Besuch am Krankenbett dankbar anzunehmen? *„Denn auch ich bin ein Mensch, der unter Vorgesetzten steht, und habe Kriegsknechte unter mir; und wenn ich zu diesem sage: Geh hin!, so geht er; und zu einem anderen: Komm her!, so kommt er; und zu meinem Knecht: Tu das!, so tut er's."* Jesus ist zutiefst *„verwundert"* über *„einen so großen Glauben"*; der Zenturio aber geht nach Hause und findet seinen Knecht komplett wiederhergestellt (Mt 8,5–10 | jeweils Sch).

Wir können jeden nach unserem Wunsch in jedes Amt wählen; aber echte geistliche Autorität beruht auf der Beziehung des Menschen zu Gott und dem Grad seiner Hingabe an den Leib Christi.

Charles Sibthorpe

Offenbar erkannte ausgerechnet der römische Offizier eine erstaunliche Parallele zwischen Jesus und ihm selbst: *„Auch ich bin ein Mensch unter Autorität (exousia)"*, zieht er den Vergleich: Du hast den Gott Israels hinter dir, bist sein Gesandter und kannst deshalb Worte mit Vollmacht sprechen! Und ich stehe in der Befehlslinie Roms, kann und muss Befehle erteilen und meine Hundertschaft folgt mir aufs Wort. Zwei Welten, die überhaupt nicht zusammenzupassen scheinen – und doch ähnlich „funktionieren"! *„Weil Jesus sich diesem höheren Befehl ständig unterordnete, gewann er seine ganze Kraft und Größe"*, schreibt Charles Sibthorpe zu dieser Bibelstelle. *„Jesus hatte in seinem Dienst Autorität, weil er sich in völliger Unterordnung unter seinen Vater befand."* Für uns bedeutet dies: *„Wahre Autorität kann nicht aus dem geistlichen Amt abgeleitet werden. Wir können jeden nach unserem Wunsch in jedes Amt wählen; aber echte geistliche Autorität beruht auf der Beziehung des Menschen zu Gott und dem Grad seiner Hingabe an den Leib Christi."*[129]

In unserer Bestimmung ging es nie darum, was wir für Gott tun können, sondern darum, was Gott durch uns tun kann.

Bill Johnson

Woher unsere Vollmacht kommt

„Unter höherem Befehl" – diese Standortbeschreibung ist ein wichtiger Schlüssel für unser Verständnis von geistlicher Leitung. Es geht nicht darum, dass wir *unser* Ziel erreichen, wie motiviert wir auch sein mögen. Gott sucht Menschen, die ihm ganz zur Verfügung stehen. *„Bevollmächtigung ist nicht möglich, ohne sich dem Hauptauftrag unterzuordnen"*, schreibt Bill Johnson in seinem Buch „Neues Denken – neue Vollmacht". *„Wir können uns nicht als Selbstgesandte auf unsere Dienstgaben verlassen, um den Missionsbefehl auszuführen. Wir können es uns nicht leisten, getrennt vom übernatürlichen Eingreifen der Realität des Reiches Gottes zu arbeiten. In unserer Bestimmung ging es nie darum, was wir für Gott tun können, sondern darum, was Gott durch uns tun kann."*[130] Jesus ist unser größtes Vorbild für einen bevollmächtigen Leiter: Er strebte niemals an, um seiner selbst willen bewundert zu werden. Er baute keine Machtposition aus, dennoch empfing er Vollmacht wie kein Zweiter. Jesus blieb zeitlebens „der Sohn": getauft, geliebt und gesandt von seinem Vater. Besonders Markus macht gleich im ersten Kapitel seines kompakten Evangeliums deutlich, wie Jesus aufgrund seiner Taufe bestätigt und von Gott bevollmächtigt ans Werk ging. Dabei legte er ein atemberaubendes Tempo vor. Zugleich suchte er immer wieder gezielt Rückzugsorte, um von Gott Weisung für die nächsten Schritte zu erhalten (Mk 1,10–11.35–39). Jesus wusste: *„Der Sohn kann nichts aus sich heraus tun. Er tut nur, was er den Vater tun sieht."* Später würde er seinen Schülern dieselbe Wahrheit vermitteln: *„Getrennt von mir könnt ihr nichts tun"* (Joh 5,19; 15,5 | NLB). Man könnte sagen: Die „Dienstphilosophie" von Jesus war ein Leben in konsequenter Abhängigkeit von Gott, ein Arbeiten im ständigen Blickkontakt zu ihm und in Rufweite – rund um die Uhr vernetzt mit dem Himmel! Damit stellen sich für uns einige Fragen:

Zur Selbstüberprüfung:
Will ich im Tiefsten abhängig sein von Gott?

- Will ich dieses Konzept der „Abhängigkeit" von Gott überhaupt? Wo steckt in mir Angst vor Bevormundung, wo bevorzuge ich doch lieber meine Autonomie?
- Arbeite ich insgeheim für meine Anerkennung oder baue ich durch Ämter und Aufgaben meine Position aus? Habe ich begriffen, wodurch Gott mir Einfluss schenken möchte?
- Ist mein Verhältnis zu Gott so lebendig, dass ich den Vater „hören" und „sehen" kann? Erfasse ich überhaupt den Unterschied zwischen seinen und meinen Gedanken? (Vgl. Jes 55,8–9.)
- Wo halte ich – obwohl ich Gott doch dienen will – an meinen Rechten fest: an eigenen Vorstellungen, Wünschen und Plänen, an meiner Ehre und meinem Image?

- Habe ich schon die innere Entscheidung getroffen, ein „dienender Leiter“ zu sein? Oder gebrauche ich Machtmittel oder gar manipulative Methoden, um meine Ziele zu erreichen?

Vollmacht gründet sich auf der Gewissheit: Der auferstandene Herr, dem *„alle Autorität im Himmel und auf Erden gegeben“* ist, steht persönlich hinter mir. Wer dies in seinem Herzen weiß, leitet gelassener. Er stellt sich nicht in den Mittelpunkt und macht sich nicht zum Maß aller Dinge.

9.2 Demut als Schlüssel zur Vollmacht

> *„Als die Stunde gekommen war, begab er sich mit den Aposteln zu Tisch. … Die Könige herrschen über ihre Völker, und die Mächtigen lassen sich Wohltäter nennen. Bei euch aber soll es nicht so sein, sondern der Größte unter euch soll werden wie der Kleinste, und der Führende wie der Dienende. … Ich aber bin unter euch wie einer, der bedient.“* (Lk 22,14.24–27 | EÜ)

Vollmacht gründet sich auf der Gewissheit: Der auferstandene Herr steht persönlich hinter mir. Wer dies in seinem Herzen weiß, leitet gelassener. Er stellt sich nicht in den Mittelpunkt und macht sich nicht zum Maß aller Dinge.

Jesus feiert mit seinen zwölf Jüngern das Passahmahl am Vorabend seines Todes. Die Stimmung ist aufgeheizt: Jesus wird seit Wochen steckbrieflich gesucht – dabei fand er sich in dieser letzten Woche täglich im Tempel ein. Und die Jünger haben deutliche Ankündigungen der kommenden Leidenszeit vernommen – doch ihre Gedanken sind verwirrt: *„Herr, hier sind zwei Schwerter!“*, bietet sich Petrus an – und schlägt bald darauf zu (Lk 22,38; Joh 18,10). Waren die Zwölf wirklich bereit, den Weg mit einem machtlosen Rabbi bis zum Ende zu gehen? Müsste sich das Blatt nicht doch noch dramatisch wenden? Wenn Gottes Herrschaft für Israel anbricht, sollte Jesus nicht im letzten Moment die Macht ergreifen und natürlich seine Jünger in glorreicher Weise daran beteiligen? Die zwölf Freunde müssen Jesus beim Abschiedsabend das Herz noch schwerer gemacht haben, als sie den Streit um die künftigen Machtpositionen vom Zaun brachen! Bereits Monate zuvor *„schlich sich der Gedanke bei ihnen ein, wer wohl der Größte unter ihnen sei“* (Lk 9,46–48 | Sch). Der Kampf um die Frage nach Macht oder Vollmacht war bis zum Tag der Kreuzigung nicht ausgefochten! Der Machtvirus schien unausrottbar in den Jüngern. Doch Jesus geht auch jetzt barmherzig mit ihnen um und versucht noch einmal, ihre Herzen zu gewinnen: *„Ich aber bin unter euch wie einer, der bedient.“* Es folgt das eindrückliche Zeichen der Fußwaschung: der Dienst eines Haussklaven – ausgeführt vom Herrn persönlich (Joh 13,1–15)! Nach Ostern sollte eine Bewegung an den Start gehen, die von Leitern mit dienender Gesinnung getragen wäre. Was könnte ihre Herzen umwandeln? Was müsste bei uns geschehen?

Die Gesinnung des guten Hirten

Petrus hat seine Lektion irgendwann gelernt. Die Tage zwischen seinem Absturz und der ersten Begegnung mit dem Auferstandenen müssen quälend lang gewesen sein. Jesus hatte ihm wohl zugesagt: *„Und wenn du dich wieder bekehrt hast, dann stärke deine Brüder"* (Lk 22,32 | EÜ). Doch Simon empfand sich nicht mehr als „Petrus". Der Fels war zerbrochen, als der designierte Leiter der Gruppe seinen Herrn einfach im Stich ließ und dann noch leugnete, ihn überhaupt zu kennen. War seine Karriere damit nicht am Ende? *„Als sie mit dem Essen fertig waren, sagte Jesus zu Simon Petrus: ‚Simon, Sohn des Johannes, hast du mich lieber als all die anderen hier?' Er antwortete: ‚Ja, Herr! Du weißt doch, dass ich dein Freund bin!' Jesus sagte: ‚Dann nimm die Verantwortung für meine kleinen Schafe!' …"* (Joh 21,15 | DB). Diese Schlüsselszene am See konnte Simon ebenso wenig vergessen wie seine Berufung etwa zwei Jahre zuvor. Wiederum kehrt er früh morgens frustriert von einem erfolglosen Fischfang zurück. Da steht plötzlich der auferstandene Jesus am Ufer. Nach einem liebevoll bereiteten Frühstück kommt es dann zu diesem Dialog, der ans Eingemachte geht. Die meisten Bibelübersetzungen zeigen nicht die Dynamik in diesem Wortwechsel, die sich aus zwei verschiedenen griechischen Begriffen ergibt: Zuerst fragt Jesus den Fischer nach der *„größeren Liebe"* (griechisch *agape*; vgl. Joh 15,13–14). In drei Antworten bringt es Simon nicht weiter als bis zum Bekenntnis seiner Zuneigung Jesus gegenüber (griechisch *philia*: Freundschaft). Um nichts in der Welt wollte er die Beziehung zu seinem Meister verlieren! Keine Macht mehr – aber bitte Nähe! Auf dieser Basis setzt der Herr ihn wieder ein in seine Position als Leiter der Jesusbewegung. Der „Fels" sollte ein Leiter für Leiter werden. Offenbar hat nicht nur Jesus ihm vergeben, auch seine Mitstreiter im Team taten dies! Jedenfalls sehen wir Petrus später als prägenden und vollmächtigen Leiter der frühen Gemeinde von Jerusalem (Apg 1,13.15; 2,37; 4,13; 5,3; 12,11).

Vom selben Petrus ist uns ein kostbarer Brieftext erhalten, der ein tiefgreifendes Umdenken dokumentiert und zugleich Leitlinien für geistliche Leiterschaft in allen Generationen aufzeigt:

> *„Eure Ältesten ermahne ich, da ich ein Ältester bin wie sie … Sorgt als Hirten für die euch anvertraute Herde Gottes, nicht aus Zwang, sondern freiwillig, wie Gott es will; auch nicht aus Gewinnsucht, sondern aus Neigung; seid nicht Beherrscher eurer Gemeinden, sondern Vorbilder für die Herde! Wenn dann der oberste Hirte erscheint, werdet ihr den nie verwelkenden Kranz der Herrlichkeit empfangen. Sodann ihr Jüngeren: ordnet euch den Ältesten unter! Alle aber begegnet einander in Demut! Denn Gott tritt den Stolzen entgegen, den Demütigen aber schenkt er seine Gnade. Beugt euch also in Demut unter die starke Hand Gottes, damit er euch erhöht, wenn die Zeit gekommen ist"* (1. Pt 5,1–6 | EÜ).

Dieser Abschnitt zeigt wie kaum ein anderer im Neuen Testament, woher unsere Vollmacht kommt:

1. **Ein geistlicher Leiter steht immer unter Autorität**, Auftrag und Schutz des *„obersten Hirten"*. Wenn ich begriffen habe, dass ich nicht die letzte Instanz bin, werde ich „durchlässig" leiten: hörend auf Gott, sensibel für andere, lernfähig und korrekturbereit – ich kann loslassen!
2. **Ein geistlicher Leiter sucht Ergänzung im Team:** Obwohl Petrus als führender Apostel seiner Zeit galt, bezeichnet er sich als *„Mitältester"*. Offenbar kooperierten die überregional tätigen Apostel jeweils mit einem Team von anerkannten *„Ältesten"* vor Ort (Apg 11,30; 14,23).
3. **Ein geistlicher Leiter ist seinem Wesen nach ein Hirte.** Dieser „Titel" wurde von Jesus in einzigartiger Weise gefüllt (Joh 10,11–30) – zugleich geht der Hirtenstab von ihm an seine Jünger weiter. Jeder Leiter sollte, unabhängig von seiner jeweiligen Begabung, die Merkmale eines Hirten verkörpern (vgl. Apg 20,17.28).
4. **Ein geistlicher Leiter ist mehr Vorbild als Vorgesetzter.** Petrus legt seinen Finger auf die Motivation: Leitung in der Gemeinde soll weder *„aus Zwang"* noch *„aus Gewinnsucht"* ausgeübt werden, sondern mit Hingabe. Wer Jesus gemäß leitet, wird auf natürliche Weise zu einem authentischen *„Vorbild"* (griechisch *typos*).
5. **Ein geistlicher Leiter ist mutig und demütig.** Dass Gott *„den Demütigen seine Gnade schenkt"*, meint eine Grundhaltung der Unterordnung unter ihn, nicht Unterwürfigkeit gegenüber Menschen. Wer um seine natürliche Autorität weiß, muss nicht autoritär auftreten. Petrus lässt hier wieder das Stichwort vom *„Beherrschen"* anklingen (griechisch *kyrieuo*: knechten), das für die Machtstrukturen der Welt so typisch ist. Diesen „Machtvirus" konnte Jesus seinen Jüngern offenbar doch noch austreiben. *„Unter euch ist es nicht so!"* (Mk 10,42–45).

Das „Hirtenprinzip" wird inzwischen sogar im säkularen Management entdeckt: *„Viele Manager konzentrieren sich zu sehr auf ihre Projekte und nicht genügend auf ihre Mitarbeiter. ... Sie haben nur die Arbeit im Kopf, aber nicht die Arbeiter."* Christen wie Nichtchristen können eine Menge von Jesus und seinen Leuten lernen: *„Wenn Sie erfolgreich sein wollen, müssen Sie lernen, wie man Menschen mit der Kunst eines Hirten betreut."*[131]

Gemeinden als System

Systeme tragen in sich die Gefahr, eine Eigendynamik zu entwickeln, sich zu verabsolutieren und sich im Extremfall an die Stelle Gottes zu setzen.

Jede Gemeinde, Gesellschaft oder Organisation, bereits Familien lassen sich in gewisser Weise als System beschreiben. Systeme tragen jedoch in sich die Gefahr, eine Eigendynamik zu entwickeln, sich zu verabsolutieren und sich im Extremfall an die Stelle Gottes zu setzen. Wir erleben dies in der Wirtschaft, in Staatengebilden und in besonders ausgeprägter Weise bei religiösen Systemen. Das System formt Menschen und fordert seinen Tribut von ihnen. Es stabilisiert sich selbst und strebt danach, Menschen konform zu machen. Bedenken wir: Die religiöse Elite seiner Zeit lieferte Jesus ans Kreuz. In der Konfrontation mit den Pharisäern und Schriftgelehrten kündigte sich schon früh der Zusammenstoß mit einem System selbstbezogener Religion an: *„Ihr seid stets bereit, euch gegenseitig zu ehren"*, warf Jesus ihnen vor. *„Seht doch, die ganze Welt läuft ihm nach!"*, empörten sie sich und beschlossen, jeden Anhänger des Nazareners zu exkommunizieren. Denn *„die Anerkennung der Menschen war ihnen wichtiger als die Anerkennung durch Gott"* (Joh 5,44; 12,19.43 | NLB). Wie erkennen wir heute religiöse Systeme und drohenden Machtmissbrauch?

„Falsche geistliche Systeme lehren, dass die richtige Stellung vor Gott abhängig ist von der Tat Jesu am Kreuz plus einem bestimmten ‚geistlichen' Verhalten, das man selbst bringen muss", formulieren David Johnson und Jeff VanVonderen. Gestützt werden solche Systeme in der Regel von Leitern, die sich selbst ständig thematisieren, ihre eigene Autorität überhöhen und klare Unterordnung erwarten. Das Oben-unten-Gefüge ist klar geregelt. Weil die Herde ihren Hirten vertraut und geistlich hungrige Menschen normalerweise zu Leitern aufschauen, merken sie oft erst im Nachhinein, wie sie *„geistlich missbraucht"* wurden: Sie *„fühlen sich müde und klein, weil sie die geistlichen Erwartungen anderer nicht erfüllen können, und darum haben sie das Gespür für das Gesegnetsein verloren."*[132] Gemeinde als ungesundes System funktioniert allerdings meistens unbewusst und unreflektiert, sofern kritisches Denken unterentwickelt ist und die Gruppe den Abstand zu sich selbst verloren hat. Denn *„diejenigen, die geistlichen Missbrauch an anderen ausüben, sind in ihren ungesunden Glaubensüberzeugungen genauso gefangen wie die, die sich bewusst oder unbewusst missbrauchen lassen."*[133]

Machtmissbrauch im frommen Gewand

Die niemals geschriebene Liste von Christen, die durch unglückliche Mitarbeiterführung, subtile Machtstrukturen oder Machtmissbrauch Schaden erlitten, dürfte erschreckend lang sein. Gemeinden ersterben im Innern, weil Machtmenschen mehr mit ihrem Ansehen beschäftigt sind als mit der Ehre Gottes. Jesus hat im Blick auf diese Problematik nicht an klaren Worten gespart: *„Ihr verschließt den Menschen das Himmelreich. Ihr selbst geht nicht hinein; aber ihr lasst auch die nicht hinein, die hineingehen wollen. … Blinde Führer seid ihr!"* (Mt 23,13.24). Seine Jünger aber hat Jesus immer wieder gewarnt vor dem Einfluss von selbsternannten, selbstgefälligen und rücksichtslosen Leitern, die großen Schaden anrichten: *„Sie kommen zu euch wie harmlose Schafe, in Wirklichkeit aber sind sie reißende Wölfe. … Seht, ich sende euch wie Schafe mitten unter die Wölfe …"* (Mt 7,15; 10,16). Auch Paulus sah dieselbe Gefahr von Manipulation und Machtmissbrauch auf die jungen Gemeinden zukommen: *„Seid also wachsam!"* (Apg 20,29–31 | jeweils EÜ).

Machtmenschen haben in der Regel blinde Flecken in Bezug auf ihre Außenwirkung und fühlen sich grundsätzlich im Recht. Sie dienen ja so selbstlos dem Herrn, geben selbst ihr Letztes und verlangen auch von „ihren Leuten" einen hohen Preis. Sie verlangen Gefolgschaft um ihrer Position willen und lassen sich in ihrer Persönlichkeit nicht hinterfragen. *„Machtmenschen brauchen Macht, um damit Mängel in ihrer Persönlichkeit zu kompensieren. Auch wenn man es ihnen nicht ansieht, sind die meisten von ihnen zutiefst unsicher. … Manche Leiter haben ein bestimmtes Maß an Größenwahnsinn. Sie sind oft überdurchschnittlich begabt und wollen etwas ganz Besonderes für Gott tun. Sie ruhen selten in sich selber, sondern versuchen permanent im Mittelpunkt zu stehen"* (Sonja Stark).[134] Wenn Menschen prägende Jahre ihres Glaubenslebens unter subtilen Machtstrukturen verbrachten, bleiben oft tiefe Narben zurück. Leidenschaft und die Bereitschaft zur Hingabe gehen möglicherweise unwiderruflich verloren. Die Flurschäden in der christlichen Landschaft sind erheblich …

Wenn Menschen prägende Jahre ihres Glaubenslebens unter subtilen Machtstrukturen verbrachten, gehen Leidenschaft und die Bereitschaft zur Hingabe möglicherweise unwiderruflich verloren.

Merkmale von Machtstrukturen, die zu Machtmissbrauch führen können

1. **Kein Widerspruch:** Kritische und kreative Leute müssen sich anpassen, ansonsten gelten sie als „ungeistlich" oder kommen unter den Verdacht der „Rebellion". Auf Widerspruch reagieren die Leiter beleidigt, entrüstet oder mit Einschüchterung. So fordert die Gruppe auf versteckte Weise Anpassung und entwertet auf Dauer alle nicht „stromlinienförmigen" Mitglieder. Die innovativen Leute, Querdenker und Visionäre springen zuerst ab – die zutiefst loyalen zuletzt!
2. **Einseitige Kommunikation:** Die führenden Leiter tagen im engsten Kreis der Vertrauten und entwickeln ein elitäres Be-

wusstsein. Da sie direkt „von Gott" hören und über das richtige Verständnis von Gottes Wort verfügen, umgibt sie ein Flair der Unantastbarkeit. Kommunikation geschieht in einer solchen Gemeinde einseitig von „von oben nach unten", während die Leitungsebene der Basis kaum noch zuhört: Zielvorgaben und Visionsvermittlung kommen „von vorne", Durchhalteparolen ersetzen ehrlichen Dialog und Partizipation!

3. **Die Gruppe als Norm:** Die Gemeinschaft oder Gemeinde entwickelt sich zunehmend zum geschlossenen System, das Einsatz erwartet und alle Kraft und Zeit ihrer Leute an sich bindet. Ein Verlassen der Gruppe ist nicht vorgesehen und wird mit Liebesentzug beantwortet. So produziert das System Opfer, die jedoch „selbst schuld" sind! Die Gefahr eines religiösen Götzendienstes lauert immer dort, wo sich in Gemeinden Stolz und Elitedenken entwickelt!
4. **Kontrolle statt Vertrauen:** Die Grundlage jeder gesunden Beziehung liegt in gegenseitigem Vertrauen. Doch bei Machtstrukturen wird irgendwann Kontrolle bevorzugt – vielleicht weil im Leiter selbst verstecktes Misstrauen sitzt. Menschen werden bewertet und gegeneinander ausgespielt: Einige wenige werden „hochgejubelt", andere lässt man ohne Begründung fallen. So entwickelt sich eine unerträgliche Härte, Menschen fühlen sich gebraucht und missbraucht!

Dienend leiten ist ein Vorrecht: Gott vertraut mir ein Stück seines „Haushaltes" an – und ich darf ihm im Rahmen meiner Möglichkeiten Freude bereiten!

5. **„Im Fleisch" statt „im Geist":** Was mit einer Begeisterung für Gottes Reich und seine Sache begann, verkommt allmählich zu einer fleischlichen Gesinnung, die den Heiligen Geist betrübt und in seinem Wirken behindert (vgl. Gal 3,3; Eph 4,30). Liebe wird besitzergreifend, Fürsorge zur Entmündigung, aus Wahrheit wird Täuschung. Am Ende einer solch bedauerlichen Entwicklung ist geistliche Leitung zur Manipulation verkommen.

Machtsysteme unter frommen Vorzeichen bestätigen sich selbst, werden allerdings zunehmend resistent gegen Beratung und Korrektur von außen. Damit tragen sie ihr vorzeitiges Ende bereits in sich – wie Jesus es schmerzlich miterleben musste: *„Da ihr immer noch sagt: ‚Wir sehen', bleibt eure Schuld bestehen"* (Joh 9,41 | jüd).

Dienend leiten lernen

Paulus, der einflussreichste Apostel in neutestamentlicher Zeit, kam ursprünglich aus der Schule der Pharisäer. Nach seiner Hinwendung zum Messias Jesus brach er jedoch mit deren religiösem

System und wurde im Gegensatz dazu ein Vorbild für „dienende Leiterschaft". In seinen Briefen bezeichnet er sich konsequent als *„Diener"* Gottes. Vom griechischen Begriff *diakonos* stammt unser Wort „Diakon". Noch drastischer muss für damalige Leser das Stichwort *doulos* geklungen haben (Röm 1,1; 1. Kor 3,5; 2. Kor 3,6; 4,6; 6,4): der gebildete Paulus – ein *„Sklave"* des Messias! Damit stellte sich der Völkerapostel ans Ende der sozialen Rangordnung in der damaligen Gesellschaft. Wer sein Verhältnis zu seinem Chef so beschreibt, hat alle Ambitionen auf eine eigene Karriere aufgegeben. Doch Paulus litt offenbar nicht an Minderwertigkeitsgefühlen oder sah sich in irgendeiner Weise von Jesus bevormundet. An anderer Stelle beschreibt er seine Rolle als ein leitender *„Diener des Christus und Verwalter von Gottes Geheimnissen"* (1. Kor 4,1). Der „Obersklave" im Haushalt eines Geschäftsmanns oder auf einem Landgut genoss großes Vertrauen bei seinem Herrn. Stets war er bestrebt, ihn in jeder Hinsicht zufriedenzustellen. Dienend leiten ist ein Vorrecht: Gott vertraut mir ein Stück seines „Haushaltes" an – und ich darf ihm im Rahmen meiner Möglichkeiten Freude bereiten!

Hier kommt noch einmal der Gedanke der Demut ins Spiel: Dieser biblische Begriff meint primär eine Haltung *„der absoluten Abhängigkeit, die nichts von sich selbst, aber alles von Gott erwartet. Demut hat eigentlich nichts mit Selbstverachtung zu tun, sondern es meint die rechte Selbsteinschätzung vor Gott und dem Mitmenschen"* (Elberfelder Studienbibel).[135] Demut erweist sich so als Schlüssel zur Vollmacht: Ich weiß um mein Mandat und ich kenne den, der hinter mir steht. Demut steht zu dem, was ich in Christus bin; allerdings auch zu dem, was ich ohne ihn nicht bin. Demut bleibt unter Gott. *„Beugt euch also in Demut unter die starke Hand Gottes, damit er euch erhöht, wenn die Zeit gekommen ist"*, mahnt Petrus (1. Pt 5,6). Jesus kooperiert mit uns auf der Grundlage von Demut, weil er selbst demütig ist (vgl. Mt 11,29). Stolz macht uns anfällig für Täuschung und ist die tiefste Ursache für Ungehorsam, wie wir am Beispiel von König Saul gleich noch sehen werden. Satan selbst ist voller Auflehnung und Anmaßung und sucht ständig nach Anknüpfungspunkten in unseren Herzen. Nur durch eine Grundentscheidung zur Demut sind wir vor der Gefahr der Selbstüberhöhung geschützt!

In unserer Zeit finden Führungskräfte wieder Anschluss an Werte wie „Demut" und „dienende Leitung" über den Umweg der alten Mönchsregeln. So schrieb Benedikt von Nursia (um 480–547) dem Abt eines Klosters ins Stammbuch, er solle stets bedenken, *„welche Bürde er auf sich genommen hat und wem er Rechenschaft über seine Verwaltung ablegen muss. Er wisse, dass er mehr helfen als herrschen* *soll. … Er hasse die Fehler, er liebe die Brüder. Muss er aber zurechtweisen, handle er klug und gehe nicht zu weit; sonst könnte er das Gefäß zerbrechen, wenn er den Rost allzu heftig auskratzen will. … Damit wollen wir nicht sagen, er dürfe Fehler wuchern lassen, vielmehr schneide er sie klug und liebevoll weg. … Er suche, mehr geliebt als gefürchtet zu werden.“*[136]

9.3 Wie viel Autorität steckt im Amt?

> *„Wir hätten das Recht gehabt, von unserer Autorität als Apostel Christi vollen Gebrauch zu machen; stattdessen sind wir behutsam mit euch umgegangen wie eine Mutter, die liebevoll für ihre Kinder sorgt – so sehr hatten wir euch ins Herz geschlossen.“* (1. Thes 2,7–8 | NGÜ)

Aus seinen Briefen können wir deutlich herauslesen: Paulus verstand auch sein Apostolat als Dienst. Beziehungen waren ihm wichtiger als Positionen. Damit ging er genau auf der Spur, die sein Herr für seine Jünger, der ersten zwölf Apostel gelegt hatte: Sie sollten auf alle Ehrentitel verzichten, sowohl religiöse als auch politische, die sich von der römisch-griechischen Umwelt durchaus anboten. *„Ihr aber sollt euch nicht ‚Rabbi‘ nennen lassen, denn nur einer ist euer Meister, und ihr alle seid Brüder. … Ihr sollt euch auch nicht ‚Lehrer‘ nennen lassen, denn nur einer ist euer Lehrer: Christus“* (Mt 28,8.10 | NGÜ). *„Rabbi und Lehrer, Vater und Meister … waren gebräuchliche Anreden im Schüler-Lehrer-Verhältnis der damaligen Zeit. … Nach rabbinischer Lehre wurde der Rabbi zur wichtigsten Person im Leben eines Schülers“* (Fruchtenbaum). Er sorgte wie ein Vater für ihn, bestimmte aber auch alle seine Lebensentscheidungen mit. Doch genau diese Titel sollten die Jünger niemals für sich verwenden, sondern sie allein Jesus überlassen![137] Wahre Jesusjünger werden Menschen auf Dauer nicht an sich binden, sondern sie näher zu Jesus bringen. Dem entspricht auch unsere Beobachtung aus Kapitel 3.4, dass es im Neuen Testament nicht den *einen* zentralen Begriff für „Leiterschaft“ gibt.

- **Leitung ist ein Dienst.** Dieser Dienst ist zwar ein Schlüssel zum Ganzen, steht in seiner Würde jedoch nicht über anderen Diensten.
- **Leitung ist eine Gabe.** Jede Aufgabe sollte Ausdruck einer offenkundigen Begabung sein, ebenso ist es mit der Gabe/Aufgabe der Leitung.
- **Leitung braucht ein Amt.** Ämter sind die öffentlich-rechtliche Seite eines Dienstes und verschaffen ihm Klarheit! Ohne Amt fehlt einem Dienst oftmals die Anerkennung.

Wie allerdings gehen wir mit diesen Einsichten um auf dem Hintergrund einer rund 1600 Jahre alten Ämterordnung von Pfarrern, Priester und Pastoren, Bischöfen, Kardinälen und Päpsten? Wie lässt sich heute das Verhältnis von „Charisma und Amt" neu bestimmen, nachdem eine hierarchisch geprägte Kirche tiefe Denkmuster im ehemals „christlichen Abendland" hinterlassen hat? Vor allem in der jüngeren Generation von Leitern beobachte ich zwei gegenläufige Tendenzen: Einerseits wird die Rolle des Pfarrers wieder stärker herausgestellt und damit das Gegenüber von Amt und Gemeinde betont. Man bleibt inzwischen vielfach lieber beim „Sie" und trägt auch in der Öffentlichkeit das Collarhemd, um als sich Pfarrer auszuweisen. Andererseits gibt es Bestrebungen, die Hierarchien möglichst „flach" zu halten. Vor allem neu gegründete Gemeinden verweigerten sich in ihrer „Sturm-und-Drang-Phase" geradezu, die Frage nach Ämterordnungen gründlich zu reflektieren. Die Verunsicherung ist spürbar: Wie kann Autorität in gesunder Weise ausgeübt werden, ohne Menschen zu dominieren? Wo müssen Ämter eingerichtet werden, um den Dienst der Leitung zu schützen? Dazu ein kurzer historischer Rückblick.

Wie kann Autorität in gesunder Weise ausgeübt werden, ohne zu dominieren? Wo müssen Ämter eingerichtet werden, um den Dienst der Leitung zu schützen?

Die offene Frage nach dem „Amt"

Der junge Mönch in Wittenberg löste zu seiner Zeit ein Erdbeben aus: Während die Kirche über Jahrhunderte das Volk in Unmündigkeit und Abhängigkeit gehalten hatte, postulierte Martin Luther 1520: *„Alle Christen sind wahrhaft geistlichen Standes; es ist unter ihnen kein Unterschied als allein hinsichtlich des Amtes. Wie Paulus in 1. Korinther 12 sagt, dass wir allesamt ein Körper seien. … Wir werden allesamt durch die Taufe zu Priestern geweiht."*[138] Der Reformator hatte die Axt an die Wurzel der kirchlichen Hierarchie gelegt. Er forderte ein mündiges Kirchenvolk, das eigenständig die Bibel zur Hand nehmen, kirchliche Lehre beurteilen und Machtstrukturen durchschauen kann. Dennoch begründeten die Reformatoren keine „herrschaftsfreie" Kirche, vielmehr sahen sie den Sinn des Amtes darin begründet, dass *„das Evangelium rein gepredigt und die heiligen Sakramente laut dem Evangelium gereicht werden."* Dieser Minimalkonsens sollte *„zur wahren Einheit der christlichen Kirche"* genügen, so das Augsburgische Bekenntnis von 1530.[139] Das ganze Spektrum der neutestamentlichen Gaben wurde im 16. Jahrhundert jedoch nicht wiedererweckt – auch die Reformatoren blieben Kinder ihrer Zeit! Die Reformation blieb als Basisbewegung stecken und wurde zunehmend über die Politik abgewickelt. Auch die „neue" Kirche entwickelte sich wieder zu

Geistliche Leiter sind Teil der Herde und zugleich Hirten in seinem Auftrag, deshalb gehört zu ihrem Dienst an der Gemeinde immer auch eine gewisse Unabhängigkeit von der Gemeinde.

einer Amtskirche, der protestantische Pfarrer zum „Amtsträger", in der Zeit der Aufklärung zum Gelehrten und schließlich zum preußischen Staatsbeamten. Von der römisch-katholischen Kirche werden die Ämter der reformatorischen Kirchen bis heute nicht anerkannt, da sie nach ihrem Verständnis kein wahres Priestertum darstellen und nicht in der Erbfolge des „Petrus-Amtes" stehen. Doch abgesehen von dieser größten ökumenischen Wunde ist auch innerhalb des Protestantismus die Frage nach der Autorität des Amtes ein offenes Kapitel. *„Ist die Gemeinde das, was sie ist, vom ‚Amt' her, oder empfängt das Amt das, was es ist, von einem ‚Mandat' der Gemeinde her?"*, fragt Otto Weber.[140] In der Praxis findet man überall landeskirchliche Gemeinden, die sich komplett aus dem Pfarramt definieren: Wo der Pfarrer ist, ist Gemeinde. Sein Gesicht steht für die Kirche – und wenn er fehlt, läuft nichts. Auch in mancher Freikirche mühen sich Pastoren ab, die Ansprüche ihrer Gemeinde zu erfüllen, und empfinden sich auf Dauer als Erfüllungsgehilfe. Steht das Amt der Gemeinde vor oder gar über der Gemeinde, oder ist der Amtsträger nur ein Angestellter der Gemeinde, der lediglich vollzeitlich tut, was andere auch ehrenamtlich leisten könnten?

Luther betonte, dass Gemeinde niemals aus sich selbst heraus besteht, vielmehr ist sie eine Gründung Gottes und *„ein Geschöpf des Wortes"*.[141] Deshalb braucht sie Leitung und immer auch ein Gegenüber. Geistliche Leitung steht immer mitten *in* der Gemeinde und zugleich *für* sie verantwortlich vor Gott. Geistliche Leiter sind Teil der Herde und zugleich Hirten in seinem Auftrag. *„Die Gemeinde kann sich selber nicht leiten. Sie könnte es, wenn ‚Leitung' Administration wäre. Sie kann es nicht, weil Leitung nicht anders als durch das Wort geschieht"* (Weber).[142] Leiter sind dem Wort verantwortlich und dem Heiligen Geist verpflichtet (vgl. Apg 20,28.32), deshalb gehört zu ihrem Dienst an der Gemeinde immer auch eine gewisse Unabhängigkeit von der Gemeinde. Entscheidend bleibt die innere Haltung: Solange „Ämter" in Kirche und Gemeinde sich als „Dienste" verstehen, werden sie sich nicht verselbstständigen oder zur Selbstbestätigung führen. *„Die verschiedenen Ämter in der Kirche begründen keine Herrschaft der einen über die anderen, sondern die Ausübung des der ganzen Gemeinde anvertrauten und befohlenen Dienstes"*, formulierte die Bekenntnissynode in Wuppertal-Barmen 1934, als die evangelische Kirche zunehmend mit dem menschenverachtenden NS-Regime „gleichgeschaltet" wurde.[143] Aus der Geschichte haben wir heute eigentlich genügend Erfahrungen, um das Spannungsverhältnis von Gemeinde und Amt in die richtigen Bahnen lenken zu können. Folgendes erscheint mir dabei wichtig:

Charisma und Amt – eine fruchtbare Spannung

1. Die **Wiederentdeckung der neutestamentlichen Charismen** hat in unserer Zeit begonnen. Doch wir müssen die kostbaren Gaben in den Gemeinden konsequent aufspüren und gezielt einsetzen, sonst bleiben sie Theorie. Hier gibt es immer noch eine Menge Potenzial zu wecken!
2. Traditionell gewachsene Ämter wie Pfarrer, Pastor und Kirchenvorsteher gilt es nicht zu bekämpfen, vielmehr sind sie anzureichern durch ein Team von unterschiedlich Begabten. Dass wir Leitung als Dienst begreifen, wird sich in einer **Kultur gegenseitiger Ergänzung** ausdrücken.
3. Wo neue Gaben hervorkommen und die Begabten sich bewähren, sollten wir – wenn möglich – auch **neue Ämter einrichten**. Kinderdienste, Kreativ- und Musikteams, Seelsorge und soziale Projekte brauchen ab einer bestimmten Größe auch das vollzeitliche Amt.
4. Wenn wir Ämter schaffen und Menschen in ein Amt einsetzen, drücken wir damit unser Vertrauen aus und erbitten Gottes Bestätigung für ihren Dienst. Hier bekommt auch die **„Ordination" vor der Gemeinde** ihren Stellenwert (vgl. 1. Tim 4,14; 2. Tim 1,6).

Arnold Bittlinger verglich einmal das Zusammenspiel von „Charisma und Amt" mit der Rolle von *„Motor und Steuerrad beim Auto"*. Eins ohne das andere ist entweder sinnlos oder riskant: *„Das Amt hat in vielfältiger Weise eine Steuer-Funktion innerhalb der Kirche. Das Wesen des Amts ist jedoch Diakonie [Dienst]."* Deshalb dürfen die geistlichen Gaben *„weder vom Amt verdrängt werden, noch darf das Amt von den Charismen verdrängt werden."*[144]

Wenn Leiter ihre Vollmacht verlieren

Zum Schluss dieses Abschnitts möchte ich dich mit zwei traurigen Helden der Bibel bekannt machen. Davon gibt es einige, doch diese beiden können wir als tragische Prototypen ansehen. Die Zeit der sogenannten Richter zwischen der Landnahme durch Josua und der Reichsgründung unter David steht für ein einziges Auf und Ab in der Geschichte Israels. *„Zu jener Zeit gab es keinen König in Israel; jeder tat, was recht war in seinen Augen"* (Ri 17,6; 21,25). Ein neuer Tag schien anzubrechen, als **Simson** geboren wurde, den seine Eltern schon vor seiner Geburt Gott geweiht hatten. Simson verfügte über unerklärliche Kräfte, und sobald *„der Geist des Herrn anfing ihn zu treiben"*, richtete er unter den Gegnern Israels erheblichen Schaden

An der Lebensgeschichte des Simson zeigt sich, dass Charisma und Charakter völlig auseinanderdriften können.

an (Ri 13,5.25). An der Lebensgeschichte des Simson zeigt sich, dass Charisma und Charakter völlig auseinanderdriften können. Die Salbung durch den Heiligen Geist garantiert noch nicht die richtige Lebensführung eines Menschen! Simson war ein starker, gut gebauter Mann und rundherum in Topform. Und er liebte nicht nur die Frauen, sondern erlebte auch herbe Enttäuschungen mit ihnen. Schließlich war es seine Freundin Delila, die ihn gänzlich schwach machte. Geschickt umgarnte sie ihn und machte ihn gefügig, bis er – gegen Gottes Gebot – sein Geheimnis preisgab: *„Sie begann ihn zu bezwingen, und seine Kraft wich von ihm"*, nachdem Delila (wörtlich *„die Schwache"*) ihm die Haare abgeschnitten hatte. Tragisch ist nicht nur der Ausgang der Geschichte, sondern die Aussage: *„Er wusste aber nicht, dass der Herr von ihm gewichen war"* (Ri 16,17–20 | Sch). Simson verliert am Ende alles: seine Ehre, seine große Liebe, sein Leben, weil er Gottes Salbung auf seinem Leben für selbstverständlich hielt und nicht schützte.

Wie viele Leiter verlieren – vielleicht zunächst unbemerkt – ihre Salbung, weil sie sich auf ungesunde Beziehungen einlassen? Oder durch Eigensinn und Eitelkeit? Oder durch leichtfertige Versprechen und Kompromisse? Oder durch einen Mangel an innerer Wachsamkeit und Gemeinschaft mit Gott?

Saul und der Konflikt mit David

Als David nach seinem Ehebruch, der anschließenden Lügengeschichte und dem hinterhältigen Mord zu Gott flehte: *„Nimm deinen Heiligen Geist nicht von mir!"*, wusste er genau, was auf dem Spiel stand: Als junger Mann hatte er hautnah miterlebt, wie Gott sich von Saul abwandte und dieser sich charakterlich zunehmend verhärtete. Der Verlust der „Salbung" schien wie ein Vakuum zu sein, in das dämonische Geister einströmten (Ps 51,13; 1. Sam 16,14–23). Nein, trotz seines bitteren Versagens wollte David niemals Gottes Nähe verlieren (Ps 27,4–5). Und er erlebte Gnade: Auch als Sünder blieb David der *„Geliebte"* und *„Gesalbte"* Gottes (2. Sam 22,20.51)! Doch wieso stürzte Saul derartig ab, ohne die Chance auf einen Neuanfang? Wir sollten uns dieses ungleiche Paar genauer anschauen, denn *„bei fast jedem neuen Wirken des Herrn gibt es einen ‚Saul', bevor ‚David' kommt. Das heißt, zuerst werden Menschen bestimmen, was jetzt gut und richtig für sie ist, und dann wird Gott eingreifen und seinen Willen vollbringen"*, meint Rick Joyner auch im Blick auf unsere Zeit. *„Wie Davids Vorgänger Saul werden diejenigen, die ihre Salbung verloren haben, den jungen gesalbten Leitern gegenüber vor Zorn ‚geistlich' wahnsinnig werden. … Der größte Triumph unseres Feindes ist, einen*

Gesalbten Gottes in einen Saul zu verwandeln. Einige unserer größten Siege werden wir verzeichnen, wenn wir sehen, wie Gott sie wieder erneuert."[145] Hier sind einige Charakterzüge Sauls, die offenbar bereits in ihm schlummerten, jedoch erst in der Konfrontation mit seinem designierten Nachfolger richtig ans Licht kamen:

- Saul war abhängig von der Anerkennung anderer Menschen.
  1. Sam 13,11; 15,27
- Saul stellte sich selbst ins Zentrum und suchte Ehre beim Volk.
  1. Sam 15,12.30
- Saul handelte eigensinnig und eigenmächtig *(„töricht")*.
  1. Sam 13,12–14; 15,8–9
- Saul wurde aufgrund von Stolz ungehorsam *(„Widerstreben")*.
  1. Sam 15,19.23
- Saul gab unüberlegte und willkürliche Befehle aus.
  1. Sam 14,24.39.44
- Saul schüchterte Untergebene ein und erniedrigte sie.
  1. Sam 14,26.36.40
- Saul schob Verantwortung ab auf andere *(„man hat …", „das Volk hat …")*.
  1. Sam 15,15.21
- Saul litt unter Selbstüberschätzung und Selbsttäuschung …
  1. Sam 15,13.20

  und wurde später wahnsinnig vor Misstrauen und Eifersucht.
  1. Sam 22,6–19

Floyd McClung spricht von einem *„Saul-Syndrom"* und weist auf folgenden versteckten Zusammenhang hin, der auch uns nachdenklich machen sollte: Als Saul aus der Menge der Israeliten durch ein Losverfahren ermittelt wurde, fand man ihn nicht: *„Er hat sich bei den Geräten versteckt. … Da liefen sie hin und holten ihn von dort. Und als er unter das Volk trat, da überragte er alles Volk um Haupteslänge."* Auch der Prophet Samuel war begeistert: *„Da seht ihr den, welchen der Herr erwählt hat, denn ihm ist keiner gleich unter dem ganzen Volk!"* (1. Sam 10,22–24 | Sch). Saul war offenkundig die Idealbesetzung – doch tief in seinem Herzen schlummerte ein minderwertiges Denken über sich selbst, das er durch Machtgehabe, Ehrgeiz und Eitelkeit kompensierte (vgl. 1. Sam 15,17). Trotz allem Verständnis auch für solche seelsorgerlichen Zusammenhänge gilt: *„Minderwertigkeitsgefühle sind niemals eine Entschuldigung für Ungehorsam. … Wenn wir uns mit unseren emotionalen Verletzungen nicht auf Gottes Art auseinandersetzen, wird uns dies zum Eigensinn*

Saul war offenkundig die Idealbesetzung – doch er kompensierte tief sitzende Minderwertigkeitsgefühle durch Machtgehabe, Ehrgeiz und Eitelkeit.

führen, der wiederum Stolz bewirkt. Stolz aber beschäftigt sich viel stärker damit, was Menschen von uns denken, als damit, was Gott von uns denkt, und das hat Menschenfurcht zur Folge. Menschenfurcht aber führt unweigerlich in den Ungehorsam … " (McClung).[146]

Gottes Konzept heißt seit Anbeginn der Schöpfung: Er möchte seine Macht mit uns Menschen teilen! Wem kann er vertrauen?

Charles Sibthorpe bringt den Unterschied von Saul und David folgendermaßen auf den Punkt: *„Saul war voller Selbstrechtfertigung. … Sauls Liebe war selbstbezogen und selbstgefällig."* Doch *„Davids Liebe war auf Gott zentriert"*, darum war er im Tiefsten zerbrochen über seiner Sünde. Auch für uns gilt: *„Im Angesicht von Sünde und Not wird der Brennpunkt unserer Liebe offenbar."*[147] Deshalb tun wir gut daran, Gott für die „Wurzelbehandlung" rechtzeitig an uns heranzulassen. Lasst uns mit David beten: *„Erschaffe mir ein reines Herz, und erneuere in mir einen festen Geist!"* (Ps 51,12 | EB).

9.4 Wenn Gott mit uns kooperiert

> *„Die aber auf den Herrn hoffen, werden das Land besitzen. … Die Armen werden das Land bekommen. … Wen der Herr segnet, der wird das Land besitzen. … Die Gerechten werden das Land besitzen und darin wohnen für alle Zeiten. … Denn Zukunft hat der Mann des Friedens."*
> (Ps 37,9.11.22.29.37 | EÜ)

Gottes Konzept heißt seit Anbeginn der Schöpfung: Er möchte seine Macht mit uns Menschen teilen! Dabei zieht sich *eine* entscheidende Frage durch das ganze Alte und Neue Testament: Wem kann Gott im Tiefsten vertrauen? Wer sind seine Freunde, seine Vertrauten, denen er Einfluss geben kann? *„Vom Herrn werden die Schritte des Mannes bestätigt, wenn Ihm sein Weg gefällt"*, sagt der Psalm (37,23). Gottes Weg mit der Menschheit gestaltet sich durch einzelne Schlüsselpersonen, die Anschluss an seine Pläne und Einblick in seine *„Geheimnisse"* bekommen (Ps 25,12–14). *„Er hat seine Wege Mose wissen lassen, die Kinder Israels seine Taten"* (Ps 103,7 | jeweils Sch). Er will uns heute seine Wege in dieser Zeit wissen lassen! Gott war zur Durchsetzung seiner guten Absichten nie auf Mehrheiten angewiesen, wohl aber auf Partner seines Vertrauens.

Vollmacht ist letztlich Gottes Bestätigung – auf Grundlage einer Beziehung zu ihm!

Vollmacht ist zuerst Beziehung

Nehemia erlebte in einer Phase großer innerer Einsamkeit, wie *„die gute Hand meines Gottes über mir war"* (Neh 2,8.18). Esra spürte, ebenfalls inmitten großer Schwierigkeiten, dass *„die Hand des Herrn, seines Gottes, über ihm war"* (Esra 7,6.9.28; 8,18.22.31). Diese Erfahrung beschränkte sich nicht nur auf innere Gewissheiten, sondern war auch für eine heidnische Umgebung sichtbar. Vollmacht ist letztlich Gottes Bestätigung – auf Grundlage einer Beziehung zu ihm! Fast alle einflussreichen Persönlichkeiten der Bibel durften diesen entscheidenden Zuspruch Gottes hören:

„Ich bin mit dir!"
(1. Mo 26,24; 28,15; Jer 1,8.19; Apg 18,10)

„Ich will mit dir sein!"
(2. Mo 3,12; Jos 1,5; 3,7; Ri 6,12.16)

„Gott ist mit dir!"
(1. Mo 21,22; 1. Sam 10,7)

„Der Herr war mit ihm!"
(1. Mo 39,2–3.21–23; 1. Sam 3,19; 1. Sam 18,12.14.28 usw.)

Die „Großen" der Bibel waren von Haus aus meistens „kleine" oder offenkundig „normale Leute". Groß wurden sie dadurch, dass „Gott mit ihnen war". Seine Bestätigung über ihrem Leben ließ sie brauchbar werden für Gott und über ihre natürlichen Möglichkeiten hinauswachsen. Auch Jesus trug als Sohn Gottes keine „automatische Vollmacht" in sich, sondern erlebte und erspürte, wie der Vater „mit ihm" war: Bereits sein Name wurde prophetisch ergänzt um den Titel *„Immanuel … das heißt übersetzt: ‚Gott mit uns'"* (Mt 1,23). So wird auch das vollmächtige Wirken des erwachsenen Jesus auf der Linie des Alten Bundes verstanden: *„denn Gott war mit ihm"* (Apg 10,38)! Jesus wusste auf Schritt und Tritt, dass seine Vollmacht auf Erden in der Beziehung zum Vater begründet war – darin hatte er seine letzte Sicherheit: *„Der Vater ist bei mir!"* (Joh 16,32; 8,29). Am Ende gibt der Auferstandene sowohl die einzigartige Vaterbeziehung als auch die Vollmacht des Messias an seine Freunde weiter: *„Ich bin jeden Tag mit euch* [oder: *bei euch*], *bis zum Ende der Welt!"* (Mt 28,20).

Im Jahr 1791 starb John Wesley, Initiator der einflussreichen methodistischen Erweckungsbewegung in England. Bei Wind und Wetter hatte er über Jahrzehnte die britischen Inseln bereist, insgesamt 400.000 Kilometer, hielt während seiner Dienstzeit über 40.000 Predigten, trotzte Anfeindung und Krankheit und gründete überall dynamische Dienstgruppen.[148] Auf dem Sterbebett rief Wesley mit letzter Kraft aus: *„Das Beste von allem ist, dass Gott mit uns ist!"* Wesley hatte das Geheimnis wahrer Vollmacht verstanden – und hinterließ ein verändertes Land durch eine sanfte Revolution der Liebe Gottes: eine Bewegung, die beim Einzelnen begann, zu neuen Formen der Gemeinschaft führte und schließlich tiefgreifende Reformen im Sozialgefüge Englands zur Folge hatte.[149]

Vollmacht: mit Gottes Kraft kooperieren!

Wenn wir von Vollmacht reden, rechnen wir mit Gottes Kraft. Es geht gerade nicht um das Aktivieren unserer eigenen Reserven, sondern um seine Möglichkeiten, etwas durch uns zu tun: *„Denn für Gott ist nichts unmöglich!"* Und *„was bei den Menschen unmöglich ist, das ist für Gott möglich"* (Lk 1,37; 18,27). Die ersten Zeugen rechneten ganz „natürlich" mit dem „Übernatürlichen". Die Grenze zwischen sichtbarer und unsichtbarer Welt war für sie relativ und prinzipiell durchlässig, weil sie um die Präsenz ihres auferstandenen Herrn wussten. Physisch war Jesus wohl nicht mehr greifbar, doch erfahrbar durch *„die Kraft aus der Höhe"*, die Kraft des Heiligen Geistes (Lk 24,49; Apg 1,8). Ohne diese geistliche Grundausrüstung hätten wir heute nicht die Berichte der ersten Zeugen: *„Sie aber gingen überallhin und verkündeten das Evangelium. Der Herr wirkte mit und bekräftigte das Wort durch die Zeichen, die die Verkündigung begleiteten"* (Mk 16,20 | jeweils NGÜ).

Für die ersten Zeugen war die Grenze zwischen sichtbarer und unsichtbarer Welt relativ und prinzipiell durchlässig, weil sie um die Präsenz ihres auferstandenen Herrn wussten.

Wenn man sich die Liste der Zeichen und Wunder am Ende des Markus-Evangeliums anschaut, spürt man deutlich den Kontrast zwischen der damaligen Realität und der heutigen Christenheit in der westlichen Welt. Andererseits verzeichnet die Gemeinde Jesu weltweit dort ihr stärkstes Wachstum, wo die Verkündigung vom übernatürlichen Handeln Gottes begleitet ist. Das griechische Verb *synergeo* (daher „Synergie") macht deutlich, dass Jesus mit seinen Jüngern kooperierte. Er war es, der sie zur „Mitarbeit" befähigte (vgl. 1. Kor 16,16). Und er tut dies damals wie heute! Die *„guten Werke"* sind vorbereitet – wir müssen sie nur im Glauben entdecken und zur Entfaltung bringen (vgl. Eph 2,10; Jes 26,12). Lasst uns dabei genau im Blick behalten, worin Jesus *unsere* Rolle sieht. Einige Verben im Neuen Testament signalisieren deutlich, dass *wir* als Jünger die Initiative ergreifen müssen, so wahr der Herr hinter uns steht! Vollmacht ist dazu da, dass man sie gebraucht.

Wir haben zum Beispiel die Vollmacht …

- *„über die unreinen Geister"*, um sie *„auszutreiben"*, Mk 6,7.13
- Kranke zu *„salben"* und zu *„heilen"* (bitten und gebieten), Mk 6,13
- dass wir einander *„die Sünden vergeben"* (Vergebung zusprechen), Joh 20,23
- dass wir *„auf Erden binden"* und *„lösen"* (primär unsichtbare Mächte), Mt 16,19; 18,18
- wenn wir *„im Gebet über irgendeiner Sache übereinkommen"*, Mt 18,18 | jeweils Sch

In Vollmacht zu handeln bedeutet auch, dass wir unterscheiden lernen:

A. Was kann nur Gott tun?

- Was hat er sich vorbehalten zu tun, sodass wir auf ihn angewiesen bleiben?

B. Was können und müssen wir tun?

- Was kann und will Gott uns niemals abnehmen, weil es „unser Job“ ist?

Als Handelnde sind wir nicht eigenmächtig, sondern bleiben in der Abhängigkeit zu Gott. Wir können niemals über Gott verfügen – doch wir bewegen uns als Bürger seines Reiches. Wir sind Beauftragte unseres Herrn (Joh 20,21). Wir sind Kanäle seiner Kraft – darin wollen wir ganz offen bleiben. Ein Leben in Vollmacht bedeutet: Ich stelle mich Gott zur Verfügung und darf staunen, was er durch mich tut! Ich erwarte immer weniger von mir selbst, aber immer mehr von ihm! Ich darf mit Paulus sagen: *„Nichts ist mir unmöglich, weil der, der bei mir ist, mich stark macht“* (Phil 4,13 | NGÜ).

Inspiration 10

Aus den Quellen des Gebets leben

„Wie kostbar ist deine Gnade, Gott! Bei dir finden Menschen Schutz im Schatten deiner Flügel. Du beschenkst sie aus deinem Überfluss. Du überschüttest sie mit Freude. Denn du bist die Quelle des Lebens und das Licht, durch das wir leben." (Ps 36,8–10 | NLB)

Wer geistlich leitet, steht unter einem hohen Anspruch – und zugleich unter einer großartigen Verheißung! Doch gerade die Gewissheit, dass Gott hinter uns steht, dass Jesus in uns lebt und sein Geist durch uns wirkt, kann sehr leicht im geschäftigen Alltag eines Leiters untergehen. Für Pastoren ist es der schnelle Szenenwechsel, der ihren Beruf so anstrengend macht: vom Teamtreffen zum Friedhof, vom Seelsorgegespräch zu den Konfirmanden, von der Predigtvorbereitung in den Bauausschuss … und überall soll man präsent und kompetent sein! Für ehrenamtliche Mitarbeiter kostet das Engagement in Kirche und Gemeinde neben einem oft herausfordernden Berufsalltag und dem Familienleben zusätzlich Zeit und Kraft. Leitung ist jedenfalls in unserer Zeit nicht einfacher geworden: Einerseits orientieren wir uns an der Bibel und wollen den Menschen dienen, andererseits sind wir dem Kirchen- und Vereinsrecht verpflichtet, müssen Steuerfragen und Bauvorschriften beachten. Schnell kommt es zur Verwirrung: Was bedeutet „geistliche" Leitung an der Schnittstelle von Reich Gottes und Gesellschaft? Wie führen wir ein Werk oder eine Gemeinde, die geistlich und menschlich „Familie" sein möchte und zugleich als „Firma" gut funktionieren soll? Die Herausforderungen liegen auf der Hand!

Zugleich kennt jeder, der im geistlichen Dienst steht, die innere Spannung: Man gibt sein Bestes *für* Gott, doch die Zeiten *mit* Gott bleiben auf der Strecke. „Wir sind so engagiert für dich, Herr, dass wir leider keine Zeit mehr für dich haben!" So direkt würden wir es natürlich nicht ausdrücken, doch genau so fühlt sich „lebendige" Gemeindearbeit oftmals an! Wenn Leiter Schlüsselpersonen sind, wenn sie die richtigen Weichen stellen und mutig entscheiden müssen, wenn sie Menschen sind, deren Wort zur richtigen Zeit gebraucht wird: Wie können sie regelmäßige Zeiten der Begegnung mit Gott einplanen? Wie können die Verantwortlichen einen Lebensstil entwickeln, bei dem sie konsequent aus geistlichen Quellen schöpfen? Wie kann es gelingen, dass wir nicht nur nicht leerlaufen, sondern aus geistlichem „Überfluss" leben? Geistlich leiten kann nur, wer um das Geheimnis der Inspiration weiß. Darum geht es in diesem Kapitel über die „Quellen des Gebets".

„Wir sind so engagiert für dich, Herr, dass wir leider keine Zeit mehr für dich haben!"

10.1 Beten und arbeiten

„In aller Frühe, als es noch dunkel war, stand Jesus auf und ging an einen einsamen Ort, um zu beten. Simon und seine Begleiter eilten ihm nach, und als sie ihn fanden, sagten sie zu ihm: Alle suchen dich. Er antwortete: Lasst uns anderswohin gehen, in die benachbarten Dörfer, damit ich auch dort predige; denn dazu bin ich gekommen." (Mk 1,35–38 | EÜ)

Kein Mensch auf Erden hatte jemals Wichtigeres zu tun als der Sohn Gottes. In seiner knapp bemessenen Lebenszeit erwirkte Jesus nicht nur die Erlösung von der Macht der Sünde, sondern entfachte eine Bewegung, die bis heute nicht zu stoppen ist. Doch seine erste Priorität lag nicht in der Begegnung mit den Menschen, sondern in der ständigen Nähe zum himmlischen Vater. Inmitten eines hingegebenen Dienstes an den Menschen seiner Zeit reservierte Jesus immer wieder „Auszeiten" für Stille und Gebet:

Jesus lebte in einer segensreichen und vorbildlichen Kombination: „Arbeit für Gott" aus der „Gemeinschaft mit Gott". Nur so konnte er die Welt verändern!

„In aller Frühe, als es noch dunkel war, stand er auf und ging an einen einsamen Ort, um zu beten" (Mk 1,35).

Nachdem er die Menschenmenge und sogar seine Jünger *„weggeschickt hatte, stieg er auf einen Berg, um in der Einsamkeit zu beten"* (Mt 14,23).

„Er zog sich an einen einsamen Ort zurück, um zu beten" (Lk 5,16).

„Und er verbrachte die ganze Nacht im Gebet zu Gott" (Lk 6,12 | jeweils EÜ).

Jesus lebte in einer segensreichen und vorbildlichen Kombination: „Arbeit *für* Gott" aus der „Gemeinschaft *mit* Gott". Nur so konnte er die Welt verändern! Mutter Teresa (1910–1997) hat dieses Geheimnis so ausgedrückt: *„Je mehr wir im stillen Gebet empfangen, umso mehr* *können wir geben, wenn wir aktiv werden.*“[150] Leiter müssen lernen, immer wieder gezielt aus dem Getriebe auszusteigen, um zur Ruhe zu kommen. Leiter müssen lernen, „auf den Berg“ zu steigen, um den Weitblick zu gewinnen und ihre Vision zu schärfen. Leiter brauchen einen sicheren Platz am Herzen des Vaters, um nicht innerlich auszubrennen. „*Viele Leiter legen zwar einen Blitzstart hin, haben aber keine Ahnung, ob die Richtung stimmt, weil sie nicht mehr innehalten und darüber nachdenken, was denn der richtige Weg sein könnte*“, klagt der anglikanische Bischof Stephen Cottrell. „*Aber eine Disziplin der Stille wird dafür sorgen, dass wir das … höhere Ziel … nicht aus den Augen verlieren. Sie wird uns an unsere ursprüngliche Inspiration erinnern, an unsere erste Liebe, und wird uns helfen, unsere Angst zu überwinden und echte Bestätigung zu finden.*“[151]

Inspirierte Menschen verändern die Welt

Millionen von Menschen sind seit zweitausend Jahren dem Beispiel Jesu gefolgt, in fast allen Nationen, Kulturen, Berufen und Lebensumständen. Und sie haben – oftmals ohne in die Geschichtsbücher einzugehen – das Angesicht der Erde verändert. Heute ist Europa für uns zu einer festen politischen Größe geworden. Allerdings ist die Zukunft Europas als Wirtschaftsraum und vor allem als Wertegemeinschaft in mehrfacher Hinsicht umkämpft. Es war der damalige Bundeskanzler Helmut Kohl, der im „Wendejahr“ 1989 formulierte: „*Allen Europäern sind die gleichen Wurzeln gemeinsam.*“ Man könne „*die europäische Idee … nicht verstehen und vollziehen ohne das für uns gültige Wertesystem, das durch Christentum und Aufklärung geprägt wurde.*“ Tatsache ist, dass jeder Reisende in unseren Breitengraden auf Kulturstätten trifft, die Zeugnis ablegen für eine vom Evangelium geprägte Zivilisation. Die kleinen Kirchen im Dorfkern und die große Kathedrale im Stadtzentrum prägen Europa. Klosteranlagen stehen ebenso für Gottesdienst wie für den Dienst an den Menschen: Die Gründung von Waisenhäusern und Pflegeheimen, Schulen und Universitäten ging häufig mit ihnen einher. Unser heutiges Sozial- und Gesundheitswesen, die Förderung von Wissenschaft, Kunst und Kultur, all das „*gründet auf der Einzigartigkeit des Menschen, auf der Achtung vor dem Leben, auf der Achtung vor der Menschenwürde und von persönlichen Freiheitsrechten*“ (Kohl).[152] Es waren reisende Mönche aus Irland, die im frühen Mittelalter den Kontinent durchzogen, über den Ländern beteten und das Evangelium ausbreiteten. Es waren Hunderte von Klostergründungen, die sich netzwerkartig über Europa ausbreiteten und Gebet und Gottes Wort, Bildung und wirtschaftlichen Aufschwung in die Regionen brachten.

Klosteranlagen stehen ebenso für Gottesdienst wie für den Dienst an den Menschen.

In unterschiedlichsten Kreisen wird gerne die alte Mönchsregel zitiert, die wohl auf den heiligen Benedikt zurückgeht: *„Ora et labora – bete und arbeite!“* Ungezählte Männer und Frauen wussten um das Geheimnis eines gottgeweihten Lebens, bei dem sich Arbeit und Gebet gegenseitig durchdringen. Sie wussten um die innere Kraft der Kontemplation, aus der die Aktion nach außen folgt. So ruhte das Ordensleben der Zisterzienser auf den drei Säulen Gottesdienst – Schriftlesung – Handarbeit (opus dei, lectio divina, labor manum). Bereits der Kirchenvater Augustinus (354–430) hatte formuliert: *„Ohne Gott können wir nichts tun, ohne uns will Gott nichts tun!“* Wir Menschen sind zur Kooperation mit Gott berufen! Wo Menschen in der Hingabe an ihren Schöpfer lebten, wurden zu allen Jahrhunderten kreative Kräfte frei, die Gottes Schöpfung und seinen Geschöpfen zugutekamen – ohne Ansehen der Person! Martin Luther, früher selber ein ernsthafter Mönch, ging hier einen Schritt weiter und wollte am liebsten *„die ganze Welt zum Kloster“* machen: Leben im Beruf als Berufung, Leben mitten im Alltag als Gottesdienst! Damit kommen wir zurück zu Paulus, der die Christen im alten Rom aufforderte, sich *„selbst als lebendiges und heiliges Opfer darzubringen, das Gott gefällt; das ist für euch der wahre und angemessene Gottesdienst“* (Röm 12,1 | EÜ). Andere Opfer braucht Gott nicht, um diese Welt nachhaltig zu verändern: Menschen, die sich Gott ganz zur Verfügung stellen – als Antwort und aus Dankbarkeit für die Hingabe seines Sohnes am Kreuz!

Wo Menschen in der Hingabe an ihren Schöpfer lebten, wurden zu allen Jahrhunderten kreative Kräfte frei, die Gottes Schöpfung und seinen Geschöpfen zugutekamen – ohne Ansehen der Person!

Von Hudson Taylor, dem großen Missionar in China, berichtete sein Sohn einmal: *„Er betete, als ob alles vom Gebet abhinge … und er arbeitete, als ob alles von der Arbeit abhängen würde.“*[153] Wie so viele Pioniere auf dem weltweiten Missionsfeld war Taylor ein Mann des Gebets und zugleich der disziplinierten Arbeit. Freunde spürten gerade am Gebetsleben dieses schlichten, geradezu schmächtigen Mannes, *„dass Gott ihn in den inneren Kreis seiner Freunde aufgenommen hatte. … Solches Beten war ganz offensichtlich das Ergebnis langen Verweilens an verborgenem Ort in Gottes Nähe.“*[154] Machen dir diese Beispiele Mut? Möchtest du selbst zum Freundeskreis Gottes gehören und aus der Begegnung mit ihm heraus handeln?

Berufen zu einem Leben im Überfluss

In Kapitel 5.3 sind wir Jesus bereits begegnet, als er scheinbar „zufällig“ eine Frau aus Samaria anspricht. Ein religiöser Jude hätte so etwas niemals in der Öffentlichkeit getan, vor allem hätte er um das Gebiet von Samaria einen weiten Bogen gemacht! Vermutlich war die Frau mit den vielen Männern in ihrer Vergangenheit auch noch sozial geächtet, sodass sie sich in der Mittagshitze allein zum Wasserschöpfen aufmachte. Den beiläufigen Dialog am Brunnen beginnt Jesus zunächst mit der Bitte um Wasser: *„Gib mir zu trinken!“* (Joh 4,4–7.16–17). Doch bald schon kommt das Gespräch auf religiöse Fragen, und die wasserschöpfende Frau zeigt eine tiefe Sehnsucht nach tragfähigen Antworten. Durch ein Rätselwort macht Jesus sie neugierig: *„Wer von dem Wasser trinkt, das ich ihm geben werde, wird niemals mehr Durst haben.“* Super – das will die Frau auch: Nie mehr zum Schöpfen kommen! Doch darum geht es Jesus nicht: Dieses Wasser wird *„in ihm zur sprudelnden Quelle werden, deren Wasser ewiges Leben schenkt“* (Joh 4,14–15). Bereits im Alten Bund wurde verheißen: *„Du gleichst einem bewässerten Garten, einer Quelle, deren Wasser niemals versiegt“* (Jes 58,11). Später wird Jesus einer großen Menschenmenge zurufen: *„Wer Durst hat, komme zu mir! … Aus seinem Innern werden Ströme lebendigen Wassers fließen …“*, er deutet damit auf das Wirken des Heiligen Geistes in uns (Joh 7,37–39). Die Frau mit dem schlechten Ruf begreift schließlich, dass Jesus selbst die Quelle für ewiges Leben ist, und mit ihr erkennen viele der ungeliebten Samaritaner: *„Er ist wirklich der Retter der Welt!“* (Joh 4,42 | jeweils EÜ).

Zu dieser Bibelstelle schrieb Oswald Chambers (1874–1917), einer der größten Baptisten-Prediger Großbritanniens, einmal: *„Es findet also keine Nachfüllung statt; der Herr gebraucht nicht das Bild eines Kanals, sondern das Bild eines Brunnens, das Bild des immerwährenden Einfließens und Überströmens der Eingebung von Gott. … Wenn wir geistlich erschöpft sind, ist immer ein Grund dafür vorhanden, der entweder in unserer Gesinnung gegen Gott oder in unserer Gesinnung gegen einen Mitmenschen zu suchen ist.“*[155] Es ist wahr: Gott möchte, dass wir durch seine Gegenwart ein „Leben im Überfluss“ erfahren. Jesus selbst hat versprochen, uns *„das Leben in ganzer Fülle zu schenken“* (Joh 10,10). Wie kommen wir dahin, dass wir nicht leerlaufen, dass wir nicht nur (verstopfte oder verschmutzte) Kanäle sind, sondern ständig aus der Quelle leben?

Beachte das Bild vom römischen Brunnen

Die oberste Schale wird ständig gefüllt durch eine verborgene Zuleitung … und sie gibt aus ihrem Überfluss ab in die nächste Schale … diese wiederum läuft über und gibt Wasser nach unten weiter:

A. Fülle in meinem persönlichen Leben …

B. Fülle in der Gemeinde, in der Kleingruppe, im Team …

C. Überfluss nach außen: in unsere Umgebung, unserer Umwelt, zu den Nationen …

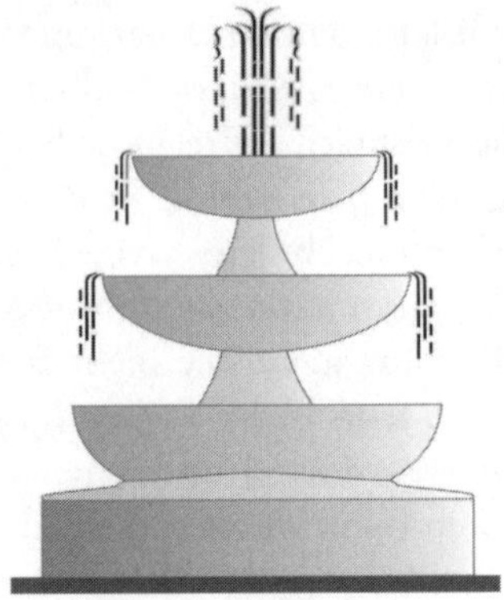

Ein Leben im Überfluss - zum Segen für andere Menschen

Sehnsucht nach Gott

Gibt es in dir diese Sehnsucht nach einer geistlichen Quelle, ja nach einem Leben im Überfluss? Es ist kein „Es“, sondern „er“ ist es, der uns ernährt. David spürte in sich die Sehnsucht nach Gott, und er drückte sie in unnachahmlichen Worten aus:

> *„Gott, du mein Gott, dich suche ich, meine Seele dürstet nach dir. Nach dir schmachtet mein Leib wie dürres, lechzendes Land ohne Wasser …“* (Ps 63,2; vgl. 84,3).
>
> *„Du deckst mir einen Tisch vor den Augen meiner Feinde. Du salbst mein Haupt mit Öl, du füllst mir reichlich den Becher …“* (Ps 23,5).
>
> *„Wir wollen uns am Gut deines Hauses sättigen …“* (Ps 65,5).
>
> *„Ich aber will … mich satt sehen an deiner Gestalt, wenn ich erwache“* (Ps 17,15 | jeweils EÜ).
>
> *„Schmecke und sieh, dass der Herr gut ist. … Denen, die auf den Herrn vertrauen, wird es niemals an Gutem fehlen …“* (Ps 34,9.11).
>
> *„Du bist die Quelle des Lebens und das Licht, durch das wir leben …“* (Ps 36,8–10; vgl. 87,7 | jeweils NLB).

David kannte Jesus noch nicht. Doch bereits der Gott des Alten Bundes war ihm spürbar so nah, dass er sich davon ernähren konnte: geistig, gedanklich, emotional, bis in sein Körpergefühl hinein. Er erlebte seinen Gott wie einen großartigen Gastgeber, wie einen guten Freund, wie eine Vogel-Mama, die ihre Jungen unter ihre Fittiche nimmt. Wir haben das Vorrecht, Gottes Angesicht in Jesus zu kennen. Und wir dürfen an jedem neuen Tag erwarten, dass uns seine

Gegenwart ernährt und durchträgt: *„Als es Morgen wurde, stand Jesus am Ufer.“* Und die Jünger sahen *„am Boden ein Kohlenfeuer und drauf Fisch und Brot“.* Und *„Jesus sagte zu ihnen: Kommt her und esst!“* (Joh 21,4–12 | EÜ). Es ist der Auferstandene selbst, der uns Tag für Tag, Stunde um Stunde durch seine Nähe beschenken will!

10.2 In Abhängigkeit zu Gott handeln

„Gott, der Herr gab mir die Zunge eines Jüngers, damit ich verstehe, die Müden zu stärken durch ein aufmunterndes Wort. Jeden Morgen weckt er mein Ohr, damit ich auf ihn höre wie ein Jünger. ... Ich wehrte mich nicht und wich nicht zurück ...“ (Jes 50,4–5 | EÜ).

Ein neuer Tag hat begonnen. Ich darf aufstehen, ich atme, es fließt Blut in meinen Adern und ich beginne meine Gedanken zu ordnen. Was kommt heute auf mich zu? Welche Menschen werden mir begegnen, welche Aufgaben sind zu bewältigen, welche Erwartungen zu erfüllen? Mit welchem Gefühl werde ich heute Abend wieder ins Bett gehen? *„Der Anfang des Tages soll für den Christen nicht schon belastet und bedrängt sein durch das Vielerlei des Werktages“*, schrieb Dietrich Bonhoeffer 1939 in seinem bekannten Buch „Gemeinsames Leben“. *„Über dem neuen Tag steht der Herr, der ihn gemacht hat. Finsternis und Verworrenheit der Nacht mit ihren Träumen weicht allein dem klaren Licht Jesu Christi und seines erweckenden Wortes. Vor ihm flieht alle Unruhe, alle Unreinheit, alle Sorge und Angst. Darum mögen in der Frühe des Tages die mancherlei Gedanken und die vielen unnützen Worte schweigen, und der erste Gedanke und das erste Wort möge dem gehören, dem unser ganzes Leben gehört.“*[156] Wir dürfen mit den Psalmbetern über dem neuen Tag bekennen:

Inspiriert leiten können nur Menschen, die es lernen, mit ungeteilter Aufmerksamkeit auf Gott zu warten und auf seine Weisung zu achten.

„Herr, in der Frühe wirst du meine Stimme hören“ (Ps 5,4).

„O Gott, du bist mein Gott; früh suche ich dich!“ (Ps 63,2).

„Am Morgen kommt dir mein Gebet entgegen ...“ (Ps 88,14).

„Ich aber will ... jeden Morgen deine Gnade rühmen ...“ (Ps 59,17).

„Sättige uns früh mit deiner Gnade ...“ (Ps 90,14 | jeweils Sch).

Ein Kooperationspartner für Gott werden

Am Morgen steht der Herr am Ufer eines neuen Tages. An ihm soll es nicht liegen! Doch schon zu Tagesbeginn klare Sicht zu gewinnen, das fällt uns in einer lauten und hektischen Zeit schwer genug: Schnell mal im Videotext nach dem Wetter schauen, die neuesten E-Mails checken, die Zeitung beim Frühstück durchblättern, dann ein erster Anruf ... und schon bleibt die Bibel liegen und das Gebet verkommt zu einem fünfminütigen „Bitte hilf mir, Herr!"-Ruf. *„Sättige uns früh mit deiner Gnade, so wollen wir jubeln und fröhlich sein unser Leben lang. … Und das Werk unserer Hände fördere du für uns"* (Ps 90,14.17). Gott hat so viel Gutes für uns vorbereitet, das er ausgerechnet durch uns tun möchte. Doch dazu braucht er unsere ungeteilte Aufmerksamkeit. Inspiriert leiten können nur Menschen, die es lernen, auf Gott zu warten und auf seine Weisung zu achten. Unser Vater sucht Menschen, denen er *„seine Freundschaft schenken"* und die er *„ins Vertrauen ziehen"* kann (Spr 3,32; Ps 25,14)! Dafür gibt es im Alten und Neuen Bund beeindruckende Schlüsselerfahrungen, die auch uns Mut machen können. Gott sucht – damals wie heute – seine Kooperationspartner, keine besonderen, aber bereitwillige Menschen, durch die er Geschichte schreiben möchte:

- **Noah** hörte von Gott, dass die Menschheit in einer Flut untergehen würde. *„Von Gottesfurcht bewegt"* reagierte er mit Gehorsam – gegen allen Augenschein (Hebr 11,7; 1. Mo 6,8–22).
- **Abraham** handelte mit Gott um die Städte Sodom und Gomorra, als er vom drohenden Gericht erfuhr. Im Gebet appellierte er an Gottes Gnade und Gerechtigkeit (1. Mo 18,17–33).
- **Josef** erkannte aufgrund von Träumen, dass Ägypten eine Hungersnot bevorstand. Unter Anleitung des Heiligen Geistes entwickelte er einen Plan zur Rettung des Landes (1. Mo 41).
- **Josua** begegnete unverhofft dem *„Befehlshaber über das Heer des Herrn"* (Jesus?). Sofort ordnete er sich ihm unter und fragte nach Weisung für die nächsten Schritte (Jos 5,13–15; 6,1–5).
- **Petrus** bekam überraschend Besuch von den Gesandten eines römischen Hauptmanns. Zuvor hatte Gottes Geist ihn in einer Vision darauf vorbereitet, seinen bisherigen kulturellen Rahmen zu überwinden (Apg 10).
- **Paulus** erlebte Korrekturen durch den Heiligen Geist, der seinem Team *„verwehrte"* bzw. *„nicht erlaubte"*, bestimmte Regionen zu bereisen. Nach einer nächtlichen *„Vision"* wurde die Reiseroute wieder klar und der Apostel gelangte auf europäisches Gebiet (Apg 16,6–10).
- **Johannes** hörte aus der unsichtbaren Welt die erstaunliche Einladung: *„Komm herauf, und ich werde dir zeigen, was dann geschehen muss!"* Für uns schrieb er es auf (Offb 4,1 | EÜ).

All diesen Menschen war gemeinsam, dass sie eine innere Antenne für Gott hatten, sich für seine Gedanken interessierten und empfänglich waren für das, was auf seinem Herzen lag. Sie konnten *„hören, was der Herr redet“* (Ps 85,9 | EÜ).

Gottes spezielle Strategie erfragen

Eine besondere Erfahrung mit Gottes ungewöhnlichen Strategien machte **David**: Kaum war er vom gesamten Volk als König anerkannt worden, rückten die benachbarten Philister gegen ihn vor. Hinter dieser Situation steht ein typischer Vorgang, der sich in der unsichtbaren Welt abspielt: Sobald Gott einen seiner Leute bestätigt und „salbt“, stiftet Satan Unruhe, sammelt seine Truppen und versucht das Gebiet zu besetzen. Das kann in Form von Konflikten, überzogener Kritik und Verleumdung geschehen, durch Angriffe in Form von Unfällen oder Krankheit, aber auch in unserer Gedanken- oder Gefühlswelt. Satan ist ein notorischer *„Durcheinanderbringer“* (griechisch *diabolos*), der die „Salbung“ auf unserem Leben fürchtet und bekämpft (vgl. Offb 12,10).

David tut in diesem Moment das Beste, was ein Leiter in Konfliktsituationen tun kann: Er *„befragte den Herrn: ... Willst du sie in meine Hand geben?“* Wir können letztlich nichts tun, wenn Gott nicht Türen für uns öffnet oder verschließt. *„Mit unserer Macht ist nichts getan!“*, dichtete Martin Luther 1529.[157] Jesus hat die letzte Autorität, auch über alle unsere Feinde. Er hält den *„Schlüssel Davids“* in Händen (vgl. Offb 3,7)! Jeder Leiter sollte – ob er sich nun sicher fühlt oder mit dem Rücken zur Wand steht – zuerst fragen, wie Gott über die Sache denkt. David begegnet uns als eindrückliches Beispiel einer Führungspersönlichkeit, die genau das tun will, was Gott selbst vorbereitet hat, nicht mehr und nicht weniger! Tatsächlich kann er die Schlachtreihen der Philister durchbrechen, *„wie Wasser einen Damm zerreißt“*. Als die hartnäckigen Philister bald darauf eine neue Attacke starten, fragt David wiederum nach Weisung vom Herrn. Wie leicht wäre es gewesen, sich auf einem furiosen Sieg auszuruhen und selbstsicher zu werden! David jedoch bleibt in der Abhängigkeit von Gott, der ihm diesmal eine ganz andere Strategie zeigt: *„Wenn du dann in den Wipfeln der Balsambäume das Geräusch eines Einherschreitens hören wirst, dann beeile dich; denn dann ist der Herr vor dir hergezogen, um das Heer der Philister zu schlagen“* (2. Sam 5,17–25 | Sch).

Ob er sich nun sicher fühlt oder mit dem Rücken zur Wand steht – jeder sollte zuerst fragen, wie Gott über die Sache denkt.

Der zweite Sieg erfordert ein noch besseres Hinhören. Gott selbst tritt auf den Plan. Für uns ist der „Einherschreitende“ Jesus selbst. Wir stehen in seiner Nachfolge und brauchen seine Weisung auf Schritt und Tritt. Wir sollten nicht bis zu Grenzerfahrungen warten, sondern im normalen Alltag das Geheimnis der Abhängigkeit von ihm einüben. Unser Verstand reicht nicht aus, um unbekannte Wege richtig einzuschätzen. Unsere Erfahrung darf uns niemals dazu verleiten, dass wir selbstsicher werden und schließlich eigenmächtig handeln. Gott *„zeigt den Demütigen, was richtig ist, und lehrt sie seinen Weg"*. Er bietet uns allen seine *„Freundschaft"* an, wie sie von Noah bis Johannes und bis in unsere Zeit hinein so viele erfahren haben (Ps 25,9.14 | NLB). Durch den Propheten Jeremia ermutigt uns Gott: *„Rufe zu mir, so will ich dir antworten und dir große, unfassbare Dinge mitteilen, die du nicht kennst"* (Jer 3,3 | EÜ). Wörtlich sind im Hebräischen *„unerreichbare Dinge"* gemeint: *„unüberwindbar"* wie eine hohe Mauer, *„undurchdringlich"* wie ein dichter Wald sind bestimmte Zusammenhänge für uns Menschen. Doch Gottes Geist sieht immer dahinter. Er durchschaut und durchleuchtet. Er macht zugänglich – sofern unser Geist offen ist für göttliche Offenbarung! Wir können tatsächlich lernen, geistlich sensibel und hellhörig zu werden für „Gottes Schritte", so wie David es erlebte. Wenn wir aufrichtig darum ringen, Menschen des Geistes und des Gebets zu werden, steht Jesus ganz auf unserer Seite. Er lebte selbst in der Abhängigkeit zu Gott und war auf Zeiten im Gebet angewiesen. Und er lehrte seine Jünger zu beten wie kein anderer!

10.3 Beten lernen bei Jesus

> *„Jesus hatte unterwegs Halt gemacht und gebetet. Darauf bat ihn einer seiner Jünger: Herr, lehre uns beten; auch Johannes hat seine Jünger beten gelehrt. Jesus sagte zu ihnen: Wenn ihr betet, dann sprecht: Vater, dein Name werde geheiligt. Dein Reich komme."* (Lk 11,1–2 | NGÜ)

Kann man beten lernen? Kann man über Gebet lehren? Vielleicht geht es dir manchmal auch so, dass du gerne beten würdest, aber es fehlen dir die Worte. Oder du spürst, wie wichtig Gebet im Moment wäre, doch du bist zu beschäftigt, zu besetzt in deinen Gedanken oder einfach zu träge. Gebet ist immer umkämpft. Gebet ist nicht automatisch die Folge von natürlichen Bedürfnissen wie Essen, Trinken und Schlafen. Gebetszeiten müssen erobert, erlernt, eingeübt werden. Vermutlich spürten die Jünger ihre eigene Gebetsarmut, als sie Jesus in einem Moment der innigen Begegnung mit seinem Vater erlebten: *„Herr, lehre uns beten!"* Sein bloßes Vorbild weckte eine tiefe Sehnsucht in ihnen. Vielleicht wollten sie auch ein eigenes Gruppengebet bekommen, wie es Johannes der Täufer möglicherweise für seine Anhänger formuliert hatte. Jedenfalls gab es zur Zeit Jesu bereits vorformulierte Gebete, die von gläubigen Juden täglich rezitiert wurden.[158]

Gebet ist nicht automatisch die Folge von natürlichen Bedürfnissen wie Essen, Trinken und Schlafen. Gebetszeiten müssen erobert, erlernt, eingeübt werden.

„Herr, lehre uns beten!" Ich erinnere mich an Menschen, mit denen ich einige Stunden zusammen war und deren Gebet in mir eine bleibende Sehnsucht nach Gottes Gegenwart hinterließ. Ich erlebte Besuche von Menschen oder gemeinsame Tagungen, wo in mir nicht nur neue Erkenntnisse zurückblieben, sondern ein neuer Hunger nach Gebet. Jesus schenkte seinen Jüngern in diesem Moment mehr als die passenden Formulierungen (nach dem Motto: Beten heißt das Vaterunser aufsagen). Er führte sie selbst zum Herzen des Vaters. Er lehrte sie, sich wie Kinder vor Gott zu bewegen. Und er wurde als Beter ihr bestes Vorbild – ein Vorbild, das uns bis heute vor Augen steht!

Beten in jeder Lebenslage

Es stimmt einfach nicht, dass Jesus immer und überall für die Menschen da war. Seine erste Priorität galt der Begegnung mit dem himmlischen Vater, seinem eigentlichen Auftraggeber. Besonders das Lukasevangelium dokumentiert deutlich, wie sich Jesus an den Schnittstellen seines Lebens, vor wichtigen Entscheidungen und in besonderen Herausforderungen immer wieder ins Gebet zurückzog. So sehen wir Jesus als Beter …

- wie er schon als Kind die Nähe seines Vaters suchte …
  Lk 2,49
- bei seiner Taufe durch Johannes …
  Lk 3,21
- als sein Einfluss immer mehr zunahm …
  Lk 5,16
- vor der Auswahl seiner zwölf Jünger …
  Lk 6,12
- auf einem Berg, wo sich *„das Aussehen seines Angesichts veränderte …"*
  Lk 9,28–29
- im Blick auf seinen gefährdeten Jünger Simon-Petrus
  Lk 22,31–32
- vor seinem Leiden: *„Nicht mein, sondern dein Wille soll geschehen …"*
  Lk 22,41–42
- im Moment seiner Kreuzigung: *„Vater, vergib ihnen …"*
  Lk 23,34
- nach seiner Auferstehung beim Brotbrechen
  Lk 24,30 (vgl. 9,16; 22,19)

Beten lernen bei Jesus bedeutet zunächst, dass wir in Jesus selbst einen großartigen Stellvertreter haben, der vor dem Thron Gottes für uns eintritt.

Jesus ist uns auch darin ein Vorbild, dass Gottes Wort und Gebet in seinem Herzen eine großartige Einheit bildeten. Während der Versuchungszeit in der Wüste ernährte er sich vom Wort Gottes (Lk 4,4). Er ehrte die heiligen Schriften und kannte sich bestens in ihnen aus (Lk 4,17–21). Kritische Gesprächspartner forderte er heraus mit dem Hinweis: *„Habt ihr denn nicht gelesen …?“* (Mt 12,3; 19,4; 21,16; 22,31). Andererseits brauchte auch Jesus das geschriebene und auswendig gelernte (!) Wort Gottes, um im Gebet die richtigen Worte zu finden. Er lebte – sicherlich seit seiner Jugendzeit – mit den Psalmen und er starb mit Psalmworten auf den Lippen:

Joh 19,28 = Ps 69,22

Mt 27,46 = Ps 22,2

Lk 23,46 = Ps 31,6

Dietrich Bonhoeffer erklärt dazu in seinem Buch „Beten mit der Bibel“: *„Die Bibel ist Gottes Wort, auch in den Psalmen. … Dazu sind uns die Psalmen gegeben, dass wir sie im Namen Jesu Christi beten lernen.“*[159] Beten lernen bei Jesus bedeutet zunächst, dass wir in Jesus selbst einen großartigen Stellvertreter haben, der vor dem Thron Gottes für uns eintritt (Röm 8,34; Hebr 7,25; 1. Joh 2,1). Jesus steht im Gebet ganz auf Gottes Seite und zugleich auf unserer Seite! Darüber hinaus lehrt uns Jesus so zu beten, dass unsere Gebete Gottes Herz erreichen. Denn *„Beten heißt, … mit seinem erfüllten oder auch leeren Herzen den Weg zu Gott finden und mit ihm reden. Das kann kein Mensch von sich aus, dazu braucht er Jesus Christus.“* Weil Jesus die Brücke ist zwischen unserem Herzen und dem Herzen Gottes, kann nur er uns beten lehren. *„Nicht was wir gerade beten wollen, ist wichtig, sondern worum Gott von uns gebeten sein will“*, betont Bonhoeffer und fügt hinzu: *„Das ist eine große Gnade, dass Gott uns sagt, wie wir mit ihm sprechen und Gemeinschaft haben können.“*[160] Deshalb schenkt Jesus seinen Schülern das „Unser-Vater“: Sie sollten lernen, sich zuerst Gottes Anliegen anzueignen. Sie sollten lernen, Gott um Gottes willen zu suchen. Und sie würden dabei entdecken, dass niemand zu kurz kommt, der Gott den ersten Platz in seinem Leben gibt!

Wir müssen Gott durch unsere Gebete nicht erst informieren. Es braucht auch keine Tricks, um Gott "herumzukriegen" oder gnädig zu stimmen. Der Vater weiß – er sieht – er schenkt – er will handeln – und er beteiligt uns daran: durch Gebet!

Beten zum Vater

Über das Vaterunser ist viel geschrieben und Hilfreiches gesagt worden. Larry Lea sieht darin *„eine Anleitung zum Gebet, ein Gebetsprogramm“*, ja *„eine Auflistung von sechs Themen, … denen man unter Führung des Heiligen Geistes im Gebet folgen soll.“*[161] Ich stelle mir das Vaterunser immer wie ein Haus vor, das aus zwei Etagen besteht (drei Bitten beginnen mit „dein“ und drei mit „unser“). Das

Dach bilden der Lobpreis Gottes (Doxologie) und der Ausblick in die Ewigkeit. Doch entscheidend ist der Eingangsbereich: *„Auf diese Weise sollt ihr beten: Unser Vater, der du bist im Himmel!"* Im Zusammenhang der Bergpredigt lehrt Jesus über Spenden, Beten und Fasten: All diese Übungen sollen nicht der Anerkennung vor Menschen dienen, sie sollen vielmehr *„im Verborgenen"* geschehen. Also mehr Sein als Schein! Gebet ist kein Mittel zur Selbstdarstellung oder Selbstberuhigung, sondern führt uns zur Begegnung mit dem Vater, *„der ins Verborgene sieht"*. Weil der Vater uns kennt und sieht und weil er weiß, *„was ihr benötigt, ehe ihr ihn bittet"*, gerade deshalb sollen wir beten (Mt 6,1–18 | Sch). Für den Verstand ist dies unlogisch – für das Herz bedeutet es tiefes Glück: Wir müssen Gott durch unsere Gebete nicht erst informieren. Es braucht auch keine Tricks, um Gott „herumzukriegen" oder gnädig zu stimmen. Der Vater weiß – er sieht – er schenkt – er will handeln – und er beteiligt uns daran: durch Gebet!

Sage Gott, dass du nicht beten kannst, und schon bist du mitten im Gebet. Und dabei bist du nie allein: Der Heilige Geist tritt für uns ein!

In Lukas 11 hat Jesus seine Jünger regelrecht gebeten zu beten: *„Bittet, und es wird euch gegeben; sucht, und ihr werdet finden; klopft an, und es wird euch geöffnet"* (Lk 11,9). An diesen Formulierungen wird deutlich: Gebet ist ein Beziehungsgeschehen. Es hängt alles davon ab, *wen* wir bitten, *wo* wir suchen und *wen* wir hinter der Tür erwarten. Beim Gebet hängt alles an der richtigen Adresse! Vom griechischen Text her lässt sich sogar übersetzen: *„fordert, verlangt …"* (*aiteo*). Jesus hat seine Jünger immer wieder dazu ermutigt, von ihren Rechten vor Gott Gebrauch zu machen. Dazu stellt er ihnen zwei Szenen vor Augen: Der gute Freund steht sogar nachts auf, wenn seine Hilfe gebraucht wird. Der gute Vater gibt seinen Kindern mehr als genug – und niemals etwas Destruktives: keine Schlange, sondern Fisch! Keine Steine, sondern Brot! *„Wie viel mehr wird dann der Vater im Himmel denen den Heiligen Geist geben, die ihn darum bitten!"* (Lk 11,13). Gott hält gute Gaben für uns alle bereit – doch er will uns in Beziehung zu ihm sehen. Später in Lukas 18 zeigt Jesus seinen Jüngern anhand einer anderen, ziemlich krassen Beispielgeschichte, *„dass sie unablässig beten sollten, ohne sich entmutigen zu lassen"* (Lk 18,2 | jeweils NGÜ). Also: Gott will gebeten sein!

Wenn wir lernen möchten, wie man effektiv betet, brauchen wir die Hilfe des Heiligen Geistes. Er ist der Geist der „Kindschaft", das Bindeglied zum Vaterherzen Gottes in uns. *„Wir sind doch Kinder Gottes geworden und dürfen ihn ‚Abba, Vater' rufen"* (Röm 8,15; vgl. 5,5). Doch gerade als Kinder müssen wir uns nicht druckreif äußern, wir dürfen geistlich sprechen lernen. Es ist gut, wenn wir ehrlich mit Paulus sagen können: *„Wir wissen ja nicht einmal, worum und wie wir* *beten sollen. Doch der Heilige Geist betet für uns mit einem Seufzen, das sich nicht in Worte fassen lässt"* (Röm 8,26 | jeweils NLB). Unsere Gebetsarmut ist eben kein Hindernis, sondern sogar Anlass zum Gebet: Sage Gott, dass du nicht beten kannst, und schon bist du mitten im Gebet. Und dabei bist du nie allein: Der Heilige Geist tritt für uns ein! *„So müssen wir also beten lernen. Das Kind lernt sprechen, weil der Vater zu ihm spricht. Es lernt die Sprache des Vaters. So lernen wir zu Gott sprechen, weil Gott zu uns gesprochen hat und spricht. An der Sprache des Vaters im Himmel lernen seine Kinder mit ihm reden. Gottes eigene Worte nachsprechend, fangen wir an, zu ihm zu beten"* (Bonhoeffer).[162]

Beten im Jesusnamen

Jesus schenkte uns mit dem Vaterunser ein Gebetsmuster, das uns durch alle Aspekte unseres Lebens führt, und zwar nach Gottes Prioritäten. *„Zuerst sein Reich und seine Gerechtigkeit …"* (Mt 6,33). Mit dem „Gebet des Herrn" rücken wir Gott an die erste Stelle, wir stellen ihm unser gesamtes Leben zur Verfügung und wir sehnen uns – mit ihm – nach der Ausbreitung seiner Herrschaft weit und breit. *„Der Mensch und die Welt können nicht zurechtkommen, wenn Gott nicht zu seinem Recht kommt"* (Georg Eichholz).[163] So führt uns das Vaterunser auf einen Gebetsweg, der ganz persönlich beginnt, unsere konkrete Lebenswirklichkeit durchschreitet (Versorgung, Vergebung, Bewahrung) und diese bedürftige Welt in den Horizont einer neuen, kommenden Welt stellt. Der Reformator Johannes Calvin (1509–1564) bemerkt zum Vaterunser: *„Die drei Bitten stehen untereinander in einem engen Zusammenhang: denn die Heiligung des Namens Gottes und das Kommen seines Reiches sind immer miteinander verbunden, und zu seiner Herrschaft gehört vor allem dies, dass sein Wille geschehe."*[164]

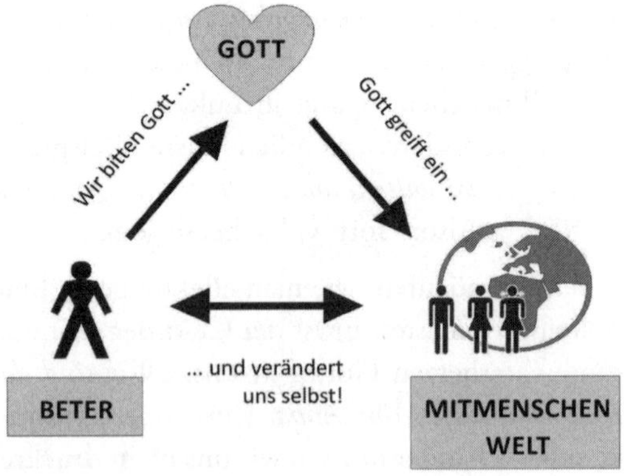

Beten: Kooperieren mit dem lebendigen Gott

Beim Gebet bewegen wir uns wie in einem Dreieck: Gott bittet uns, dass wir ihm sagen, was er für uns tun soll! Gott möchte handeln, doch er tut es auf unser Gebet hin. Gott hört unsere Gebete, und dabei verändert er uns selbst.

1. Es geht um unser Verhältnis zu Gott.
2. Es geht um die Beziehung zu unseren Mitmenschen und um unsere Lebensumstände.
3. Es geht um Gottes Eingreifen in unsere sichtbare Welt und die unsichtbaren Hintergründe.

Jesus hat seine Jünger – zuletzt in den wenigen Stunden vor seinem Tod – ganz stark dazu ermutigt, dass sie den Vater *„bitten in meinem Namen“* (Joh 14,13–14; 15,16; 16,23–26). Im Gleichnis vom Weinstock fügt er sogar hinzu: *„Wenn ihr in mir bleibt und meine Worte in euch bleiben, dann bittet um alles, was ihr wollt: Ihr werdet es erhalten!“* (Joh 15,7). Das klingt wie ein Freifahrschein, zeigt uns jedoch einmal mehr, worum es beim Gebet geht: Unser Wille wird zunehmend eins mit dem Willen unseres Herrn. Unser Geist wird immer empfänglicher für Gottes Gedanken. Wir beginnen zu fühlen, wie der Vater fühlt. Wir wünschen, was Gott selbst wünscht – und bitten ihn darum! Entsprechend formuliert Johannes später in seinen Briefen seine *„Zuversicht, dass er uns hört, wenn wir etwas erbitten, das seinem Willen entspricht“* (1. Joh 5,14 | jeweils EÜ).

Unser Problem als Christen liegt wohl weniger darin, dass wir utopische Wünsche formulieren, als dass wir unsicher sind, wie Gott wirklich über uns denkt. Entsprechend unkonkret und verhalten bleiben wir in unseren Gebeten. Im Urtext des Vaterunser (im Aramäischen hat es sich vermutlich sogar gereimt) kommt jeweils das Zeitwort zuerst: *„Es werde geheiligt …! Es komme …! Es geschehe …!“* (Mt 6,9–10). Das ist keine unsicher vorgetragene Bitte oder gar eine resignative Äußerung: Gott tut ja ohnehin, was er will! Wir sind als Beter nicht lästige Bittsteller, sondern geliebte Kinder des Königs. *„Reich Gottes“* (griechisch *basileia*) bedeutet *„Gottes Königtum“* – und da sind wir die Ersten an seinem Hof: Jesus *„liebt uns und hat uns von unseren Sünden erlöst durch sein Blut; er hat uns zu Königen gemacht und zu Priestern vor Gott, seinem Vater“* (Offb 1,5–6 | EÜ). Wenn wir unter dieser Voraussetzung beten, haben wir begonnen, „im Namen Jesu“ zu beten. Es geht hier weder um eine Beschwörungsformel noch um ein Druckmittel Gott gegenüber, sondern schlicht und einfach darum, dass wir unsere Position einnehmen. Unsere Zwiesprache mit Gott mag von Zuversicht oder von Zweifel geprägt sein, von tiefer Müdigkeit oder von hoher Motivation. Doch niemals sind wir

„Reich Gottes“ bedeutet „Gottes Königtum“ – und da sind wir die Ersten an seinem Hof. Wenn wir unter dieser Voraussetzung beten, haben wir begonnen, „im Namen Jesu“ zu beten.

allein vor Gott: Der uns *„liebt und erlöst hat"*, steht an unserer Seite und macht unsere Anliegen zu seiner Sache! Deshalb lohnt sich jede Stunde und jede Minute, die wir in Gottes Gegenwart verbringen!

Beten als Priorität

Bist du auch schon über solche Aussagen im Neuen Testament gestolpert: *„Betet ohne Unterlass!"* (1. Thes 5,17)? Oder über das Beispiel des Paulus, der seinen Gemeinden schreibt: *„Wir danken Gott allezeit für euch alle"* und tun *„allezeit für euch alle mit Freuden Fürbitte"* (1. Thes 1,2; Kol 1,3; Phil 1,4)? Zu jeder Zeit beten – wie soll das denn gehen? Die meisten von uns stecken in einem herausfordernden Alltag, die Welt um uns herum ist laut und schnelllebig, die tägliche Flut an Informationen vielfältig und verwirrend ... Da kämpfen wir schon um unsere „Stille Zeit" am Morgen oder mal eine „Freistunde" für Bibel und Gebet. Was meint Paulus? Fehlt uns doch etwas vom Lebensstil der Mönche, deren Tag von den Stundengebeten geprägt war? Oder gibt es für uns alle die Möglichkeit, betend durch einen normalen Alltag zu gehen – sozusagen als Grundhaltung?

Die Frage stellt sich allerdings nicht nur im Blick auf unsere private Frömmigkeit, sondern auch auf geistliche Leitung in der Gruppe. Wie oft beginnen Sitzungen mit „Wort und Gebet", dem Verlesen der „Losung" oder einer – manchmal liebevoll ausgearbeiteten – „Andacht". Doch dann beginnt der Sitzungsmarathon und der geistliche Impuls vom Anfang spielt keine Rolle mehr. Wie oft enden Besprechungen mit der abschließenden Bemerkung: „Lasst uns zum Schluss noch kurz (!) beten ..." Berühren sich unsere geschäftlichen Themen und unser geistliches Leben überhaupt? Die Landeskirchen haben inzwischen Beauftragte für Spiritualität und verweisen auf die Programme ihrer Einkehrhäuser. Doch die Frage steht im Raum: Haben wir begriffen, was „geistliche" – also aus dem Geist Gottes geborene – Leitung meint? Wie können Hören und Handeln, Beten und Tun zu einer Einheit finden? Ist es für unsere Gremien denkbar, dass wir zu Entscheidungen kommen, die *„dem Heiligen Geist und uns gefallen"* (Apg 15,28)?

Paulus beschließt den Abschnitt im Epheserbrief über „die ganze Waffenrüstung Gottes" mit einem wichtigen Hinweis auf die Rolle des Gebets: Gerade weil sich unser Kampf „nicht gegen Fleisch und Blut richtet" und wir mit unsichtbaren Mächten konfrontiert sind, gilt die Aufforderung an uns alle: „Betet jederzeit im Geist; seid wachsam, harrt aus und bittet für alle Heiligen ..." (Eph 6,11–12.18 | jeweils Sch). Zwei Aspekte an diesem Vers möchte ich besonders betonen:

1. „Jederzeit beten“ geht nur durch die ständige **Gegenwart des Heiligen Geistes.**
2. „Jederzeit beten“ besteht nicht nur in Worten, sondern in einer **Haltung innerer Wachsamkeit.**

Beten im Geist

Vielleicht stand Paulus bei diesen Sätzen die Szene vor Augen, die sich im Stadtpark von Jerusalem abspielte, kurz bevor Jesus dort verhaftet wurde: *„Bleibt hier und wacht mit mir!“*, bat er seine drei engsten Freunde um Gebetsunterstützung. Doch sie schliefen ein und enttäuschten Jesus in diesem kritischen Moment: *„Könnt ihr also nicht eine Stunde mit mir wachen?“* (Mt 26,38–40). Die Frage trifft tief: Halten wir eine Stunde lang durch, um mit Jesus und für seine (!) Anliegen zu wachen? Gebet kann in der Tat zum Kampf gegen Müdigkeit und Geschäftigkeit werden. Doch der Zusammenhang lässt sich nicht leugnen: Wir müssen zuerst Gott selbst suchen, sonst verfehlen wir in bester Absicht seine primären Anliegen. Wir müssen lernen, die richtigen Prioritäten zu setzen, damit Gottes Präsenz unsere Programme durchdringen kann. Eine Gemeindeleitung, die die erste und beste Zeit für Gebet und Hören auf Gott reserviert, wird leichter und zielorientierter arbeiten. Immer wieder durfte ich im Kirchenvorstand erleben, wie eine ausgiebige Gebetszeit die Gedanken klärte, die Beziehungen erneuerte, den gefühlten Arbeitsdruck von uns nahm. *„Wir aber wollen beständig im Gebet und im Dienst des Wortes bleiben!“*, hielten die Apostel fest in einer Situation, die sehr nach Überlastung und Konflikt aussah (Apg 6,4 | jeweils Sch).

Wir müssen zu erst Gott selbst suchen, sonst verfehlen wir in bester Absicht seine primären Anliegen.

- *„Beten im Geist“* (vgl. Jud 20) bedeutet für mich zunächst, dass ich ständig mit der Initiative des Heiligen Geistes rechne: Er erinnert mich, er motiviert mich zu beten, er schenkt mir Worte. Er betet sozusagen in mir – ich darf mit meinen Gedanken und Worten seinen Impulsen folgen. Ich kann nicht ständig verbal beten, doch ich kann innerlich „online“ und hörbereit bleiben – auch wenn der Alltag um mich herum tobt.
- Wenn Paulus sagt: *„Ich will im Geist beten“* und *„Ich will im Geist lobsingen“* und wenn er seine Gemeinden auffordert, sie sollen Gott *„mit geistgewirkten Liedern“* loben (1. Kor 14,14–15; Eph 5,19; Kol 3,16), meint er offenbar die Gabe der Sprachenrede bzw. Sprachengesang. Seit ich diese Gabe des Betens in anderen Sprachen (Glossolalie) während meines

> Studiums empfing, möchte ich sie nicht mehr missen. Natürlich musste ich mich schon bald mit den kritischen Stimmen auseinandersetzen und hörte so manche Warnung. Natürlich hat mein Verstand oftmals widersprochen: Was machst du eigentlich da? Doch gerade im Sprachengebet, das ja völlig unserem Willen untersteht und auch nicht von Gefühlen abhängig ist, erlebe ich den freundlichen Beistand des Geistes: Er *„nimmt sich unserer Schwachheit an"* und *„verwendet sich für uns in unaussprechlichen Seufzern"* (Röm 8,26 | EB). So ist mein Gebet ein Wechselspiel von Reden in Muttersprache und in geistgewirkter Sprache … und mein Geist wird offen für neue Gedanken von Gott, die meinem Verstand sonst nicht zugänglich sind.

Ohne die konkret erfahrbare Realität des Heiligen Geistes könnte ich meinen Dienst kaum noch tun. Wie oft empfinde ich, dass meine Hände leer sind (und manchmal auch mein Kopf)! Ich weiß nicht, was ich zuerst tun soll. Ich spüre, wie sehr ich Gebet brauche, doch mir fehlt der Schwung dazu. Wenn ich Gott dann trotzdem suche, füllt er meine leeren Hände auf überraschende und beglückende Weise! Wie oft habe ich bei der Predigtvorbereitung nur gedacht: Der Bildschirm ist wieder mal schwarz – keine Ahnung, was ich sagen soll. Doch im Warten auf Gott füllt Gottes Geist meinen Geist mit neuen, frischen Gedanken. Wenn mir Menschen dann sagen: „Das war heute genau für mich! Du hast den Nagel auf den Kopf getroffen! Woher wusstest du nur …", sage ich innerlich: „Danke, Herr, das warst du!" Wie oft saß ich auch in Gesprächen und versuchte die Problematik einer Person zu begreifen … im Geist und manchmal in Sprachen betend … Wenn wir dann plötzlich gemeinsam den „Schlüssel" finden, weiß ich, wo die Quelle lag! *„Meine Schafe hören meine Stimme, und ich kenne sie, und sie folgen mir"*, sagt uns Jesus zu (Joh 10,27). Konkret erfahrbar wird diese Dimension durch den Heiligen Geist. Wir Menschen sind geschaffen zur Kooperation mit ihm, dem „Tröster" in unseren Herzen! Wie sagte doch der deutsche Theologe Friedrich August Tholuck (1799–1877): *„Wer betet und Fürbitte tut, nimmt teil an der Weltregierung Gottes."*[165]

10.4 Vom Heiligen Geist inspiriert leiten

> *„Und ich werde den Vater bitten, und er wird euch einen anderen Beistand geben, der für immer bei euch bleiben soll. Es ist der Geist der Wahrheit … der wird euch alles lehren und euch an alles erinnern, was ich euch gesagt habe."* (Joh 14,16–17.26 | EÜ)

Gleich viermal hat Jesus den Jüngern bei seinem Abschied das Kommen eines *„anderen Trösters"* versprochen (griechisch *parakletos*: *Helfer, Fürsprecher, Beistand*; vgl. auch Joh 16,7.13). Genauso real, wie Jesus seinen Jüngern zur Seite stand und ihnen Orientierung gab, sollten sie nun Führung durch den Heiligen Geist erleben. Dass damit weder bloße Innerlichkeit noch ein subjektives Gefühl gemeint ist, zeigt uns deutlich die Apostelgeschichte. Fast 60-mal tritt hier der Heilige Geist auf, *„erfüllt"* Menschen und *„fällt"* auf sie, *„erfüllt"* sie und spricht durch sie. Als Coach im Hintergrund bringt er das Beste in den Jüngern hervor. Wie ein unsichtbarer Navigator bringt er die internationale Mission auf Kurs. Wie die Lotsen im Tower stärkt der Geist die Botschafter und leitet sie Schritt für Schritt – nicht spannungsfrei und nicht über ihren Kopf hinweg, und doch punktgenau und mit großer Weitsicht. Kapitel für Kapitel werden wir Zeugen einer großartigen Kooperation von Himmel und Erde. Nur so konnte das Evangelium bis zu uns heute kommen …

Wie die Lotsen im Tower stärkt der Geist die Botschafter und leitet sie Schritt für Schritt – nicht spannungsfrei und nicht über ihren Kopf hinweg, und doch punktgenau und mit großer Weitsicht.

> Der Geist *„spricht"*.
> Apg 8,29; 10,19 (11,12); 13,2; 21,11
>
> Der Geist *„sendet aus"* und er *„setzt ein"*.
> Apg 13,4; 20,28
>
> Der Geist *„verhindert"* und *„erlaubt nicht"*,
> Apg 16,6–7
>
> Dem Geist *„erscheint [ein Beschluss] gut"*.
> Apg 15,28

Sind wir Leiter und Mitarbeiter, die um die beständige Gegenwart Gottes in ihren Herzen wissen (vgl. Joh 14,23)? Leben wir so im Hören, dass Gott uns konkret leiten kann? Wo liegt die Quelle unserer Inspiration, wenn wir denn „geistlich" leiten wollen?

Lerne auf Gott zu hören!

Vielen Christen fällt es schwer, „Gottes Stimme" zu hören. Doch unser Problem liegt weniger darin, dass Gott schweigt. Wenn Gott sich in Schweigen hüllt, bedeutet das Gericht und letztlich Verderben (vgl. Ps 28,1). Das ganze All ist erfüllt von seinem Reden – schließlich entstand alles Sichtbare einmal durch sein machtvolles Wort (vgl. Ps 19,2–5; Hebr 11,3)! Wir sind jedoch meistens so beschäftigt und gedanklich besetzt, dass uns sein Reden gar nicht erreicht. Wie können wir lernen, auf Gott zu hören?

- **Die Heilige Schrift ehren!**

  Die Kenntnis der biblischen Bilder, Geschichten und Lehrinhalte ist der Rahmen, in dem wir uns als Christen bewegen. Wenn wir unseren Geist damit konsequent ernähren, werden wir empfänglicher für die täglichen Impulse des Heiligen Geistes. Gott spricht sowohl durch die großen Zusammenhänge, die sich uns im Alten und Neuen Testament erschließen, als auch durch einzelne Worte, die uns manchmal wie mit Textmarker gekennzeichnet ins Auge springen.

- **Den Heiligen Geist spüren!**

  Gottes Geist kann jedes „Sinnesorgan" unseres inneren Menschen ansprechen: Hören, fühlen, sehen … Natürlich lässt sich niemals beweisen, dass hier der Geist Gottes am Werk ist. Auch Nichtchristen sprechen von Intuition oder von ihrem „Bauchgefühl". Doch wir können lernen, Gottes Impulse in uns wahrzunehmen und vom Eigenen zu unterscheiden. Tröstlich finde ich, dass Gottes Geist uns so anspricht, wie es unserem Typ entspricht. Wir können und müssen handeln, sobald sich *„der Friede Gottes"* einstellt, *„der alles Verstehen übersteigt"* (Phil 4,7).

- **Christus im Bruder sehen!**

  Diese Perspektive hat Dietrich Bonhoeffer seinen Studenten mitgegeben: *„Christus wurde unser Bruder, um uns zu helfen; nun ist durch ihn unser Bruder für uns zum Christus geworden … Er ist uns zur Hilfe gegeben."* Tatsächlich ist *„der Christus im eigenen Herzen"* manchmal *„schwächer als der Christus im Worte des Bruders."*[166] Konkret heißt das: Wir sollten beide Ohren offen halten, wenn wir mit unseren Glaubensgeschwistern im Gespräch sind oder ihren Rat suchen! Im Hören aufeinander und im Hören „nach oben" kann sich Gottes Geist besonders gut entfalten …

Seit vielen Jahren führe ich ein „geistliches Tagebuch" – nicht sehr schmuckvoll, sondern in Form von einfachen Notizen im Computer: Wann haben mich Bibelworte besonders angesprochen? Welche klaren Gedanken oder Bilder kamen beim Beten, welche Träume waren eindrücklich? Wo bekam ich Zuspruch in Gebetszeiten oder durch prophetische Worte? Welchen Rat gaben mir andere? All das sind die „kostbaren Perlen", die sich über die Jahre teilweise wie auf eine Schnur aufreihen und mich ermutigen. Wenn ich einmal auf mein Leben zurückblicke, möchte ich gerne sagen können: *„Das Wort des Herrn ist wahr, und auf das, was er tut, kann man sich verlassen!"* (Ps 33,4 | NLB).

Lerne auf Gott zu warten!

„Warten ist eine verloren gegangene Kunst. Geprägt durch unsere Instant-Gesellschaft sind wir es gewohnt, alles schnell zu bekommen oder umzusetzen. Diese Prägung durchdringt sowohl die Gesellschaft insgesamt als auch die Gemeinde" (Christoph Häselbarth u. a.).[167] Eine geistliche Disziplin, die wir dringend wieder entdecken müssen, ist das „Warten auf Gott". Wenn wir uns den Psalmen nähern, entdecken wir eine Fülle von Verben, die das Verhältnis des Beters zu seinem Gott beschreiben. Von „schreien" und „jubeln" über „klagen" und „heulen" ist alles möglich … und nicht immer werden dabei Worte gemacht! Eine wichtige Dimension in der Kommunikation zwischen Gottes Geist und unserem Geist ist das stille Warten auf Gott und vor Gott. Wenn du die folgenden Verse nachliest, entdeckst du eine Menge von Verheißungen, die dieses „Warten" in sich birgt:

Eine wichtige Dimension in der Kommunikation zwischen Gottes Geist und unserem Geist ist das stille Warten auf Gott und vor Gott.

> *„Auch werden alle, die auf dich harren, nicht beschämt werden. … Leite mich in deiner Wahrheit und lehre mich, denn du bist der Gott meines Heils; auf dich harre ich den ganzen Tag. … Lauterkeit und Redlichkeit mögen mich behüten, denn ich harre auf dich"* (Ps 25,3.5.21).
>
> *„Harre auf den Herrn! Sei mutig, und dein Herz sei stark, und harre auf den Herrn!"* (Ps 27,14).
>
> *„Aber die auf den Herrn hoffen, die werden das Land besitzen. … Harre auf den Herrn und halte seinen Weg ein, und er wird dich erhöhen, das Land zu besitzen"* (Ps 37,9.34).
>
> *„Ich hoffe auf den Herrn, meine Seele hofft, und auf sein Wort harre ich"* (Ps 130,5).
>
> *„Gut ist der Herr zu denen, die auf ihn harren, zu der Seele, die nach ihm fragt"* (Klg 3,25–26 | jeweils EB).

Hinter den Stichworten *„warten, harren, hoffen"* stehen hebräische Verben, die man am besten mit „gespannter Erwartung" wiedergeben kann. Vermutlich steckt das Bild einer straff gespannten Messschnur dahinter – wie wir ja auch umgangssprachlich sagen: „Ich bin so gespannt …" Das Gegenbild in den Psalmen ist der schlaffe Bogen, der keinen Treffer mehr erzielt (Ps 78,57). „Warten auf Gott" bedeutet Spannung und zugleich Sehnsucht nach Gott. Vermutlich ist „geistliche Schlaffheit" heute unser Hauptproblem – trotz toller Konzepte und hoher Motivation in vielen Gemeinden. Larry Lea sagt dazu: *„Es gibt Fehlgeburten bei Gebeten. Eine Sache, die im Geist empfangen wurde, wird abgetrieben, wenn wir unsere Zuversicht wegwerfen und uns weigern, auf den Herrn zu warten."*[168]

„Warten auf Gott" bedeutet Spannung und zugleich Sehnsucht nach Gott.

Dieselbe Lektion finden wir bei Andrew Murray (1828–1917), der als Pfarrer, Autor und Referent großen Einfluss in seiner Heimat

Südafrika und darüber hinaus hatte. In erster Linie aber war er ein hingegebener Beter, der um das Geheimnis dieses „Wartens auf Gott" wusste. *„Je mehr Arbeit wir haben, desto wichtiger ist es, auf Gott zu warten"*, konnte er im Sinne Luthers sagen. Selbst *„im Gebet sind wir sehr oft mit uns selbst beschäftigt"*, doch *„beim Warten auf Gott denken wir zuerst an den Gott, auf den wir warten. ... Gott hat ein Verlangen danach, sich uns zu offenbaren und uns mit sich selbst zu erfüllen. Wenn wir auf Gott warten, gibt ihm das die Zeit, auf seine eigene Weise und mit seiner göttlichen Kraft zu uns zu kommen."* Deshalb ist es so wichtig, *„diesen Geist des Wartens auf Gott in uns zu kultivieren. ... Warte auf Gott, bis du weißt, dass du ihm begegnet bist. Deine ganze Art zu beten wird sich dadurch verändern."* Den Geistlichen seiner Zeit schreibt er ins Stammbuch, sie hätten *„keine vornehmere Pflicht, als den Menschen beizubringen, auf Gott zu warten."*[169] Wie aktuell sind doch diese Worte!

Lass dich emporheben von den Flügeln des Adlers

Zu den schönen Momenten in meiner Freizeit zählen Ausflüge ins Umland von Berlin. Im Nordosten unseres Landes leben die meisten Adler-Paare, die man mit etwas Geduld beobachten kann. Nun ist im Hebräischen vermutlich eher der Gänsegeier gemeint, wo wir im Alten Testament vom „Adler" lesen (vgl. 2. Mo 19,4; 5. Mo 32,11). Aber das tut nichts zur Sache. Eine großartige Verheißung begegnet uns beim Propheten Jesaja, wo es ebenfalls um das „Warten auf Gott" geht: *„Doch die, die auf den Herrn warten, gewinnen neue Kraft. Sie schwingen sich nach oben wie die Adler. Sie laufen schnell, ohne zu ermüden. Sie gehen und werden nicht matt"* (Jes 40,31 | NLB). Andere übersetzen: *„Sie heben die Schwingen empor"* (man denke an die Aufwinde) oder *„sie schöpfen neue Kraft"* (man denke an die Erneuerung des Gefieders beim alten Adler | EB bzw. EÜ). Beide Aspekte liegen sicherlich in diesem schönen Bild: Wir alle brauchen die Wiederherstellung unserer Kraft. Manchmal habe ich mich gefühlt wie ein Adler mit gerupften oder gebrochenen Flügeln. Doch Gott schenkt Erneuerung und Heilung! Wir alle brauchen auch den Abstand und die Fähigkeit, wieder das größere Bild zu sehen. Betrachte die Adler, wie sie ohne viel Kraftaufwand mit der Thermik „hinaufsteigen"! So will uns der Geist Gottes „unter die Flügel greifen" und uns hinaufheben, damit wir neu sehen und die frische Luft seiner Gegenwart genießen können. Eins sollten wir nie vergessen: Wir sind nicht als Hühnchen oder als Spätzchen geschaffen, sondern mit den Flügeln des Adlers. So kannst du mit David beten: *„Er macht mein Leben reich und erneuert täglich meine Kraft, dass ich wieder jung wie ein Adler werde!"* (Ps 103,5 | NLB).

Wie die Adler ohne viel Kraftaufwand mit der Thermik „hinaufsteigen", so will uns der Geist Gottes „unter die Flügel greifen" und uns hinaufheben, damit wir neu sehen und die frische Luft seiner Gegenwart genießen können.

Dranbleiben – einsam und gemeinsam!

Gebet ist der verborgene Ort in unserem Leben, wo wir gemeinsam mit Gott Neues zur Geburt bringen können. In der stillen Begegnung mit ihm werden wir selbst geformt, geistlich gestählt und in unserem Geist geschärft. Wer geistlich leiten will, muss der Gebetszeit hohe Priorität einräumen und sie als „Termin mit Gott" ebenso einplanen wie Begegnungen mit Menschen oder wichtige Sitzungen, die auch Zeit kosten. In einem bekannten „Evangeliums-Lied" aus dem 19. Jahrhundert heißt es: *„Wer mag sagen und ermessen, wie viel Heil verloren geht, wenn wir nicht zu ihm uns wenden und ihn suchen im Gebet"* (Joseph Scriven, 1829–1886).[170] Aus derselben Epoche stammt der Satz von Edward McKendree Bounds (1835–1913), einem Methodisten-Pastor aus den USA, der jahrelang täglich von vier bis sieben Uhr morgens betete: *„Das Gebet ist eines der besonderen Kennzeichen starker geistlicher Führung."* Und als glaubwürdiges Beispiel dieser Aussage zitiert er sein Vorbild John Wesley: *„Gebt mir hundert Prediger, die nichts fürchten außer der Sünde, die nach nichts Verlangen haben außer nach Gott. Es kümmert mich nicht im Geringsten, ob sie Geistliche oder Laien sind. Nur solche Männer werden die Tore der Hölle erschüttern und das Himmelreich auf Erden aufrichten. Gott tut nichts außer durch das Gebet."*[171] Wenn du lernst, Trägheit und Müdigkeit zu überwinden und aus dem „Hamsterrad" des Alltags auszusteigen, wirst du spüren: Die Zeiten der Begegnung mit deinem Vater im Himmel sind „Premiumzeiten". Sie bringen deinen Dienst, ja deine ganze Persönlichkeit auf ein anderes Niveau!

Eine besondere Verheißung liegt auf dem Gebet in geistlicher Einheit. Jesus sagt uns, dass *„zwei oder drei"* genügen, und er selbst ist *„mitten unter ihnen"*. In diesem Zusammenhang ermutigt er seine Jünger, im Gebet *„übereinzukommen"* (Mt 18,19–20). Das griechische Verb *symphoneo* erinnert an die Sinfonien der klassischen Musik – und tatsächlich geht es auch im Gebet um einen „Zusammenklang" der Herzen! Hierzu genügt nicht der formale Hinweis, dass wir ja „im Namen Jesu" versammelt sind. Einheit im Geist und im Gebet muss gewonnen werden. Meist ist dies ein längerer Prozess, der innere Ruhe, Geduld und Hingabe aneinander erfordert. In der Gemeindearbeit habe ich die besten Zeiten erlebt, als das Leitungsteam im Gebet auf Gott wartete und seine Weisung suchte. Auf der übergemeindlichen Ebene durfte ich geistliche „Geburtsprozesse" miterleben, weil Leiter und Pastoren regelmäßig zusammenkamen, um Gott für unsere Stadt zu suchen. In unserem Land bilden sich an vielen Orten Kreise von Verantwortlichen, die vor Gott für ihre

Wenn Verantwortliche in vertrauensvollen Beziehungen leben, wenn sie im Glauben eins werden und mit Erwartung zu Gott kommen, werden sie aus dem gemeinsamen Beten und Hören heraus leiten.

Nation oder Region eintreten. Aus Erfahrungen im internationalen Kontext empfiehlt das Team um Christoph Häselbarth folgende Schritte für solche Gruppen, die ihre „königliche" und „priesterliche" Berufung wahrnehmen wollen (vgl. Offb 1,6; 5,10):

1. *Wir initiieren nichts aus uns selbst, sondern warten, bis Gott spricht.*
2. *Wenn Gott spricht, prüfen wir das gemeinsam, bis wir Übereinstimmung haben.*
3. *Wenn wir dann Klarheit haben, dass ein Wort, ein Auftrag oder eine Initiative von Gott ist, warten wir wieder, bis Gott uns seine Strategie und seinen Zeitplan zur Umsetzung gibt.*[172]

Wenn Verantwortliche in vertrauensvollen Beziehungen leben, wenn sie im Glauben eins werden und mit Erwartung zu Gott kommen, werden sie aus dem gemeinsamen Beten und Hören heraus leiten. Das ist in der Tat schon ein Stück Himmel auf Erden. Gott kann durch uns seine Regierung ausüben *„wie im Himmel, so auf Erden"*. Dazu sind wir seine Jünger! Dazu braucht Gott Leiter nach seinem Herzen: Menschen, die gelernt haben, aus den Quellen des Gebets zu leben.

Teambildung 11

Besser gemeinsam als einsam

„Wer ist denn Apollos? Und wer ist Paulus? Diener sind wir, durch die ihr zum Glauben gekommen seid. Und jeder von uns hat das getan, was der Herr ihm aufgetragen hat. Ich habe gepflanzt, Apollos hat begossen, Gott aber hat das Wachstum geschenkt. … Es ist also Gottes Werk, an dem wir miteinander arbeiten …" (1. Kor 3,5–9 | NGÜ)

Welch ein herrliches Teamwork: Jeder hat seinen Teil beigetragen, wir arbeiteten Hand in Hand und am Ende können wir den Erfolg gemeinsam feiern: *„Gott hat Wachstum geschenkt."* Er bekommt die Ehre – uns genügt es, seine *„Diener"* zu sein! Spiegeln diese Worte des Paulus die Realität in unseren Gruppen und Gemeinden, Initiativen und Organisationen? Oder finden sich unter uns ähnliche Probleme, mit denen schon die Korinther kämpften: *„Ihr seid eifersüchtig und streitet miteinander."* Ihr vergleicht Menschen miteinander, seid eingebildet und verursacht *„Spaltungen in der Gemeinde"*. So wird der Leib des Christus zerteilt und geschwächt (1. Kor 3,3–4.21; 1,10–13 | NLB)! Wie steht es um die Beziehungen unter uns und um das Zusammenspiel im Dienst für Jesus? Teambildung ist eine sensible Angelegenheit – doch sie ist erlernbar wie ein Handwerk! Allerdings liegen die Voraussetzungen nicht zuerst in der richtigen Technik, sondern in der Verfassung unserer Herzen. Allein geht man ein – doch den gemeinsamen Weg muss man wollen …

11.1 Leiter als Einzelkämpfer?

„Wie man Eisen durch Eisen schleift, so schleift ein Mensch den Charakter des anderen." Und *„auf einen Freund kannst du dich immer verlassen; wenn es dir schlecht geht, ist er für dich wie ein Bruder."* (Spr 27,17; 17,17 | Hfa)

Je höher die Position, umso stärker die Isolation – so erscheint die unheilvolle Dynamik!

Einsamkeit ist leider ein weit verbreitetes Merkmal von Führungskräften und Verantwortlichen. Oft steckt die Vereinsamung so tief in ihnen, dass sie darüber noch nicht einmal sprechen können oder wollen. Mancher ist zum Einzelkämpfer erzogen worden, musste sich im Leben immer alleine durchschlagen und hat vielleicht früh schon erlebt, dass auf andere Menschen kein Verlass ist. Andere leiden unter der Last ihres Amtes und finden keinen Weg, wie man vom „Ich" zum „Wir" kommen könnte. Und wieder andere sind stolz darauf, dass sie (angeblich) keine fremde Hilfe brauchen und aus eigener Kraft zum Ziel kommen. Sie gleichen Bergsteigern, die im Alleingang zum Gipfel wollen. Solche Menschen sind zu stolz, um andere nach dem Weg zu fragen, oder zu scheu, um Schwächen zuzugeben. Und solche Menschen sind gefährdet:

- Es fehlt ihnen der Rundumblick durch die Ergänzung anderer Sichtweisen.
- Es fehlt ihnen an Beratung in kritischen Zeiten und Entscheidungssituationen.

- Es fehlt ihnen die „Schärfung" ihres Charakters, weil sie keine Nähe zulassen.
- Es fehlt ihnen Freundschaft, Ermutigung und Stärkung auf dem Weg.

Die wohl schwierigste Lektion für einen einflussreichen Leiter heißt: anderen Menschen in seiner Umgebung zu vertrauen und Einfluss rechtzeitig zu teilen!

„Einer kann leicht überwältigt werden, doch zwei sind dem Angriff gewachsen. Man sagt ja auch: ‚Ein Seil aus drei Schnüren reißt nicht so schnell'!", wusste Salomo in seiner Weisheit (Pred 4,12 | Hfa). Nur gemeinsam sind wir stark – dies gehört zu den Grundwerten im Reich Gottes. Oder um es mit Berti Vogts zu sagen, der Deutschland 1996 zur Europameisterschaft im Fußball führte: „Der Star ist die Mannschaft." Gemeinsam gefeierte Siege sind mehr wert als ein einsamer Triumph!

Die Gefahr der Isolation

Nicht nur beim Sport erleben wir, wie leistungsstarke Teams durch Egoismus und Intrigen zerbrechen. Auch in der Politik ist es allzu oft persönliche Eitelkeit, durch die sinnvolle Entscheidungen verhindert werden. Der Ehrgeiz Einzelner geht häufig auf Kosten des Gemeinwohls. In Firmen verschanzen sich Führungskräfte hinter ihren Positionen und verlieren den Bezug zur Basis. Je höher die Position, umso stärker die Isolation – so erscheint die unheilvolle Dynamik! Doch die Zeit läuft gegen isolierte Leiter: Wenn sie nicht rechtzeitig lernen, sich selbst realistisch einzuschätzen, auch unbequemen Rat anzunehmen, wird ihr Stuhl früher oder später wackeln. Bereits Maria wusste von ihrem Gott: *„Er hat Mächtige von Thronen hinabgestoßen und Niedrige erhöht"* (Lk 1,52 | EB). Die wohl schwierigste Lektion für einen einflussreichen Leiter heißt: anderen Menschen in seiner Umgebung zu vertrauen und Einfluss rechtzeitig zu teilen!

Die Versorgungsmentalität erweist sich als Todfeind der Gemeindeentwicklung! Überhöhte Ansprüche machen jeden Amtsträger auf Dauer mürbe.

Auf der Ebene der Gemeindearbeit liegt die Schwierigkeit mit Isolation weniger an persönlichem Machtstreben als vielmehr an der Überforderung im „Amt", welches viele Leiter vereinsamen lässt. Pfarrern und Pfarrerinnen wird heute viel mehr abverlangt als in Zeiten einer scheinbar intakten Volkskirche: theologische Ausgewogenheit und therapeutische Kompetenz, rhetorische Begabung ebenso wie Grundlagen im Coaching … ferner sind Kenntnisse in Rechtsfragen, Betriebswirtschaft und Personalführung unerlässlich. Dazu soll er oder sie gesellig und gutmütig sein! Bereits in den 80er-Jahren beschrieb Manfred Josuttis, wie ein Pfarrer sich im Spannungsfeld unterschiedlicher *„Rollen des kirchlichen Verwaltungsbeamten und des gemeindlichen Freizeitanimateurs"* befindet.[173] Wo wird denn in der Struktur unserer Gemeinden deutlich, dass alle ihre Mitglieder *„auserwähltes Geschlecht, königliches Priestertum, heiliges Volk"* sind (1. Pt 2,9–10)? Trotz der lutherischen Rede vom „Priestertum aller Gläubigen", trotz aller Bemühungen um eine „Beteiligungs-Kirche", trotz aller Wertschätzung für das Ehrenamt leben wir bis heute *„de facto in einer pastoralen Betreuungskirche"* (Böhlemann/Herbst).[174] Unsere Gemeinden sind weithin geprägt von einer tief sitzenden „Pfarrerzentrierung", die beim Kirchenvolk zu einem Zustand *„geistlicher Unmündigkeit"* führt, so Klaus Eickhoff. *„Die Gaben der Gemeindeglieder können sich nicht entfalten. … Wenige dienen, aber viele lassen sich* be-*dienen"*.[175] Die Versorgungsmentalität erweist sich jedoch als Todfeind der Gemeindeentwicklung! Überhöhte Ansprüche machen jeden Amtsträger auf Dauer mürbe.

Mose: ein selbsternannter Leiter, den sein eigenes Volk abblitzen lässt, ein Leiter, der von seinen engsten Mitstreitern enttäuscht wird!

Gelegentlich begegne ich allerdings auch Amtsträgern, die ihre Stellung zu genießen scheinen. Wem tut es nicht gut, ständig gefragt zu sein und im Zentrum der Aufmerksamkeit zu stehen? Wenn es zum Beispiel ein Pfarrkollege geschafft hat, jeden Haushalt in seinem Gemeindebezirk zu besuchen und jedem Geburtstagskind persönlich die Hand zu schütteln, hinterlässt er eine Art Denkmal – doch will oder muss sein Nachfolger dieses Muster unbedingt fortsetzen? Und nicht wenige Pastoren leiten so, dass alle Entscheidungen über ihren Schreibtisch zu gehen haben. Aufgrund seines Amtes hat der „Oberhirte" automatisch das letzte Wort – auch in Bereichen, wo andere mehr Kompetenz mitbringen: Leiter mit eingebauter Vorfahrt! Solche Menschen haben ihren „Laden" zwar gut im Griff, doch hinterlassen sie kaum ein nachahmenswertes Beispiel für die nächste Generation!

Der einsame Mose

Auch der „größte Prophet" des Alten Bundes war ein einsamer Mann. Auf der einen Seite lag diese Einsamkeit an den besonderen Umständen seines Auftrags, und gerade sie führte ihn zur immer intensiveren Begegnung mit Gott (vgl. 5. Mo 34,10; 4. Mo 12,6–8). Auf der anderen Seite gab es eine innere Einsamkeit, die in Moses Charakter begründet lag – mit schwerwiegenden Folgen …

- **Im Alleingang in die Sackgasse.** Mose hielt sich selbst für das geeignete Werkzeug, um Israel aus der Sklaverei zu befreien. Als adoptierter Prinz am Hof des Pharao hatte er ideale Voraussetzungen, vielleicht auch die richtige Motivation. Doch er wählte die falschen Mittel, weil er Gottes Wege und sein Wesen noch nicht kannte (vgl. Ps 103,7–8).

Mose: ein selbsternannter Leiter, den sein eigenes Volk abblitzen lässt! Dies war die Phase der Selbstüberschätzung. Im Neuen Testament hat Stephanus diesen Vorgang ausführlich reflektiert (Apg 7,20.35).

- **Gottesbegegnung in der Wüste.** Mose musste fliehen und lebte 40 Jahre lang im Exil, wo er die Schafherden seines Schwiegervaters betreute. Hier bei den Schafen erlebt er (ähnlich wie Josef und David) seine „Ausbildung" zum Menschen-Hirten. Als der Gott seiner Vorfahren ihn in einer Feuererscheinung beruft, fühlt sich Mose überfordert und ungeeignet (2. Mo 3–4). Doch der große *„Ich bin"* fragt nicht nach Können oder Nichtkönnen. Vielmehr bietet er ihm seine Nähe und seinen Beistand an: *„Ich bin mit dir!"* (2. Mo 3,1–5; 4,10–12).
- **Kein Alleingang beim Einsatz.** Nachdem Mose mehrfach versucht hat, sich dem göttlichen Auftrag zu entziehen, bekommt er einen Partner an die Seite gestellt: seinen Bruder Aaron. Die beiden bilden ein starkes Team, fordern den König von Ägypten heraus und erleben gewaltige Wunder. Allerdings muss Mose seinen Bruder später hart konfrontieren und sich um Gottes willen von ihm distanzieren (2. Mo 4,14–16.29–31; 32,1–29). Mose: ein Leiter, der von seinen engsten Mitstreitern enttäuscht wird!

Durch die ersten 40 Jahre in der Wüste ging Mose ganz allein. Auf verborgene Weise wurde er dabei von seinem Gott geformt. Die folgenden 40 Jahre leitete er Gottes Volk vollmächtig durch die Wüste und ging als Hirte voran (Ps 77,21). Doch auch in dieser Zeit wurde er weiterhin von Gott verändert und musste vor allem „Teamwork" lernen. Zuletzt brachte ihn jedoch ein Charakterzug zu Fall, der die ganze Zeit hindurch eine unterschwellige Gefahr gebildet hatte …

Gott hatte nachgezählt: *„Alle die Männer, die meine Herrlichkeit und meine Zeichen gesehen haben … und die mich nun zehnmal versucht und meiner Stimme nicht gehorcht haben, von denen soll keiner das Land sehen"* (4. Mo 14,22). Kurz vor dem Finale zerbricht das Team – die zwölf Kundschafter beschließen mehrheitlich: Wir schaffen niemals den Einzug ins versprochene Land! Die Bewohner sind zu mächtig! Außer Kaleb und Josua verlässt alle der Mut (4. Mo 14,30.38). Der Preis ist ein langer und schmerzlicher Umweg von 40 Jahren … Mose erlebt das Sterben einer Vision. Und die Enttäuschungen nehmen kein Ende: Einige Nachkommen Levis *„empörten sich gegen Mose"*. Der sprichwörtliche Aufstand der

Mose erlebt das Sterben einer Vision.

„Rotte Korah" bildet ein frühes Beispiel vermeintlicher Basisdemokratie: Willst du etwas Besonderes sein? Stehst du etwa höher als wir? Sind deine Motive wirklich so selbstlos? *„Wir kommen nicht!"*, lautet die Verweigerung ihrer Gefolgschaft (4. Mo 16,1–13). Mose reagiert wie so oft in solchen Momenten, wo er zutiefst infrage gestellt wurde, mit Demut: Er *„warf sich auf sein Angesicht nieder"* (4. Mo 16,4.22; 14,5; 17,10; 20,6).

- **Isolation führt zur Lüge.** Eines Tages jedoch reißt der Geduldsfaden im Moment größter Anspannung. Vor Jahren bereits hatte Mose erlebt, wie Gott aus einem Felsen Wasser sprudeln ließ. Damals sollte er mit seinem Stab auf den Felsen schlagen (2. Mo 17,5–7). Doch heute sollte er lediglich *„mit dem Felsen reden"* – für Paulus später ein Bild der verborgenen Anwesenheit des Messias (1. Kor 10,1–6; 5. Mo 32,15.18)! Doch Mose ist vom Widerspruch seines Volkes so provoziert, dass er im Zorn *„mit seinem Stab zweimal auf den Felsen"* schlägt. Auf einmal stellt sich der Mann Gottes selbst ins Zentrum: *„Können wir euch wohl aus diesem Felsen Wasser quellen lassen?"* (4. Mo 20,1–10). Gott nimmt diese kleine Verschiebung sehr ernst und muss Mose noch an seinem Lebensende vorhalten: *„Ihr habt mich inmitten der Israeliten nicht als den Heiligen geehrt."* Mose und Aaron sterben deshalb noch vor dem Einzug ins versprochene Land! (5. Mo 32,51–52; 4. Mo 20,12; 27,14 | jeweils EÜ). Mose: ein provozierter und kritisierter Leiter, den seine alte Charakterschwäche einholt – Zorn! (2. Mo 11,8; 16,20; 32,19; 3. Mo 10,16; 4. Mo 16,15).

Eine der wichtigsten Botschaften an einen herausgeforderten oder überforderten Leiter heißt: Du bist nicht allein! Gott hat längst Menschen vorbereitet, die mit dir gemeinsam Lasten tragen werden. Du musst nicht von A bis Z für alles sorgen. Gott wird dein „Ich" zu einem „Wir" werden lassen! Der Prophet Elia musste dieselbe Lektion lernen, als er nach einer großen geistlichen Schlacht in Isolation und Depression geriet. *„Ich allein bin übrig geblieben ..."* (1. Kön 19,14). Gott möchte diesen Satz nicht von uns hören! Bis ins Neue Testament hinein klingt als Echo: *„Du bist nicht allein übrig geblieben, sondern ich habe noch siebentausend andere übrig gelassen ..."* (Röm 11,4). Gott möchte nicht, dass wir ins Loch der Einsamkeit fallen! Gott hat genügend Partner für uns, mit denen er uns gerne umgeben möchte. Dazu noch eine Fußnote: Ausrechnet Mose und Elia bilden das „Team" des Alten Bundes, das Jesus im Moment seiner Verklärung auf dem Berg begegnet (Mt 17,3–4) ...

11.2 Teams entwickeln für die Zukunft

„Warum musst du das allein tun? … Das, was du da tust, ist nicht gut. Du reibst dich sonst noch auf – und auch für das Volk ist das zu anstrengend. Diese Aufgabe ist zu schwer, als dass du sie allein bewältigen könntest.“ (2. Mo 18,14–18 | NLB)

Du bist nicht allein – darum bleib nicht allein! Dieser Zuspruch ist überlebenswichtig für jeden Leiter, er muss im Herzen geglaubt und dann in der Arbeit umgesetzt werden. Wieder möchte ich dich einladen, der Lebensspur Moses zu folgen. Er erlebte ja nicht nur Einsamkeit, sondern auch Teambildung auf unterschiedlichen Ebenen. Wie gesagt, er war ein Mann der einsamen Begegnung mit seinem Gott. Dies muss jeder Leiter aushalten, sonst wird er irgendwann untergehen im großen Meer der menschlichen Erwartungen. Doch Gott setzte schon im Alten Bund immer auf ein Volk, nicht auf einzelne charismatische Heerführer. Die Herde ist das Ziel seines Segens, nicht allein der vollmächtige Hirte! Es muss also vom „Ich“ zum „Wir“ kommen …

Du bist nicht allein – darum bleib nicht allein! Dieser Zuspruch ist überlebenswichtig für jeden Leiter, er muss im Herzen geglaubt und dann in der Arbeit umgesetzt werden.

Vom Ich zum Wir

1. **Gemeinsam auf dem Berg.** Die Begegnung mit dem Gott Israels in der Stille der Wüste muss atemberaubend gewesen sein. Immer wieder brach Mose auf in die Gegenwart seines Gottes, der auf dem Berg mit ihm redete. Nachdem er den Weg ausgelotet hatte, nahm er ein Vierer-Team und *„70 der führenden Männer Israels“* mit. Welch gewaltige Aussage im Zusammenhang mit dem ersten, dem „alten“ Bundesschluss: „Dort sahen sie den Gott Israels. … Ja, sie aßen und tranken sogar in seiner Gegenwart …“ Eine besondere Rolle im Blick auf die nächste Leitergeneration spielte jedoch der junge Josua … (2. Mo 24,9–18).
2. **Förderung eines Nachfolgers.** Josua taucht unvermittelt im Alten Testament auf. Zuerst begegnet er uns als junger Soldat, der einen überragenden Sieg über die Amalekiter erringt. Bemerkenswert dabei ist der Gebetsdienst der Mose im Hintergrund (2. Mo 17,8–16). Später begegnet uns Josua als Diener Moses, der *„das Zelt der Begegnung nie verließ“*. Die unmittelbare Erfahrung der Freundschaft mit Gott und sein direktes Reden zu Mose, all das muss Josua zutiefst innerlich geprägt haben (2. Mo 33,9–11). So wurde er langfristig darauf vorbereitet, die Gesamtverantwortung für ein Millionen-Volk zu tragen. *„Josua, der Sohn Nuns, war mit dem Geist der Weis-*

heit erfüllt, denn Mose hatte ihm die Hände aufgelegt. Deshalb hörten die Israeliten auf ihn", heißt es am Schluss der fünf Bücher Mose (5. Mo 34,9 | jeweils NLB). Das ist gelungene Stabübergabe, Mentoring bereits im Alten Testament!

3. **Passende Organisationsstrukturen.** Ein „Personal-Coach" der besonderen Art war Jitro, der Schwiegervater Moses. Als Midianiter reagierte er weniger aufgrund der Geschichte von Abraham, Isaak und Jakob, sondern vielmehr mit „gesundem Menschenverstand". Vielleicht ist dies ein erster Hinweis darauf, dass überforderten Gemeindeleitern manchmal durch „weltliche" Berater leichter zu helfen ist als durch wohlmeinende Geschwister, die doch als Insider reagieren! Jitro fragt jedenfalls sofort: *„Warum musst du das allein tun?"* Du überforderst dich! Dieses Prinzip „einer für alle" ist nicht gut! Während Mose kurz vor dem Burnout steht, überrascht ihn sein Schwiegervater mit einem passenden Organisationsmodell: *„Nimm einen Rat von mir an – und Gott soll mit dir sein!"* Mose sollte gestaffelte Ebenen der Verantwortung einrichten und Leiter *„für jeweils 1000, 100, 50 und zehn Leute"* einsetzen. Nur die *„wichtigen und schwierigen Rechtsfragen"* sollten Chefsache bleiben (2. Mo 18,13–26 | NLB). Offenbar führte Jitros Rat bei Mose zur Entlastung. Das einfache Modell der Verantwortung *„einer für 10, 100 oder 1000"* finden wir jedenfalls wiederholt im Alten Testament (Ri 20,10; 2. Sam 18,1.4). Dennoch waren neue Strukturen noch nicht die ganze Antwort …[176]

Das Modell des Jitro: Guter Rat für Manager

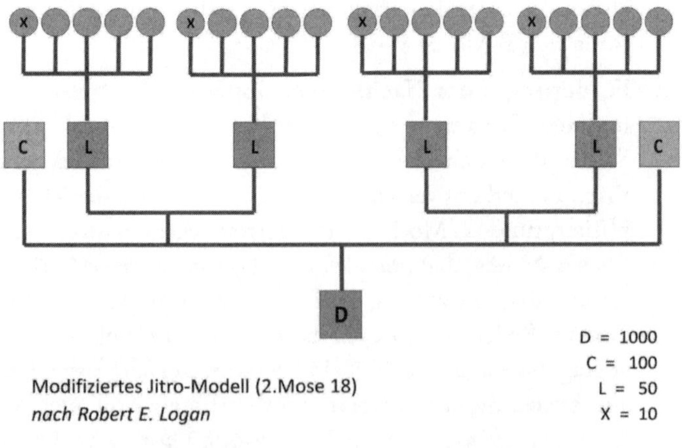

Modifiziertes Jitro-Modell (2.Mose 18)
nach Robert E. Logan

4. **Geisterfüllte Leitungsteams.** Mose beklagt sich erneut bei Gott und fühlt sich von ihm *„schlecht behandelt, dass du mir die Last mit diesem ganzen Volk auferlegst"*. Doch dieses Mal wählt Gott einen anderen Weg: Mose sollte 70 Älteste zum *„Zelt der Offenbarung"* bestellen. Da kommt der Geist Gottes auf sie herab und versetzt sie *„in prophetische Verzückung"* – ein Vorgeschmack von Pfingsten im Alten Testament! Auch dieses „charismatische" Modell hatte geteilte Verantwortung zum Ziel: *„So können sie mit dir zusammen die Last des Volkes tragen, und du musst sie nicht mehr allein tragen"* (4. Mo 11,10–29 | EÜ). Jesus hat später ebenfalls eine „70er-Gruppe" eingesetzt, um eine Erweiterung seines Dienstes zu erreichen (Lk 10,1.17).
5. **Beauftragung der Begabten.** Mose bekam auf dem Berg den Auftrag, einen Ort zur Begegnung mit Gott in der Mitte des Lagers zu errichten. Die Konstruktion der „Stiftshütte" folgte *„genau dem Bild, das ich dir von der Wohnung und von ihrem Gerät zeige"* (2. Mo 25,8–9.40). Gott war der Ideengeber und gleichsam der Architekt, doch Mose brauchte zur Umsetzung viel Material und vor allem fachkundige Menschen. Dazu zeigt Gott ihm einen gewissen Bezalel: *„Ich habe ihn erfüllt mit dem Geist Gottes, mit Weisheit und Verstand und Erkenntnis und mit aller Geschicklichkeit, kunstreich zu arbeiten …"* (2. Mo 31,1–6). Diese Schlüsselfigur war nicht nur vielfältig begabt, sondern bekam den wichtigen Auftrag, auch andere *„zu unterweisen"*. So sehen wir **Bezalel** in mehrfacher Hinsicht als vorbildlichen Leiter:

   Er war **ein spirituell sensibler Mensch**
   (Fülle des Heiligen Geistes).

   Er war **ein professioneller Mensch**
   („kreativ und künstlerisch begabt").

   Er war **ein praktisch denkender Mensch**
   (Motivator und Organisator).

   Als das Volk schließlich das Projekt zu seiner Sache macht und großzügig spendet, geht die Stiftshütte rasch der Vollendung entgegen. Dieses Beispiel steht für optimale Zusammenarbeit und führt zu einem erstaunlichen Ergebnis: *„Da bedeckte die Wolke die Stiftshütte, und die Herrlichkeit des Herrn erfüllte die Wohnung"* – ein Ort der beständigen Gegenwart Gottes! (2. Mo 35,5.30–35; 36,1–7; 40,34–38).

Gemeinde bauen auf Gottes Weise

Das Neue Testament sagt rückblickend, dass Mose *„ein treuer Diener im Haus Gottes"* war. Und es macht deutlich, dass das *„Haus Gottes"* die Gemeinde ist und wir darin *„lebendige Steine"* sind, mit denen Gott gerne bauen möchte (Hebr 3,5; 1. Tim 3,15; 1. Pt 2,5 | NLB). Der entscheidende „Baustoff" sind du und ich – nicht Feldsteine oder Beton! Wir bilden durch unsere Beziehungen zum dreieinigen Gott und zueinander „sein Haus" – in welchem Gebäude wir uns auch immer versammeln! *„Menschen sind Gottes Methode. Die Kirche sucht nach besseren Methoden – Gott sucht nach besseren Menschen"* (Bounds).[177] Wie also wächst Gemeinde auf Gottes Weise? Welche Prinzipien gelten auch unabhängig von konfessioneller, sozialer oder nationaler Prägung?

In den 80er-Jahren hatte die Gemeindewachstumsbewegung noch stark auf Zahlen und Erfolgsrezepte gesetzt. Seit den 90ern wird vermehrt von „Gemeindeentwicklung" gesprochen und auf die innere Qualität einer Gemeinde geachtet. Christian A. Schwarz hat aufgrund internationaler Untersuchungen acht – vom Neuen Testament ableitbare – Qualitätsmerkmale herausgearbeitet. Beim Konzept der *„Natürlichen Gemeindeentwicklung"* (NGE) lässt sich der „Qualitätsindex" einer Gemeinde leicht ermitteln. *„Wachsende Gemeinden unterscheiden sich – im Durchschnitt – in allen acht Qualitätsmerkmalen statistisch hochsignifikant von schrumpfenden Gemeinden. Wachsende Gemeinden haben also eine messbar höhere Qualität."* Umgekehrt gilt: *„Ausbleibendes quantitatives Wachstum deutet in aller Regel auf qualitative Probleme hin."*[178] Auf derselben Linie formuliert Rick Warren in seinem Buch „Kirche mit Vision": *„Ich glaube, dass der Schlüsselgedanke für Gemeinden im 21. Jahrhundert die Gesundheit der Gemeinde sein wird, nicht das Wachstum der Gemeinde."* Kurz gesagt: *„Qualität bewirkt Quantität … Qualität zieht Quantität an."*[179]

Gemeinden lassen sich nur von innen nach außen bauen.

Gemeinden lassen sich nur von innen nach außen bauen. Vielleicht kommen von außen große Herausforderungen oder Erschütterungen auf eine Gemeinde zu. Im Idealfall erlebt sie großes Wachstum durch Evangelisation und Erweckung und muss sich komplett umstellen. Doch ohne ein klares Qualitätsbewusstsein und die Konzentration aufs Zentrum lässt sich keine Gemeinde für die Zukunft entwickeln. Als unsere Gemeinde immer mehr Leute anzog und zahlenmäßig wuchs, wurde mir zunehmend bewusst: Du musst „nach innen" gehen – mehr Zeit im persönlichen Gebet verbringen und dich zugleich auf die Schlüsselleute konzentrieren! Gemeinde entwickeln von einem Zentrum her … Hier kommen viele Gemeindeleiter ins Schwimmen: Wo liegt es denn? Wer soll das definieren? Oder ist das „Zentrum" lediglich die Summe der Wünsche und Erwartungen anderer? Wenn wir das Leben Moses im Hintergrund behalten und zugleich bei Jesus in die Schule gehen, ergeben sich daraus einige wichtige Grundprinzipien für Führung im Volk Gottes:

Die richtigen Prioritäten setzen – um Gottes willen!

1. Suche selbst immer wieder die persönliche Begegnung mit Gott – „auf dem Berg" oder „im Zelt"! Halte die Einsamkeit und die Stille aus – nur so wirst du auch ein guter Leiter im Team!
2. Nimm Menschen deines Vertrauens gezielt mit in solche Zeiten der Gemeinschaft mit Gott. Schafft euch gemeinsam Räume, wo ihr auf die Weisung eures Gottes wartet!
3. Baue langfristig Leiter der nächsten Generation auf! Mute ihnen und traue ihnen etwas zu – und bleibe betend und ermutigend „mit erhobenen Armen" im Hintergrund!
4. Bitte Gott, dir passende Organisationsformen für deine Gruppe oder dein Werk zu zeigen! Suche eventuell auch externen Rat von Fachleuten („geistlich" und „weltlich")!
5. Bitte Gott um das Geschenk seines Geistes besonders für die, die mit dir gemeinsam Verantwortung tragen! Wiederum: Suche mit ihnen Freiräume, wo Gott „kommen" kann!
6. Haltet gemeinsam die Augen auf nach den Begabten unter euch! Wenn sie charakterlich stark sind und sich vom Heiligen Geist leiten lassen, übertragt ihnen gezielt Verantwortung!
7. Betet, dass Gott „das Volk willig macht", und vermittelt klar eure gemeinsame Vision! Lasst die gesamte Gruppe oder Gemeinde zum Team werden – dass alle arbeiten und feiern können!

Wir haben bereits in Kapitel 4 betrachtet, dass Jesus bei der Ausbildung seiner Jünger nach einer wohlüberlegten Strategie vorging. Teambildung stand dabei ganz oben auf der Tagesordnung. Als er sie zu sich rief, stellte er sie in lebensverändernde Beziehungen auf zwei Ebenen:

- Sie erlebten die tiefe **Gemeinschaft mit Gott** durch die Nähe Jesu. *„Ihr seid meine Freunde."* Und *„der Vater selbst liebt euch"* (Joh 15,14; 16,27).
- Sie sollten lernen, sich auf **starke Beziehungen untereinander** einzulassen. *„Dann müsst auch ihr einander die Füße waschen"* (Joh 13,14| EÜ).

Sobald Jesus seine zwölf Freunde zum Einsatz losschickte, stellte er sie paarweise zusammen. Später tat er dies ebenfalls mit der größeren Gruppe der Siebzig. Immer wieder sehen wir dieses Prinzip des gemeinsamen Unterwegsseins (Mk 6,7; 11,1; 14,13; Lk 10,1). Im Team sind wir wesentlich stärker als einsam! So umgab sich auch Paulus, der große Pionier und Völkerapostel, bei seinen Einsätzen stets mit einer Gruppe von *„Brüdern"* (Apg 15,22.36; 17,10.14; 18,18; 20,4). Die meisten seiner Briefe haben einen Koautor. Obwohl er innerlich enorm unabhängig blieb und niemals ein Sklave von Menschen werden wollte, suchte Paulus gezielt das „Wir" – im Geist und in der Gesinnung, in der Vision wie in der Aktion.

Teamgeist bedeutet: Auf dich und mich ist absolut Verlass! Wir vertrauen einander mitsamt unseren Stärken und Schwächen.

Von der Gruppe zum Team

„Macht meine Freude dadurch vollkommen, dass ihr eines Sinnes seid, einander in Liebe verbunden, einmütig und einträchtig … in Demut schätze einer den anderen höher ein als sich selbst" (Phil 2,2–3 | EÜ). Eine Gruppe ist noch kein Team! In unseren Gruppen und Gemeinden sind manchmal zufällig zusammengewürfelte und ganz unterschiedlich geprägte Menschen beieinander. Und je offener eine Gemeinde in missionarischer und kultureller Hinsicht wird, umso mehr „Buntheit" werden wir uns ins Haus holen. Wie lässt sich daraus ein Team, im Idealfall sogar ein Dream-Team entwickeln?

1. **Jedes Team verfolgt ein gemeinsames Ziel** – und je höher die Ziele gesteckt sind, umso mehr gibt es zu gewinnen oder zu verlieren. Es macht beispielsweise einen bedeutenden Unterschied aus, ob man mit einer Gruppe wandern geht oder als Team Leben retten muss. Eine Töpfer- oder Gymnastik-Gruppe ist eine Gruppe auf Zeit aufgrund gemeinsamer Interessen. Ein Team dagegen, das einen Glaubenskurs verantwortet oder offene Abende gestaltet, muss sich um Gottes willen zusammenraufen und um der Gäste willen eins werden. Eigenarten und Befindlichkeiten müssen sich deshalb einem größeren gemeinsamen Ziel unterordnen.

Wer sich mit anderen auf unerforschtes Gebiet begibt und Neues wagt, muss zum Risiko bereit sein.

2. **Im Team braucht es Augenhöhe und Blickkontakt**, also ein gewisses Maß an Partnerschaft. Beim Fußball und Handball, beim Staffellauf oder beim Segeln ist der Mannschaftsgeist entscheidend für den Sieg. Stets müssen die Mitspieler einander im Auge behalten und die Reaktionen der anderen richtig einschätzen. Teamgeist bedeutet: Auf dich und mich ist absolut Verlass! Wir vertrauen einander mitsamt unseren Stärken und Schwächen. Mancher Gemeinde fehlt diese Grundlage … man spürt dies an Unzuverlässigkeit und Un-

pünktlichkeit, an Empfindlichkeit und schlechtem Gerede. Der biblische Wert der „Treue“ sollte gerade bei uns alle wichtigen Qualitäten einschließen, die ein gutes Team im weltlichen Bereich ausmachen.

3. **Im Team gibt jeder sein Bestes – für das Ganze.** Damit sind wir wieder beim Grundgedanken vom „Leib Christi“ und den unterschiedlichen Gaben. Oder technisch ausgedrückt: Wie in einem komplizierten Getriebe ist jedes noch so kleine Bauteil wichtig. Niemand kann sich rausnehmen, keiner muss sich mit anderen vergleichen. Gut gearbeitet hat derjenige, der nach seinen persönlichen *„Fähigkeiten“* und *„Möglichkeiten“* das Beste gegeben hat. Zu dieser Haltung sagt Jesus: *„Recht so, du guter und treuer Knecht!“* (Mt 25,15.21.23). Engagement zählt im Team ebenso wie das hoffentlich gute Ergebnis am Schluss. Doch Einzelkämpfer, Ehrgeizige, Konkurrenztypen verderben das Klima im Team, denn jeder ist auf die anderen angewiesen!
4. **Ein Team wächst an Konflikten und Krisen.** Wer lediglich auf bewährten Pfaden gehen oder längst ausprobierte Rezepte nachmachen will, dem genügt eine Gruppe. Wer sich jedoch mit anderen auf unerforschtes Gebiet begibt und Neues wagt, muss zum Risiko bereit sein. Dazu bilden sich Teams! Vor allem Christen reagieren oft ängstlich beim Gedanken an Risiken und Nebenwirkungen. Doch Glaube ohne Risiko gibt es nicht. Wenn Gott uns in Neues hineinführt, werden Konflikte und Krisen nicht ausbleiben. Wir werden an unsere persönlichen Grenzen stoßen – und einige davon können wir erweitern. Mit wachsender Herausforderung treten auch die unterschiedlichen Persönlichkeiten stärker hervor. Man hat zwar eine gemeinsame Aufgabe, doch unterwegs reibt man sich aneinander. Das gibt dem Team die Chance, offener in der Kommunikation zu werden, voneinander zu lernen und aneinander zu wachsen.

Nicht die Harmonie steht an erster Stelle, sondern das Gestalten einer gemeinsamen Entwicklung.

Harmonie oder Entwicklung?

Für die Arbeit im Team gilt: *„Das Ziel sind gute Ergebnisse, nicht Konformität.“* Nicht die Harmonie steht an erster Stelle, sondern das Gestalten einer gemeinsamen Entwicklung. So können für ein stabiles Team auch Konflikte zum *„Motor für neue Ideen und Kreativität“* werden.[180] Im Grunde war auch die „Team-Entwicklung“ innerhalb der Apostelgeschichte von immer neuen Herausforderungen und Konflikten geprägt. Schwelle für Schwelle kommt das Evangelium von Jerusalem bis nach Rom voran: Evangelisation durch Menschen ist niemals ein schmerzfreier Prozess!

- So kommt es zu sozialen Spannungen zwischen unterschiedlichen ethnischen Gruppen. Die Apostel erkannten die Krise und erweiterten ihr Leitungsteam durch die Einsetzung der „sieben Diakone". Die Folge dieser weisen Entscheidung ist weiteres Wachstum (Apg 6,1–7)!
- Die nächste tief greifende Erschütterung kommt durch die Verfolgungswelle nach dem Tod des Stephanus über die Gemeinde (Apg 7). Doch ausgerechnet dieser unvorhergesehene „Wachstumsmotor" führt zur Erweiterung der Mission bis ins ungeliebte Gebiet von Samaria (Apg 8).

Ein Dream-Team ist im Reich Gottes kein leerer Traum – Jesus macht es unter uns möglich!

- Anschließend treten weitere Spannungen auf, nachdem auch Petrus den jüdischen Kulturraum verlassen und „Pfingsten bei den Heiden" erlebt hatte (Apg 10–11). Nun hängt alles an einer guten internen Kommunikation unter den Verantwortlichen!
- Schließlich lassen sich die Missionsreisen des Paulus nur als ständige Herausforderung der bestehenden kleinen Gemeinden begreifen: Von außen kommt Druck durch religiöse Juden und römische Behörden. Im Innern gilt es, über kulturelle, soziale und religiöse Unterschiede hinweg den einen Leib des Christus zu formen (vgl. Röm 14; Eph 2; Kol 3).
- Den Konflikt zwischen Paulus und Barnabas übrigens sollte man nicht als Rechtfertigung für aktuelle Gemeindespaltungen heranziehen. Vielmehr ging es hier um eine völlig unterschiedliche Einschätzung des jungen Johannes-Markus. Ob wir mit den Schwächen eines Menschen eher nachsichtig umgehen oder ihm „die Kante zeigen", wird auch unter uns immer zu Unterschieden führen. Einig waren sich Paulus und Barnabas allerdings darin, dass sie nicht ohne einen „Auszubildenden" weiterreisen wollten (Apg 15,36–40; Kol 4,10; 2. Tim 4,11)!

Für Paulus war Harmonie im Team dennoch sehr wichtig. Zwei offenbar zerstrittene Christinnen in Philippi ermahnte er ausdrücklich, *„eines Sinnes zu sein im Herrn"* (Phil 4,2). Genau hier liegt unser großes Plus: *„… im Herrn!"* Wo wir persönlich an unsere Grenzen stoßen, dürfen wir mit Gottes verändernder Kraft rechnen! Wo wir uns an der Andersartigkeit anderer Menschen reiben, öffnet Gott uns die Augen für deren Qualitäten. Wo wir natürlicherweise zum Rückzug neigen, befähigt Gott uns zum Miteinander. Ein Dream-Team ist im Reich Gottes kein leerer Traum – Jesus macht es unter uns möglich! Sicherlich: Konflikte müssen ausgehalten und Krisen durchgestanden werden. Unser Harmoniebedürfnis darf niemals auf Kosten von Wahrheit gehen. Doch Jesus wirkt immer neu das Wunder, dass aus scheinbar zufällig zusammengewürfelten Menschen ein schlagkräftiges Team entsteht! So konnte Paulus trotz aller Meinungsverschiedenheiten den Korinthern schreiben: *„Ich freue mich, dass ich mich in allem auf euch verlassen kann.“* Und von seinem Mitarbeiter Titus konnte er bezeugen: *„Sind wir nicht in demselben Geist gewandelt? Nicht in denselben Fußstapfen?“* (2. Kor 7,16; 12,8 | Sch).

11.3 Menschen gezielt fördern

> *„Wenn du es sagst, werde ich die Netze auswerfen. ... und sie fingen eine so große Menge Fische, dass ihre Netze zu reißen drohten. Deshalb winkten sie ihren Gefährten im anderen Boot, sie sollten kommen und ihnen helfen.“* (Lk 5,5–7 | EÜ)

Simon-Petrus spielte von Anfang an eine Schlüsselrolle in der Personalauswahl bei Jesus. In gewisser Weise ist sein Verhältnis zu seinem Meister ein Musterfall für gelungene Mitarbeiterförderung. *„Simon spürte, dass er in Jesus endlich den Katalysator gefunden hatte, durch den seine tiefsten geistlichen Sehnsüchte Erfüllung finden konnten“*, beschreibt Günter Krallmann den gemeinsamen Weg der beiden. Entscheidend für die Entwicklung des Fischers war nicht so sehr, *„wer er war, sondern wer sein Mentor war: Jesus Christus würde Simon Petrus' Zukunft sein.“*[181] Vom Tag seiner Berufung an würde Simon nach und nach zwei wesentliche Wahrheiten begreifen:

1. Jesus gebrauchte seine natürlichen Fähigkeiten – doch am Ende zählten Gottes Möglichkeiten!
2. Simon würde den kommenden Segen nie allein bewältigen können – er brauchte das Team!

Teamwork im Reich Gottes:

Netze-Werfer suchen Menschen für Jesus zu gewinnen.

Netze-Flicker helfen zu heilen, sind an Beziehungen orientiert.

Sieben der zwölf Jünger waren von Beruf Fischer. Jesus hatte also keine Akademiker, sondern Praktiker in sein Team geholt (Joh 21,1–3). Ferner hatte er zwei Brüderpaare ausgesucht, die gemeinsam in einem Fischereibetrieb arbeiteten, der offenbar Simon gehörte (sie waren nach Lk 5,7.10 seine *„Teilhaber“*). Jesus erkannte also den Wert gewachsener und im Alltag bereits bewährter Beziehungen! Im Berufungsbericht nach Matthäus wird schließlich betont, dass Simon und Andreas gerade *„das Netz in den See warfen“*, während Jakobus und Johannes inzwischen *„ihre Netze flickten“* (Mt 4,18–22). Dies erscheint mir wie ein geradezu prophetisches Bild für das spätere Teamwork im Reich Gottes. Simon und Johannes ahnten zu diesem Zeitpunkt kaum, dass sie einmal gemeinsam predigen und heilen und vor Gericht mutig Zeugnis ablegen würden (Apg 3,1–11; 4,13)! Für die Ausbreitung der Herrschaft Gottes sind wir auf beides angewiesen:

- **Netze-Werfer**: Sie suchen Menschen für Jesus zu gewinnen, sie sind im Einsatz und halten ständig Ausschau nach neuen Möglichkeiten. Wir denken an Verkündiger und Evangelisten, Künstler und Kulturschaffende, Medien- und Werbeleute.
- **Netze-Flicker**: Sie helfen zu heilen, sind an Beziehungen orientiert, arbeiten im Dienst von Versöhnung und verbinden Unterschiedliches. Wir denken an Seelsorger und Sozialarbeiter, Kleingruppen-Leiter, Menschen in Nachbarschaft usw.

Konzentration auf den inneren Kern

Das öffentliche Wirken Jesu machte nur10 % seiner Erdenzeit aus. Dabei setzte er klar auf Nachhaltigkeit – nicht auf den Erfolg des Augenblicks.

Jesus verbrachte etwas mehr als drei Jahrzehnte auf dieser Erde. Nur 10 % dieser Zeit wirkte er öffentlich, sozusagen vollzeitlich im geistlichen Dienst. Und auch seine Jünger sammelte er nicht von Anfang an, sondern nach einer Phase des Kennenlernens und der Beobachtung ihrer Qualitäten. Im Grunde dauerte der eigentliche „Kurs der Jüngerschaft" mit Jesus gerade mal 20 Monate![182] Jesus konzentrierte seine Zeit und seine Arbeit also zunehmend auf das innere Team. Er reduzierte seine Beziehungen zum Ende seines Lebens immer mehr auf diejenigen, die die Bewegung in alle Welt tragen sollten. Dabei setzte er klar auf Nachhaltigkeit – nicht auf den Erfolg des Augenblicks. Dies ist für uns wichtig zu bedenken: Werden wir uns auf Gruppen beschränken, die im Wesentlichen nur zum „Wohlfühlen" da sind? Werden wir versuchen, möglichst vielen zu dienen und darüber den Aufbau von stabilen Teams versäumen? Haben wir bei allen Anforderungen des Tages eine Strategie, wer die Stafette in die Zukunft tragen soll? Erkennen wir die Möglichkeit, durch gezielte Förderung Einzelner eine Bewegung auszulösen, die sich von einem Zentrum her immer weiter ausbreiten kann?

Schauen wir uns noch einmal im Überblick an, wie Jesus seine Beziehungen staffelte, wie er mit strategischem Weitblick sein Team „von innen nach außen" baute (vgl. Kap. 4.2):

- **Die Gruppe der Zwölf** hatten wir uns bereits in Kapitel 4.2 genauer angeschaut. Jesus hatte sie nach intensivem Gebet ausgewählt – sicherlich unter mehreren Interessierten (Lk 6,12; 18,18–23; 19,37). Im Rückblick auf die gemeinsamen Monate konnte er beten: *„Die du mir gegeben hast, habe ich behütet"* (Joh 17,6.9.12.24). Diese Zwölf waren Gottes erste Wahl gewesen!

- **Ein innerer Kern**: Petrus, Jakobus und Johannes bildeten zusätzlich den inneren Kern der Zwölfergruppe. Nur sie durften einige außergewöhnliche Erfahrungen mit Jesus teilen wie die Auferweckung eines toten Mädchens, seine Verklärung auf dem Berg und seinen Gebetskampf vor der Kreuzigung (Mk 8,37.43; 9,2.9; 14,33; vgl. auch 13,3). Diese Möglichkeit besonderer Vertrautheit und Verbindlichkeit nahm sich Jesus heraus. Jedenfalls waren die drei auch nach Ostern und Pfingsten in der Jerusalemer Gemeinde als *„Säulen"* anerkannt (Gal 2,9).
- **Der potenzielle Nachfolger**: Von Anfang an hatte Jesus den Fischer Simon *„ins Auge gefasst"* (so Joh 1,42). Mit besonderer Aufmerksamkeit förderte er ihn, indem er sein Potenzial sah, ein *„Fels"*, also ein Fundament für die neu entstehende Gemeinschaft der Jünger zu werden (Mt 16,17–18). Verantwortung übernahm Simon in der Gruppe bereits vor Ostern. So tritt er mehrfach als Sprecher der Zwölf hervor (Mk 1,36; 9,5; 10,28; 11,21; 16,7). Wir sehen seinen besonderen Eifer und manchmal auch seinen Ehrgeiz. Jesus spürte die Gefahr der Selbstüberschätzung und sah sogar sein Scheitern voraus (Mt 14,28; 16,16.22; 26,33.40). Doch er tat das Wichtigste, was ein guter Mentor für seinen Protegé tun kann: *„Ich habe für dich gebetet, dass dein Glaube nicht aufhört."* Denn die Berufung auf seinem Leben hieß: *„Stärke deine Brüder!"* (Lk 22,32). Der zuletzt überlieferte Dialog bedeutete nicht nur die innere Wiederherstellung Simons, sondern zugleich eine komplette Stabübergabe der Verantwortung: *„Weide meine Schafe!"* (Joh 21,16–17).

Lauffeuer durch die Geschichte

Wie schon erwähnt: Die Apostelgeschichte entführt uns durchaus nicht in eine heile Welt und sie beschreibt auch nicht perfekte Gemeinden. Allerdings führt sie uns in faszinierender Weise vor Augen, wie Gott aus dem ersten kleinen „Dienstteam" eine Bewegung (fast) *„bis ans Ende der Erde"* werden ließ (Apg 1,8). Von Himmelfahrt bis Pfingsten waren es 120 Männer und (!) Frauen, die *„beständig und einmütig"* im Gebet versammelt waren (Apg 1,14–15; 2,1). Zuvor hatte sich der Auferstandene einer Versammlung von *„mehr als 500 Brüdern auf einmal"* gezeigt (1. Kor 15,6–8). So groß war demnach die Schar der Jünger, Anhänger und Freunde von Jesus, bevor der Heilige Geist kam! Mit dem Pfingsttag wuchs die Zahl der Gläubigen auf 3.000 Personen, wenig später bereits auf „etwa 5.000 Männer" und mehr (Apg 2,41.47; 4,4; 5,14; 6,7). Noch innerhalb der Apostelgeschichte, also innerhalb einer Generation, erleben wir eine Bewegung ohne Grenzen: Allein unter den Juden waren es *„Zehntausende"*, die an den Messias Jesus glaubten. Andere Nationen und Kulturen werden systematisch erschlossen, bis das Geschichtswerk des Lukas in Rom mit dem programmatischen Wort *„ungehindert"* endet (Apg 21,20; 28,31).

Ohne eine Kernmannschaft von überzeugten, hingegebenen und opferbereiten Zeugen kommt es niemals zu einer Bewegung von Einfluss.

Lukas setzt einen großen Doppelpunkt – doch die Zeit geht weiter. Und sie geht in die heißeste Phase seit den Tagen der ersten Christen: *„Wir stehen heute an der Spitze der stärksten Missionsbewegung der Geschichte. Seit Jesus starb, auferstand und zum Vater auffuhr, hat es kein größeres Interesse daran gegeben als heute, jede Zunge, jeden Stamm und jedes Volk zu erreichen. … Die christliche Bewegung gewinnt täglich an Fahrt"* (Bob Fitts).[183] Ohne Menschen, die selbst geistlich entzündet sind, kann niemand das Feuer des Evangeliums weitertragen. Ohne eine Kernmannschaft von überzeugten, hingegebenen und opferbereiten Zeugen kommt es niemals zu einer Bewegung von Einfluss. Wir können in unseren Gemeinden heute so vieles: professionell auftreten, ansprechend werben, multimedial kommunizieren, zeitgemäß bauen usw. Doch worin sehen wir die Zukunft? Haben wir unter uns die Träger einer Bewegung, die nicht schon innerhalb der ersten Generation ausläuft?

Gute Leiter fördern die Leiter von morgen

Nicht zufällig nennt Christian A. Schwarz als erstes von acht Qualitätsmerkmalen einer gesunden Gemeinde die *„bevollmächtigende Leitung"*. Die Erfahrung zeigt: *„Leiter wachsender Gemeinden konzentrieren ihre Arbeit darauf, andere Christen zum Dienst zu befähigen. Sie gebrauchen ehrenamtliche Mitarbeiter nicht als ‚Helfer', um ihre eigenen Ziele und Visionen umzusetzen."* Vielmehr gilt von „bevollmächtigenden" Leitern: Sie *„befähigen, unterstützen, motivieren, begleiten die Einzelnen, damit sie zu dem werden, was Gott mit ihnen vorhat."*[184] Kurz gesagt: *„Ein guter Leiter ist derjenige, der den Gemeindegliedern zu ihrer Berufung verhilft."*[185] Und Klaus Eickhoff betont im Blick auf das traditionelle Pfarramt: *„Der Pfarrer soll die Begabten nicht versorgen, er soll sie ausbilden. … Der Pfarrer kann sich nicht zerreißen; er kann sich jedoch vervielfältigen."*[186] Wie kommt es nun zur „Vervielfältigung" von Begabungen und Diensten? Wie fördern wir Menschen, damit sie *„zu dem werden, was Gott mit ihnen vorhat"*?

Eine sorgfältige Mitarbeiterentwicklung gehört zu den wichtigen Zukunftsthemen unserer Gemeinde.

In allen lebendigen Gemeinden liegt ein großes Gewicht auf der Arbeit der Ehrenamtlichen. Sie zu entdecken und in ihren Begabungen zu fördern ist eine Schlüsselaufgabe der Gemeindeentwicklung

– das ist inzwischen Konsens. Allerdings kann man überall die Klage hören: „Wir haben nicht genügend Mitarbeiter! Woher nehmen wir die Leute?" (vgl. Mt 9,37). Das typische Bild in vielen Gemeinden sieht so aus: Wenige Leute machen immer mehr – die schweigende Mehrheit lässt sich bedienen. In unserer Kirchengemeinde erleben wir es als großes Geschenk, dass sich rund die Hälfte der Gottesdienstbesucher auch in ehrenamtlichen Diensten engagiert. Ungezählt und unbezahlbar sind die Stunden an treuer Arbeit, die uns zu einer Gemeinde mit Anziehungskraft werden ließen. Dass so vieles „ohne den Pfarrer läuft", bedroht mich in keiner Weise. Das Team erringt den Sieg – nicht Einzelgänger! Allerdings gibt es auch unter uns den Mangel an „tragenden Säulen": Unterstützer lassen sich leichter finden als verantwortliche Bereichsleiter. Eine sorgfältige Mitarbeiterentwicklung gehört zu den wichtigen Zukunftsthemen unserer Gemeinde. Regelmäßige Seminare sind ein erster Schritt. Doch Angebot und Nachfrage müssen zusammengebracht, vorhandene Kapazitäten und notwendige Aufgaben gut koordiniert werden. Viele Einzelgespräche sind nötig, um das Netz dichter zu knüpfen. Wir haben manches von anderen Gemeinden gelernt – und ich selbst habe am meisten aus unseren Fehlern gelernt! So beobachte ich in unserer und anderen Gemeinden immer wieder typische Schwachpunkte bei der Mitarbeiterentwicklung. Vielleicht hilft dir die folgende Liste, Defizite in der eigenen Gemeinde oder Organisation zu identifizieren, darüber ins Gespräch zu kommen und nach Lösungen zu suchen:

Wir brauchen Leiter und Mitarbeiter mit dem Herzen von Mentoren, die sich mehr für den Menschen als für dessen Arbeitsleistung interessieren!

Wichtig ist eine klare Definition von Zielen, Aufgaben und Rahmenbedingungen. Keine Aufgabe ohne Anleitung!

Typische Schwachpunkte bei der Mitarbeiterentwicklung

- **Unklare Beweggründe.** Was hat bestimmte Menschen zu einer bestimmten Zeit veranlasst, bei uns mitzuarbeiten? War es „Lust" an einer bestimmten Aufgabe und der Wunsch, sich auszuprobieren? War es „Liebe" zur Gemeinde oder der Wunsch nach Anerkennung? Die jeweilige Motivation wird früher oder später durchschlagen und kann zu Problemen im Miteinander führen. Entscheidend sind Ansprechpartner, die Menschen richtig einschätzen können und fähig sind, andere in ihrer Persönlichkeitsentwicklung zu begleiten. Wir brauchen Leiter und Mitarbeiter mit dem Herzen von Mentoren, die sich mehr für den Menschen als für dessen Arbeitsleistung interessieren!

Je mehr wir vertrauensvolle Beziehungen fördern, umso reibungsloser läuft später der Dienst.

- **Unvorbereitet an die Arbeit.** Plötzlich entstehen Lücken, weil jemand die Gemeinde verlässt, überlastet ist oder im Extremfall frustriert „hinschmeißt". Häufig fehlt in unseren

Reihen eine klare Stabübergabe und Menschen rutschen in Mitarbeit oder Leitung hinein nach dem Motto: „Mach mal!“ Oder: „Wir finden sonst niemanden!“ Wichtig ist eine klare Definition von Zielen, Aufgaben und Rahmenbedingungen: Was? Warum? Wann? Wie oft? Wie teuer? Mit wem? Für wen? usw. Die Grundregel sollte lauten: Keine Aufgabe ohne Anleitung!

- **Zwischenmenschliche Probleme.** Die traurigste Meldung innerhalb der Gemeindearbeit heißt immer: „Die können nicht mehr miteinander!“ Oder: „Jetzt macht jeder sein Ding für sich!“ Hinter allen Beziehungsproblemen stecken immer auch Charakterschwächen der Einzelnen. Für die Mitarbeiterentwicklung ist es wichtig, viel Zeit zum Aufbau absichtsloser Gemeinschaft zu investieren: Wer ist der/die andere? Wo kommen sie her, was hat sie geprägt? Warum „ticken“ sie so und nicht anders? Je mehr wir vertrauensvolle Beziehungen fördern, umso reibungsloser läuft später der Dienst.
- **Begrenzte Begabung oder Kapazität.** Überlastung ist ein unangenehmes Markenzeichen vieler christlicher Gruppen und Gemeinden. Es scheint Ehre zu bedeuten, wenn er oder sie „ganz viel macht“. Andere fühlen sich dagegen „wie im falschen Film“, weil ihre Begabung überhaupt nicht der gestellten Aufgabe entspricht. Alle drei Aspekte sind für eine gesunde Mitarbeiterentwicklung wichtig: Begabung – Kapazität – Charakter!

Mitarbeiter und Mitarbeit am richtigen Platz

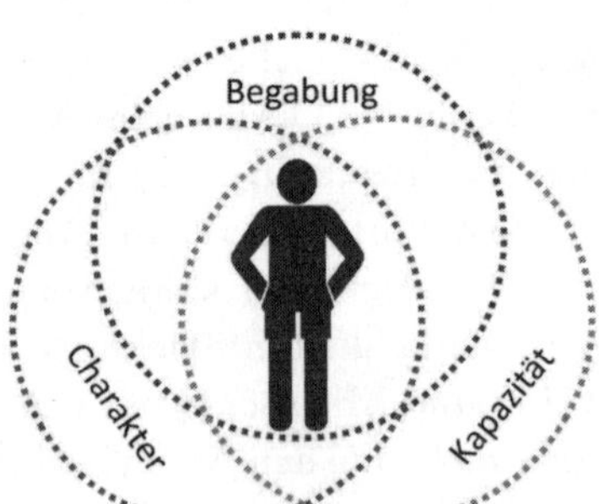

(drei Kriterien als "Sieb")

Erst wenn sich alle drei Kreise im Blick auf eine Person überschneiden, wird der Mitarbeiter in seinem Bereich erfüllt sein, effektiv arbeiten und damit auch andere motivieren können:

1. Die **Begabung** (Charisma) passt zur Aufgabe, die Person kann sich darin gut entfalten. Vereinfacht gesagt: „Der Schuh passt mir!" (vgl. 1. Pt 4,10).
2. Die **Kapazität** lässt das gewünschte Engagement auch zu (Verantwortung im Blick auf Zeit, Gesundheit, Lebensumstände).
3. Der **Charakter** steht dem Dienst und der gemeinsamen Arbeit nicht im Weg, sondern ermöglicht sie. Die Person *ist* im Tiefsten, was sie *tut* (Integrität).

Im Blick auf die Arbeit *für* Menschen und *durch* Menschen sollten wir immer Qualität vor Quantität stellen!

Wer im Blick auf einen dieser drei Kreise Kompromisse macht, wird Mitarbeiter überfordern, „verbiegen" und früher oder später verlieren. Im Blick auf die Arbeit *für* Menschen und *durch* Menschen sollten wir immer Qualität vor Quantität stellen!

- **Entmündigende Strukturen.** In manchen Gemeinden gibt es offene oder subtile Herrschaftsstrukturen. Mitarbeiter, die bei jedem Schritt nachfragen müssen und das Gefühl bekommen, doch nur die Ideen anderer auszuführen, werden auf Dauer frustriert. Unmündigkeit entwertet Menschen und lässt sie verkümmern – nach dem Motto: „Bei uns sind die Ehrenamtlichen zum Kuchenbacken da!" Pastor und Gemeindeleitung müssen eine Grundentscheidung treffen: Wollen sie über allem die Kontrolle behalten und brauchen sie die Mitarbeitenden letztlich „für sich" oder wollen sie ihnen helfen, ihre von Gott gegebene Berufung zu entdecken und ihre Gaben zu entfalten?

Leistung darf nicht zu Ehrgeiz oder Konkurrenzdruck führen! Wer nicht mit Schwachheit und Versäumnissen umgehen kann, braucht Befreiung vom Perfektionismus.

- **Leistungsdruck und Perfektionismus.** In vielen Gemeinden hat sich die Einsicht durchgesetzt, dass Mittelmaß nicht ausreicht, um Gott zu ehren und Menschen zu gewinnen. „Das Beste ist gerade gut genug!" – dieser Wahlspruch passt durchaus zum Reich Gottes. Allerdings: Gott gebraucht auch begrenzte und behinderte Menschen! Und das Vermeiden von Fehlern darf niemals angstgesteuert sein. Leistung darf nicht zu Ehrgeiz oder Konkurrenzdruck führen! Wer nicht mit Schwachheit und Versäumnissen umgehen kann, braucht Befreiung vom Perfektionismus. Als „Leib des Christus" sind wir zu Treue und Hingabe berufen – nicht zum „Gutsein" als Selbstzweck! (vgl. 1. Kor 12,12–27).

Mein Potenzial entdecken – entwickeln – einsetzen

Positiv ausgedrückt geht es bei der Mitarbeiterförderung um einige einfache Schritte, die jeder von uns erlernen kann. Wir brauchen dazu nur Geduld und den Glauben an das Potenzial in unseren Wegbegleitern. Die schönsten Schätze liegen nämlich nicht immer auf der Hand, sondern sind manchmal in irgendeiner Ecke verborgen … (vgl. Mt 13,45–46).

1. **Vorbild:** Ich lebe selbst in meiner Berufung und lasse andere bei meiner Arbeit zusehen. Nur wer transparent arbeitet und seine Arbeit mit Überzeugung und Leidenschaft tut, kann andere durch sein Vorbild anstecken. Wer isoliert arbeitet, kann seinen Dienst nicht vervielfältigen!
2. **Beteiligung:** Ich kann es – aber wir machen es zusammen! Du kannst mir helfen, dich reindenken, eigene Vorschläge machen und mich gezielt unterstützen. Wir werden ein Team, wobei ich die Verantwortung behalte und dir bei der Arbeit ehrliches Feedback gebe.
3. **Beauftragung:** Was ich kann, kannst du auch – vielleicht sogar besser oder anders! Du gehst den Schritt in die Eigenständigkeit und sollst selbst leiten und die Dinge gestalten. Zuvor werden Auftrag, Arbeitsumfang und das Maß an Autorität klar definiert und kommuniziert. Neue Mitarbeiter werden in ihren Dienst eingeführt und gesegnet.
4. **Auswertung:** Du stehst auch jetzt nicht allein! Wir treffen uns zur Auswertung, sprechen über Erfolge und Probleme und suchen nach Verbesserungsmöglichkeiten. Unsere Beziehung ist so authentisch, dass Korrektur ebenso Raum hat wie Anerkennung und Ermutigung. Wir freuen uns am Erfolg und feiern zusammen – dies sollte jedes Mitarbeiterteam von Zeit zu Zeit tun!

Ich hoffe, dass diese Schritte deutlich machen: Bloßes Delegieren ist zu wenig, sofern es Leitern nur um das „Loswerden" von Arbeit geht. Wichtig ist ein langfristig angelegter Prozess der Begleitung, der letztlich zur Stabübergabe und zur Vervielfältigung eines Dienstes führt:

- Durch eigenes Vorbild zur Mitarbeit **motivieren**!
- Konkrete Aufgaben **definieren** – dann gezielt **delegieren**!
- Arbeitsergebnisse **kontrollieren** – sofern nötig, auch **korrigieren**!
- Weiterhin motivieren und Dienste langfristig **multiplizieren**!

Die doppelte Aufgabe eines Leiters:

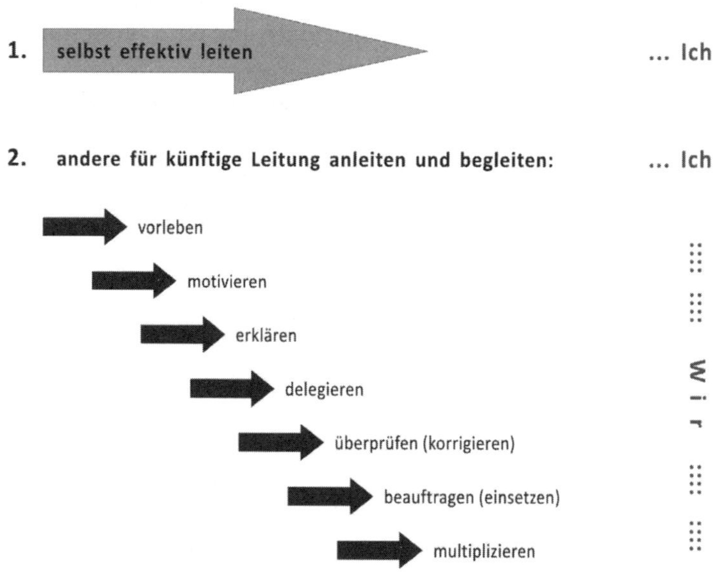

Für eine nachhaltige Entwicklung müssen Leiter und Mitarbeiter doppelspurig fahren: selber ihre Sache richtig gut machen und gleichzeitig die Augen nach potenziellen Nachwuchskräften aufhalten.

Dieser Prozess geht nicht im Hau-Ruck-Verfahren. Bei der Mitarbeiterförderung ist entscheidend, dass Sachfragen und Beziehungen auf eine Ebene kommen. Die Klarheit in der Arbeitsbeschreibung ist ebenso wichtig wie das Vertrauen innerhalb der Arbeitsgruppe. Leiter und Mitarbeiter, die eine nachhaltige Entwicklung anstreben, müssen lernen, doppelspurig zu fahren: Während ich versuche, meine Sache richtig gut zu machen, halte ich die Augen auf nach potenziellen Nachwuchskräften. Dies erfordert ein Umdenken und eine Neuordnung meiner zeitlichen Prioritäten. Doch anders gibt es keine Zukunft für das Werk, das Gott uns anvertraut hat. Denn letztlich hat der gut geleitet, der langfristig gute Leiter hervorbringt!

11.4 Kommunikation als Schlüssel zur Klarheit

„Ohne Ratgeber sind Pläne zum Scheitern verurteilt; aber wo man gemeinsam überlegt, hat man Erfolg.“ Und „wer einen anderen zurechtweist, wird letzten Endes mehr Dank bekommen als jemand, der den Leuten nur nach dem Munde redet.“ (Spr 15,22; 28,23 | Hfa)

Kommunikation ist ein sensibles Gebilde – seit den Tagen der Bibel bis zu uns heute! Wir alle leben vom Hören und Reden, von Zuwendung und Blickkontakt ... und erleben doch Tag für Tag: Worte allein genügen nicht! Der Ton macht die Musik, manches unpassende Wort verdirbt die Stimmung und allzu oft kommt es in Beziehungen zu einer verfahrenen Situation. *„Man kann sich nicht nicht verhalten"*, sagt der Kommunikationstheoretiker Paul Watzlawick treffend. Und *„man kann nicht nicht kommunizieren."*[187] Unser menschliches Miteinander steht und fällt also mit der Qualität der Kommunikation. Und wer nicht gut kommuniziert, kann auch nicht gut leiten. *„Die Wahrheit beginnt zu zweit."* Um es in einem Bild zu sagen: *„Kommunikation ist ein Tango, der (mindestens) zu zweit getanzt wird"* (Friedemann Schulz von Thun).[188] Die moderne Kommunikationsforschung hat nachvollziehbar gemacht, dass dieser „Tango" tatsächlich erlernbar ist. Dabei geht es zunächst um die Einsicht, dass wir uns immer mit unserer ganzen Person einbringen – verbal und nonverbal. Dabei machen Gesichtsausdruck, Körperhaltung und der „Sound" einer Stimme in der Regel viel mehr Eindruck als der bloße Inhalt der Worte. Andererseits sind unsere Ohren normalerweise nicht neutral, sondern hören selektiv, interpretieren, sind auf irgendeine Weise besetzt. Es liegt also eine Menge in der Luft im Geschehen zwischen einem „Sender" und einem „Empfänger"!

Das menschliche Miteinander steht und fällt mit der Qualität der Kommunikation. Und wer nicht gut kommuniziert, kann auch nicht gut leiten.

Reden und Hören reflektieren

Gesagt bedeutet nicht zwingend gehört.

Gehört bedeutet nicht zwingend verstanden.

Verstanden bedeutet nicht zwingend einverstanden.

Einverstanden bedeutet noch lange nicht angewendet.

Angewendet bedeutet noch lange nicht behalten.[189]

Deshalb muss so viel ermahnt und erinnert werden, deshalb wird so viel auf Predigt und Unterricht gesetzt – oft mit ernüchternder Wirkung! Wie viele Eltern oder Lehrer „reden sich den Mund fusselig" – und haben dabei das Gefühl, die Ohren ihrer Schützlinge wären „auf Durchzug gestellt"! Und wie oft sagen oder hören zwei das Gleiche und ziehen völlig unterschiedliche Schlüsse! Jesus schloss seine Gleichnisse häufig mit dem Slogan: *„Wer Ohren hat, der höre!"* (Mt 13,9.43). Dieselbe Mahnung durchzieht die sieben Sendschreiben des Auferstandenen (Offb 2,7.11.17.29 usw.). Es gibt ebenso eine Qualität des Redens wie des Hörens! In der Art, wie ich dem anderen zuhöre, drücke ich etwas über meine Wertschätzung oder Geringschätzung aus. Umgekehrt kann ich lernen, die Wirkung meiner Worte realistisch einzuschätzen und sie entsprechend zu „wägen". Die Sprüche Salomos mahnen zu Recht: *„Wer unüberlegt redet, der verletzt andere."* Und *„an einer richtigen Antwort hat jeder Freude; wie gut ist es, zum richtigen Zeitpunkt das Rechte zu sagen!"* (Spr 12,18; 15,23 | NLB).

In den 80er-Jahren hat Friedemann Schulz von Thun das sogenannte „Kommunikationsquadrat" entwickelt, bei dem es um das Hören sozusagen mit vier Ohren gleichzeitig geht.[190] Mit diesem Modell kommen wir dem auf die Spur, was von unseren Worten tatsächlich beim anderen ankommt:

Hören mit „vier Ohren"

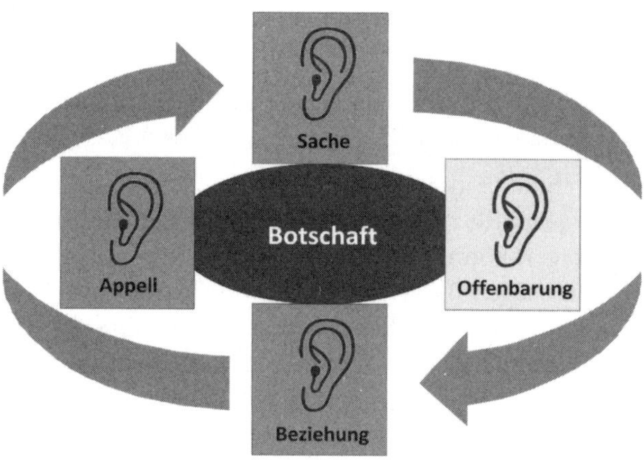

Nach: Schulz von Thun, Miteinander reden (2007)

1. Das Ohr der **Sachaussage**:
   → Welchen Inhalt vermittle ich?
2. Das Ohr der **Offenbarung** (Selbstkundgabe):
   → Was drücke ich über mich selbst aus?
3. Das Ohr der **Beziehung**:
   → Wie stehe ich zu meinem Gegenüber?
4. Das Ohr des **Appells**:
   →Was will ich erreichen oder verhindern?

„In jeder Äußerung steckt somit auch ein Beziehungshinweis, für welchen der Empfänger oft ein besonders sensibles, (über-)empfindliches Ohr besitzt. Aufgrund dieses Ohres wird entschieden: Wie fühle ich mich behandelt durch die Art, in der du mit mir sprichst?"[191] Dazu ein einfaches Beispiel aus unserer Gemeindewelt: Sandra war seit etlichen Wochen nicht im Gottesdienst und wird nun am Sonntag von Julia begrüßt: „Dich habe ich ja lange nicht gesehen ..." Wie soll Sandra solch einen Satz für sich verstehen? Den „vier Ohren" nach so:

1. Ja, das stimmt – ich war wohl seit einem Vierteljahr nicht mehr hier ...
2. Julia hat wohl häufiger an mich gedacht und sich schon Sorgen gemacht! (Stimmt das überhaupt?)
3. Offensichtlich schätzt Julia mich ... doch fehle ich ihr wirklich? Oder: Offenbar nehme ich mir Freiheiten raus, die sie sich nicht nehmen kann/will! (Wieso nicht?) Oder will sie mich belehren: Als lebendiger Christ geht man regelmäßig zum Gottesdienst!?
4. Julia will wohl erreichen, dass ich wieder regelmäßiger in die Gemeinde komme ...

Entsprechend reden wir immer mit „vier Schnäbeln" und sollten uns stets die Wirkung unserer Worte bewusst machen! Ehrliche Fragen können hier helfen: „Willst du mir damit noch etwas anderes sagen?" Oder: „Wie hast du das vorhin gemeint?" Oder: „Ich höre die Botschaft wohl, aber ich spüre da Vorwürfe in deinen Worten!" Denn unausgesprochene bzw. verdeckte Erwartungen führen früher oder später zu Enttäuschungen. Und *„die unerfüllten Wünsche von heute sind die Vorwürfe von morgen"*. Jedenfalls liegt hier ein *„Kardinalfehler zwischenmenschlicher Kommunikation: dass eine Beziehungsstörung auf der Sachebene ausgetragen wird"* (Schulz von Thun). [192] Wir sprechen dann z. B. über Finanzen oder Arbeitszeitregelungen, doch im Untergrund schwelt eine alte Geschichte, die Verletzungen hinterlassen hat. Wer hier den Dingen auf den Grund geht und sich ausreichend Zeit für offene Kommunikation nimmt, wird langfristig das bessere Betriebsklima genießen. Wenn sich Menschen durch uns verstanden fühlen, wenn die Mitarbeiter im Team gut miteinander harmonieren, werden sie auf Dauer auch motivierter und erfolgreicher bei ihrer Arbeit sein!

Ehrliches Feedback einüben

„Kommunikation ist eine der gefragtesten Schlüsselqualifikationen der modernen Arbeitswelt. Daher sollten Führungskräfte auch per Wort führen können“ (Pink).[193] Paulus ermahnte die Christen in Kleinasien, sie sollten sich, *„von der Liebe geleitet, an die Wahrheit halten“* (Eph 4,15 | EÜ). Leicht kann man auf der einen oder anderen Seite „vom Pferd fallen“: Entweder wir sagen schonungslos die Wahrheit und lassen es dabei an Wertschätzung fehlen, oder wir drücken uns aus lauter Barmherzigkeit vor unbequemen Wahrheiten. Nur beides gemeinsam baut auf und lässt unsere Beziehungen wachsen (Eph 4,16). Jesus selbst lebte die goldene Mischung von Liebe und Wahrheit und gab Menschen dadurch die Chance zur Veränderung! Nach meiner Erfahrung braucht es in besonderer Weise Mut, andere Menschen ehrlich auf ihre Schwachstellen anzusprechen. Doch wenn wir niemals die Chance bekommen, in einen Spiegel zu schauen, den andere uns vorhalten, bleiben wir unsicher oder entwickeln falsche Bilder von uns selbst. Hingegen werden unsere Beziehungen in dem Maß authentisch und belastbar, wie wir eine realistische Selbsteinschätzung entwickeln und um den eigenen „blinden Fleck“ wissen.

Feedback hilft dem anderen, seine Leistung und die Wirkung seiner Persönlichkeit realistisch einzuschätzen. Wer (richtig) fragt, der führt.

Feedback als Unternehmenskultur wird inzwischen zunehmend auch in unseren Kirchen gefordert. Dabei geht es um viel mehr als freundliches Schulterklopfen oder billige Selbstbestätigung. Feedback hilft dem anderen, seine Leistung und die Wirkung seiner Persönlichkeit realistisch einzuschätzen. Die richtigen Fragen sind dabei wie ein Pfadfinder, der Wege durchs Dickicht bahnen kann. Durch Fragen gewinnen wir die Aufmerksamkeit des anderen und zeigen zugleich unser Interesse an seiner Entwicklung. Wer fragt, der führt. Zum Beispiel so …

Folgende Fragen können uns beim ehrlichen Feedback helfen

- Wie lief das letzte Treffen?
  Warst du mit dir zufrieden? Die anderen auch?
- Wie fühlst du dich in deiner Rolle?
  „Passt der Schuh“? Bist du „du selbst“?
- Wie empfindest du die Beziehungen und das Zusammenspiel in deinem Team?
- Bist du erfüllt in deiner Aufgabe?
  Würde dir etwas anderes mehr Erfüllung bringen?

- Welche Ziele verfolgst du zurzeit?
  Hast du darüber hinaus größere Zukunftsvisionen?
- Gibt es besondere Schwierigkeiten, die dich behindern?
  Worüber magst du nicht sprechen?
- Worin wünschst du dir mehr Unterstützung
  (Finanzen, Fortbildung, Fürsprache, Begleitung)?
- Empfindest du Gottes Bestätigung auf deinem Dienst?
  Welche Segensspuren siehst du?
- Wen könntest du deinerseits in absehbarer Zeit fördern?
  Was lässt sich vervielfältigen?
- Wie kann ich für dich beten?
  Wer betet sonst noch mit dir bzw. für dich?

Gerade wegen der Basis von gegenseitiger Annahme und Vergebung durch Christus haben Christen gute Chancen, ihre Berührungsängste abzulegen!

Manchmal brauchen wir auch extra Feedback-Runden für das ganze Team, wobei das Team selbst zum Thema wird. Dies ist spätestens nötig, wenn Dinge offensichtlich „anbrennen". Doch auch in guten Zeiten kann es das Gruppenklima nur fördern, wenn wir einmal „nur über uns selbst" reden. Man nennt dies „Metakommunikation": Ein *„Stück Selbsterfahrung"*, das allerdings *„Mut, Offenheit und Fairness von allen Beteiligten"* verlangt. Dieses Kommunizieren auf einer „Metaebene", also abseits vom Tagesgeschäft, bedeutet, *„die Kommunikation selbst zum Thema zu machen und darüber offen zu reden. … Metakommunikation will sozusagen einen Blick hinter die Kulissen werfen."*[194] Gerade weil sie durch Christus eine Basis von gegenseitiger Annahme und Vergebung haben, haben Christen gute Chancen, ihre Berührungsängste voreinander abzulegen!

Gemeinde: Hierarchie oder Netzwerk?

Recht verstanden dient eine Hierarchie dem reibungslosen Ablauf, schafft Sicherheit und Klarheit. Allerdings gestalten sich Beziehungen in der Regel als loseres oder festeres Netzwerk.

Je nach Tradition und Konfession trifft man auf verschiedene Modelle: Vom hierarchisch gegliederten Amt der römisch-katholischen Kirche bis hin zu postmodernen Gemeindebildungen im Sinne einer „Emerging Church". Wer hat recht? Was hat Zukunft? Realistisch betrachtet wird die Gemeinde Jesu immer beides sein:

Familie und Firma zugleich;

Organismus („Leib des Christus"/„Pflanze") **und Organisation** („Hausbau"/„Tempel") zugleich.

Aus den verschiedenen ineinander verwobenen Bildern bei Paulus lassen sich tatsächlich beide Aspekte herauslesen (z. B. Eph 2,20–22; 4,12.16; 1. Kor 3,6.9–10; 1. Pt 2,4–6.9): Gemeinde ist lebendig, wenn sie beziehungsorientiert ist – andererseits muss sie funktionsorientiert sein, wenn Programme und Dienste wirkungsvoll sein sollen. In dem Maß, wie die „Firma" größer und komplexer wird, muss es auch Hierarchien geben. Denn *„eine Hierarchie erzeugt Zuordnungen, die die einzelnen Teile in einem größeren Zusammenhang zur Entfaltung bringt und ihnen Bedeutung gibt"* (Jens Spangenberg).[195] Recht verstanden dient eine Hierarchie also dem reibungslosen Ablauf, schafft Sicherheit und Klarheit: Wer ist wofür zuständig? Wer fragt wen? Wer ist wem verantwortlich? Hier kommt der biblische Gedanke der „Rechenschaft" ins Spiel (vgl. Röm 14,12; Hebr 13,17). Dies ist allerdings nur die eine Seite der Medaille: Unsere Beziehungen lassen sich nie durch Hierarchien erfassen, sondern gestalten sich in der Regel im freien Spiel der Kräfte, als loseres oder festeres Netzwerk. Beide Aspekte ergänzen einander. Und auf beiden Ebenen müssen wir Beziehungen gestalten:

Funktional: auf der Arbeitsebene – mit dem Ziel reibungsloser Abläufe und guter Resultate

Freundschaftlich: mit einem gewissen Selbstzweck – auch unabhängig von unseren Aufgaben

Gemeinde als Organisation und Organismus zugleich: Je klarer wir beide Aspekte im Blick behalten und zugleich unterscheiden können, umso eher sind wir geschützt vor überzogenen Erwartungen, falschen Versprechungen und anschließenden Enttäuschungen. In mehr als zwei Jahrzehnten der Gemeindearbeit vor Ort hatte ich in der Leitung immer Partner und Wegbegleiter an meiner Seite: lange Jahre durch einen Pfarrkollegen im selben Pfarrhaus, in einer späteren Phase mit einem jüngeren Pastor und anderen Mitarbeitern der nächsten Generation im Team. In der jetzigen Phase arbeite ich auf einer Einzelpfarrstelle, ergänzt von engagierten Mitarbeitern und mit einem engagierten Kirchenvorstand und einer „Laienvorsitzenden" als Gegenüber. Es macht durchaus Sinn, in einer wachsenden und komplexer werdenden Gemeinde die „geistliche" und die „geschäftliche" Leitung aufzuteilen. Beide Aspekte vom „Leib Christi" bzw. „Haus Gottes" haben ihre Berechtigung und erfordern unterschiedliche Kompetenzen. Zu viel Macht in den Händen von Pfarrern und Pastoren kommt an ihre Grenzen. Andererseits braucht ein Gemeindevorstand mit all seiner rechtlichen Verantwortung eine gesunde geistliche Grundlage. Die organische und die organisatorische Seite der Gemeindeleitung gehören zusammen wie die zwei Seiten einer Medaille. Beide Aspekte sind aufeinander bezogen und ergänzen sich im Idealfall im sensiblen Hören aufeinander. Und von beiden gilt: *„Leiter sind*

Es macht durchaus Sinn, in einer wachsenden und komplexer werdenden Gemeinde die „geistliche" und die „geschäftliche" Leitung aufzuteilen.

Kybernetiker. Sie haben die besondere Begabung, als Teil des Systems (Gruppe, Gemeinde, Bewegung) gedanklich um das System herum- und hindurchzuwandern und nachzusehen, ob alle Teile harmonisch zusammenpassen. Insofern sind sie als Teil des Systems auch dem System vor- und übergeordnet" (Spangenberg).[196]

Am Ende zählt die Einheit!

„Bemüht euch, die Einheit des Geistes zu wahren durch den Frieden, der euch zusammenhält" (Eph 4,3 | EÜ). Ist ein Dream-Team möglich? Paulus würde sagen: sicherlich – in dem Maß, wie Christus unter euch lebt und in euch Gestalt gewinnt! Auf welcher Ebene wir auch Verantwortung tragen, wie auch immer wir und die anderen „gestrickt" sind: Einheit ist möglich – und sie ist nötig, wenn unser Zeugnis für Jesus kraftvoll sein soll in dieser Welt! Wir erinnern uns: *„Zwei sind dem Angriff gewachsen, und ein Seil aus drei Schnüren reißt nicht so schnell!"* (Pred 4,12). Ein gutes Team mit Jesus in der Mitte ist unschlagbar! *„Fünf von euch werden 100 in die Flucht schlagen und 100 von euch 10.000!"*, rechnete Mose seinem Volk vor (3. Mo 26,8 | NLB). Die Mathematik der Bibel besagt: Wenn es wirklich Einheit im Kleinen gibt, potenziert sich Gottes Segen auf geheimnisvolle Weise!

Gedanken zum Bild: Zugvögel (in V-Formation)

Millionen von Zugvögeln überqueren Jahr für Jahr die Kontinente.

In Nonstop-Flügen ziehen sie über Ozeane, Wüsten, Gebirge –

und erreichen zur richtigen Jahreszeit ihre Brutplätze.

Kraniche, Wildgänse, Pelikane, sie alle fliegen in Formation.

Sie bleiben auf Tuchfühlung. Sie wissen um das Prinzip: „Allein geht man ein!"

Durch die V-Formation sparen sie enorm viel Energie.

Die älteren Vögel nehmen sogar die Jungtiere in ihre Aufwindzone hinein.

Nur der Leitvogel an der Spitze bekommt den vollen Luftwiderstand zu spüren.

Darum wechselt er in der Flugstaffel nach einiger Zeit die Position mit anderen Vögeln.

Gott gab seiner Schöpfung geniale Strukturen und baute Strategien voller Weisheit ein.

Davon können wir lernen:

Sei bereit, an die Spitze zu treten!

Sei niemals allein unterwegs, sondern immer gemeinsam mit anderen!

Sei auf einer Position, wo du frei nach vorn blicken kannst!

Sei auf dem guten Kurs des Heiligen Geistes – getragen von seiner Kraft!

Stabübergabe 12

Wie fördern wir die nächste Generation?

„Einer sät und ein anderer erntet. Ich habe euch gesandt zu ernten, wofür ihr nicht gearbeitet habt; andere haben gearbeitet und ihr erntet die Frucht ihrer Arbeit." (Joh 4,37–38 | EÜ)

Was ist der Unterschied zwischen einem Leiter, der andere fördert, und einem Leiter, der selbst groß rauskommen möchte? Wer an seinem eigenen Lebenswerk meißelt und Ehre sucht, hat ausschließlich für die Gegenwart gelebt. Durch seine ichbezogene Haltung verbaut er anderen die Zukunft, vielleicht ohne es zu merken. Wer jedoch in die nächste Generation investiert, legt die Gleise für die Zukunft. Er kann zurücktreten und andere vorlassen. Wer um den Lohn in der Ewigkeit weiß, wird frei von dem Anspruch, innerhalb einer „Dienstzeit" zu säen, zu ernten und Frucht zu sehen. Jesus war zu seiner Zeit von Leitern umgeben, die *„das Ansehen bei Menschen mehr liebten als das Ansehen bei Gott"* (Joh 12,43). Israel verlor dadurch in dramatischer Weise den Anschluss an die Zukunft. Im Kontrast dazu formte Jesus eine neue Leitergeneration, die in sich das Potenzial zur Vervielfältigung tragen sollte: *„Wer an mich glaubt, wird die Werke, die ich vollbringe, auch vollbringen, und er wird noch größere vollbringen, denn ich gehe zum Vater"* (Joh 14,12). Das Markenzeichen seiner Jünger sollte ein Transfer sein, die selbstlose Weitergabe dessen, was sie in Jesus gefunden und durch ihn gewonnen hatten. Sie sollten Zeugen werden unter *„allen Völkern"* und Jesus selbst würde sie begleiten *„bis zum Ende der Welt"* (Mt 28,20). Sind wir heute Teil dieser Bewegung ohne Grenzen?

Wer in die nächste Generation investiert, legt die Gleise für die Zukunft. Er kann zurücktreten und andere vorlassen. Er weiß um den Lohn in der Ewigkeit.

12.1 Auf die Stabübergabe kommt es an

Mehr als zehn Jahre lang fand regelmäßig der „Domino-Day“ statt, bei dem Millionen Fernsehzuschauer mitfieberten, dass die Kettenreaktion der Dominosteine nur nicht unterbrochen würde. 2009 fielen 90 % der 4,8 Millionen Dominosteine nacheinander um – ein neuer Rekord! Heute sind in Europa weit über 90 % der Menschen überhaupt nicht vom Evangelium erfasst. Es fehlt der entscheidende Impuls, um sie durch die Liebe Gottes in Bewegung zu bringen. Christen besingen in ihren Gemeinden das Opfer auf Golgatha, doch soziologisch bilden sie überwiegend eine „geschlossene Gesellschaft“. Wir brauchen heute dringend nicht nur neue Gemeinden um der Gemeinden willen, nicht nur Gemeindeerneuerung nach dem Motto „Unsere Gemeinde soll schöner werden!“, nicht nur Mission im Sinn von Mitgliederwerbung. Wir brauchen vor allem anderen wieder Anschluss an die faszinierende Bewegung, die Jesus ausgelöst hat und die seit Pfingsten die Völkerwelt durchzieht. Der Domino-Effekt ist ein Spiel. Doch die Frage nach dem Anstoß von Mensch zu Mensch durch das Evangelium ist eine Schicksalsfrage – für Einzelne und für ganze Nationen!

Die Bibel ist ein Buch voller Brüche - denn Gott arbeitet mit Menschen zusammen, die voller Widersprüche sind. Dennoch hatte Gott immer eine bruchlose Stabübergabe von Generation zu Generation im Blick.

Brüche und Neuanfänge in der Bibel

„Aus dem Stumpf Isai [Davids Vater] *wird ein Spross hervorgehen – ein neuer Trieb aus seinen Wurzeln wird Frucht tragen. Auf ihm wird der Geist des Herrn ruhen …“* (Jes 11,1–2 | NLB). Die Bibel ist ein Buch voller Brüche. Nicht, weil Gott ohne Kontinuität wäre, sondern weil er mit Menschen zusammenarbeitet, die voller Widersprüche

sind. Dennoch hatte Gott immer eine bruchlose Stabübergabe von Generation zu Generation im Blick. In der Familie sollte es beginnen: *„Der Lebende, der Lebende, der preist dich, wie heute ich: Der Vater erzählt den Kindern von deiner Treue“* (Jer 38,19 | EB). Dieses Maß an Kontinuität durch die Familie lässt sich heute viel weniger voraussetzen als in der alten Welt der Bibel. Doch gerade im Blick auf die zahllosen Brüche, die wir um uns herum erleben, ist folgende Erfahrung so ermutigend: Gott ist immer wieder zu einem Neuanfang bereit! Wo die Generation der Eltern ausfällt und wo die eingesetzten Leiter versagen, findet Gott scheinbar aus dem Nichts *„einen Mann nach seinem Herzen“* – wie damals den Hirtenjungen David (1. Sam 13,14)! Wenn wir uns nun einige der Newcomer unter den Leitern Israels anschauen, sollten wir beachten: Oft waren es ganz junge Leute, die aufgrund von Gottes Berufung plötzlich mächtigen „Oldies“ gegenüberstanden. Andere nutzten das Potenzial ihrer Jugend in verkehrter Weise und provozierten Brüche mit der Generation ihrer Eltern …

1. **Kaleb und Josua: wenn das Team zerbricht.** Wir sahen bereits im vorigen Kapitel, wie der junge Josua mit einem Team von zwölf Spähern auszog, um das versprochene Land zu erkunden. Die Expedition wurde zur Katastrophe. Die lange Zeit der Wüstenwanderung überlebten nur Kaleb und Josua. Nur sie durften das Land sehen, *„denn sie sind dem Herrn treu nachgefolgt“* (4. Mo 32,12). Warum ist diese Lektion so wichtig? Nun, vor Gott zählen nicht die Dienstjahre, sondern dass im entscheidenden Moment *„ein anderer Geist“* in uns ist – so wie es bei Kaleb der Fall war (4. Mo 14,24 | EB)!
2. **Samuel: wenn Priester und König abdanken.** Wir müssten ihn wohl heute bei uns im Kindergottesdienst suchen: Hanna hatte ihren lang ersehnten Sohn Samuel schon in jungen Jahren dem Priester Eli zur Pflege übergeben. So korrupt, wie dessen Familie war, ist ein schlechterer Einfluss kaum vorstellbar. Dennoch hatte Gott seine Hand auf dem Jungen und begann mit ihm zu reden (1. Sam 1,27–28; 2,12.26). Es ist bewegend zu lesen, wie Gott anfängt, auf diesem unbeschriebenen Blatt seine Botschaften zu hinterlassen. Erst beim dritten Anlauf dämmert es dem alten Eli: Der Herr spricht hier mit dem Jungen (1. Sam 3,1–9)! Samuel bekommt von Gott die unangenehme Aufgabe, Eli und seinen Söhnen das Gericht anzusagen. Später spürt ganz Israel: Die Worte des jungen Propheten treffen ein (1. Sam 3,19–21). Samuel wird schließlich auf Saul treffen und ihn als ersten König Israels

salben. Wenig später erlebt der begabte Mann ein Fiasko und muss abtreten. Samuel geht wiederum auf die Suche und findet prophetisch Sauls Nachfolger heraus. David schließlich erlebt in Zeiten größter Not in Samuel einen Ratgeber und Beschützer (1. Sam 19,18–24).

Was sagt uns dieses Lebensbild? Von Jugend an Gott geweiht, hatte Samuel so viel geistliche Substanz in sich, dass er drei Generationen von Leitern gegenübertreten konnte. Er erlebte viel Verwirrendes und konnte Davids erfolgreichste Phase nicht mehr sehen. Doch er bereitete den Weg für einen jungen, von Gott berufenen Leiter. Vor allem stand er jahrzehntelang als einflussreicher Beter hinter seinem Volk (1. Sam 7,8.13; 12,23). – Weißt du, ob Gott euch unter euren Kindern vielleicht einen kleinen Kaleb oder Josua, Samuel oder David anvertraut hat? Eure Gebete haben ungeahnten Einfluss!

3. **Salomo und Söhne: wenn die jungen Wilden kommen.** Salomo war von Gott geliebt – obwohl seine Mutter eine Geliebte Davids war und Gott den Ehebruch des Königs strafen musste (2. Sam 12,24–25). Was David als Vater nur von Weitem sah, konnte sein Sohn später in die Tat umsetzen: Der Tempel zu Jerusalem sprengte jedes Vorstellungsvermögen, hinzu kam ein prunkvoller Königspalast und ein durchorganisierter Hofstaat. Salomo war der Stern am Himmel der orientalischen Könige und Israel erlebte unter ihm eine Glanzzeit. Doch der Niedergang war hausgemacht: Mit seiner Sucht nach immer neuen Frauen und deren Tendenz zur Religionsvermischung verliert der alternde König zunehmend an Klarheit. Schließlich misslingt die Stabübergabe an die nächste Generation und Israel zerfällt in zwei Staatengebilde.

Weißt du, ob Gott euch unter euren Kindern vielleicht einen kleinen Kaleb oder Josua, Samuel oder David anvertraut hat? Eure Gebete haben ungeahnten Einfluss!

Nach Salomos Tod machen sich die Menschen Luft und sprechen von einem *„schweren Joch"*. Seinen Sohn Rehabeam bitten sie bei Regierungsantritt, ihnen die Lebensverhältnisse doch zu erleichtern. Zuerst konsultiert der junge Thronfolger die bewährten Berater des Königs, die ihm antworten: *„Wenn du dich dem Volk gegenüber heute freundlich zeigst, ihnen dienst und ihnen gibst, worum sie sich bitten, werden sie dir treue Untertanen sein"* (1. Kön 12,4–7). Das Volk dienend leiten! Darin liegt Weisheit und Weitsicht – damals wie heute. Doch Rehabeam kann den Rat der „Alten" nicht schätzen und umgibt sich mit Heißspornen seiner Generation. Sie raten ihm, auf die Klagen der Bevölkerung so zu reagieren: *„Mein Vater hat euch mit der Peitsche gestraft, ich werde eine Peitsche mit*

Stacheln verwenden!" (1. Kön 12,10–11). Wieso hörte Salomos Nachfolger auf diese Scharfmacher? Wollten sie sich bei ihm „einschleimen"? Wollten sie ihren Wohlstand wie bisher auf dem Rücken des Volkes sichern, durch Zwangsarbeit und Zusatzsteuern? Die Ereignisse wiederholen sich quer durch die Geschichte: Wenn das Volk sich missbraucht und gedemütigt fühlt, rebelliert es und sagt sich von der Regierung los. Für Israel führte der Bruch mit dem Thronfolger zum Bürgerkrieg und zum Zerfall des Großreiches aus der Ära Davids. Jeder Leiter erntet, was er zuvor durch seine Haltung gesät hat (vgl. Gal 6,7)! Die Weisheit Gottes spricht: *„So sollen sie die Früchte ihres Handelns ernten und müssen mit ihren eigenen Ratschlägen leben"* (Spr 1,31 | jeweils NLB).

Was ein Leiter gelebt hat und wer er wirklich war, wird oft erst in der nächsten Generation offenbar.

Welches geistliche Erbe will ich hinterlassen?

Die Lebensbilder der Bibel sind faszinierend. Was ein Leiter gelebt hat und wer er wirklich war, wird oft erst in der nächsten Generation offenbar. Jesus nennt dies *„Frucht, die Bestand hat"* (Joh 15,16 | NGÜ)! *„Die Größe eines Leiters kann an den Leistungen seiner Nachfolger abgelesen werden; und Erfolg ohne Nachfolger ist kein wahrer Erfolg"*, formuliert Günter Krallmann.[197] Welches geistliche Erbe will ich einmal hinterlassen? Alle Eltern haben nach ihrem Tod etwas zu vererben. Wofür steht mein Leben am Ende: nicht nur materiell, sondern in Form von „geistlichen Gütern"? Jesus spricht deutlich von den *„Schätzen im Himmel"* (Mt 6,20; 19,21). War mein Leben im Rückblick ein Geschenk für andere – oder eine Zumutung? Wie werde ich mein Leben bewerten, wenn der Tag sich neigt? Was werde ich meinen Enkelkindern erzählen? Welches Vorbild wird von mir zurückbleiben? Welche Fußspur wird anderen den Weg weisen – oder ihn verbauen? Ich meine, wir sollten uns nicht erst am Ende unseres aktiven Dienstes oder am Abend unseres Lebens der Frage stellen: *„Wenn ich noch einmal anfangen könnte …"*[198]

Formuliere einmal deinen Nachruf – oder gestalte deinen Grabstein!

- Frage dich: Was werden andere über mein Leben sagen, z. B. am Tag meiner Beerdigung?
- Verfasse einen Nachruf auf dein Leben, etwa in Form eines Artikels für das Gemeindeblatt oder in einem Rundbrief.
- Überlege gut: Welcher prägnante Satz könnte auf meinem Grabstein stehen?

Segen und Fluch wirken über den Tod eines Leiters hinaus. Jeder von uns hinterlässt ein Erbe – wird es die kommenden Generationen belasten oder beschenken?

Johannes Rau, der frühere Bundespräsident (1931–2006), ließ auf seinen Grabstein auf dem Dorotheenstädtischen Friedhof in Berlin setzen: *„Dieser war auch mit dem Jesus von Nazareth“* (vgl. Mt 26,71). Die Grabplatte des Grafen von Zinzendorf (1700–1760) auf dem „Gottesacker“ in Herrnhut trägt die Inschrift: *„Er war gesetzt, Frucht zu bringen und eine Frucht, die da bleibet.“* Wofür steht mein Leben, wenn andere es im Rückblick betrachten? Vom Glauben Abels heißt es im Neuen Testament: *„Durch ihn redet er noch, obwohl er gestorben ist“* (Hebr 11,4 | Sch). Wovon redet mein Leben, auch über den Tod hinaus? Welches Zeugnis bleibt?

Interessant ist, wie die Könige Israels und Judas nach der Ära Salomos in der Geschichtsschreibung beurteilt werden: *„Er tat, was böse war in den Augen des Herrn, und wandelte in dem Weg seines Vaters und in der Sünde, durch die er Israel zur Sünde verführt hatte“*, heißt es vom Sohn Jerobeams (1. Kön 15,26 | Sch). Die falsche Spur setzt sich fort und wird durch die Nachfahren noch vertieft (1. Kön 16,19.26; 22,53)! Umgekehrt gilt das *„ungeteilte Herz“* Davids über Generationen als Vorbild (1. Kön 11,4; 15,3.11; 2. Kön 18,3; 20,6; 22,2). Die Königsbücher zeigen fast schablonenartig: Segen und Fluch sind Lebenslinien, die über den Tod eines Leiters hinaus wirken. Jeder Mensch steht bereits zu Lebzeiten in Verantwortung für seine Nachkommen. Jeder von uns hinterlässt ein Erbe – wird dieses die kommenden Generationen belasten oder beschenken?

Paulus und seine Nachkommen

„Ich habe mit vollem Einsatz gekämpft; jetzt ist das Ziel erreicht, und ich bin im Glauben treu geblieben. Nun hält der Herr für mich auch den Siegespreis bereit.“ So lauten die Abschiedsworte des Paulus an Timotheus, den er als *„geliebtes Kind“* bezeichnete (2. Tim 1,2; 4,7–8). Kurze Zeit später wird der Apostel in Rom durchs Schwert hingerichtet. Doch sein letzter Brief strahlt große Zuversicht aus, dass *„Christus mich und all das, was er mir anvertraut hat, bis zum Tag seines Kommens bewahren wird“*. Und auch der junge Gemeindeleiter Timotheus soll zusehen, dass er die *„kostbare Gabe, die dir anvertraut ist“*, bewahrt (2. Tim 1,12–14 | jeweils Hfa). Paulus zieht am Ende seines Lebens Bilanz – und zugleich übergibt er die Stafette an die nächste Generation. Obwohl Paulus (wie Jesus) unverheiratet war und kinderlos blieb, können wir von ihm eine Menge über geistliche Vaterschaft und Mentoring lernen. Aus seinem ausgedehnten Netzwerk von Mitstreitern wissen wir besonders viel über Timotheus, einen jungen Mann mit griechisch-jüdischen Wurzeln, den Paulus in der heutigen Türkei kennenlernte (Apg 16,1–3). Sein Werdegang ist ein

Musterfall für gelungene Mitarbeiterentwicklung. Wichtig sind dabei folgende Beobachtungen: Timotheus war jung und offenbar ledig und stand sicher oft unter Spannung. Als Leiter musste er lernen, wie man der Menschengefälligkeit widersteht und Menschenfurcht überwindet (vgl. 1. Tim 4,12; 5,1–2.20–23; 2. Tim 1,3–7; 2,22). Doch er reifte immer mehr zu einer starken Persönlichkeit heran, nicht zuletzt durch den Einfluss seines geistlichen Vaters. Zwei sehr persönliche Briefe des Paulus sind ihm gewidmet, und aus den zahlreichen Belegen im Neuen Testament (der Name Timotheus taucht 24-mal auf) lässt sich der Werdegang dieses Nachwuchsleiters gut rekonstruieren:

1. Timotheus war zunächst ein **Unterstützer**, der Paulus beobachtete und auf seinen Reisen begleitete (Apg 17,14; 18,5; 19,22; Phil 2,19–23).
2. Timotheus wurde ein **Partner** des Paulus, der ihn zeitweise vertrat und auch als Koautor der Briefe auftritt (1. Kor 4,16–17; 16,10–11; 2. Kor 1,1. 19; 1. Thes 1,1; 3,2.6 usw.).
3. Timotheus wurde zum **Gemeindeleiter** in Ephesus, wo er sich unter zahlreichen Herausforderungen bewähren musste (1. Tim 1,3–11; 5,1–22; 2. Tim 2,14–18; Apg 20,29–30). Zeitweise kam er offenbar selbst ins Gefängnis (Hebr 13,23).
4. Timotheus wuchs prozesshaft immer mehr in die Verantwortung hinein. Doch die Grundlage bildete die **Mentoren-Beziehung**, die der Apostel in besonderer Weise pflegte. Timotheus *„hatte ein gutes Zeugnis"* und erwies sich zunehmend *„von gleicher Gesinnung"* wie Paulus, er war in seinem Charakter *„redlich"* und *„bewährt"* (Apg 16,2; Phil 2,20–22).

Langfristig an die Stabübergabe denken

Auf diesem Hintergrund bekommt die Anweisung des Paulus an seinen Schüler einen besonderen Klang – ein Vers, der immer wieder als „Schlüsselstelle für Mitarbeiterförderung" angeführt wird:

> *„Du, mein Sohn, sei stark durch die Gnade, die dir in Christus Jesus geschenkt ist. Was du vor vielen Zeugen von mir gehört hast, das vertraue zuverlässigen Menschen an, die fähig sein werden, auch andere zu lehren."*
> (2. Tim 2,2)[199]

Jeder Leiter, der ernsthaft an einer „Reich-Gottes-Bewegung" interessiert ist, braucht wie Paulus einen klaren Blick für mehrere Generationen, eine langfristig angelegte Strategie.

Am Ende seines Lebens beschäftigt Paulus nicht nur die Stabübergabe an Timotheus, vielmehr blickt er über dessen Leben hinaus auf eine Generation von Enkeln und Urenkeln: Wie wird das „anvertraute Gut" so weitergegeben, dass es nicht zum Substanzverlust kommt? Im Blick auf die inhaltliche Weitergabe des Evangeliums können wir heute weniger besorgt sein: Uns liegt die Bibel in Buchform vor, damals hingegen entwickelte sie sich erst. Doch die Frage nach der Übertragung von geistlichem Leben, nach dem Vorbild von Leitern und deren Prägekraft ist auch heute hochaktuell. *„Die Christenheit ist immer nur eine Generation entfernt vom ‚Tod durch Aussterben'… So war es immer. Der Auftrag Jesu war immer abhängig von einer Generation von Leitern, die den Auftrag an die nächste weitergab"* (Rowland Forman u. a.).[200] Jeder Leiter, der ernsthaft an einer „Reich-Gottes-Bewegung" interessiert ist, braucht einen klaren Blick für mehrere Generationen, eine langfristig angelegte Strategie, wie sie Paulus hatte. Die Anweisung im zweiten Timotheus-Brief enthält in konzentrierter Form die richtige Vorgehensweise für die Weitergabe des Staffelstabes:

- **Persönlicher Werdegang:** Halte dir vor Augen, was dir selbst bereits anvertraut wurde, im Verständnis der Bibel, an prägenden Lebenserfahrungen, an positiven Beispielen. Mache dir Notizen über dein eigenes Potenzial: meine Botschaft – mein Glaubensweg – meine Vorbilder!
- **Menschen mit Potenzial:** Halte Ausschau nach Menschen, die sich im Rahmen ihrer Möglichkeiten bereits bewährt haben (*„treu"* meint in 2. Tim 2,2 nicht nur „gläubig", sondern *„zuverlässig"* im Charakter)!
- **Gezielte Förderung:** Investiere Zeit vor allem in solche Menschen, gibt ihnen Anteil an deinem Leben und überlege dir ein passendes Schulungsprogramm. Bedenke dabei: „andere lehren" meint im Missionsbefehl nicht allein „Wissensvermittlung", sondern die Befähigung zu konsequenter Nachfolge und Gehorsam (Mt 28,18–19).

Wenn du jemanden siehst, bei dem persönliche Integrität, Lernbereitschaft und eine Motivation zur Investition in andere Menschen zusammenkommen, hast du einen Leiter mit Zukunft vor dir!

Wenn du jemanden siehst, bei dem persönliche Integrität, Lernbereitschaft und eine Motivation zur Investition in andere Menschen zusammenkommen, hast du einen Leiter mit Zukunft vor dir! Wen immer du förderst: Lege in einen Nachwuchs-Leiter beizeiten den Weitblick für die kommenden Generationen hinein, damit die Stabübergabe gelingt! Im Bereich der Leichtathletik finde ich den Staffellauf besonders faszinierend, den einzigen Wettbewerb, bei dem ein Team antritt. Über 4-mal 100 oder 400 Meter zählt nicht nur die Leistung jedes einzelnen Läufers, sondern besonders der Moment der Stabübergabe. Innerhalb eines begrenzten „Wechselraums" müssen der übergebende und der übernehmende Läufer genau Blickkontakt halten. Welch ein Bild für den Lauf der Gemeinde Jesu durch die Zeiten: Selbst wenn ein Läufer mal strauchelt oder der Stab zu Boden geht – Hauptsache, er macht weiter und nimmt den Stab wieder auf und übergibt ihn rechtzeitig! So kommt das Evangelium *„in alle Welt"* (Mk 16,15): durch Stabübergabe!

12.2 Mentoring in der Bibel

„Wenn du mit vernünftigen Menschen Umgang pflegst, wirst du selbst vernünftig. Wenn du dich mit Dummköpfen einlässt, schadest du dir nur. … Mein Sohn, vertraue dich mir an und nimm dir mein Leben zum Vorbild!" (Spr 13,20; 23,26 | Hfa)

Die Weisheit der Bibel hat nichts von ihrer Aktualität verloren: Der Umgang mit anderen Menschen prägt uns – so oder so. Doch wohl dem, der überhaupt Menschen hat, die ihre Nähe anbieten und sich ernsthaft interessieren, die man sich zum Vorbild nehmen kann. Inzwischen ist unser Land nicht nur von mehreren „vaterlosen" Generationen geprägt, sondern weithin vom völligen Ausfall der Elternrolle überhaupt. Die „Mach doch, was du willst"-Mentalität schadet Kindern mindestens genauso wie überhöhte Ansprüche oder überzogene Strenge. Gleichgültigkeit ist auch eine subtile Form der Brutalität! *„Ich glaube, viele Eltern wissen gar nicht so genau, wie sie mit uns umgehen sollen, weil die Rollenverteilung zwischen ihnen und ihren Kindern unklarer geworden ist"*, schrieb der damals 21-Jährige Ric Graf (Jahrgang 1985) in seinem Buch „I Cool" (Untertitel: „Wir sind so jung, so falsch, so umgetrieben"). *„Unser Rhythmus ist rasanter geworden. … Wir wollen sehr jung möglichst alles vom Leben wissen, geben uns stärker den Momenten hin. Wir werden eher mit der Welt der Erwachsenen konfrontiert. … Die Zeit des Behütetseins ist kürzer geworden. … Einerseits versuchen wir, total erwachsen zu wirken, andererseits wollen viele aber ihre Jugend möglichst lange hinauszögern. Das wird alles ausprobiert, um sich möglichst auf ja nichts festzulegen."*[201] Doch im Tiefsten sehnen sich junge Menschen danach, ernst genommen und ehrlich „angefasst" zu werden:

- Wer glaubt eigentlich an mich?
- Wie siehst du mich?
- Worin bin ich gut?
- Wem nützt mein Leben überhaupt?
- Wie passe ich in diese Welt?
- Was könnte Gott mit mir anfangen?

Der Hunger nach ehrlichem Feedback und nach prägenden Vorbildern ist enorm. Erzieher und Lehrerinnen, Streetworker und Polizisten, Pastoren und Jugendleiter erleben dies, wo immer sie sich auf die tiefere Begegnung mit Jugendlichen einlassen. Aber auch in manchen älteren Leitern wohnt noch das fragende, verunsicherte Kind. Mentoring ist angesagt – mehr denn je!

Neuer Begriff – alte Sehnsucht

Der Begriff ist in Mode gekommen: Mentoring! Wer einen Therapeuten, Mentor oder Coach gefunden hat, scheint erst mal auf der sicheren Seite zu sein. Es ist gerade ein bisschen Lifestyle, sich einen „Personal Trainer" oder einen „spirituellen Meister" zu leisten. Die Sache selbst ist durchaus biblisch – der Begriff allerdings entstammt der griechischen Mythologie: Mentor war ein Jugendfreund des Odysseus – es handelt sich also um einen Eigennamen (der mittlerweile zum Produkt wurde). Als Odysseus zu seinen Abenteuern nach Troja aufbricht, sucht er für seinen Sohn Telemachos einen Hauslehrer. Diesen findet er in der Gestalt Mentors, den ihm die göttliche Athene vermittelt.[202] Im pädagogischen Sinn kennt die deutsche Sprache „Mentor" erst seit dem 18. Jahrhundert und versteht darunter einen väterlichen Freund, Berater, Lehrer, Erzieher.[203] Folgende Aspekte des griechischen Mythos sollten wir festhalten, um die Sehnsucht zu begreifen, die Menschen damals wie heute umtreibt:

- Die Hilfe kommt von außen: Der Vater sucht einen Hauslehrer und Ersatzvater.
- Mentor macht sich mit dem Sohn später auf die Suche nach seinem Vater.
- Die Zeit der Unterweisung macht den Sohn stark und lässt ihn zum Helden werden.

Das klingt ganz gut – und genau das brauchen wir! In gewisser Weise suchen wir mit Begriffen wie „Mentoring", „Coaching", „geistliche Begleitung" die Rückkehr zu einer Ganzheitlichkeit, die uns in den großen Industrienationen verloren gegangen ist.

Ganzheitliches Lernen

„Was uns die Väter erzählten, das wollen wir unseren Kindern nicht verbergen, sondern dem kommenden Geschlecht erzählen." Und auch „die Kinder späterer Zeiten sollten aufstehen und es weitergeben an ihre Kinder, damit sie ihr Vertrauen auf Gott setzen …" (Ps 78,3–8 | EÜ)

Gottes Konzept für sein Volk war immer zuerst die Weitergabe von Wissen und Werten im Elternhaus. Gemeinsam sollte die Mehrgenerationenfamilie zu Israels Festen reisen und Jahr für Jahr eintauchen in die großen Erzählungen von Gottes Heilsgeschichte. Unabhängig von dieser religiösen Grundlage war es bis zum Anbruch der Industrialisierung normal, dass ein Sohn von seinem Vater dessen Handwerk lernte. Dieser Ausbildungsgang war natürlich und ganzheitlich und brauchte Zeit: Zusammen mit den fachlichen

Kenntnissen wurden Arbeitsethik und Lebensstil vermittelt. Ebenso erlebten es Generationen von Auszubildenden bei ihrem Meister. Vielfach wohnten Lehrlinge sogar in deren Haushalt. Erst mit dem Entstehen der großen Fabriken wurden Wohnen und Arbeiten auseinandergerissen. Der Vater (und später auch die Mutter) wurde zum „Werktätigen“ im Betrieb, stand jedoch nicht mehr als Vorbild für die Familie zur Verfügung: „Vati ist außer Haus“!

Im Alten Bund gab es die Prophetenschulen, wo selbstverständlich ein ganzheitliches Ausbildungsmodell gelebt wurde. Elisa beispielsweise verließ seinen Job in der Landwirtschaft und wurde Diener des radikalen Elia (1. Kön 19,11–13.19–21). Als dieser schließlich direkt in den Himmel aufgenommen wird, ruft ihm sein Schüler hinterher: *„Mein Vater, mein Vater! Der Wagen Israels und seine Reiter!“* Sprich: Wenn du nicht mehr bei uns bist, läuft hier nichts mehr. Doch Elia ließ sich nicht halten – die Stafette wurde weitergereicht! Elisa erlebte seinerseits Autorität von Gott, sammelte wiederum Schüler um sich und wurde von ihnen ebenfalls als *„Vater“* angesehen (2. Kön 2,9–14; 5,13; 6,21; 13,14 | Sch). Dieses Modell der Prophetenschüler stand sicherlich auch im Hintergrund, als Jesus die Gruppe seiner zwölf Jünger auswählte. Doch stärker als alle seine Vorläufer betonte er in seinem Ausbildungsprogramm die Beziehungsebene. Obwohl das griechische Wort *mathetes* (*„Schüler, Lehrling, Jünger“*) im Blick auf die Anhänger Jesu 225-mal in den Evangelien auftaucht, sprach Jesus seine engsten Weggefährten nur zweimal direkt als *„meine Jünger“* an (Joh 13,35; 15,5).[204] Lieber waren ihm offensichtlich Begriffe wie *„(meine) Brüder“* oder *„Kinder“* (Mt 28,10; Mk 3,34; 10,24; Joh 13,33; 20,17; 21,5). Ausdrücklich betonte er noch beim letzten Abendmahl: *„Ihr seid meine Freunde“* (Joh 15,13–15; vgl. Lk 12,4)!

Nachhaltig prägen nur solche Menschen, die sich auf intensive Beziehungen und einen gemeinsamen Weg einlassen. Mentoring ist weniger eine Methode als vielmehr eine Mentalität.

Was ist ein Mentor? Eine Definition

Durch sein Vorbild im Umgang mit seinen engsten Vertrauten hat Jesus auch für uns die Gleise gelegt: Nachhaltig prägen nur solche Menschen, die sich auf intensive Beziehungen und einen gemeinsamen Weg einlassen. Mentoring ist – von Jesus her betrachtet – somit weniger eine Methode als vielmehr eine Mentalität. Wenn wir auf eine Verwandlung der Herzen abzielen und Menschen für ihren von Gott vorgesehenen Dienst zurüsten wollen, müssen wir ihnen zugleich unsere persönliche Nähe anbieten. Mentoren sind Menschen, die umgeschaltet haben vom „Macher“ zum „Multiplikator“. Sie bleiben nicht bei sich selbst stehen, sondern schauen auf eine kommende Generation und investieren gezielt in Einzelne.

Mentoren sind Menschen, die umgeschaltet haben vom „Macher“ zum „Multiplikator“.

- **Günter Krallmann** entwickelt in seinem Buch „Mentoring for Mission" ein Verständnis von Mentoring, das sich ganz an Jesus orientiert: *„Ein Mentor im biblischen Sinne ist jemand, der eine enge Beziehung zu einem Schützling aufbaut und auf der Grundlage von Gemeinschaft, Vorbild, Rat, Ermutigung, Korrektur, praktischer Hilfe und Gebet seinen Schüler dahin bringt, ein tieferes Verständnis der göttlichen Wahrheit zu erlangen, ein Leben in größerer Heiligkeit zu führen und Gott wirksamer zu dienen."* Ein Leiter wird zum Mentor, wenn er *„einem anderen Menschen Möglichkeiten eröffnet, … seine Persönlichkeit voll zu entfalten und seine Begabungen zu entwickeln."*[205]

Ist Leiterentwicklung für uns ein Herzensanliegen? Oder geben wir uns schon zufrieden, wenn der Betrieb für den Augenblick befriedigend läuft?

- **Tobias Faix** formuliert: *„Der Mentor versucht dem Mentee in seiner persönlichen und geistlichen Entwicklung zu helfen und seine Fähigkeiten und Gaben zu fördern und freizusetzen. Der Mentor ist fähig, seinen Mentee zu unterstützen und positiv zu beeinflussen, sodass dieser sein Potenzial entfalten kann."*[206]
- **Rowland Forman** definiert: *„Mentoring ist eine absichtliche geistliche Freundschaft."* Geistlich wird Mentoring dadurch, *„dass es vom Heiligen Geist begleitet werden muss und in geistlicher Verwandlung gipfelt"*. Für eine nachhaltige Gemeindeentwicklung ist es von entscheidender Bedeutung, dass der Pastor selbst ein Mentor ist und Mentoren ausbildet. *„Jeder Mentor muss in seiner Gemeinde ein Detektiv sein, der Potenzial sucht."*[207]

Gordon MacDonald äußerte einmal die Überzeugung, dass für jeden Leiter *„ab dem 40. Lebensjahr die Investition in sehr lernbereite Menschen eine zunehmende Priorität darstellen sollte, sodass wir die Voraussetzungen für eine neue, erfolgreiche Generation von Leitern und Menschen Gottes schaffen."* Nachdenklich stimmt die Prognose, wie sie MacDonald bereits in den 1980er-Jahren vor Augen stand: *„Die christliche Gemeinschaft wird wahrscheinlich eine bedeutende Zahl potenzieller Leiter verlieren, die die Unterstützung eines besonderen Freundes – eines Förderers – gebraucht hätten."*[208] Sind wir heute weiter? Gibt es in unseren Gemeinden, Gruppen und Werken ein klares Verständnis davon, wie wir die „sehr lernbereiten Menschen" herausfinden und fördern können? Ist Leiterentwicklung für uns ein Herzensanliegen? Ist Mentoring verwurzelt in der Genetik unserer Dienste und Arbeitsbereiche? Oder geben wir uns schon zufrieden, wenn der Betrieb für den Augenblick befriedigend läuft?

Barnabas und das Herz eines Mentors

Fast 160-mal taucht im Neuen Testament der Name Paulus auf. Viel seltener dagegen wird Barnabas erwähnt, ohne den wir möglicherweise nie etwas vom großen Apostel erfahren hätten. Barnabas, ein religiöser Jude, der ursprünglich Joses hieß und aus Zypern stammte, bekam von den Jerusalemer Aposteln den hebräischen Beinamen *„Bar-Nabba"*, was man mit *„Sohn der Ermutigung"* wiedergeben könnte (Apg 4,36–37). Später schließt sich Barnabas der international geprägten Gemeinde in Antiochien an und wird dort geschätzt als *„ein guter Mann, voll Heiligen Geistes und Glaubens"* (Apg 11,24). Um es mit den späteren Worten des Paulus zu sagen: Barnabas zählte zu den *„treuen Menschen"*, in die es sich zu investieren lohnt (2. Tim 2,2)! Doch Paulus war abgetaucht und wohl weder in Jerusalem noch in Antiochien „auf dem Bildschirm". Barnabas zeigt uns wie kaum ein anderer im Neuen Testament das Herz eines Mentors. Er wird der entscheidende Entdecker und Förderer von Paulus und ebnet ihm letztlich den Weg für seinen späteren Dienst:

- **Ein Mentor als Brückenbauer:** Barnabas führte Saulus bereits nach seiner spektakulären Bekehrung in Jerusalem ein und veranlasste die Begegnung mit den Aposteln. (Apg 9,26–30)
- **Ein Mentor als Entdecker:** Barnabas reiste von Antiochien aus nach Tarsus, *„um Saulus zu suchen"*, und integrierte ihn anschließend ins Mitarbeiterteam der Gemeinde. (Apg 11,25–26)
- **Ein Mentor als Förderer:** Barnabas öffnete bestimmte Verantwortungsbereiche für Saulus und gab ihm damit die Gelegenheit, in den Dienst hineinzuwachsen. (Apg 11,27–30)
- **Ein Mentor als Teamplayer:** Barnabas wird zusammen mit Saulus ausgesandt und zum ersten international reisenden Missionsteam zusammengestellt. (Apg 13,1–4; vgl. 1. Kor 9,6)

Fast unbemerkt wechselt im Reisebericht der Apostelgeschichte irgendwann die Reihenfolge: *„Paulus und Barnabas …"* (Apg 13,46; 15,2.12.35). Dieser Prototyp eines Mentors hatte die innere Größe, Paulus den Vortritt zu lassen. Er erkannte frühzeitig die Berufung auf dem Leben des ehemaligen Christenverfolgers. Er wusste um dessen Potenzial und gab ihm den Freiraum, sein eigenes Format zu finden.

Die Stafette geht weiter …

Auch nach der Auseinandersetzung mit Paulus und der zeitweiligen Trennung ihrer Wege blieb für Barnabas klar: Er würde weiterhin Menschen finden, fördern und freisetzen: *„Barnabas nahm Markus zu sich … Paulus aber wählte sich Silas und zog aus …“* (Apg 15,37–41 | Sch). Beide waren als Apostel weiterhin wirkungsvolle Mentoren! Vielleicht gewann Paulus überhaupt erst durch Barnabas die Mentalität eines Mentors. Jedenfalls hörte er nicht auf, nach künftigen Leitern Ausschau zu halten, sie gezielt zu fördern und zu ermutigten. Wenn man einmal Grußlisten am Ende der Briefe wie z. B. Römer 16 durchliest, ahnt man etwas von dem großen Beziehungsfeld, in dem Paulus sich bewegte. Obwohl ihm das vom Typ her vielleicht nahegelegen hätte, war er alles andere als ein Einzelgänger, vielmehr arbeitete Paulus mit einem Netzwerk von Mitstreitern. *„58 sind in den Briefen namentlich erwähnt. Sie kamen aus allen sozialen Schichten. Er war ständig um Mitarbeiter bemüht“* (Sonja Wrage).[209] Der Apostel als Netzwerker und Mentor – so konnte er durch Schlüsselleute in den Regionen letztlich fast den gesamten Mittelmeerraum erreichen. Die Stafette, die er von Jesus über dessen Nachfolger erhalten hatte, geht weiter – bis zu uns heute![210]

- In **Timotheus** gewann Paulus einen „geistlichen Sohn“ und künftigen Gemeindeleiter.
  (Apg 16,1–3; 17,14–15; 18,5; 19,22; Röm 16,21 usw.)
- In **Aquila und Priszilla** findet er Mitarbeiter und die „Hauseltern“ einer späteren Gemeinde.
  (Apg 18,1–3.18; Röm 16,3–5; 2. Tim 4,19)
- Aquila und Priszilla wiederum förderten **Apollos**, der später selbst zu den Aposteln zählte.
  (Apg 18,24–28; 1. Kor 1,12; 3,4–6)
- In späterer Zeit wurde für Paulus auch noch **Johannes-Markus** zu einem geschätzten Mitarbeiter.
  (Kol 4,10; 2. Tim 4,11; Phm 24)
- Im Arzt **Lukas** fand Paulus einen Reisebegleiter und Autor zweier Werke, des Evangeliums und der Apostelgeschichte.
  (Apg 16,10; 20,13; Kol 4,14; 2. Tim 4,11; Phm 24)
- Und wen könntest **du** fördern …?

Voraussetzungen für einen Mentor: ehrliche Fragen an mich selbst

Bevor wir zur praktischen Seite des Mentoring kommen, müssen wir uns selbst einige ehrliche Fragen stellen. Zuerst ist unsere Motivation gefragt, dann lassen sich auch geeignete Methoden erlernen. Wie gesagt: Mentoring ist eine Mentalität – mit wichtigen inneren Voraussetzungen …

- Glaube ich an die Prägekraft meines eigenen Lebens? Bin ich überhaupt bereit, ein Vorbild für andere zu sein? Wo erlebe ich bereits, dass andere sich zu mir hingezogen fühlen?
- Habe ich einen Blick für das Potenzial anderer Menschen? Durch welche „Brille“ sehe ich sie? Welche Absichten verfolge ich im Umgang mit anderen Menschen?
- Finde ich überhaupt ausreichend Zeit, um Menschen zu entdecken, sie zu „umbeten“ und mich dann gezielt auf die richtigen Leute zu konzentrieren?
- Bin ich bereit, Menschen zu fördern bei den Schritten, die *Gott* für sie vorgesehen hat? Werde ich sie freisetzen für Dienste, die *Gott* für sie vorbereitet hat (vgl. Mt 6,10)?
- Habe ich die Bereitschaft zur selbstlosen Investition in andere Menschen, auch wenn sie anders sind als ich, später nicht *für mich* oder *mit mir* arbeiten und mich „überholen“?

12.3 Potenzielle Leiter gezielt fördern

„Hat Titus euch etwa übervorteilt? Haben wir nicht beide im gleichen Geist gehandelt? Sind wir nicht in den gleichen Spuren gegangen?“
(2. Kor 12,18 | EÜ)

Mentoring kann auf ganz unterschiedlichen Ebenen erfolgen: verbindlich und gelegentlich, bewusst oder beiläufig, durch Zeitgenossen und Wegbegleiter ebenso wie durch Zeugen der Vergangenheit. Andere bevorzugen Begriffe wie Coaching, geistliche Begleitung oder Beratung. Sofern „Mentoring“ als Oberbegriff gebraucht wird, lassen sich leicht drei verschiedene Ebenen unterscheiden (mit Paul Stanley und Robert Clinton):[211]

Unterschiedliche Ebenen von Mentoring

passiv	**gelegentlich**	**intensiv**
heutiges Vorbild	Seelsorge	Jüngerschulung
historisches Vorbild	Lehre	geistliche Begleitung
„zufällige“ Begegnung	Sponsoring	Coaching

Die Achse der Intensität bzw. der Zeitaufwand nimmt bei dieser Darstellung von links nach rechts zu. Ich empfinde diese Unterscheidung insofern als hilfreich, als sie uns die Augen öffnen kann für den segensreichen Einfluss von Menschen, die wir nicht unbedingt als „Mentoren" bezeichnen würden, ja die wir möglicherweise niemals persönlich kennenlernen können:

Wir brauchen viel mehr prägenden Einfluss, als ein einzelner Mensch uns geben kann, und in unterschiedlichen Lebensphasen auch unterschiedliche Arten der Begleitung.

- Schon manche **Biografie** hat Menschen zum Glauben geführt, für ein Leben in der Mission motiviert oder zur Gründung von sozialen oder politischen Initiativen veranlasst.
- Menschen werden uns zu **Vorbildern**, ohne dass sie dies wissen. Wir suchen ihre Nähe, vielleicht auch nur auf Konferenzen, durch Bücher, Audio- oder Videoaufzeichnungen.
- Scheinbar zufällige **Begegnungen** können unser Leben stark beeinflussen: Ein Fünf-Minuten-Gespräch, ein guter Rat, ein prophetisches Wort machen Menschen für uns unvergesslich.

Die Anziehungskraft des Vorbilds beschränkt sich nicht auf verbindliche Beziehungen. Wir brauchen viel mehr prägenden Einfluss, als ein einzelner Mensch uns geben kann. *„Es gibt nicht genügend ideale Mentoren, die all diese Aufgaben wahrnehmen können"* (Stanley/Clinton).[212] Außerdem werden wir in unterschiedlichen Lebensphasen auch unterschiedliche Arten der Begleitung oder gar intensive Betreuung brauchen:

- Wer durch persönliche Probleme gehindert ist und seine Vergangenheit zu bewältigen hat, braucht primär **Seelsorge** und Beratung.
- Wer gerade zu Jesus gefunden hat und die ersten Schritte im Glauben geht, sollte jemanden haben, der ihn in der **Jüngerschaft** begleitet.
- Wer in seinem Arbeitsbereich effektiver und erfolgreicher werden möchte, braucht **Coaching** durch jemanden, der sich auskennt.
- Wer vor wichtigen Lebensentscheidungen steht, wird **Begleitung** oder auch nur punktuell den Rat von erfahrenen Menschen suchen.
- **Mentoring** im intensiven Sinn kommt ins Spiel, wo Menschen ihr Potenzial entdecken, ihre Persönlichkeit entwickeln und im geistlichen Dienst wachsen wollen.

Eine Unterscheidung dieser Ebenen bedeutet auch, den Bedarf realistisch zu ermitteln und die Erwartungen ehrlich zu formulieren. Wenn jemand beispielsweise stark in seiner Persönlichkeit verletzt ist, wird er zunächst Seelsorge brauchen. Das Angebot von „Mentoring" würde hier vermutlich falsche Erwartungen wecken. Insofern ist eine Unterscheidung im Sprachgebrauch schon wichtig. Gemeinsam sind allen diesen Ebenen jedoch folgende drei Aspekte (nach Stanley/Clinton)[213]:

1. **Anziehung**: Ein Mensch fühlt sich zum anderen hingezogen und sucht dessen Einfluss. „Ich möchte gerne vor dir lernen und von deinen Erfahrungen profitieren!"
2. **Bereitschaft**: Ein Mensch will persönlich wachsen und ist bereit, dafür eigene Schritte zu tun. „Ich bin bereit zu lernen und möchte mich gerne verändern!"
3. **Verantwortung**: Beide vereinbaren einen gemeinsamen Prozess, der von Offenheit und der Bereitschaft zu persönlicher Rechenschaft gekennzeichnet ist. „Du darfst mich alles fragen!"

Coaching oder Mentoring? Begleitung oder Beratung?

Der Bedarf an Coaching oder Mentoring ist in den letzten Jahren sprunghaft angestiegen. Zuerst wurde „Mentoring" in den 1970er-Jahren in amerikanischen Konzernen entdeckt. Seit etwa 1990 wird das Prinzip, angehende Manager durch ein Mentoren-Programm zu fördern, auch in Deutschland immer populärer. Inzwischen werden von der Regierung gefördert bundesweite Qualitätsstandards für Mentoring entwickelt.[214] Parallel dazu ist „Coaching" inzwischen in aller Munde, weit hinaus über den Bereich des Sports, wo der Coach (Trainer) bekanntermaßen eine Schlüsselrolle spielt. So gibt es inzwischen vermehrt Angebote von „Coaching für Pfarrer". Der Begriff ist ursprünglich vom ungarischen Wort für *„Kutsche"* abgeleitet (*kocsi*), bezeichnet also ein Fahrzeug, das einen Fahrgast an seinen Bestimmungsort bringt. Ein Coach lässt sich somit als *„eine Art Kutscher"* verstehen: *„Jemand, der seine Mitarbeiter coacht, unterstützt sie dabei, schnell, sicher und effektiv Ziele zu erreichen"* (Annette und Christoph Schalk).[215] In beiden Fällen, beim Mentoring und beim Coaching, fördert eine Person mit größerer Erfahrung einen heranwachsenden Leiter oder Mitarbeiter. Dabei ist die Selbstverantwortung des Mentees bzw. Coachees von entscheidender Bedeutung. *„Ein guter Coach gibt keinen Fisch, er lehrt fischen."*[216] Anders ausgedrückt: Mentoring verabreicht *„eher Vitamin als Aspirin"*[217]: Es geht um die Förderung des inneren Wachstums, weniger um schnelle Lösungen oder Schmerzvermeidung. Sowohl Coaching als auch Mentoring beschreiben also eine gezielte und zeitlich begrenzte Begleitung – mit dem Ziel größtmöglicher Eigenständigkeit:

Sowohl Coaching als auch Mentoring beschreiben eine gezielte und zeitlich begrenzte Begleitung – mit dem Ziel größtmöglicher Eigenständigkeit.

- Ich begleite dich durch einen Prozess, der dir hilft, Visionen für dein Leben zu entwickeln, konkrete Ziele zu definieren und die nötigen Schritte zu gehen.
- Ich helfe dir, die richtigen Fragen zu stellen – doch Antworten musst du selbst herausfinden.
- Ich stehe dir auf dem Weg zur Seite und ermutige dich – doch weitergehen musst du selber.
- Ich werde (als christlich orientierter Mentor oder Coach) für dich beten – die Verantwortung für dein Leben vor Gott kann ich dir allerdings nicht abnehmen.

In anderen Bereichen wird eher von geistlicher Begleitung, seelsorgerlicher oder psychologischer Beratung gesprochen; in der Wirtschaft wird der Unternehmensberater herangezogen. Wie können wir die Begriffe am besten unterscheiden?

Coaching hat in der Regel mit bestimmten Kompetenzen und Fähigkeiten zu tun, ist also primär aufgabenorientiert. Manchmal geht es auch um Hilfe zur Selbsthilfe in bestimmten Problemsituationen und auf dem Weg zur Veränderung. Ein guter Coach ist vor allem ein Kommunikator, der durch gezieltes Fragen und Feedback seinen Coachee zu eigenen Lösungsansätzen führt.

Mentoring ist insofern umfassender, als der gesamte Mensch mit seinem Lebensentwurf im Blick ist. Es geht um die Entwicklung der Persönlichkeit und die Entfaltung ihrer Berufung, nicht nur um bestimmte Aufgaben. Das gesamte Potenzial des Mentee soll freigesetzt werden. Ein Mentor kann sich auch zum „geistlichen Vater/Mutter" bzw. zum „väterlichen Freund" entwickeln.

Geistliche Begleitung bezeichnet die Beziehung zu einer erfahrenen, im Glauben gereiften Person (Pastor, Seelsorger, Spiritual), die der Vertiefung des eigenen geistlichen Lebens dient. Grundsätzliche Lebensfragen sind ebenso Gesprächsthema. Punktuell kann dies auf Freizeiten oder in Einkehrhäusern geschehen, aber auch längerfristige Begleitung ist möglich.

Kollegiale Beratung bedeutet, dass Menschen aus derselben Fachrichtung sich zum Austausch auf Augenhöhe treffen: Seelsorger und Therapeuten zur Intervision, Pfarrer und Pastoren zur „geschwisterlichen Beratung" (consolatio) oder Mitarbeiter in einer Supervisionsgruppe. Wie weit es dabei zum persönlichen Austausch „von Herz zu Herz" kommt, ist abhängig vom Tiefgang der Beziehungen.

Seelsorgerliche Beratung findet in der Regel im Einzelgespräch statt, ist jedoch auch im Rahmen einer Gruppe möglich. Vom ehrenamtlichen Seelsorgeangebot einer Gemeinde über ausgewiesene Beratungsstellen bis hin zu ausgebildeten Therapeuten ist seelsorgerliche Hilfe auf verschiedenen Ebenen der Professionalität möglich. Das Ziel einer jeden Beratung ist allerdings, sie zu einem erfolgreichen Abschluss zu führen – eine Dauerbindung wäre kontraproduktiv.

Vorgesetzter oder Berater?

All diesen Formen der Begleitung oder Beratung ist gemeinsam, dass sie sich im Idealfall außerhalb des eigenen Betriebes und jenseits der bestehenden Hierarchien ereignen. Natürlich kann auch der Vorgesetzte beratend tätig werden oder durch Coaching-Prozesse führen. Es ist sogar anzustreben, dass sich möglichst auf allen Hierarchieebenen eine Coaching- und Mentoring-Kultur durchsetzt. Allerdings sollten die Rollen jeweils deutlich geklärt sein: Redest du mit mir als Chef und Vorgesetzter, als Coach und Mentor oder als Seelsorger? Gerade in Konflikt- und Krisensituationen kann externe Beratung unumgänglich werden. Und jedem angehenden Leiter oder Mitarbeiter ist die Erfahrung der absichtslosen Förderung zu gönnen, bei der Coach oder Mentor selbstlos an der Entwicklung des Einzelnen interessiert ist. Wenn sie zugleich die Vorgesetzten sind, kann es nämlich leicht geschehen, dass sie die zu fördernde Person auf ihrer Agenda bereits eingeplant haben und mit ihr im Stillen bestimmte Absichten verfolgen. Bei jedem Prozess von Begleitung und Beratung sollte man deshalb die Ziele auf beiden Seiten von vornherein offenlegen!

Jedem angehenden Leiter oder Mitarbeiter ist die Erfahrung der absichtslosen Förderung seiner Entwicklung durch einen Coach oder Mentor zu gönnen.

Werte und Vereinbarungen für Mentoring

Zu einer gelingenden Mentoren-Beziehung gehören natürlich immer zwei, die beide bereit sein müssen, ihr Bestes zu geben, und sich auf gemeinsame Rahmenbedingungen einigen. *„Gehen zwei den gleichen Weg, ohne dass sie sich verabredet haben?“* (Am 3,3 | EÜ). Den Förderer und den zu Fördernden sollten bestimmte Werte verbinden, andernfalls wird es Irritationen geben. Ferner gibt es passende Werkzeuge, derer sie sich in ihrem Miteinander bedienen. *„Das Tool ist eine Brücke, über die Mentor und Mentee gehen können, um ihr Ziel zu erreichen“* (Faix/Wiedekind).[218] Doch wie gesagt: Zuerst muss Mentoring als Mentalität vorhanden sein, dann kommen die passenden Methoden hinzu!

Zu den wichtigsten Werten in einer Mentoren-Beziehungen gehören:

1. **Vertrauen**: Wir lassen uns gegenseitig „in die Karten blicken“ und vereinbaren eine offene und transparente Gesprächskultur. Wir reden nicht drumherum und müssen einander nichts vormachen. Das Vertrauen kann dadurch wachsen, dass der Mentor von sich aus bereit ist, an eigenen Lebenserfahrungen Anteil zu geben.
2. **Erwartungen**: Wir sollten bei einem Vorgespräch klären, was der Mentee sich von der Beziehung erhofft und was der Mentor realistisch leisten kann. Jeder der beiden Partner sollte ein klares Bild davon abgeben, wo er menschlich und geistlich steht. Überhöhte Erwartungen führen früher oder später zu Enttäuschungen!
3. **Lernbereitschaft**: Mentor wie Mentee sind Lernende, sozusagen gemeinsam als Jünger zu Jesu Füßen sitzend (vgl. Mt 23,8; Lk 10,39). Ein guter Mentor ist nicht einfach Antwortgeber, sondern fragt weiter und sucht Jesus inmitten aller Fragestellungen. Auch wenn die Rollen der beiden nicht miteinander vertauscht werden sollten: Lernen werden sie allemal voneinander!
4. **Verantwortlichkeit**: Der Mentee wird nicht allein durch Rat und Nähe seines Mentors gesegnet sein, sondern durch seine eigene Bereitschaft zur Rechenschaft. Mentoring ist ein Stück „Leben im Licht“ (vgl. 1. Joh 1,7). Dazu gehört auch die Bereitschaft, Vereinbarungen einzuhalten und bestimmte Hausaufgaben zu machen. Ohne Treue ist Mentoring unmöglich!

Zu diesen Werten passen bestimmte Vereinbarungen:

Als Mentor würde ich bei einem Vorgespräch folgende Fragen stellen und eine gemeinsame Vereinbarung anstreben („Mentoring-Vertrag“):

- **Treffpunkt und zeitlicher Rahmen:** Wo treffen wir uns – am besten ungestört? An deinem Arbeitsplatz, bei dir oder mir zu Hause? An einem neutralen Ort (Café, Park)? Wie viel Zeit nehmen wir uns? Wie lange soll die Mentoren-Beziehung gehen (z. B. ein oder zwei Jahre)?
- **Fragestellungen und Themen:** Welche persönlichen Fragen beschäftigen dich? Welche Aspekte deines Lebens wollen wir beleuchten? Welchen biblischen Themen sollten wir uns gemeinsam stellen? Können wir einen „Laufzettel“ erstellen, der uns auf dem Weg begleitet?

- **Medien und Module:** Welche Bücher oder Artikel könntest du lesen? Welche Vorträge hören? An welchen Konferenzen teilnehmen? Welche Veranstaltungen erleben wir gemeinsam?
- **Kontakte und Gelegenheiten:** Wo kann ich dir Anschluss geben an mein Kontaktnetz? Wen solltest du durch mich kennenlernen, wen ich durch dich? Wann kann ich dich „in Aktion" erleben? Wann kann ich dich mitnehmen in mein Arbeitsfeld? Was machen wir gemeinsam?
- **Zwischenbilanz und Abschluss:** Wann ziehen wir „unterwegs" Zwischenbilanz? Welche Form eines gegenseitigen Feedbacks vereinbaren wir? Wie würde ein positiver Abschluss der Mentoren-Beziehung für dich aussehen? Zum gemeinsamen Abschluss fragen wir: Auf welcher Ebene bleiben wir einander verbunden? Was wirst du mit dem Erreichten anfangen?

Robert Logan hat diese verschiedenen Schritte – eigentlich Merkmale – des Mentoring in seinem „Coaching 1x1" formelhaft so zusammengefasst:[219]

1. **relate:** Beziehung (mit klaren Spielregeln)
2. **reflect:** Fähigkeit zur ehrlichen Selbstreflexion
3. **refocus:** Festlegung von Zielen, Prioritäten und Handlungsschritten
4. **resource:** Anschluss an Quellen, Unterstützung und Ermutigung
5. **review:** Auswertung und das Feiern von Fortschritten

Wenn wir schon bei der englischen Sprache sind: Ein Mentor ist seinem Wesen nach ein *Facilitator*: ein Förderer, Unterstützer, „Ermöglicher", der es anderen „leicht macht" (von lateinisch *facilitas*: „Leichtigkeit"). Wenn wir Menschen finden, die uns dazu verhelfen, unser Leben zur Ehre Gottes zu gestalten, und wenn wir solche Menschen für andere werden, wird Gottes Reich zügig vorankommen!

Was sie waren, wurden sie durch …

Die Bibel enthält viele eindrückliche Lebensbilder von Menschen, die nur durch andere wurden, was sie schließlich waren und wofür wir sie heute bewundern. Ob wir nun von Mentoren, väterlichen Freunden oder prophetischen Beratern sprechen: Immer steckt dasselbe Prinzip der Förderung von Generation zu Generation dahinter. Alle diese Beispiele – hier aus dem Alten Testament – können uns ermutigen, dass auch durch unseren Einfluss die Stafette weitergegeben werden kann:

Die Bibel enthält viele eindrückliche Lebensbilder von Menschen, die nur durch andere wurden, was sie schließlich waren und wofür wir sie heute bewundern. Immer steckt dasselbe Prinzip der Förderung von Generation zu Generation dahinter.

- **Jitro** wird zum weisen Ratgeber für **Mose** in einer Phase der Überlastung: die erste strategische Organisationsberatung in der Bibel (2. Mo 18,13–26)!
- **Mose** baut **Josua** langfristig als seinen Nachfolger auf (4. Mo 11,28: sein *„Diener"*). Nach Moses Tod führt er Israel ins versprochene Land (5. Mo 31,7–8; 34,9–10).
- **Samuel** entdeckt **David** als neuen König Israels. Während der Verfolgungszeit durch Saul findet David beim Propheten Schutz und Zuspruch (1. Sam 13,14; 16,6–13; 19,18–24).
- **Nathan** steht **David** als prophetischer Berater zur Seite, ermutigend und ermahnend (2. Sam 7,1–17; 12,1–15.24–25)! Später wird Nathan zum Erzieher für Salomo (1. Kön 1,34–37).
- **Elia** findet in **Elisa** einen Propheten der nächsten Generation (1. Kön 19,15–21). Kühn erbittet dieser von seinem Vorgänger einen *„zweifachen Anteil an deinem Geist"* (2. Kön 2,9–15) – und tut in der Folge die weitaus größeren Wunder!
- **Jojada** steht dem jungen **Joas** zur Seite, der bereits mit sieben Jahren König wird. Und *„Joas tat, was dem Herrn gefiel, solange der Priester Jojada lebte"* (2. Chr 24,1–2).

12.4 Geistliche Väter und Mütter braucht das Land!

„Nicht um euch bloßzustellen, schreibe ich das, sondern um euch als meine geliebten Kinder zu ermahnen. Hättet ihr nämlich auch ungezählte Erzieher in Christus, so doch nicht viele Väter. Denn in Christus Jesus bin ich durch das Evangelium euer Vater geworden. Darum ermahne ich euch: Haltet euch an mein Vorbild!" (1. Kor 4,14–16 | EÜ)

Was ist der Unterschied zwischen einem *„Erzieher"* (griechisch *paidagogos*) und den Eltern in unserem Leben? Wodurch zeichnen sich „geistliche Väter und Mütter" aus? Und wer sind „geistliche Kinder"? Zunächst einmal geht es um das Verhältnis zwischen Generationen. Im Idealfall geschieht ein Transfer von Lebenserfahrung, Fähigkeiten und Weisheit von den Eltern an ihre Kinder, im geistlichen Leben ebenso wie im natürlichen. Wir sind in diesem Buch den großartigen Männern und Frauen der Bibel begegnet, die oft schon als junge Menschen an den Start gingen. Samuel war schon vor seiner Geburt Gott geweiht worden. David wurde bereits als Jugendlicher zum König erwählt. Maria wurde als blutjunge und noch ledige Frau zur Mutter des Messias. Doch nicht alle „Helden" der Bibel hatten ideale Startvoraussetzungen. Nicht immer fanden sie Rückhalt bei ihren Eltern und nicht jeder von ihnen hatte einen persönlichen Mentor im Hintergrund. Doch sie alle erlebten, dass Gott selbst hinter ihnen stand. Was sie waren, das wurden sie in erster Linie durch ihn!

- **David** betete einmal: „Wenn mich auch Vater und Mutter verlassen, der Herr nimmt mich auf" (Ps 27,10). Der junge König war ein beliebter und begabter Leiter, doch seine tiefste Bestätigung kam aus der Beziehung zu seinem Gott: „Mein Vater bist du, mein Gott, der Fels meines Heils" (Ps 89,27 | EÜ).

Für uns heute gilt dasselbe wie für die Menschen der Bibel: Die Befähigung zur Leiterschaft und die Erfahrung von Vaterschaft gehören unbedingt zusammen. Wenn wir nicht nur die „Führungskräfte" von morgen fördern, sondern junge Männer und Frauen in ihrer Persönlichkeit stark machen wollen, müssen wir ihnen mehr geben als „Skills" und „Soft-Skills": Sie brauchen den Geist der Vaterschaft in ihren Herzen, die tiefe Verwurzelung in der Liebe des himmlischen Vaters! Nur so werden aus „Jugendlichen im Glauben" die Väter und Mütter von morgen!

Die Befähigung zur Leiterschaft und die Erfahrung von Vaterschaft gehören unbedingt zusammen.

Junge Leute als geistliche Schlüsselpersonen

- **Josef** wurde mit 17 Jahren aus seiner Heimat verschleppt und von seinen Brüdern als Sklave verkauft. Dennoch wurde er inmitten seines Leidens charakterlich stark, empfing prophetische Träume von Gott und konnte schließlich einen genialen Rettungsplan für Ägypten vorlegen. Über den mächtigen Herrscher dieser Großmacht konnte Josef nach all den Jahren sagen: *„Gott hat mich zum Vater für den Pharao gemacht …"* (1. Mo 45,8).
- Ebenfalls mit jungen Jahren wurde **Jeremia** von Gott berufen, über *„Völkern und Königreichen"* prophetisch zu reden. Er war nicht der erste und nicht der letzte, der voller Respekt vor der folgenreichen Aufgabe zurückschreckte. Doch Gott hatte die richtige Wahl getroffen: *„Sag nicht: Ich bin noch so jung. … Denn ich bin mit dir, um dich zu retten"* (Jer 1,5–10).
- **Daniel** musste als Jugendlicher seine Heimat verlassen und geriet ins babylonische Exil. Durch ein ehrgeiziges Programm zur Förderung künftiger Führungskräfte gelangte er an den Königshof. Obwohl er eine völlig andere Kultur annahm, von Okkultismus umgeben war und mehrfach mit dem Tod bedroht wurde, zeigte sich bei ihm *„ein außergewöhnlicher Geist sowie Erkenntnis und Einsicht"*

(Dan 5,11–12; 1,17 | jeweils EÜ). So erhielt Daniel von Gott Visionen über das Werden und Vergehen der Weltreiche und das Kommen des Messias!

- Auch die junge **Esther**, ein Waisenkind, wurde zusammen mit ihrem Pflegevater nach Babylon verschleppt. Nachdem sie mit vielen anderen Mädchen eine Art Model-Ausbildung absolviert hatte, erwählte sie der König zur Frau (Est 2,7–9.15–17). Genau zu dieser Zeit sollten die Juden durch einen heimtückischen Plan ausgerottet werden. Da beginnt Esther zu fasten und sucht nach Einfluss am Königshof. Aufgrund ihres radikalen Gehorsams gebraucht Gott sie auf überraschende Weise für die Rettung seines auserwählten Volkes! Während Esther bereit ist, ihr Leben aufs Spiel zu setzen, findet sie Rat und Rückhalt bei ihrem betenden Pflegevater: *„Wenn du jetzt schweigst, so wird von einer anderen Seite her Befreiung und Rettung für die Juden kommen, du aber und das Haus deines Vaters werden untergehen. Und wer weiß, ob du nicht gerade wegen einer Zeit wie dieser zum Königtum gekommen bist?"* (Est 4,14 | Sch).

Wissen wir, warum wir gerade zu dieser Zeit ins Rennen gegangen sind? Wissen wir, wie Gott in seiner Weisheit auch *unsere* Lebensumstände in seine Pläne einbaut? Wer gibt uns Rückhalt? Wer öffnet uns die Augen? Und wem können wir zur Seite stehen? Wen können wir ermutigen und fördern? Wie heißen die Josefs, Jeremias, Davids, Daniels, Samuels und Esthers in deiner Umgebung?

Die Qualitäten von geistlichen Vätern und Müttern

Weitergeben kann ich nur, was in mir lebt! Ich kann für andere nur sein, was ich selbst geworden bin!

Wie werden wir zu geistlichen Vätern und Müttern? Und was ist deren Merkmal? Den Korinthern schrieb Paulus: *„In Christus Jesus bin ich durch das Evangelium euer Vater geworden"* (1. Kor 4,15 wörtlich: *„habe ich euch gezeugt"*). Hier waren Christen der ersten Generation, die durch den Apostel neues Leben in Christus empfangen hatten. Timotheus wurde durch Paulus als geistlicher *„Sohn"* adoptiert und als künftiger Leiter aufgebaut (Phil 2,22). Die Gemeinde in Thessalonich erinnerte Paulus an die erste gemeinsame Zeit:

> *„Wie eine Mutter für die Kinder sorgt, so waren wir euch zugetan und wollten euch nicht nur am Evangelium Gottes teilhaben lassen, sondern auch an unserem eigenen Leben; denn ihr wart uns sehr lieb geworden"* (1. Thes 2,7–8 | EÜ).

Lehrer können die Namen ihrer Schüler vergessen – Eltern feiern die Geburtstage ihrer Kinder. Pädagogen können sich auf theoretische Wissensvermittlung beschränken – Väter geben Anteil an ihrem Leben. In der Ausbildung geht es primär um Leistung – Anliegen von Eltern ist die Charakterentwicklung. Deshalb verbindet Paulus den Hinweis auf seine Vaterrolle mit der Aufforderung: *„Haltet euch an mein Vorbild!"* (1. Kor 4,16). Ob Menschen für uns „Geburtshelfer" im Glauben wurden, ob sie uns in einer wesentlichen Lebensphase begleiteten, ob sie durch Mentoring oder Coaching unsere Persönlichkeit formten: Jeweils geht es um die Übertragung von geistlichem Leben, *„… bis Christus in euch Gestalt annimmt"* (Gal 4,19). Damit ist allerdings auch klar: Weitergeben kann ich nur, was in mir lebt! Ich kann für andere nur sein, was ich selbst geworden bin! „Vaterschaft" kann man deshalb nicht veranstalten, sie muss in uns Gestalt annehmen. Deshalb hat Paulus so sehr darum gerungen, dass der Geist der „Sohnschaft" die Herzen der Gläubigen bestimmt (Gal 4,4–7)!

Geistliche Vaterschaft hat also primär nichts mit ergrauten Haaren und absolvierten Dienstjahren zu tun. Es geht bei diesem Begriff weniger um Lebensalter als um innere Reife. Ein 14-Jähriger kann für Kinder zum „geistlichen Vater" werden, ein 20-jähriger Mitarbeiter für Teenager auf einer Freizeit usw. Umgekehrt kann man bis ins Rentenalter eine unausgereifte und unausgefüllte Person bleiben, ohne jemals Vaterschaft erlebt und gelebt zu haben. In seinem ersten Brief spricht Johannes von drei Lebens- oder Reifephasen. Ich denke, dass er dabei weniger Generationen vor Augen hatte als vielmehr die innere Entwicklung eines Jesusjüngers:

- Die **Kinder** im Glauben haben Vergebung ihrer Sünde erlebt und Schlüsselerfahrungen mit der Vaterliebe Gottes gemacht. Genau hier liegt das Fundament für lebendiges Christsein.
- Die **jungen Leute** lernen, den Bösen zu überwinden, aus dem Wort Gottes zu leben, und entwickeln geistliche Stärke. Damit beschreibt Johannes erkennbares Wachstum im Glauben.
- Von den **Vätern** heißt es schlicht (und gleich zweimal), dass *„ihr den erkannt habt, der von Anfang an ist"* (1. Joh 2,12–14; vgl. dazu Joh 1,1–3). Auf der Basis der ersten beiden Entwicklungsphasen wurden sie zu Menschen, die den dreieinigen Gott immer tiefer erkennen.

Ein Merkmal von Vätern und Müttern im Glauben scheint zu sein, dass sie ein Stück weit frei geworden sind von sich selbst. Sie sind zu einer realistischen Selbsteinschätzung gekommen, kennen ihre Gaben und stehen zu ihren Grenzen. Sie haben sich bereits in Krisen bewährt, haben ein tieferes Bewusstsein von Gnade erlangt und können Lebenswege insgesamt besser verstehen. Vor allem sind sie Männer und Frauen, die Gott kennen: sein Wesen und seine Wege mit uns Menschen. Solch ein Mensch war beispielsweise Mose (2. Mo 33,13; Ps 103,7). Solche Menschen brauchen wir heute!

Ich bin so dankbar für die Väter und Mütter, die Wegbegleiter und Freunde in meinem Leben,

- die immer wieder nach der Gesamtperspektive für mein Leben fragten.
- die mir Mut zusprachen, wenn meine Knie weich wurden.
- die für mich beteten, als der Weg durch dunkle Täler führte (vgl. Ps 23,4).
- die Gottes Zeitpunkte für mich besser einschätzen konnten als ich selbst.
- die sich mehr für meine Charakterentwicklung interessierten als für meine Erfolge.

Kann nicht eine Generation von der anderen profitieren? Können nicht Fehler der Vergangenheit zu wertvollen Lernerfahrungen für die Zukunft werden?

Ist geistliches Leben übertragbar?

In einer evangelischen Kommunität, die inzwischen etwas „in die Jahre gekommen" ist, hörte ich den eindrücklichen Satz: „Jede Generation muss neu gründen!" Mancher von uns hat christliche Werke vor Augen, die nach einigen Jahrzehnten „Patina angesetzt" haben. Andere wurden von einer – inzwischen alt gewordenen – Generation von Pionieren und „Gründervätern" geprägt, für die sich kein rechter Nachfolger finden will. Wieder andere gehören zu einer jungen Generation von Leitern, die wenig Lust verspürt, lediglich das Erbe anderer zu verwalten. Ist der Bruch zwischen den Generationen schon vorprogrammiert? Ich frage mich weiterhin: Sind wir so geschichtslos und so individualistisch geworden, dass jeder neue Aufbruch dazu neigt, eine „Stunde null" zu schaffen? Wie kommt es, dass immer wieder hochmotivierte Newcomer antreten und meinen, das Rad neu erfinden zu müssen? Kann nicht eine Generation von der anderen profitieren? Können nicht Fehler der Vergangenheit zu wertvollen Lernerfahrungen für die Zukunft werden? Wurden beim Neubau der Frauenkirche in Dresden nicht die angesengten Steine der Bombennächte integriert?

Geistliches Leben ist übertragbar, nicht vererbbar. Es lässt sich durch Vorbild und Nähe, durch Gebet und Geisterfahrung von Mensch zu Mensch weiterreichen.

So sehr die Postmoderne feste Denkgebäude und starre Mechanismen aufbricht und aufbrechen muss, wird sie sich doch selbst an die Grenzen bringen. Wir sind unterwegs auf einer Reise, deren

Ziel wir noch nicht kennen. Wer die Koordinaten seines Lebens selber setzen muss, wer sein Leben nicht mehr in vorhandenen Spuren führen kann, der ist nicht nur frei, sondern auch mit sich allein. Wer sich in einer Welt voller Optionen zurechtfinden muss, ist am Ende auch schnell überfordert. Die Möglichkeiten nehmen zu, aber auch die Verwirrung, die Überforderung, die Erschöpfung. Wer nimmt mich an die Hand? Wer interessiert sich so sehr für mich, dass er bereit ist, mich ein Stück des Weges zu begleiten? Vor der jungen Generation heute liegen Herausforderungen, von denen die „Generation Golf" (Jahrgang 1965–1975) noch nicht einmal träumen konnte.[220] Der Bedarf nach Lebenshilfe und geistlicher Wegbegleitung wird nur noch zunehmen – und er wird immer lohnender! Denn geistliches Leben ist übertragbar, nicht vererbbar. Es lässt sich durch Vorbild und Nähe, durch Gebet und Geisterfahrung von Mensch zu Mensch weiterreichen. Interessant ist die Beobachtung, dass die Bibel in keinem der folgenden Beispiele widerspricht:

Charisma und Charakter im Leben eines Menschen sind auf Übertragung angelegt.

- Auf die **70 Ältesten** Israels ließ Gott *„etwas von dem Geist"* kommen, der auf Mose lag. Später wird Mose aufgefordert, *„einen Teil deiner Würde"* auf Josua zu legen (4. Mo 11,17; 27,20 | EÜ).
- Und **Elisa** bat seinen Mentor Elia vor dessen Entrückung ganz unbescheiden um *„zwei Anteile deines Geistes"* (2. Kön 2,9 | EÜ).
- Paulus schrieb an **Timotheus**, er solle die Gnadengabe Gottes wieder anfachen, die er durch die Handauflegung des Paulus empfangen hatte (2. Tim 1,6).

Charisma und Charakter im Leben eines Menschen sind auf Übertragung angelegt. Wenn Christus in uns Gestalt gewinnt, werden wir nicht versuchen, Kopien von uns selbst in die Welt zu setzen. Wir werden nicht Menschen an uns binden, sondern für den Lauf trainieren, bei dem die Stafette von einer Generation an die nächste weitergereicht wird.

Das Land lässt sich verändern!

Heute ist keine Jugendbewegung in Sicht, die *„revolutionäre Zukunftsutopien"* entwickeln könnte (Grünewald).[221] Allerdings ändern sich die Zeiten gerade und wir erleben eine neue Bereitschaft zur Radikalisierung – doch wohin diese führt, weiß niemand. Die Gemeinden hingegen schalten überwiegend um auf „Wohlfühlprogramme". Auch Christen neigen zum Rückzug ins Private. Sind wir am Ende dessen angekommen, was von Christen in unserem Land zu erwarten ist? Dieses Buch möchte Mut machen und zugleich aufrütteln:

Gottes lebensverändernde Kraft hat in keiner Weise nachgelassen.

Gottes Bereitschaft, durch gewöhnliche Menschen Geschichte zu schreiben, gilt ungebrochen.

Gottes Sehnsucht, ein ganzes Land zu berühren, steht unverändert über uns.

Wirst du dich ihm ganz zur Verfügung stellen, damit er seine guten Pläne durch dich verwirklichen kann? Willst du Teil der leisen Revolution sein, die durch Jesus in diese Welt kam? Willst du dein Leben so führen, dass es am Ende „reiche Frucht" gebracht hat (Joh 15,5.8)? Dann wirst du Teil der Antwort sein, die Gott für unser Land bereithält. Du wirst dazu beitragen, dass Gottes tiefster Wunsch in Erfüllung geht:

> *„Unser Land wird von seiner Herrlichkeit erfüllt sein. Liebe und Wahrheit haben sich verbündet. Gerechtigkeit und Frieden küssen sich! … Ja, der Herr wird es uns gut gehen lassen und unser Land wird reiche Ernte tragen."*
> (Ps 85,10–14 | NLB)

Schlusswort

Die großen Themen unseres Lebens sind manchmal zugleich unser Schicksal. Themen sind aber häufig auch geprägt durch Menschen, die unseren Weg irgendwann kreuzen oder begleiten. Seit meiner Ordination zum Pfarrer im Jahr 1986 treibt mich die Frage nach geistlicher Leitung um: anfangs mehr allgemein als biblisches Thema, später jedoch betroffen durch eigene Erfahrungen. Während um uns herum die Gemeinde über ihre Grenzen hinaus wuchs, sich profilierte und komplexer wurde, war ich zunehmend herausgefordert: Wie leitet man, vor allem im Blick auf völlig unterschiedliche Menschen, ungeahnte Situationen, schließlich durch Krisen und an Abgründen vorbei? Wie müsste ich als Leiter sein? Wo war ich begrenzt durch meine eigene Persönlichkeit?

Zu den großen Schätzen meines Lebens gehören Wegbegleiter, Partner auf Augenhöhe – und die hatte ich in jeder Phase. Zeitweise kreuzten sie meinen Weg ungefragt, zu anderen Zeiten musste ich aktiv nach ihnen suchen. Ferner zählen die väterlichen Freunde und Ratgeber zu den besonderen Geschenken – sowohl durch gelegentliche Begegnungen als auch durch langjährige Beziehungen. Letztlich war es Dr. Günter Krallmann, der mich auf die Spur „Leiten nach dem Vorbild von Jesus" brachte. Als Student begegnete ich ihm zum ersten Mal während meiner Zeit bei „Jugend mit einer Mission". Als er Mitte der 1980er-Jahre nach Südafrika ging, begann eine langjährige Gebetspartnerschaft. Schließlich übernahm ich für einige Jahre die Redaktionsleitung der von ihm gegründeten Zeitschrift „Der Auftrag". Nachdem Familie Krallmann in den 1990er-Jahren nach England übersiedelte und 2004 schließlich Richtung Norwegen zog, wurden die Wege kürzer. Immer wieder forderten mich Günters Einsichten in Wesen, Wirken und Strategie von Jesus Christus heraus. Vieles von diesen Werten schien so schwer zu meiner nüchternen und oft ernüchternden Gemeindearbeit zu passen. Doch seine Seminare und Bücher hinterließen in mir einen nachhaltigen Eindruck und veränderten meine Sicht der Dinge.[222] Heute kann ich im Rückblick sagen: Es lohnt sich, als Leiter ein Lernender zu bleiben. Es lohnt sich, eher die Gemeindewirklichkeit infrage zu stellen als die Wahrheiten in Gottes Wort. Es lohnt sich, gerade als Pfarrer sich an Jesus zu messen. Und es lohnt sich, nach Wegbegleitern und Vorbildern Ausschau zu halten. Mein besonderer Dank gilt deshalb an dieser Stelle Günter Krallmann, durch den ich Mentoring erfahren und begreifen durfte!

Das Manuskript zu diesem Buch begann ich kurz vor meinem 50. Geburtstag. Die Jahre danach wurden die bisher herausforderndsten in meinem Leben. Niemals hätte ich mir für ein Manuskript vier Jahre Zeit genommen – doch biografisch war diese lange Wegstrecke persönliche Reifezeit. Ich bin Gott heute für Schwierigkeiten in meinem Leben ebenso dankbar wie für die Erfolge. Vielleicht musste ich so alt werden, um über „Leiterentwicklung" schreiben zu können … Danke, Jesus!

Ostern 2012

Empfohlene Literatur

- Benedikt von Nursia: Die Regel des heiligen Benedikt, hrsg. von der Salzburger Äbtekonferenz, Beuron (^{2}2008)
- Berger, Klaus/Fritzsche, Andreas: Charakter entwickeln, Hünfelden (2009)
- Böhlemann, Peter/Herbst, Michael: Geistlich leiten. Ein Handbuch, Göttingen (2011)
- Clinton, J. Robert: Der Werdegang eines Leiters. Lektionen und Stufen in der Entwicklung zur Leiterschaft; Greng-Murten (1992)
- Clinton, Richard/Leavenworth, Paul: Leiterschaft – wie fange ich an? CH-Oberweningen (1997)
- Cottrell, Stephen: Auf die Knie, fertig, los! Die andere Art zu leiten, Neukirchen-Vluyn (2010)
- Faix, Tobias/Wiedekind, Anke: Mentoring. Das Praxisbuch, Neukirchen-Vluyn (2010)
- Faix, Tobias: Mentoring. Chancen für geistliches Leben und Persönlichkeitsprägung, Neukirchen-Vluyn (^{2}2003)
- Forman, Rowland/Jones, Jeff/Miller, Bruce: Den Leiterschaftsstab weitergeben, Marburg (2010)
- Hybels, Bill: Als Christ erfolgreich führen, Asslar (2008)
- Hybels, Bill: Entfalte deinen Charakter. Praktische Schritte zu einem authentischen Leben, Asslar (2010)
- Hybels, Bill: Mutig führen. Navigationshilfen für Leiter, Asslar (2003)
- Knoblauch, Jörg W./Hüger, Johannes/Mockler, Marcus: Dem Leben Richtung geben, Frankfurt/Main (^{4}2004)
- Krallmann, Günter: Leidenschaftliche Leiterschaft, Unna/Schwarzenfeld (2008)

- Krallmann, Günter: Von der Begabung zur Befähigung. 10 Schlüssel zur geistlichen Leiterschaft, Holzgerlingen (2000)
- Leman, Kevin/Pentak, William: Das Hirtenprinzip. Sieben Erfolgsrezepte guter Menschenführung, München (2005)
- Logan, Robert: Das Coaching 1x1, Gießen/Basel (2004)
- Maxwell, John C.: Charakter und Charisma. Die 21 wichtigsten Qualitäten erfolgreicher Führungspersönlichkeiten, Gießen ([5]2009)
- Maxwell, John C.: Leadership. Die 21 wichtigsten Führungsprinzipien, Gießen/Basel ([4]2008)
- Metaxas, Eric: Wilberforce. Der Mann, der die Sklaverei abschaffte, Holzgerlingen (2012)
- Pink, Ruth: Souveräne Gesprächsführung und Moderation, Frankfurt/Main (2002/2010)
- Schalk, Annette und Christoph: Mitarbeiter coachen – gemeinsam Ziele erreichen, Quadro Nr. 13, Berlin (2010)
- Schulz von Thun, Friedemann/Ruppel, Johannes/Stratmann, Roswitha: Miteinander reden. Kommunikationspsychologie für Führungskräfte, Reinbek bei Hamburg (2000)
- Spangenberg, Jens: Tanz auf der Fontäne. Christliche Spiritualität in der Postmoderne und der Zukunft, Glashütten (2009)
- Stanley, Paul D./Clinton, J. Robert: Mentoring. Wir brauchen geistliche Väter und Mütter, CH-Murten ([2]1997)
- Stockmayer, Bettina und Johannes: Aufbruch aus der Krise, Kassel (2008)
- Wolf, Abtprimas Notker/Rosanna, Schwester Enrica: Die Kunst, Menschen zu führen, Reinbek ([4]2008)
- Zindel, Daniel: Geistesgegenwärtig führen. Spiritualität und Management, Schwarzenfeld (2009)

Bibelübersetzungen

- Das Buch. Neues Testament, übersetzt von Roland Werner, SCM R. Brockhaus, Witten (2009)
- Das Jüdische Neue Testament, Übersetzung von David H. Stern, Hänssler Verlag, Neuhausen-Stuttgart (1994)
- Einheits-Übersetzung, Katholische Bibelanstalt, Stuttgart (1980)
- Gute Nachricht Bibel, Deutsche Bibelgesellschaft, Stuttgart (1997)

- Hoffnung für alle, Brunnen Verlag, Basel/Gießen (2002)
- Luther-Bibel, Deutsche Bibelgesellschaft, Stuttgart (1984)
- Neues Leben – Die Bibel, Hänssler Verlag, Holzgerlingen (2005)
- Revidierte Elberfelder Bibel, R. Brockhaus Verlag, Wuppertal (1986)
- Revidierte Schlachter-Bibel (Version 2000), Genfer Bibelgesellschaft, Genf (2003)/CLV, Bielefeld (²2006)

Anmerkungen

1 Friedemann Schulz von Thun/Johannes Ruppel/Roswitha Stratmann, Miteinander reden: Kommunikationspsychologie für Führungskräfte, Reinbek bei Hamburg (2000), S. 13

2 Laotse: Tao Te King – eine zeitgemäße Version für westliche Leser, Peter Kobbe (Übers.), München (2003), S. 29

3 Peter Barrenstein, auf einem Workshop zum Thema: „Leitung und Führung in der Kirche", Oktober 2008 in Berlin, epd Dokumentation Nr. 21, Frankfurt (2009)

4 Hans Walter Wolff, Anthropologie des Alten Testaments, München (^{3}1977), S. 235

5 Irina Schefer, Wie Wölfe mit Vertrauen führen … und was menschliche Chefs davon lernen können, München (2011), S. 7, 9, 65

6 W. Phillip Keller, Psalm 23. Aus der Sicht eines Schafhirten, Wetzlar (^{2}1978), S. 72, 74

7 Kevin Leman/William Pentak, Das Hirtenprinzip. Sieben Erfolgsrezepte guter Menschenführung, München (2005), S. 28

8 Lied Nr. 445,5, in: Evangelisches Gesangbuch, Ausgabe für die Evangelisch-Lutherischen Kirchen in Bayern und Thüringen, München/Weimar, S. 1556

9 Wilfried Härle, in: Geistlich Leiten. Ein Impuls, epd Dokumentation 6/2012, Hannover (2012), S. 28–29

10 Frank und Catherine Fabiano, Mut zur Reife, Asslar (1999), S. 169–170

11 Richard Clinton/Paul Leavenworth, Leiterschaft – wie fange ich an? CH-Oberweningen (1997), S. 23–24

12 Ebendort, S. 55

13 Vgl. dazu: Mt 9,37–38; 10,10; 20,26; 23,11; Lk 6,13; 9,10; 12,4.42; 24,48; Joh 13,16; 15,15.27

14 Verfasst im Gefängnis Berlin-Tegel (Sommer 1944). Dietrich Bonhoeffer, Widerstand und Ergebung, München ([10]1978), S. 179

15 Henri J. M. Nouwen, Nimm sein Bild in dein Herz, Freiburg/Basel/Wien (1997), S. 54

16 Ebendort, S. 56–57

17 Joachim Jeremias, Neutestamentliche Theologie, Gütersloh 1979, S. 71–72: *„Während wir keinen einzigen Beleg dafür besitzen, dass Gott im Judentum mit Abba angeredet worden wäre, hat Jesus Gott stets in seinen Gebeten so angeredet …*
Abba war Kindersprache, Alltagsrede, Höflichkeitsausdruck. … Dieses Abba ist ipsissima vox Jesu“ [Jesu ureigenste Sprache].

18 J. Robert Clinton, Der Werdegang eines Leiters. Lektionen und Stufen in der Entwicklung zur Leiterschaft, CH-Greng-Murten (1992), S. 54

19 Leonhard Goppelt, Theologie des Neuen Testaments, Band 2, Göttingen (1976), S. 433

20 Peter Böhlemann/Michael Herbst, Geistlich leiten. Ein Handbuch, Göttingen (2011), S. 19–20

21 Roger Steer, Mit Hudson Taylor unterwegs, Basel/Gießen (1998), S. 103; 35

22 Hudson Taylor, Das ausgetauschte Leben, Bad Liebenzell (o. J.), S. 19–22

23 Zitiert nach Don und Katie Fortune, Erkenne Gottes Gaben in dir, Solingen (1994), S. 35

24 Walter Hümmer, Neue Kirche in Sicht? Edel-Taschenbuch Nr. 17, Marburg (1970), S. 28

25 Kurt Schuster, Gruppe – Gemeinschaft – Kirche. Gruppenbildung bei Zinzendorf, München (1960), S. 19–20

26 Christian A. Schwarz, Die 3 Farben deiner Gaben, Emmelsbüll (2001), S. 42, 90

27 Jürgen Moltmann, Kirche in der Kraft des Geistes. Ein Beitrag zur messianischen Ekklesiologie, München (1975), S. 323–324

28 So bei Schwarz, a.a.O.

29 Paul Schütz, Evangelium. Sprache und Wirklichkeit der Bibel in der Gegenwart. In: Gesammelte Werke Band 1, Hamburg (1984), S. 541

30 So die Ausgabe der Stuttgarter Jubiläumsbibel von 1913; dort die Erklärung zu 1. Korinther 14,2

31 Rudolf Bohren, Dem Worte folgen. Predigt und Gemeinde, München/Hamburg (1969) S. 155

32 Böhlemann/Herbst, S. 53

33 Dietrich Bonhoeffer, Sanctorum Communio (1930), München (1986), S. 86–87

34 Dietrich Bonhoeffer, Nachfolge, Gütersloh (^{3}2008), S. 233–235; 303

35 Ausführlicher bei: Christian A. Schwarz, Das 1x1 der natürlichen Gemeindeentwicklung, Glashütten (2007), S. 17–18

36 Bill Hybels, Mutig führen. Navigationshilfen für Leiter, Asslar (2003), S. 77–78

37 Jens Kaldewey, Die starke Hand Gottes, Emmelsbüll (2001), S. 60, 64–65

38 Michael Frost/Alan Hirsch, Die Zukunft gestalten. Innovation und Evangelisation in der Kirche des 21. Jahrhunderts, Glashütten (2008), S. 269, 279

39 Ebendort, S. 282–285 (sprachlich leicht verändert)

40 Ebendort, S. 290

41 Böhlemann/Herbst, S. 55

42 Frost/Hirsch, S. 276

43 Apg 11,25–26; 13,1–5; 14,21–26; 16,4–10; 19,8–10.21; 1. Kor 3,6–10; 4,15; 9,1–7.16–23

44 Kaldewey, S. 16

45 Gordon MacDonald, Getrieben oder berufen. Ordne dein Leben, Hochheim (1984), S. 13

46 Ebendort, S. 30–31, 54–55

47 Ebendort, S. 120

48 Robert E. Coleman, Des Meisters Plan der Evangelisation, Neuhausen-Stuttgart (1979), S. 19, 23

49 Bonhoeffer, Nachfolge, S. 47

50 Günter Krallmann, Leidenschaftliche Leiterschaft, Unna/Schwarzenfeld (2008), S. 126, 67

51 Ebendort, S. 67

52 Martin Schleske, Der Klang, München (2010), S. 234, 237

53 Clinton, S. 26–27

54 Zitiert bei: John C. Maxwell, Charakter und Charisma. Die 21 wichtigsten Qualitäten erfolgreicher Führungspersönlichkeiten, Gießen ([5]2009), S. 152

55 Hybels, Mutig führen, S. 37

56 Bill Hybels, Die Kunst des Führens, Asslar (2009), S. 42

57 Abtprimas Notker Wolf/Schwester Enrica Rosanna, Die Kunst, Menschen zu führen, Reinbek ([4]2008), S. 50

58 Garth Lean, John Wesley. Modell einer Revolution ohne Gewalt, Gießen/Basel ([3]1974), S. 129

59 Zitiert in: Martin Luther King, Testament der Hoffnung, Hrsg. Heinrich W. Grosse, Gütersloh ([3]1979), S. 121–125

60 Zitiert bei: John C. Maxwell, Leadership. Die 21 wichtigsten Führungsprinzipien, Gießen/Basel ([4]2008), S. 50

61 Bill Johnson, Neues Denken – Neue Vollmacht, Vaihingen/Enz (2007), S. 41–43

62 Beachte die enorme Bedeutung von Träumen in der Bibel: Der Josef des Alten Testaments bekam schon als Jugendlicher Träume, die einen Generalplan zur Rettung von Nationen ankündigten. Die Josefs-Geschichte enthält drei Träume, die jeweils zweimal vorkommen (1. Mo 37,5–10; 40,5–8; 41,1–8.25). Ebenso hat der Josef des Neuen Testaments drei oder vier Träume, durch die Jesus als Kind gerettet wird (Mt 1,20; 2,13.19.22). – Ausführlicher zur Deutung von Träumen: Marianne Peuster, Gott spricht in meinen Tag hinein, Hannoversch Münden (2012), S. 65–90

63 Zitiert bei: Asmus J. Hintz, Erfolgreiche Mitarbeiterführung durch soziale Kompetenz, Wiesbaden (2011), S. 165

64 Watchman Nee, Der Zerbruch des äußeren Menschen und die Befreiung des Geistes, Berlin (1999), S. 50, 47, 51

65 Dazu ausführlicher: Arnold G. Fruchtenbaum, Das Leben des Messias, Hünfeld ([5]2010), S. 23–26

66 Vgl. dazu besonders die Bergpredigt zur „Volksmenge“: Mt 5,1.13–16.29.36; 7,3.6.9–10.13–17.24–27

67 Brian D. McLaren, Die geheime Botschaft von Jesus, Asslar (2007), S. 64

68 Ebendort, S. 63

69 Einige bekannte Bildworte bei Jesus: Mt 9,17.37–38; 13,31–33.47–48; 15,13–14; 18,12–14; 21,21; 23,26 usw.

70 Zum Beispiel folgende Bildworte der Psalmen: Ps 23,2.5; 27,5; 34,6.8; 36,6.9; 66,10.12; 103,12–13

71 Im Bereich der Anthropologie wird die geistig-moralische Dimension niemals von der irdisch-körperlichen getrennt. So bedeutet Geist zugleich „Atem, Wind(hauch)“; die Entscheidungen und Einsichten eines Menschen sind sein „Herz“; das Gewissen (bzw. die Geheimnisse) eines Menschen werden mit „Nieren“ bezeichnet; starke Emotionen zu empfinden bedeutet wörtlich, dass „die Eingeweide sich umdrehen“, und das Wort Erbarmen lässt immer zugleich an den „Mutterleib“ denken!

72 Ursula und Manfred Schmidt, Hörendes Gebet, Hamburg (^{5}2009), S. 97

73 Horst Speichert, Richtig üben macht den Meister, Wiesbaden (2001), S. 22

74 Joh 6,35.48.51; 8,12; 10,7.9.11.14; 11,25; 14,6; 15,1.5

75 Loren Cunningham, Bist du es, Herr?, Tübingen (1984), S. 188, 208

76 Hybels, Mutig führen, S. 54

77 Silbermond, unter: http://www.lyrics.de/songtext/silbermond

78 Stephan Grünewald, Deutschland auf der Couch, Frankfurt/Main (^{2}2007), S. 7, 15

79 Andreas von Heyl, Habilitationsschrift an der Augustana-Hochschule in Neuendettelsau, zitiert nach einem Artikel im Stern, 6.5.2003

80 Keith Warrington, Das Reich Gottes. Die Vision wiedergewinnen, Lüdenscheid (2011), S. 173

81 Ric Graf: I Cool, Reinbek bei Hamburg (2006), S. 22–23

82 So Ludwig Schneller, Kennst du ihn? Neukirchen-Vluyn (^{7}1984), S. 26

83 Diese Fragestellungen verdanke ich einem Seminar mit Paul Stanley, „Finishing Well“ im Juni 2003: Darin der Abschnitt „Focused Life“

84 Jörg W. Knoblauch/Johannes Hüger/Marcus Mockler, Dem Leben Richtung geben, Frankfurt/Main (^{4}2004), S. 124–125

85 Ebendort, S. 135

86 Dazu ausführlicher: ebendort, S. 174–182

87 Jörg Knoblauch/Holger Wöltje, Zeitmanagement, Haufe Taschen-Guide 70, München (2003), S. 49

88 Steven R. Covey, Die 7 Wege zur Effektivität. Prinzipien für persönlichen und beruflichen Erfolg, Offenbach (2005), S. 170

89 Stephen R. Covey, Die 7 Wege zur Effektivität. Workbook, Offenbach (2010), S. 82–84

90 Nach Vilfredo Pareto (1848–1923), Knoblauch/Wöltje, Zeitmanagement, S. 22–23

91 Dazu: Psychologie Heute, Oktober 2011, Weinheim, S. 3

92 John C. Maxwell, Charakter und Charisma, S. 11

93 Axel Wolf in: Psychologie Heute, Oktober 2011, S. 21

94 Klaus Berger/Andreas Fritzsche, Charakter entwickeln, Hünfelden (2009), S. 9

95 Bill Hybels, Entfalte deinen Charakter, Asslar (2010), S. 8–9

96 Maxwell, Charakter und Charisma, S. 12

97 Berger/Fritzsche, S. 25–26

98 Zitiert bei: Paul D. Stanley/J. Robert Clinton, Mentoring: Wir brauchen geistliche Väter und Mütter, CH-Murten (^{2}1997), S. 45

99 Günter Krallmann, Leidenschaftliche Leiterschaft, S. 194

100 Zitiert nach: Gunter Geipel, Jesus – Information, Faszination, Begegnung, Hamburg (2002), S. 6

101 Elberfelder Studienbibel mit Sprachschlüssel, Wuppertal (2005), Anmerkung zum griechischen Wort charaktér, S. 2327

102 Der Kleine Katechismus Martin Luthers, in: Evangelisches Gesangbuch, S. 1556

103 Feiert Jesus! – Das Jugendliederbuch, Band 1, Neuhausen-Stuttgart, (1995), Nr. 239

104 Bettina und Johannes Stockmayer, Aufbruch aus der Krise, Kassel (2008), S. 34, 31

105 Wolff, S. 74, 77–78

106 Zitiert bei: Krallmann, Leiterschaft, S. 192

107 John Pollock, Billy Graham. Die Biografie, Holzgerlingen (2004), S. 100

108 Wolf u. a., S. 77, 57

109 Goethe für Gestresste, ausgewählt von Walter Hinck, Frankfurt (Main)/Leipzig (1997), S. 50

110 Weitere Stellen, wo die Bibel uns Menschen mit Bäumen vergleicht: Ps 1,1–3; 92,13–14; Jes 61,3; Jer 17,7–8; Dan 4,17–19

111 Gerhard von Rad, Das Opfer des Abraham, München (1971), S. 38–40

112 Clinton, Werdegang eines Leiters, S. 63

113 Oswald Sanders, Der große Unbekannte – Steckbrief des Widersachers, Stuttgart (1977), S. 49

114 Vgl. dazu: Jes 53; Apg 8,32-35; 2. Mo 12; Joh 1,29; Offb 5,6; 3. Mo 16; Hebr 9,6–14; Lk 24,25–27.44–46

115 Sanders, S. 54

116 Vgl. dazu: Mt 11,19; 12,14.24; 26,14–16.49–50; Lk 10,25; 20,20–26; Joh 8,48

117 Bonhoeffer, Nachfolge, S. 52, 55

118 In: Evangelisches Gesangbuch, Nr. 905, S. 1553

119 John Bevere, Unter Gottes Schutz, Grasbrunn (2003), S. 70–73

120 New International Version, The Christian Growth Study Bible, Grand Rapids/Michigan (1997)

121 Krallmann, Leiterschaft, S. 202

122 Clinton, Werdegang eines Leiters, S. 58, 33

123 Stockmayer, S. 70–71

124 Ebendort, S. 46

125 Vgl. dazu im Alten Testament: Jes 29,18–19; 32,1–4; 35,5–6; 61,1–4

126 Fruchtenbaum, S. 50

127 Joseph Ratzinger – Benedikt XVI., Jesus von Nazareth, Freiburg/Basel/Wien (2006), S. 79, 90

128 Floyd McClung, Das Vaterherz Gottes, Tübingen (1986), S. 111

129 Charles Sibthorpe, Unter höherem Befehl, Hochheim (1984), S. 35, 42

130 Johnson, S. 37, 41

131 Leman/Pentak, S. 28–29

132 David Johnson/Jeff VanVonderen, Geistlicher Missbrauch, Wiesbaden (1996), S. 43–44

133 Ebendort, S. 18

134 Sonja Stark, in: Religiöser Missbrauch, Hrsg. Lorenz Reithmeier, Hamburg (2006), S. 32–33

135 Elberfelder Studienbibel, S. 2297

136 Die Regel des heiligen Benedikt, Hrsg.: Salzburger Äbtekonferenz, Beuron ([2]2008), S. 124–125

137 Fruchtenbaum, S. 77

138 Martin Luther, An den christlichen Adel deutscher Nation von des christlichen Standes Besserung, D. Martin Luthers Werke – kritische Gesamtausgabe, Weimar (1888), WA 6, 407

139 Augsburgisches Bekenntnis, Art. 7, in: Evangelisches Gesangbuch, Nr. 906, S. 1567

140 Otto Weber, Grundlagen der Dogmatik, 2. Band, Neukirchen-Vluyn ([5]1977), S. 628

141 Martin Luther, WA 2, 430

142 Weber, S. 629

143 4. These, in: Evangelisches Gesangbuch, Nr. 907, S. 1579

144 Arnold Bittlinger, Charisma und Amt, Stuttgart ([2]1967), S. 21–22

145 Rick Joyner, Die Engel, die Ernte und das Ende der Welt, Wiesbaden (1993), S. 96–97, 198

146 McClung, S. 112–113

147 Sibthorpe, S. 21

148 Günter Krallmann, Im Licht von Gottes Herrlichkeit. Wie Erweckung kam und wieder kommen kann, Unna (2011), S. 50–53

149 John Telford, The Life of John Wesley, London ([3]1910), S. 350–351 – im englischen Original: „The best of all is, God is with us."

150 Zitiert bei: Kerstin Hack, Gebet – schlicht + ergreifend, Berlin/Witten (2011), S. 9

151 Stephen Cottrell, Auf die Knie, fertig, los! Die andere Art zu leiten, Neukirchen-Vluyn (2010), S. 29, 31

152 Carsten Peter Thiede, Wir in Europa – Wurzeln, Wege, Perspektiven, Presse- und Informationsamt der Bundesregierung, Bonn (1995), S. 105

153 Steer, S. 78

154 Taylor, S. 8

155 Zitiert bei: Reiner-Friedemann Edel (Hrsg.), Das Leben im Geist (Band 1), Marburg (1973), S. 145–146

156 Dietrich Bonhoeffer, Gemeinsames Leben, München (1973), S. 34

157 Evangelisches Gesangbuch, Nr. 362: *„Ein feste Burg ist unser Gott …“*

158 So das „Achtzehngebet“ oder das „Qaddisch des Gottesdienstes“, in dem es heißt: *„Verherrlicht und geheiligt werde sein großer Name in der Welt, die er nach seinem Willen geschaffen hat. … Und er lasse sein Reich herrschen und seine Erlösung sprossen …“* – Hermann L. Strack/Paul Billerbeck, Kommentar zum Neuen Testament aus Talmud und Midrasch, Band 1, München (^{2}1956), S. 406–410

159 Dietrich Bonhoeffer, Beten mit der Bibel, Hamburg (1970), S. 56–57

160 Ebendort, S. 54, 57

161 Larry Lea, Könnt ihr nicht eine Stunde mit mir wachen? Remscheid (1989), S. 56–57

162 Bonhoeffer, Beten, S. 55

163 Georg Eichholz, Auslegung der Bergpredigt, Neukirchen-Vluyn (^{4}1978), S. 132

164 Zitiert bei Eichholz, S. 123

165 Zitiert nach: Gut gesagt – 2000 Zitate, Aphorismen und Lebensweisheiten, Berlin (2005)

166 Bonhoeffer, Gemeinsames Leben, S. 96, 14

167 Christoph Häselbarth/Michael Kienapfel/Johannes Grassel, Gemeinsam das Land verändern – eine neue Zeit beginnt! (2010), S. 20

168 Lea, S. 124

169 Andrew Murray, Warten auf Gott, Gefell (2009) S. 99, 20–21, 64

170 Jesus unsere Freude. Gemeinschaftsliederbuch, Gießen (1995), Nr. 71

171 Edward McKendree Bounds, Kraft durch Gebet, Frankfurt/Main (1993), S. 78, 75

172 Häselbarth u. a., S. 30

173 Manfred Josuttis, Der Pfarrer ist anders, München (1983), S. 9

174 Böhlemann/Herbst, S. 29

175 Klaus Eickhoff, Gemeinde entwickeln für die Volkskirche der Zukunft. Anregungen zur Praxis, Göttingen (1992), S. 254

176 Robert E. Logan, Mehr als Gemeindewachstum. Prinzipien und Aktionspläne zur Gemeindeentwicklung, Frankfurt/Main (1992), S. 168–169

177 Bounds, S. 5

178 Christian A. Schwarz, Die natürliche Gemeindeentwicklung, Emmelsbüll (1996), S. 39, 43

179 Rick Warren, Kirche mit Vision, Asslar (2000), S. 18–19, 53

180 Bei: www.organisationsberatung.net – aufgerufen am 1. Juli 2011

181 Günter Krallmann, Von der Begabung zur Befähigung. 10 Schlüssel zur geistlichen Leiterschaft, Holzgerlingen (2000), S. 32

182 Krallmann geht davon aus, dass Jesus seinen potenziellen Mitarbeitern etwa 14 Monate Zeit ließ, um ihn zu beobachten und sich gegenseitig näher kennenzulernen. Erst danach kam es zur gezielten Berufung: Leidenschaftliche Leiterschaft, S. 62, 66

183 Robert Fitts, Die Kirche im Haus. Eine Rückkehr zur Einfachheit, Gröbenzell (2001), S. 61

184 Christian A. Schwarz, Natürliche Gemeindeentwicklung, S. 22, 28

185 Christian A. Schwarz, Die Dritte Reformation – Paradigmenwechsel in der Kirche, Emmelsbüll (1993), S. 220

186 Eickhoff, S. 252–254

187 Zitiert bei: Damaris Graf, Gut kommunizieren – Training für bessere Beziehungen, Quadro Nr. 7, Berlin (200), S. 9

188 Schulz von Thun u. a., S. 20, 40

189 Ruth Pink, Souveräne Gesprächsführung und Moderation, Frankfurt/Main (2002/2010), S. 37

190 Schulz von Thun, S. 33–40, 66–69

191 Ebendort, S. 35

192 Ebendort, S. 41, 36

193 Pink, S. 37

194 Ebendort, S. 67–68

195 Jens Spangenberg, Tanz auf der Fontäne. Christliche Spiritualität in der Postmoderne und der Zukunft, Glashütten (2009), S. 214

196 Ebendort, S. 210

197 Krallmann, Leiterschaft, S. 156

198 So der Untertitel zum Sammelband: Erfahrungen im geistlichen Dienst (Hrsg. David Neufeld), mit zehn persönlichen Beiträgen, in denen geistliche Leiter auf ihren jahrelangen Dienst zurückblicken, Schwarzenfeld (2005)

199 Zur angemessenen Übersetzung ausführlich: Sonja Wrage, 2Tim 2,2 – eine „Schlüsselstelle" für Mitarbeiterförderung? Bonn (2009), S. 17–38

200 Rowland Forman/Jeff Jones/Bruce Miller, Den Leiterschaftsstab weitergeben, Marburg (2010), S. 21

201 Graf, S. 189, 22–23

202 Homer, Odyssee 22–24; bei: Herbert Hunger, Lexikon der griechischen und römischen Mythologie, Wien ([8]1988), S. 317, 350–353

203 Das Herkunftswörterbuch (Duden, Band 7), Mannheim ([4]2007), S. 521; ausführlicher dazu: Tobias Faix/Anke Wiedekind, Mentoring. Das Praxisbuch, Neukirchen-Vluyn (2010), S. 21

204 Krallmann, Leiterschaft, S. 69

205 Deutsche Ausgabe: Leidenschaftliche Leiterschaft, a.a.O., S. 149

206 Faix, Tobias: Mentoring – Chancen für geistliches Leben und Persönlichkeitsprägung, Neukirchen-Vluyn ([2]2003), S. 49

207 Forman u. a., S. 67, 101–102

208 Gordon MacDonald, Zurück zur ersten Liebe, Mainz-Kastel ([2]1990), S. 60, 138

209 Wrage, S. 30–31

210 Günter Krallmann visualisiert in seinem Buch „Von der Begabung zur Befähigung" das Beziehungsnetz, das sich von Jesus über Simon-Petrus und Paulus in die Mittelmeerwelt hinein erstreckte, S. 202

211 Stanley/Clinton, S. 34–36

212 Ebendort, S. 24

213 Ebendort, S. 36–37

214 Vgl. dazu: http://forum-mentoring.de; aufgerufen am 25. August 2011

215 Annette und Christoph Schalk, Mitarbeiter coachen – gemeinsam Ziele erreichen, Quadro Nr. 13, Berlin (2010), S. 4

216 Zitiert bei: Pink, S. 27

217 Faix/Wiedekind, S. 15

218 Ebendort, S. 17

219 Robert Logan, Das Coaching 1x1, Gießen/Basel (2004), S. 38

220 Vgl. dazu: Florian Illies, Generation Golf. Eine Inspektion, Frankfurt (2003)

221 Grünewald, S. 8

222 Mehr dazu unter: http://www.barnabasnetzwerk.com/buecher.html

Weitere Titel aus dem Asaph-Verlag

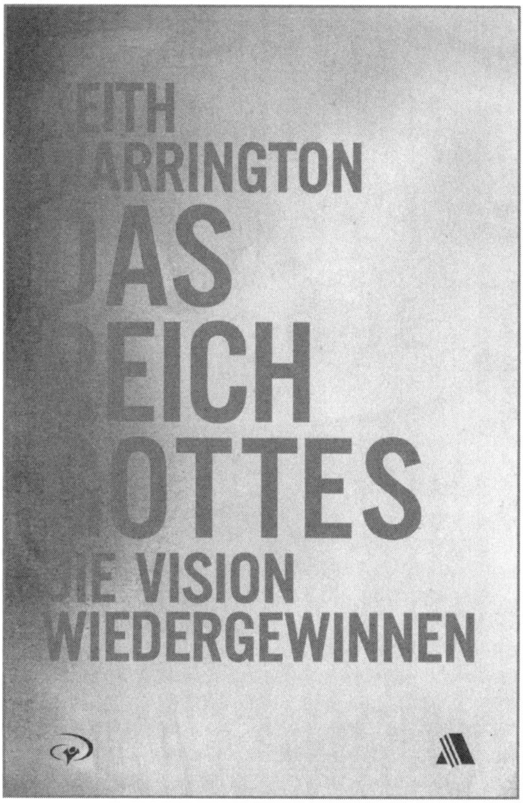

Keith Warrington

Das Reich Gottes

Die Vision wiedergewinnen

352 Seiten – gebunden – Best.-Nr. 147436

In Ihrer Buchhandlung oder direkt bei www.asaph.net